Para nós a liberdade!

Christophe André
Alexandre Jollien
Matthieu Ricard

Para nós a liberdade!

Tradução
Edgard de Assis Carvalho
Mariza Perassi Bosco

Palas Athena

Título original: *À nous la liberté!*

Grafia segundo o Acordo Ortográfico da Língua Portuguesa de 1990,
que entrou em vigor no Brasil em 2009.

Coordenação editorial: Lia Diskin
Preparação de texto: Lidia La Marck
Revisão final: Samir Thomaz
Capa e projeto gráfico: Vera Rosenthal
Diagramação: Tony Rodrigues

Dados Internacionais de Catalogação na Publicação (CIP)
(Câmara Brasileira do Livro, SP, Brasil)

Ricard, Matthieu
Para nós a liberdade! / Matthieu Ricard, Christophe André, Alexandre Jollien ; tradução Edgard de Assis Carvalho, Mariza Perassi Bosco. – São Paulo : Palas Athena, 2021.

Título original: *À nous la liberté!*
ISBN: 978-65-86864-13-7

1. Autorrealização 2. Liberdade - Aspectos psicológicos 3. Paz da mente 4. Serenidade
I. André, Christophe. II. Jollien, Alexandre. III. Título.

21-60981 CDD-158.1

Índices para catálogo sistemático:
1. Liberdade : Psicologia aplicada 158.1
Cibele Maria Dias - Bibliotecária - CRB-8/9427

1ª edição, novembro de 2021

Direitos de edição para o Brasil: Palas Athena Editora
Alameda Lorena, 355 • 01424-001 • São Paulo, SP • Brasil
Fone (11) 3050-6188
www.palasathena.org.br
editora@palasathena.org.br

“A liberdade exterior que
almejamos conquistar depende
do grau de liberdade interior
que tivermos adquirido.”

Gandhi

Sumário

Prólogo ... 17
Introdução ... 19
O que é liberdade interior? ... 19
Não partir o ser humano em dois ... 23
O sentimento de liberdade ... 26

Parte I – OS OBSTÁCULOS À LIBERDADE INTERIOR ... 31

1. A acrasia, fraqueza da vontade ... 33
O que significa acrasia? ... 33
Por que a acrasia é uma armadilha ... 35
A mente é intolerante ao sofrimento ... 40
Como sair da acrasia? ... 41
"Não se pode mudar": mais uma ideia falsa! ... 44
◈ Caixa de ferramentas para enfrentar a acrasia ... 46

2. A dependência ... 49
Os mecanismos cerebrais da dependência ... 50
Por que é tão difícil sair da dependência? ... 52
O ponto de virada ... 55
A dependência afetiva ... 60
A força da solidariedade diante da adicção ... 65
◈ Caixa de ferramentas para enfrentar a dependência ... 68

3. O medo ... 73
As crises de angústia ... 74
Como se libertar da angústia ... 76
Na essência da cura, a confiança e a atenção aos bons momentos ... 84
Viciado na angústia? ... 88
◈ Caixa de ferramentas para enfrentar o medo ... 90

4. O desencorajamento e o desespero 93

O otimismo dos ratos 94

A dúvida e a esperança 95

Libertar-se do desespero 100

"Aqui ninguém jamais fracassa" 101

◈ Caixa de ferramentas diante do desencorajamento 104

5. O egocentrismo 107

O sofrimento pode nos tornar egocêntricos 111

O ego não é nem um vício nem uma solução 113

Como lutar contra os realçadores do ego? 116

◈ Caixa de ferramentas para enfrentar o egocentrismo 122

6. A desorientação 125

Os múltiplos erros de perspectiva 125

As marcas do exílio 128

Como encontrar o caminho 131

◈ Caixa de ferramentas para enfrentar a desorientação 134

Correspondência entre Christophe e Alexandre 136

Parte II – A ECOLOGIA DA LIBERDADE 145

7. O ambiente físico age sobre o estado mental 151

Os lugares propícios para a vida interior 151

Os benefícios comprovados do contato com a natureza 154

◈ Caixa de ferramentas para viver num ambiente favorável 163

8. Uma ecologia dos laços sociais 167

Como as pessoas à nossa volta nos aproximam ou nos afastam da liberdade 167

Os bons amigos 170

Quando o outro nos faz sofrer 172

A força do laço social e sua manutenção 175

A força dos modelos 179

◈ Caixa de ferramentas para uma ecologia dos laços humanos 186

9. O IMPACTO DE NOSSO AMBIENTE CULTURAL ... 191
O choque das culturas ... 191
Os fatores que nos alienam ... 192
Quais são nossas referências culturais? ... 196
Uma simplicidade serena? ... 199
A pressão do tempo e o efeito testemunha ... 202
Como um ambiente social pode favorecer a liberdade ... 204
As virtudes da humildade ... 205
◈ Caixa de ferramentas para uma ecologia cultural ... 210
Correspondência entre Alexandre e Matthieu ... 213

PARTE III – OS ESFORÇOS PARA A LIBERTAÇÃO ... 223

10. O HORIZONTE DOS ESFORÇOS ... 227
Para que empreender esforços? ... 227
A motivação ... 229
A psicologia do esforço ... 231
Esforçar-se e desistir ... 233
Caminhamos para um mundo "sem esforços"? ... 237
◈ Caixa de ferramentas para o horizonte dos esforços ... 241

11. ESFORÇOS DIFÍCEIS, ESFORÇOS AGRADÁVEIS ... 245
Uma certa depreciação do esforço ... 245
Difíceis começos ... 249
A alegria conduz à liberdade ... 251
Os esforços não são uma ortopedia mental ... 254
O primeiro passo ... 257
As microescolhas ... 259
◈ Caixa de ferramentas para ter alegria com o esforço ... 262

12. O TREINAMENTO DA MENTE ... 265
O que é treinamento da mente? ... 265
A emergência da coerência interior ... 270
O treinamento permanente da mente, apesar de nós... e às vezes contra nós ... 272
Inteligência emocional e treinamento da mente ... 274

Todos parecidos? 278
O modo padrão 280
Inteligência artificial, transumanismo ou treinamento da mente? 282
◈ Caixa de ferramentas para treinar a mente 289

13. A meditação 293
O que é meditação? 293
Qual é o contrário da meditação? 297
Por que meditar? 299
Em que e como a meditação nos liberta? 300
Antes e depois da meditação 307
As verdadeiras mudanças se fazem de modo imperceptível a longo prazo 311
A atenção plena se traduz necessariamente em mais altruísmo? 315
Perigos e desvios da meditação 319
◈ Caixa de ferramentas para a meditação 326

14. Da transformação de si à transformação do mundo 329
A liberdade interior é um pré-requisito indispensável para a ação? 329
Como a mudança interior e a mudança exterior se articulam 333
◈ Caixa de ferramentas para se transformar e transformar o mundo 338
Correspondência entre Matthieu e Christophe 341

Parte IV – AS COLHEITAS DA LIBERDADE 347

15. A pacificação interior 351
A paz interior, uma energia calma 351
Paz interior = calma exterior 358
A paz interior está fora de moda ou é bem atual? 360
◈ Caixa de ferramentas para trabalhar pela paz interior 364

16. Nossa natureza profunda 367
Bem no fundo de cada um 367
Mais uma vez, a neuroplasticidade 372
Momentos de graça 376
◈ Caixa de ferramentas para nos abrir à nossa natureza profunda 380

17. Diante da morte 383

O lugar supremo da renúncia 383

Pensar na morte para amar a vida 386

Do medo à aceitação 393

Uma indispensável celebração da vida 399

A doença e a deficiência mudam o olhar sobre a morte 403

A fé e a morte 405

◈ Algumas fontes de inspiração diante da morte 408

18. A ética 411

De que estamos falando? 411

Uma ética incorporada 413

A dificuldade de uma ética sincera e a ética altruísta 417

Escutar a bússola interior 424

◈ Caixa de ferramentas para uma ética cotidiana 428

19. A benevolência incondicional 431

A benevolência é ingênua? 431

As faces da benevolência 433

O bem-fazer e os benfeitores na vida cotidiana 436

Gratuidade e delicadeza da benevolência 442

A indiferença e a malevolência 444

Navegar entre o desconforto da adversidade e a sonolência do bem-estar 445

A autobenevolência 447

Que é benevolência incondicional? 448

◈ Caixa de ferramentas para uma benevolência incondicional 450

A colheita foi boa? 453

Agradecimentos 457

Dos mesmos autores 459

DOUBLE

PRÓLOGO
"NÃO VAMOS TRABALHAR!"

Essa foi uma decisão tomada por nós três. No meio do inverno, havíamos combinado de passar alguns dias juntos, como em anos anteriores. "Não vamos trabalhar! Vamos nos ver por prazer, para conversar, nos divertir, desfrutar do ar puro...". Nossa querida amiga Delphine tinha nos convidado para seu chalé de madeira em pleno coração dos Alpes. Tudo foi organizado para uma semana de férias naquele recanto de paz, um programa de passeios na neve, *fondues* de queijo, leituras interessantes e boas risadas. Mas veja só...

Fizemos passeios de trenó, atravessamos minúsculos povoados, observamos as pegadas dos animais selvagens na neve. Ao entardecer do primeiro dia, nos encontramos na sala de estar do chalé de paredes revestidas de lambris de madeira e janelas voltadas para os picos das montanhas. Com o bom humor de sempre, diante da lareira, do crepitar das chamas, a discussão recomeçou como se jamais tivesse sido interrompida. Entre gargalhadas e a calorosa ternura de uma cumplicidade incondicional, temas sérios emergiram: Que fazer diante da dependência? Como manter o rumo quando as emoções perturbadoras, as paixões tristes[1], ou um profundo mal-estar parecem nos conduzir diretamente à desesperança?

Logo sentimos a necessidade de anotar tudo, de compartilhar as coisas. Seria uma pena deixar aquilo tudo se perder, não guardar, pelo menos para nós, um registro dessas trocas que nos apaixonam e nos enriquecem. Sem demora, o infatigável Matthieu colocou um notebook sobre a mesa, "em caso de necessidade, para ninguém se lamentar depois nem se esquecer de nada". Seus dois companheiros consentiram. Afinal de contas, discutimos por prazer, para aprender uns com os outros, para fazer nossos pontos de vista evoluir; sendo assim, que mal há em um notebook? O que isso muda? Nada. Ou melhor, quase nada.

---

1. Spinoza (1632-1677) define "paixão triste" como uma afecção (modificação do estado do corpo) que provoca sensações, sentimentos, emoções, crenças, imaginações etc. que não levam à ação. Isso decorre da definição que ele dá de tristeza: uma diminuição da potência de agir. Para Spinoza, as paixões tristes diminuem a potência, a capacidade de existir. Por outro lado, as paixões alegres aumentam a potência e constituem um ganho existencial para o corpo e a mente, que para ele formam uma unidade indissolúvel. Ver Benedictus de Spinoza. *Ética.* Edição bilíngue latim/português. Tradução de Tomaz Tadeu. Belo Horizonte: Autêntica, 2008. Terceira parte, A origem e a natureza dos afetos. [N. da R.]

Isso porque esse pequeno objeto não é uma presença assim tão insignificante. Pode não parecer nada, mas ter esse equipamento à mão nos estimulou, nos convenceu a não fazer a sesta enquanto os companheiros argumentavam, nos encorajou a desenvolver e a explicar melhor nossas ideias. Por fim, nos fez lembrar de leitoras e leitores nossos e de suas esperanças, de suas expectativas e exigências legítimas. Era como se eles estivessem sentados ali no sofá com a gente. E pouco a pouco fomos absorvidos nesse jogo.

O tema da liberdade se impôs naturalmente na forma de um convite para aprofundar, investigar, construir uma arte de viver e fabricar as ferramentas apropriadas para isso. O fato é que somos o tempo todo estimulados a sair do piloto automático, a nos desencarcerar da prisão dos hábitos e tentar outras vias. Um vasto programa que certamente exige de nós uma retomada, que exige que voltemos ao trabalho a fim de considerar as grandes questões da existência sob a luz de um novo dia.

A todo instante somos convidados a ousar uma verdadeira conversão: batalhar contra as toxinas da mente, deixar os condicionamentos e dar um salto em direção à nossa verdadeira natureza, a liberdade. Porque se o homem não nasce livre, mas se torna livre, isso requer um treinamento mental intensivo. Foi essa empreitada que nós três tentamos explorar com toda a nossa experiência. Deixar de dar importância ao que os outros vão dizer, abandonar o narcisismo e o egoísmo que nos empurram para baixo, desafios gigantescos que exigem um engajamento, uma ecologia integral do ser, foi isso que tentamos esboçar no decorrer destas páginas.

Permanecemos prudentes quanto ao escopo de nossas intenções, que poderiam parecer ensinamentos, mas que são apenas reflexões e o depoimento de três amigos em busca de progresso interior, empenhados em compartilhar suas experiências, fracassadas ou bem-sucedidas, seus esforços e seus pontos de vista. Os temas que transcrevemos aqui refletem fielmente nossas trocas espontâneas e imperfeitas, mas sinceras e de pleno acordo com nossas escolhas de vida. O que fizemos foi tão somente submeter esses temas ao crivo das seguintes questões: o que dizemos está bastante claro? (sem jargões – detestamos isso); o que propomos é útil? (nos interessa mais mudar do que falar); essas ideias são acessíveis a todo mundo? (não reservadas apenas a alguns poucos eruditos ou a seres humanos excepcionais).

A filosofia grega forjou um belíssimo conceito: a *metanoia*, um trabalho consigo mesmo, uma conversão íntima cujo objetivo é nos transformar radicalmente para adotarmos uma arte de viver capaz de nos preservar das paixões tristes, dos automatismos, do egoísmo, da prisão dos hábitos. Avançar, progredir, desembaraçar-se do que oprime, libertar-se dos outros e consequentemente do mundo inteiro; esse grande desafio é a essência desta obra.

Que nosso humilde diálogo possa despertar em todos vocês a vontade de se lançar nele.

Introdução

O que é liberdade interior?

MATTHIEU: Para a maioria das pessoas, a palavra "liberdade" evoca a aspiração de todos os seres humanos de levar uma vida isenta de doenças, opressão ou privação de direitos. O que gostaríamos de tratar aqui, no entanto, é da liberdade *interior*: quase todos nós somos joguetes dos delírios, dos condicionamentos, das pulsões, dos conflitos internos, dos pensamentos erráticos e das emoções perturbadoras. Essa servidão está na origem de inumeráveis tormentos. Como sair da prisão desses mecanismos diante dos quais às vezes nos sentimos impotentes e até mesmo resignados?

A principal dificuldade decorre da falta de discernimento: não conseguimos identificar as engrenagens mentais nem detectar com precisão que tipo de pensamentos nos subjugam. Quase sempre nos faltam a sabedoria, a lucidez e a competência para encontrar a liberdade. A liberdade interior – que possibilita compreender melhor o funcionamento da mente e elucidar os mecanismos da felicidade e do sofrimento – pode ser conquistada. Esse discernimento deve surgir em paralelo com um *treinamento* que permitirá que a mente controle os estados mentais aflitivos com facilidade e inteligência.

Esperamos sinceramente que esta obra possa oferecer uma perspectiva sobre os meios de se libertar das causas do sofrimento. A liberdade interior proporciona uma grande força e nos torna menos vulneráveis aos nossos próprios pensamentos, que muitas vezes surgem como inimigos, e também menos desorientados pelas condições exteriores em incessante mudança. Ao nos sentirmos menos vulneráveis, ficamos menos centrados em nós mesmos e nos abrimos para o outro. A liberdade interior é, portanto, expressa naturalmente por uma maior benevolência. No fim, todo mundo sai ganhando.

ALEXANDRE: Na hora de discutir a espinhosa questão da liberdade, me vem à mente uma lembrança. Certa vez, o padre Morand, capelão da instituição em que vivi dos 3 aos 20 anos, deu-me um livro bem grosso que eu sempre folheava com veneração. As páginas amarelecidas e gastas daquele manual me impressionavam... Eu tinha 14 anos, vivia com o peso de uma gama de complexos e sentia o cruel flagelo de minha diferença, de minha singularidade. O pressentimento de que jamais seria igual aos outros me deixava em um pânico terrível e eu tentava encontrar algumas referências. O que precisava era de uma bússola, de uma direção. Um dos capítulos daquele livro tratava exatamente da alienação, das escravidões, das paixões tristes. E o autor comparava tudo isso a uma pedra que despenca... em queda livre. Expressão engraçada! Em minha mente inquieta, aquilo era como um alerta de combate; questões surgiam de toda parte: no fundo, o que é mesmo essa liberdade? Fazer aquilo que queremos? Dar livre curso aos nossos desejos? Não encontrar nenhum entrave, zero obstáculo? Eu me questionava acima de tudo sobre a margem de manobra de um rapaz com paralisia cerebral que tentava fugir de um destino totalmente traçado: enrolar charutos em um canto protegido de alguma fábrica. Como um jovem confuso poderia evitar essa prisão interior, essa avalanche de diagnósticos, essa sucessão de rótulos? Existiria mesmo um destino? Tudo já estaria determinado definitivamente?

Despencar em queda livre... Como a pedra, sem autodisciplina, sem exercícios espirituais. Uma coisa eu já sabia: estava condenado, sempre correndo o risco de quebrar a cara, perdido em um caos total – complexos, mecanismos de defesa, medo da rejeição, desejos mal identificados... Tudo isso contribuía para uma vida quase robótica. Incomodado pela incerteza, totalmente inseguro, eu tentava desesperadamente colocar um pouco de clareza e de alegria em uma vida que se anunciava um tanto complicada.

Pela primeira vez na vida senti ecoar em mim uma voz. Em sua célebre carta a Georg Hermann Schuller[2], Baruch Spinoza propõe uma experiência de pensamento e faz o seguinte diagnóstico: "Pelo fato de não ter consciência de sua ação e de não ser indiferente, essa pedra decerto acreditará que é livre e que continuará em movimento apenas porque esse é seu desejo. Essa é a liberdade humana que todos os homens se vangloriam de ter e que consiste unicamente no fato de que, embora conscientes de seus desejos, permanecem ignorantes das causas que os determinam".

Ainda adolescente, vi um programa de televisão que me chamou muito a atenção. Fizeram uma pergunta a um filósofo profissional. Constrangido, ele hesitava em responder. O que tinha primazia: a liberdade, a felicidade ou a sabedoria? Era preciso escolher? Colocar um xis diante de sua preferência? Estabelecer uma hierarquia quando não se tem nenhuma opção? Naquela época,

2. Georg Herman Schuller, estudante de medicina que vivia na mesma casa que Spinoza e parecia compartilhar de seus interesses filosóficos. Na referida carta (nº LVIII), que trata da liberdade e rejeita a noção de livre-arbítrio, condicionando-a a uma "livre necessidade", Spinoza afirma que o determinismo não se opõe à liberdade, já que esta não é uma decisão livre da vontade, mas sim a consciência das causas que nos condicionam a fazer determinada coisa. [N. Ts.]

eu queria tudo: sabedoria, felicidade, liberdade. Mas racionalmente pressentia também que não se pode esperar ser feliz sem um mínimo de liberdade interior. Como correr atrás da sabedoria quando o sentimento de abandono, medo e uma série de tendências, condicionamentos e hábitos nos mantêm na escravidão?

Nesse tipo de assunto, Spinoza continua a ser um médico iluminado. Ele nos daria uma força para iniciar nossa expedição? Sua abordagem pretende ser honesta e eficaz: é preciso combater tudo o que obscurece o humor, influencia nossa maneira de ser, nos aliena. Isso significa procurar com insistência os determinismos e as forças que nos impelem a nos apegar, a amar, odiar, temer, a sempre ter expectativas.

Quando ouço você, Matthieu, compreendo que sabedoria e liberdade andam de mãos dadas. Mas, e se o primeiro passo para isso consistisse em detectar tranquilamente o piloto automático que necrosa nosso cotidiano e redescobrir uma relação lúcida e feliz consigo mesmo e com o mundo, em deixar de ser uma marionete, em parar de confiar nas circunstâncias, em resistir de imediato ao controle remoto que regula nosso estado mental? O desafio da vida espiritual reside na audácia: na ousadia de ziguezaguear pacificamente, de construir uma liberdade independente da tirania de um "eu" caprichoso e da ditadura do "coletivo", que quase sempre faz com que nos sujeitemos a normas e padrões sociais esmagadores. Spinoza, Nietzsche, Freud e muitos outros nos oferecem um ensinamento reconfortante: a liberdade não pode ser concedida. Ela é construída, é descoberta no meio dos delírios e das ilusões que nos confinam em *nosso* mundo, distante do mundo real. Para usufruir desse mundo real, somos convidados a nos inserir em um processo de "libertação", a nos colocar em marcha, a dizer adeus aos preconceitos, a abandonar as projeções e a profusão de expectativas que nos oprimem. Vamos nos apressar em imitar Epicteto. Quando alguém lhe perguntava quem era ele, o sábio respondia, não sem certa malícia: "Um escravo em vias de libertação". Projeto crucial! Trata-se nada mais nada menos do que avançar com todas as forças em direção à felicidade e à paz, mesmo em pleno caos. Os filósofos antigos se reconheciam como homens em pleno desenvolvimento, de "cabeça aberta", para quem deixar as paixões tristes, renunciar aos preconceitos, abraçar uma vida mais plena era sempre considerado essencial. Vamos imitá-los sem demora!

Erasmo de Roterdã costumava dizer que não se nasce homem; nós nos tornamos homens. E se isso também fosse verdade para a liberdade? E se graças à autodisciplina, à solidariedade e a um tremendo golpe de sorte pudéssemos romper os laços, soltar as amarras e partir? Quando se trata desse assunto, é preciso reconhecer que alguns conseguem navegar bem mais do que outros. Felizmente, se existe igualdade de direitos e uma dignidade inalienável a cada ser humano, é forçoso constatar que nem todos iniciam sua trajetória com as mesmas chances. Alguns arrastam correntes muito mais pesadas. Daí se originam a imensidão de injustiças e o escândalo da miséria e do sofrimento, que devem ecoar como um apelo urgente para nos colocarmos a serviço dos outros.

Com nossos traumas, feridas, disfunções internas, lacunas e carências, mas também com uma quantidade imensa de recursos inesperados, somos convidados a inaugurar uma liberdade. O jogador de xadrez sabe lidar com as pressões. Se ele não pode deslocar as peças a seu bel-prazer, obedecendo às regras e sendo bom no que faz, pode construir uma vitória passo a passo. Do mesmo modo, as dificuldades, os fracassos, as fragilidades talvez não sejam freios definitivos para o nosso progresso, mas delineiam o terreno, a base na qual pode surgir uma existência sem psicodramas, sem os entraves da mente. Para iniciar essa imensa empreitada, vamos logo ao ponto: a quem, ou a que, confiamos o controle remoto da nossa existência? À raiva, aos ressentimentos, ao medo, à inveja? À melhor parte de nós? O que ocupa o centro do nosso dia a dia? Para usar as palavras de Spinoza: a que estamos ligados pelo amor? Quais são os grandes desejos, as profundas aspirações que constituem nossa interioridade?

CHRISTOPHE: Como já dizia Montesquieu: "Liberdade é o direito de fazer o que as leis permitem". Isso vale para a liberdade exterior, a liberdade dos corpos. A liberdade interior, a da mente, procede de outras leis, em particular das leis do cérebro. Como quem não quer nada, é ele que ameaça nos confinar nas atitudes, nos automatismos, nas negligências, nos medos, nas emoções... Por isso a necessidade, para nossa liberdade interior, de conhecer tanto quanto possível o funcionamento da própria mente.

Ouvindo vocês, meus amigos, eu dizia a mim mesmo que para nós, terapeutas, a questão da liberdade dos pacientes está implícita em todas as ações, mesmo que aparentemente nossa missão seja muito mais a de restaurar a saúde. A saúde é um grande facilitador da liberdade: é claro que, quando estamos doentes, seja com uma gripe, uma enxaqueca e mais ainda no caso de doenças graves, dolorosas ou incapacitantes, a liberdade de movimentos fica restrita. Quando isso acontece, a liberdade interior que poderia nos salvar também é ameaçada. Primeiro pelo sofrimento, que nos enclausura em nós mesmos e nos isola do mundo, depois pela dor (de não se curar, de morrer), que exaure as energias de que precisaríamos para o resto da vida. A busca não deve conduzir apenas ao restabelecimento da saúde, mas também ao restabelecimento da liberdade, exterior ou interior, ameaçada pela doença. Como permanecer livres para agir, para esperar, para nos encantar? Sem dúvida nós, médicos, deveríamos ter mais cuidado ao conversar com nossos pacientes para que eles possam preservar seus espaços internos de liberdade.

Como psiquiatra e psicoterapeuta, muitas vezes percebi certas patologias como perdas evidentes de liberdade: as fobias restringem a liberdade de movimento, as depressões sufocam a liberdade de decisão e de ação, as dependências químicas escravizam... O que é certo, porém, é que todas essas perdas de liberdade exterior têm sua origem em uma perda de liberdade interior: os sofrimentos e os medos são prisões invisíveis das quais temos a maior dificuldade de sair.

A doença, no entanto, não é a única causa de restrição da liberdade; a vida diária também apresenta muitas armadilhas: a armadilha dos hábitos e dos rituais (pensamos, agimos e vivemos sempre da mesma maneira), a armadilha das preocupações e das ocupações do dia a dia (consagramos o essencial de nossa energia mental e física a tarefas necessárias, mas triviais, negligenciando o que dá sentido à nossa vida). Em minha opinião, essa perda de liberdade deve ser levada em conta: os trabalhos a respeito dos conteúdos do pensamento demonstram que o essencial da vida interior é constituído de pensamentos "triviais" sobre as atividades pessoais – pagar o aluguel, pôr o lixo para fora – e profissionais – responder a *e-mails*, preparar uma reunião. Reservar tempo para direcionar a vida interior para outra coisa – contemplar a natureza, refletir sobre nossos ideais, meditar sobre a gratidão e a compaixão, regozijar-se de estar vivo... – depende de uma decisão pessoal que não parece muito complicada, mas que raramente se concretiza de fato. A liberdade de escolher continuar como ser humano e não de me transformar em um trabalhador-consumidor é uma liberdade interior que preciso restaurar em mim.

Ao ponderar sobre a questão da vida interior, descobri até que ponto os modos de vida contemporâneos nos "externalizavam", nos afastavam de nós mesmos e restringiam nossa liberdade.

Essa necessidade de liberdade interior é universal. Seria um equívoco acreditar que esse discurso se aplica apenas aos ricos, aos que desfrutam do maior conforto material e político e que desejam cultivar sua pequena liberdade dentro de um casulo confortável, enquanto os escravizados, por razões econômicas ou físicas, não poderiam tirar proveito dele. Para mim, isso parece um erro de raciocínio que empobrece a realidade, já que a liberdade interior é um direito de todos.

Não partir o ser humano em dois

MATTHIEU: É sempre bom mencionar que em nenhum caso e de modo algum nossas reflexões sobre a liberdade interior minimizam a importância da liberdade exterior. Ainda são muitos os seres humanos prisioneiros de algum regime totalitário ou que, por qualquer outra razão, não são livres em seus movimentos, palavras e ações. Outros, mais numerosos ainda, são reféns da pobreza, sem ter acesso à saúde e à educação. Devemos agir para socorrê-los. Entretanto, não é por isso que se deve negligenciar a busca da liberdade interior, objeto destas nossas conversas. Não se trata de dizer ao condenado às galés: "Continue a remar cultivando a liberdade interior que tudo acabará bem!". Opor a liberdade exterior à interior faz menos sentido ainda do que opor a saúde física à mental, que são coisas que se completam e se influenciam uma à outra. É perfeitamente possível fazer com que as duas atinjam seu ponto ideal. Por outro lado, muitos de nós associam um movimento de libertação interior a um ativismo pela liberdade do outro, em especial nas organizações de ajuda humanitária.

Existem pessoas que, embora desfrutem de condições exteriores favoráveis, interiormente se sentem prisioneiras de seu mundo mental. Em compensação, conheci muitos eremitas que demonstravam grande liberdade interior e que aqui seriam considerados moradores de rua... Encontrei também alguns tibetanos que haviam sofrido anos de confinamento nos campos de trabalhos forçados, ou nas prisões chinesas, que afirmavam ter sobrevivido graças à liberdade interior que haviam cultivado. Ani Palchen, princesa tibetana que se tornou monja e membro da Resistência, foi capturada pelo exército chinês e permaneceu no cárcere durante seis meses em total escuridão. Ela valia-se do canto dos pássaros para distinguir o dia da noite! O mesmo aconteceu com Tenzin Choedrak, médico do Dalai Lama, que encontrou em uma forma de liberdade interior a força para suportar o confinamento e a tortura. Os dois asseguram que o que salvou suas vidas foi o fato de não terem sucumbido aos sentimentos de ódio contra seus algozes. Não se trata aqui de fazer apologia da resignação ou do sacrifício, mas de ressaltar a importância e a necessidade do caminho interior. A liberdade interior não é apanágio dos ricos nem privilégio daqueles que vão muito bem e para quem tudo sorri, mas pertence a cada ser humano tanto na alegria quanto na tristeza.

CHRISTOPHE: Foi tão incrível o que eles fizeram! Quando ouço você falar dessas pessoas, Matthieu, digo a mim mesmo que não chego nem aos pés delas! Eu me pergunto como fazer para que exemplos como esses sejam mais motivadores do que deprimentes! Creio que o que pode nos ajudar é cultivar sempre a capacidade de admiração pelo outro; ver que os outros – pessoas comuns ou extraordinárias – sempre podem nos ensinar alguma coisa e até mesmo afirmar que, se conseguirmos completar nem que seja um pequeno trajeto de seu caminho, já será apaixonante e libertador!

Para mim, o que os relatos desses seres humanos incomuns me ensinam é que preservar mesmo uma pequena fração da liberdade interior ("não deixe que o desespero, o ódio, o medo assumam as rédeas de sua mente:

sob a ditadura deles, você sucumbirá") pode nos permitir resistir às ondas de desespero associadas à impotência e à perda da liberdade exterior. Pode parecer ridículo tentar identificar parte do território interior como uma ilha de resistência, mas isso é vital. Em todo caso, é exatamente isso que revelam todos os sobreviventes dessas grandes adversidades. Temos de ouvir essas lições e começar o treinamento hoje mesmo. Quais são as atribulações que me afligem neste momento? Uma doença, um conflito familiar, preocupações financeiras? Preciso me perguntar então que área de liberdade quero cultivar em mim apesar de tudo: que lugar reservo para a felicidade apesar de tudo (tenho preocupações, mas estou vivo), sou a favor da esperança apesar de tudo (virá inevitavelmente uma solução de mim ou de algum lugar à minha volta)? Sejamos bastante sábios para começar esse trabalho interior antes que a vida nos aprisione num sofrimento trágico...

ALEXANDRE: Vamos acabar de vez com a caricatura do sábio que observa de longe a explosão das paixões humanas. Não existe liberdade interior de um lado e injustiças, desigualdades e um oceano de sofrimentos de outro. Tudo está interligado, tudo é interdependente. Devemos todos arregaçar as mangas e agir sem hesitação. Seres sociais até a raiz dos cabelos, vivemos em comunidade e construímos nossa felicidade uns com os outros.

A emancipação de cada um – essa é a nossa grande aventura! Em 1789, a *Declaração dos Direitos do Homem e do Cidadão* estabelecia que a liberdade consistia em poder fazer tudo, desde que não prejudicasse o outro. Infelizmente, quantos homens e mulheres excluídos hoje vivem à deriva, em uma precariedade alienante, sem esperança de gozar do direito, no mínimo essencial, de uma existência tranquila? O que eles encontram por toda parte são obstáculos, estigmatizações, portas fechadas...

Como você mesmo assinalou, Matthieu, conversar sobre a liberdade interior, evocar o trabalho interno que cada um precisa fazer, não deve nos desviar de um engajamento sadio em prol de um mundo mais justo, mais equânime, mais generoso. Ao contrário, o sacrifício de si, o desapego alegre, induz a uma liberdade que se manifesta nos laços sociais, nas doações.

Desvencilhados do caos das paixões, podemos trabalhar para que todos gozem de igualdade de oportunidades, de liberdade política e social, de recursos necessários para iniciar, acima de tudo, um trabalho interno. Sem dúvida, no fim das contas, todo homem e toda mulher podem alcançar a paz interior. Mas, com toda a honestidade, se precisarem viver dia e noite como condenados às galés, sofrer de uma doença grave sem receber apoio algum, a coisa fica muito mais complicada...

No *Traité des passions*[3], René Descartes define a generosidade como a consciência de ser livre associada ao desejo de fazer bom uso dessa liberdade. O bom uso da liberdade implica libertar-se de tudo o que bloqueia, arrancar as algemas, estender a mão, oferecer apoio, viverem todos como colegas de um time. Então, vamos em frente! Nesse trajeto, será que a afirmação de Aristóteles nos tornará vigilantes? "Aquele que atirou a pedra não pode mais resgatá-la; no entanto, dependia só dele a decisão de atirá-la ou deixá-la cair, pois o movimento inicial veio dele. O mesmo acontece com o injusto e o corrupto, que podiam evitar ser assim desde o início. Mas, uma vez que se tornaram o que são de livre e espontânea vontade, não podem mais deixar de sê-lo."

Para iniciar um programa de ascese, vamos tentar primeiro detectar os avisos, os sinais que precedem e anunciam a raiva, as emoções que nos alienam. Vamos imaginar um homem como Gulliver[4] amarrado e preso no chão. Ele se debate em todas as direções, esgota suas forças, mas não tem nenhuma chance de se libertar. Sua única esperança é alcançar um a um os fios do cordame que o prende e assim poder arrebentá-los.

O sentimento de liberdade

CHRISTOPHE: A liberdade também tem uma dimensão subjetiva! Às vezes, ao observar minha vida, tenho ligeiros picos de ansiedade: acredito que sou livre, mas será que sou livre de verdade? Será que não sou como uma vaca no pasto ou um galo no galinheiro? É nessa hora que as reflexões dos filósofos sobre o livre-arbítrio, com sua lucidez crua, me garantem: "Os homens se enganam crendo-se livres", afirmava Spinoza. De fato, não se deve permitir de modo algum que a nossa ilusão de liberdade nos impeça de trabalhar incansavelmente sobre nós mesmos, já que essa noção é no fundo incompleta e frágil. Nosso amigo comum André Comte-Sponville costuma dizer: "Ninguém nasce livre; nós nos tornamos livres, e isso nunca termina!". Estamos sempre na lida, obrigados a trabalhar pela preservação ou pela restauração de nossas liberdades, sejam elas interiores (nos livrar dos medos e dos hábitos), sejam exteriores (nos libertar dos apegos excessivos e das dependências).

Afinal, a questão de saber se sou ou não totalmente livre não me interessa tanto quanto a seguinte constatação: sei muito bem que jamais serei livre por

---

3. René Descartes (1596-1650). *As paixões da alma*. Tradução de Marcelo Rosa Vieira. São Paulo: Martins Fontes, 2005. [N. Ts.]
4. Jonathan Swift (1667-1745). *As viagens de Gulliver*. Org. Roberto DeMaria Jr. Tradução de Paulo Henriques Britto. São Paulo: Companhia das Letras, 2010. Prefaciado por George Orwell, o livro é uma sátira dos relatos de viagens, uma história de aventuras repleta de criaturas fantásticas e um precursor das obras de ficção científica. Publicado pela primeira vez em 1726, o texto fascina pelo olhar implacável do autor sobre as instituições, sobre o ser humano, seu apego irracional pelo poder, pelo dinheiro e sua obstinação em prolongar a vida, mesmo que ela seja apenas sofrimento. [N. Ts.]

completo (pelo menos no meu caso). Mas fico feliz quando percebo que me livrei de uma preocupação, de uma dependência, de um hábito! Aí posso examinar as restrições e as algemas que persistem e confessar a mim mesmo que algumas escolhi deliberadamente, como certos compromissos familiares ou profissionais – e as assumo –, e que para outras sujeições o trabalho ainda está por ser feito! Pelo menos, tenho consciência disso e não me atormento muito. Vamos trabalhar em favor da nossa própria liberdade, manter a lucidez quanto às zonas de não liberdade (servidões e hábitos) e jamais nos esquecer de nos alegrar pelo fato de estarmos vivos!

ALEXANDRE: O genialíssimo Chogyam Trungpa[5] já é mais formal: o itinerário espiritual nunca pode ser uma viagem organizada. Podemos esquecer o roteiro, os guias de viagem, os manuais de instrução. O cotidiano convida a improvisar, a começar, a tentar trajetos inéditos, a avançar com os recursos existentes. Quem busca o progresso quebra a cara mil vezes por dia, perde-se nas encruzilhadas, tropeça, se desencoraja... O desafio? O essencial? Manter o rumo, tentar desenvolver uma atitude contemplativa para observar tudo sem permitir que os campos de batalha internos se desfaçam, descobrir as forças que nos oprimem, o caos que nos invade, fazer disso uma espécie de quadra de esportes, uma escola de vida. Por que associar fatalmente a libertação a uma obrigação, a um sacrifício, quando o lance é se divertir, é encontrar a própria alegria ao longo do caminho?

MATTHIEU: O Dalai Lama costuma dizer que muitos acreditam ser livres, mas que no fundo parecem parafusos girando em falso. Ele se refere à ilusão de liberdade que temos quando seguimos nossa rotina diária, sem nos livrar dos condicionamentos nem tentar nos libertar das causas dos sofrimentos fixados na mente mais ou menos como larvas. Só podemos ser livres se escaparmos das brumas da confusão mental e da ignorância que travestem a realidade.

CHRISTOPHE: O que há de complicado na liberdade é que se trata de um conceito cuja tradução na vida diária não é tão evidente assim. É claro que, às vezes, temos o *sentimento* de que a liberdade habita em nós – temos a feliz impressão de que nenhuma pressão, nenhum tipo de prisão pesa em nossa vida – e, em outros momentos, de que a liberdade nos falta, quando tomamos consciência de todos os nossos deveres e obrigações: trabalhar para ganhar a vida, cuidar das pessoas frágeis que nos rodeiam, reparar e manter nossa qualidade

5. Chogyam Trungpa Rinpoche (1939-1987). Um dos mais dinâmicos mestres budistas do século XX. Escreveu livros sobre meditação, budismo, poesia e arte e levou grandes mestres das linhagens tibetanas para ensinar nos Estados Unidos e no Canadá. Seus discípulos continuam a propagar seus ensinamentos e seu legado neste novo milênio. [N. Ts.]

de vida... Mas, mesmo nesses momentos, podemos sempre nos lembrar de que é possível viver essas dificuldades de uma maneira diferente.

Por exemplo, quando volto para casa do hospital, depois de uma jornada de trabalho fatigante ao lado dos pacientes e de seus sofrimentos, se minha esposa me diz que determinada pessoa me telefonou, que ela não está bem e que seria bom eu retornar a ligação, minha primeira reação é suspirar e pensar que aquilo me pesa. Não me sinto nem um pouco livre para fazer o que quero: "Não basta ser prisioneiro da minha profissão o dia inteiro, agora sou prisioneiro também da minha família. Estou farto de ser psiquiatra dia e noite...". Contudo, tento perceber o absurdo dessa situação e dizer a mim mesmo que não preciso somar minha falta de liberdade exterior à falta de liberdade interior. Não que eu deva me sentir "obrigado", mas sim que posso escolher me envolver de verdade nessas ações, mesmo sem ter tido opção, justamente porque elas fazem sentido para mim.

Aí me esforço para iniciar um segundo movimento, que consiste em dizer a mim mesmo: "Lembre-se de que essa pessoa precisa de você; é importante para ela". E, num terceiro movimento, digo: "Lembre-se dela com alegria". Eu me empenho em reintroduzir a liberdade e a alegria numa situação na qual me envolvi sem escolha (como os plantões noturnos no hospital; é claro que prefiro ficar tranquilo em casa, sem que ninguém me peça nada). Antes de dar o telefonema, digo: "Mesmo que essa conversa dure apenas dez minutos, esteja verdadeiramente presente e faça o melhor que puder".

O mesmo acontece nas sessões de autógrafos com meus leitores: cada encontro dura em média de um a dois minutos, mas estou ali inteiro no presente. Ouço cada um deles com toda a atenção, tento captar o que a pessoa me diz e oferecer alguns conselhos ou palavras de encorajamento – afinal, ela se deslocou de onde estava para me ver, ela confia em mim, e eu lhe ofereço respeito, escuta e afeição. Após duas horas, fico esgotado, razão pela qual jamais assino autógrafos antes das minhas conferências. Sem dúvida, sou "prisioneiro" dos autógrafos (a fila é tão longa que nem tenho tempo de ir ao banheiro), mas escolhi livremente me dedicar a essa tarefa, e essa escolha é libertadora. Se eu fizesse isso suspirando de impaciência, seria duplamente prisioneiro e duplamente infeliz!

Digo tudo isso para afirmar que me sinto livre para aceitar certas sujeições, desde que sejam transitórias e, melhor ainda, se servirem para que o outro sofra menos e viva melhor.

ALEXANDRE: A ascese, os exercícios espirituais se conjugam aqui e agora. A liberdade implica toda uma série de minúsculas ações reiteradas a cada instante. É fácil falar de perseverança, de empenho, mas continuar sempre e progredir são outros quinhentos. Passo a passo, a paz e a aceitação do mundo real ganham espaço. Carinhosamente cuidado por médicos generosos, precisei seguir uma dieta, terreno perfeito para a acrasia e para a perpétua tentação entre a força de vontade e o apelo do estômago. Para recuperar as forças em caso de recaída, para evitar as tentações, eu tinha um lema: "A partida se joga no presente".

CHRISTOPHE: Para nossos pacientes, a cura vem acompanhada da retomada de inúmeras pequenas liberdades, mas elas não se apresentam como tais de maneira evidente. Por exemplo, no caso dos ansiosos e dos fóbicos é a retomada da espontaneidade; eles se livram, pelo menos em parte, de sua tendência de antecipar e planejar tudo para evitar os perigos. Para os depressivos, é a retomada da leveza: tomar uma decisão não exige mais esforços extenuantes, tudo acontece facilmente.

MATTHIEU: Para resumir: enquanto nos esforçamos para conquistar nossa liberdade exterior e contribuir para a liberdade do outro, não devemos de modo algum negligenciar nosso progresso rumo à liberdade interior, aquela que nos permitirá enfrentar com serenidade os altos e os baixos da existência e, no fim do caminho espiritual, nos libertar da ignorância e das causas do sofrimento. Para nós, o importante agora é questionar os obstáculos que surgem no caminho dessa liberdade interior, os meios de cultivá-la, ampliá-la e aprofundá-la a fim de que ela se torne uma verdadeira maneira de ser.

Primeira Parte

OS OBSTÁCULOS À LIBERDADE INTERIOR

“Há pouco tempo precisei tomar a decisão de fazer uma dieta. Sem demora, entrei numa livraria com a furiosa esperança de descobrir algum livro que tivesse resposta para tudo. Voltei para casa com uma pilha deles nos braços, escarrapachei-me diante da televisão e devorei um imenso pacote de batatas chips. Como tinha delegado aos autores dos guias nutricionais a obrigação de me fazerem emagrecer, eu podia simplesmente fazer aquilo e sentir-me liberado, totalmente no controle. Eu já havia feito minha parte do trabalho. A partir de então, a bola estava com eles!

Pesado divórcio entre meu desejo mais profundo e esses conflitos que me estragam a vida. Precipício abissal que parece separar de modo irremediável intenções e ações. Onde encontrar a força para resistir às sereias homéricas que tentam nos afastar do caminho do bom senso, da razão, da sabedoria? Sim, devorar um monte de batatas chips foi como dar um tiro no próprio pé, eu sabia muito bem disso, mas, mesmo assim, foi o que fiz. Como contrapor-se às forças da inércia, dos hábitos, dos condicionamentos?

Dentro de um hospital, um homem me deu uma lição estimulante. Acometido de um câncer, ele arrastava um suporte de soro. Dando uma tragada no cigarro, olhou para mim e disse: “Perdido por perdido, sabe como é...”. Como desobedecer a esse pessimismo inato, a esse fatalismo que revela resignação, e introduzir uma chispa de liberdade nos desejos e apetites que nos governam? Um radioso e magnífico desafio!”

ALEXANDRE

1

A ACRASIA, FRAQUEZA DA VONTADE

ALEXANDRE: Colocar a própria vida sob o signo da liberdade é antes de tudo progredir, é incluir o cotidiano em uma dinâmica. Nossa verdadeira aventura é conduzir nosso caminho inspirados pela paz, pela alegria, pelo amor, pois só assim conseguiremos atenuar a força das alienações, das ilusões, dos desencorajamentos! Mas como os ventos são contrários! Tudo parece se conjugar para fazer essa frágil embarcação naufragar: paixões tristes, angústias, doenças, deficiências físicas... E todos esses conflitos interiores, a vontade que hesita... Serão tantos assim os pilotos que disputam o leme? Não haveria alguma chance de eles entrarem em acordo para manter a direção firme e nos conduzir a um porto seguro?

O que significa acrasia?

Os gregos forjaram um conceito esclarecedor para descrever os campos de batalha, os conflitos interiores que se desencadeiam no fundo do coração: a *acrasia*. Etimologicamente, *acratos* significa o "não poder". Poderíamos traduzir esse termo também por "fraqueza da vontade". São Paulo resume de uma bela maneira as aflições, a agitação, as lutas que podem se desencadear no íntimo do ser: "Com efeito, não faço o bem que quero, mas pratico o mal que não quero". Essa é a origem do sentimento interior da guerra civil, de um despedaçamento do tipo quebra-cabeças e de intermináveis conflitos. Impotente, a vontade indica uma direção, mas quem lidera são as pulsões, as emoções, os medos. Quem nunca experimentou essa alienação que nos deixa sem recursos? É mais forte do que nós...

A acrasia pode contaminar muitas áreas da existência. O alcoolismo, a adicção, a toxicomania são indicações concretas de uma ruptura interior que revela nossa dificuldade de realizar o melhor de nós mesmos. A impotência para mudar prejudica muitas áreas da vida. Sei de antemão que uma relação é nociva, mas mergulho nela até o pescoço. Como sair da engrenagem, como não alimentar esse mecanismo funesto que nos aliena e reduz nossos esforços a nada?

Sem mencionar a culpa que corrói aquele que, desamparado, vê abrir-se o fosso que separa seu ideal de vida, suas convicções, suas sublimes aspirações, de seus próprios comportamentos e ações. Daí a necessidade de uma ascese, de uma pacificação interna para tentar conquistar a grande saúde[1] e eliminar as tiranias pulsionais. Matthieu, você sempre ressalta a coerência, a harmonia perfeita que reina na pessoa do sábio. A intenção e a ação fluem da mesma fonte. Nenhuma mentira, nenhuma ilusão subsiste. Para o aspirante espiritual, que avança rumo à liberdade, que lida com uma série de conflitos, existe um obstáculo terrível: o desencorajamento, o sentimento de total impotência, e talvez até de impostura. Como não desistir quando, de manhã até a noite, somos fantoches dos desejos que nos dominam, arrastados por um gigantesco redemoinho do qual não conseguimos sair?

Nesse caos, seguir os ensinamentos de Chogyam Trungpa já é uma tentativa de agir como o mecânico de automóveis e deixar de nos acusar, de nos culpar por tentar reformar as pessoas que nos rodeiam. Sim, mesmo a mais sincera intenção altruísta pode sucumbir diante do medo, dos fantasmas, da carência. E a maior boa vontade do mundo talvez não seja suficiente para dissipar o egocentrismo, extinguir o narcisismo. Sem dúvida, praticar a autodisciplina com bom humor já implica identificar os problemas e, como faz um bom funileiro diante das capotas amassadas, contemplar sem receio as dores da alma e do coração.

CHRISTOPHE: Do ponto de vista prático, a acrasia significa a incapacidade de cumprir os compromissos e as próprias resoluções. Por exemplo, eu gostaria de ser mais generoso com maior frequência, de comer menos sobremesas, de praticar mais esportes, mas não consigo. Para esclarecer melhor o que depende ou não da acrasia, eu diria que ela designa as coisas que *poderíamos* fazer (se estiverem acima de nossas forças, passamos para outra dimensão, que será abordada mais tarde, quando tratarmos de dependência), mas não fazemos, mesmo considerando que seria aconselhável fazê-las. Três dimensões entram em jogo: quero, posso, mas não faço.

---

1. Referência ao quarto item do prólogo de *Humano, demasiado humano*, de Friedrich Nietzsche (1844-1900), citado aqui na íntegra para contextualizar melhor a ideia nietzschiana da "grande saúde". "Desse isolamento doentio, do deserto desses anos de experimento, é ainda longo o caminho até a enorme e transbordante certeza e saúde, que não pode dispensar a própria doença como meio e anzol para o conhecimento, até a *madura* liberdade do espírito, que é também autodomínio e disciplina do coração e permite o acesso a modos de pensar numerosos e contrários – até a amplidão e refinamento interior que vem da abundância, que exclui o perigo de que o espírito porventura se perca e se apaixone pelos próprios caminhos e fique inebriado em algum canto; até o excesso de forças plásticas, curativas, reconstrutoras e restauradoras, que é precisamente a marca da *grande* saúde". Ver Friedrich Nietzsche. *Humano, demasiado humano.* Tradução de Paulo César de Souza. São Paulo: Companhia das Letras, 2000. p. 10-11. [N. Ts.]

Falar de acrasia na linguagem filosófica, ou de procrastinação na linguagem psicológica (adiar sempre para mais tarde a tomada das próprias resoluções), já é uma grande vantagem; isso evita fazer um julgamento moral sobre uma dificuldade pessoal! Sem essas definições, seremos etiquetados (ou nós mesmos vamos nos etiquetar) como hesitantes, indecisos, irresolutos, preguiçosos, negligentes...

Comigo às vezes acontece de cair nesse gênero de armadilha: estou diante do computador, não consigo redigir um artigo, então começo a olhar meus *e-mails* ou a procurar vagamente qualquer coisa na internet; me desviei do trabalho e, sem perceber, mordi a isca; sinto-me culpado e digo a mim mesmo que estou perdendo tempo. Mas grande parte de mim, a parte acrásica, não tem vontade de retornar à dificuldade!

Evidentemente, é raro ser acrásico por prazer, mas isso quase sempre acontece pela incapacidade de enfrentar uma dificuldade, ou também por hábito: se deixarmos a acrasia tomar conta, ela logo predominará.

MATTHIEU: No budismo, a acrasia, essa funesta contradição entre o que seria bom fazer e o que se faz, corresponde a um dos três aspectos da preguiça. O primeiro consiste em fazer o menos possível e bem devagar. O segundo é desistir da tarefa antes mesmo de começar e dizer: "Ah! Isso não é para mim. Jamais conseguirei fazer", não porque sejamos verdadeiramente incapazes, mas sim porque não temos vontade de fazer esforços. Estagnar no *status quo* de nossas tendências habituais implica uma inércia que nos constrange a repetir os mesmos comportamentos. A terceira forma de preguiça consiste em saber o que é realmente importante, porém fazer uma centena de coisas mais fúteis em vez de se dedicar *à tarefa* essencial. Tudo isso ouvindo constantemente uma vozinha que sussurra: "Olhe, até que não é tão ruim assim. Você só aprofunda mais o abismo, aferra-se aos sofrimentos, perpetua os tormentos e as dependências das quais queria tanto se livrar". Ceder às tendências é fácil. Desvencilhar-se delas demanda esforços persistentes. Além do mais, o aspecto atraente e sedutor sob o qual as tendências quase sempre se apresentam logo nos faz sucumbir, como no caso dos paraísos artificiais. Como dizia Oscar Wilde: "Posso resistir a tudo, menos à tentação".

Por que a acrasia é uma armadilha

CHRISTOPHE: Esses "paraísos artificiais e efêmeros" de que você fala são frequentes em nossos meios materialistas. Vivemos em um mundo de tentações, de superficialidades, de desestabilizações. Devemos navegar no meio delas da melhor maneira possível, sempre oscilando entre a necessária desconfiança e a indispensável despreocupação.

Às vezes tenho a impressão de que nossas sociedades poderiam ser classificadas de "acrasiogênicas" por causa das contradições que oferecem, pois nos entulham de informações sobre o que deveríamos fazer para viver bem e ao mesmo tempo permitem que as empresas nos saturem de tentações (consumir alimentos prejudiciais, sexo, tabaco, álcool etc.). Nunca pude entender, por exemplo, como o governo francês podia permitir a venda de bebidas alcoólicas nos postos de gasolina: quando vamos encher o tanque, damos de cara com prateleiras inteiras repletas de bebidas fortes! Isso se torna uma violência e uma incoerência ainda maior com os motoristas alcoólatras e ex-alcoólatras ou com os que têm o hábito de beber em excesso e estão procurando se moderar!

Além disso, nossa psicologia tem um modo de pensar ainda corrente e bem desencorajador e desmotivador: todos nós seríamos manipulados por um inconsciente movido por desejos insaciáveis, e seria impossível contrariar nossa natureza sem que ela revidasse instantaneamente.

É frequente também estarmos sozinhos diante da tentação. Tenho a impressão de que no passado existiam mais vínculos sociais e maior "vigilância" por parte de nossos familiares: não só vivíamos menos expostos a certas tentações (menos *pubs*, menos telas de computador), como também estávamos quase sempre rodeados de pessoas, em convivência com o grupo, e não solitários e abandonados à própria sorte, como uma criança diante de um pote de balas... Como um vampiro, a acrasia se alimenta de nossas angústias e de nossa solidão.

Enfim, manter resoluções é dificílimo! Com frequência, enfrentar a acrasia consiste em *bloquear* simultaneamente os comportamentos (comer menos, fumar menos), as emoções (menos raiva, menos estresse), os pensamentos (menos pensamentos negativos e pessimistas) e, ao mesmo tempo, *desenvolver* outros comportamentos (comer mais legumes, se organizar mais), outras emoções (mostrar-se mais benevolente) e outros pensamentos (cultivar pensamentos otimistas). Existem ao mesmo tempo o "menos" e o "mais", o que talvez explique nossa dificuldade de enfrentá-los, pois são dois circuitos cerebrais diferentes.

Os trabalhos de Olivier Houdé, professor de psicologia da Sorbonne, sobre as aprendizagens e sobre o que ele denomina "pensamento livre" são muito interessantes. Eles demonstram que, para fazer nossos julgamentos e comportamentos evoluir, devemos ativar certas capacidades psicológicas (flexibilidade, lógica, recuo), mas também devemos inibir outras (raciocínios pré-lógicos, automatismos, hábitos e preconceitos). Essas capacidades inibidoras residem no córtex pré-frontal inferior. A função de "resistência" psicológica é fundamental para qualquer tipo de aprendizagem (nas crianças) e para qualquer evolução psicológica (mudar de opinião ou de comportamento, nos adultos).

ALEXANDRE: A tradição filosófica denomina "temperança", *sôphrosunê*[2], a moderação dos desejos. Mas como progredir nessa área? Onde se aprende o equilíbrio justo? Como pacificar a afetividade, a sexualidade, o coração? Um abismo imenso separa a teoria da prática. Para não cair na escravidão e não se alienar completamente, a autodisciplina e a arte de viver são as práticas mais bem-vindas. Quando você fala do autocontrole, Christophe, você ressalta a força do sábio, sua autodeterminação, seu autocontrole. Mas para o aspirante espiritual, a coisa muda de figura. Qual é o desafio? Livrar-se da ambição desmedida, não se deixar dominar pelas emoções, acolher a sensualidade e fazer dela um espaço sublime de liberdade, de generosidade, de dádiva de si. Para barrar o desencorajamento, é preciso saber que a atuação da acrasia é mais ou menos setorial – ela invade certas áreas da nossa existência e deixa outras incólumes. Em determinados momentos, vem contaminar o dia a dia sem alterar a integridade do nosso ser. Como dizia Friedrich Nietzsche, continuamos saudáveis em nossa totalidade. E se descobríssemos nossas vulnerabilidades e aí criássemos postos de vigilância?

A ladeira da adicção é bem escorregadia. Basta pensar no exemplo idiota dos amendoins. Difícil parar de comer depois de começar. Na vida diária existem milhares de situações semelhantes aos amendoins: filmes, celulares, sede de sensações, dependência afetiva... Para se lançar nos caminhos da liberdade, já não seria um começo identificar as regiões acrásicas do nosso ser, os comportamentos e as tendências que são mais fortes do que nós – das incursões às livrarias aos atos de violência, dos abusos do álcool à necessidade de afeto? São milhares as ocasiões em que a vontade declara folga. Sem necessariamente culpar ou condenar ninguém, por que não avançar na mais completa humildade e abrir os olhos para as próprias fraquezas, carências e mágoas... Ser voluntarioso e acreditar que tudo está sob controle, que basta estalar os dedos para operar uma mudança total é uma ilusão que jamais libertou alguém. Não; a intemperança não precisa de pontapés no traseiro nem de reprovações. Para se libertar é sempre necessário compreender, destrinchar os mecanismos, estabelecer ações para sair das prisões e adquirir hábitos saudáveis que propiciam uma nova vida.

MATTHIEU: De fato, dar pontapés em um homem acorrentado para incentivá-lo a se mover não é a melhor maneira de proceder! É muito melhor mostrar a ele como libertar-se das correntes. De nada serve também dar lições aos outros se nós mesmos não exercitamos a liberdade que pregamos. Certo dia, uma mãe trouxe seu filho para um encontro com Mulá Nasrudin, um sábio

2. Para os filósofos gregos, "*sôphrosunê*" designa a virtude do autocontrole, ou a temperança, que Aristóteles situava entre a autoindulgência (*akolasia*) e a insensibilidade (*anaisthêsia*). [N. Ts.)

bem-humorado cujas peripécias são contadas há muitos séculos, desde a Índia até o Oriente Médio. A mãe veio pedir a Nasrudin que convencesse seu filho a parar de comer gulodices, na expectativa de que a autoridade do sábio tivesse mais efeito do que a dela. O sábio olhou para o menino e depois disse à mãe: "Volte daqui a quinze dias". Quinze dias depois, a mãe trouxe o filho diante de Nasrudin, que olhou a criança direto nos olhos e ordenou com voz firme: "Pare de comer balas!". Impressionado, o menino aquiesceu timidamente com a cabeça. A mãe não se conteve e perguntou a Nasrudin por que ele não havia dito isso quinze dias antes. "Porque queria verificar por mim mesmo se era possível parar de comer balas."

Mais do que tudo, não conseguir é bem diferente de não querer. Se, ao primeiro olhar, uma tarefa está além da nossa capacidade de realizá-la, é preciso avançar passo a passo. O fato de a viagem ser longa não deve nos desencorajar. O mais importante é saber que estamos na direção certa. Nesse caso, cada passo dado tem um sentido e isso é gratificante. Enfim, se essa tarefa for mesmo irrealizável, reconhecer isso e partir para outra não significa acrasia nem resignação, mas sabedoria.

ALEXANDRE: A força da inércia, os condicionamentos, os hábitos... Vamos sair dessa prisão e tentar começar uma vida nova! Avançar no caminho da liberdade tem muito mais a ver com uma maratona do que com um *sprint* (corrida de curta distância). E nessa aventura, a força de vontade exerce muito mais a função de leme do que de motor, pois indica a direção, ajuda a manter o passo, a perseverar. Mas se quisermos funcionar apenas pela força de vontade acabaremos completamente exaustos, exauridos, esgotados.

CHRISTOPHE: Será que não podemos considerar a força de vontade também como o combustível e nossos valores, nosso ideais, nossos objetivos como o leme?

MATTHIEU: Sem combustível, estagnamos. Meu tio, o navegador solitário Jacques-Yves Le Toumelin, atingiu uma zona de calmarias perto das ilhas Galápagos, onde passou três semanas sem um único sopro de vento. Seu veleiro não tinha motor. Numa situação dessas pode-se girar o leme em qualquer sentido que o barco não se move um centímetro sequer. Pessoalmente, eu diria que a motivação é o timão do barco: ao controlar o leme, ele determina a direção da travessia. A vontade é o vento, que infla as velas e permite chegar a um porto seguro.

“A motivação é o timão do barco: ele determina a direção. A vontade é o vento, que infla as velas e nos permite chegar a um porto seguro.”

ALEXANDRE: Os obstáculos que nos impedem de percorrer o caminho, de navegar ao largo, de flutuar no oceano da existência podem a longo prazo minar nossas forças. É aí que o sábio, como bom médico, acorre para nos reanimar. Sem nenhum tipo de condenação, ele atesta que existe outro modo de vida possível, que os tormentos não são uma fatalidade. Leve, bem-humorado, ele dança com a existência bem longe de todos os psicodramas. Sem funcionar seguindo apenas a própria vontade, ele não cria obstáculos para a vida nem para a alegria que sente; ele simplesmente existe.

MATTHIEU: Sim, a partir do momento em que você elimina as tendências e os hábitos responsáveis pelos sofrimentos, qualquer pensamento seu que se manifestar em palavras e ações será benéfico a você e aos outros. Você agirá com simplicidade, leveza e liberdade, sem ter de se empenhar em esforços laboriosos, além de se sentir em perfeita coerência com seus valores mais íntimos. Pela maneira transparente de ser, o sábio em si mesmo já é um ensinamento. O próprio mensageiro transforma-se em mensagem.

A MENTE É INTOLERANTE AO SOFRIMENTO

CHRISTOPHE: Creio que ainda exista mais uma dimensão para abordar: com frequência tenho a sensação de que o que conduz ao erro da acrasia não é apenas a fraqueza da vontade, mas a intolerância à incerteza, ao desconforto e ao sofrimento.

Vamos pegar o caso do que se poderia denominar acrasia emocional: se acabo de saber que tenho uma doença grave, é claro que essa notícia me afeta profundamente. Com muito esforço, digo a mim mesmo: caia na real, aceite-a como ela é, não se desespere, saiba acima de tudo que não vale a pena ruminar sobre o assunto, faça tudo o que tiver de fazer e volte a viver a vida com alegria; essa é a sua salvação. Mas a incerteza é tão insuportável que "prefiro" ruminar sobre as certezas negativas e os cenários pessimistas: "Estou perdido, nunca sairei disso...". E o que parece uma falta de força de vontade se revela uma incapacidade de resistir à incerteza e ao sofrimento. O que talvez nos falte seja a força de vontade de continuar a aplicar as estratégias que sabemos que vão nos fazer bem, mas é tão difícil ir em busca desse bem!

Tenho a impressão de que, quando temos dificuldade de controlar nossas emoções, isso é muito mais uma incapacidade transitória do que uma fraqueza da vontade. Sou absorvido por minhas emoções dolorosas e negativas, contemplo o campo de batalha e digo a mim mesmo: "Ok! Espere, tenha calma, não perca a direção. Tudo vai se assentar, a situação vai mudar. Faça o melhor que puder para manter o rumo...".

ALEXANDRE: Você faz muito bem, caro Christophe, de relembrar o caráter transitório e efêmero das lutas, dos campos de batalha. Parece que o que atrapalha é precisamente esquecer que tudo passa, mesmo as pedras do caminho, as crises passionais, os tormentos da alma. É uma loucura constatar como os cenários catastróficos podem se desencadear. Em meio à tormenta, é difícil acreditar que a emoção não vai nos devorar vivos. De súbito, a ladainha da mente entra em ação: "Estou arruinado", "Minha vida acabou", "Não terei forças", "O combate é demasiado para mim". Em plena acrasia, lembrar-se de que tudo é transitório, impermanente, é como se deixar flutuar; é acolher o tumulto de braços abertos.

Uma amiga do Matthieu me ajudou muito nesse caminho. Em nosso retorno da Coreia, em plena mudança, enquanto eu arrancava os cabelos de preocupação, ela me disse: "Isso aqui virou uma zona, mas não tem problema!". Além disso, tenho meu mantra. Quando atravesso uma turbulência, no meio do caos digo a mim mesmo que aquilo de fato está uma zona, mas não necessariamente um drama. A mente, essa máquina gigantesca que nos faz arrancar os cabelos, está condicionada a exagerar as coisas. Sem cair num otimismo ingênuo, podemos tomar consciência de que existem dois tipos de sofrimento, ou melhor, duas camadas: a tragédia da existência – as doenças, os tremores de terra, a deficiência física, a morte, uma espécie de solidão – e ainda por cima toda a carga de psicodramas inteiramente fabricados pelo ego. Ainda bem que podemos desativar esses dragões internos, dissolvê-los pouco a pouco e começar já a evitar sermos enganados totalmente pelos cenários trágicos que habitam em nós.

Como sair da acrasia?

CHRISTOPHE: Esse "engano da mente" de que você fala, Alexandre, às vezes assume a forma de uma incapacidade de prevenir a automutilação. Por exemplo, se um paciente sofre de eczema, sua tendência é coçar ferozmente a pele, o que agrava as lesões dermatológicas e exacerba a vontade de coçar. Essa situação pode degenerar e provocar escoriações na área lesionada, complicando o quadro inicial. O ideal seria não começar a coçar (da mesma forma que, psicologicamente, o ideal é não começar a ruminar, a remoer os pensamentos). Isso é bem difícil, sobretudo pelo fato de que coçar, remoer, alivia... mas só durante alguns segundos! Sabemos muito bem disso; sabemos que não vai durar, mas coçamos assim mesmo. O ideal seria aplicar um creme hidratante (para evitar o excesso de corticoides cutâneos) e só tocar de leve as lesões. Mas como isso é difícil! No caso da acrasia, temos a seguinte pergunta: como fazer para não coçar e onde encontrar forças para isso?

MATTHIEU: Coçar traz alívio, mas o ideal de fato é que o prurido desapareça. Por isso, a ideia é encontrar um antídoto capaz de dissolver inteiramente as tendências habituais, em vez de usar um paliativo para dissimular os sintomas. Parece que a acrasia também está ligada a uma falta de coerência e a diversas formas de dissonâncias cognitivas entre nossos ideais, nossos valores e nossos comportamentos. Já vimos parlamentares encarregados da luta contra a evasão fiscal depositar dinheiro na Suíça para escapar dos impostos, ou políticos e pregadores religiosos, nos Estados Unidos, que se diziam campeões na proteção e no respeito às mulheres, que tinham, eles mesmos, cometido violência sexual. Temos registros ainda mais trágicos disso nos campos de concentração – bons pais de família agiam como carrascos.

As tendências habituais resultam de um acúmulo de pensamentos, emoções e comportamentos. Se colocarmos um peso durante semanas no centro de uma longa prancha de madeira, após um certo tempo a prancha ficará empenada, mesmo se retirarmos o peso. É impossível que ela fique reta e, se a forçarmos demais, pode quebrar. É preciso voltar a colocar um peso que corrija a curvatura, dia após dia, até que retome sua forma inicial e a conserve. É preciso tempo e muita paciência para extinguir nossas tendências habituais. É aí que intervêm a força de vontade e a perseverança. O Buda costumava dizer: "Mostrei-lhes o caminho; agora cabe a vocês percorrê-lo". O Buda não pode percorrer o caminho em nosso lugar, ele não vai nos libertar dos sofrimentos nem nos conduzir ao Despertar, como se jogasse um pedregulho no telhado. Ele nos indica o caminho, ilumina nossos passos e nos oferece conselhos para uma viagem sem problemas.

O sábio é uma espécie de polo magnético para a bússola de quem se aproxima dele. Na ausência desse polo, a bússola perde a referência. O viajante que não tem nenhum ponto de referência se sente impotente e perde a coragem. Mas, quando o polo aparece, a bússola se orienta para o norte, e a pessoa perdida já pode saber que direção tomar, o que dará sentido a cada um de seus passos.

A dissonância cognitiva nos coloca em desequilíbrio com nossos valores e com as coisas que acreditamos ser justas, o que gera inevitavelmente uma sensação de mal-estar. Por isso, é aconselhável entrar em ação e tentar recuperar o equilíbrio interno. Esse movimento exige esforços, mas eles devem ser estimulados pelo entusiasmo de quem visualiza coisas boas no fim do caminho. Sabendo que sempre existe uma possibilidade de mudança, é preciso agir e identificar as causas e as condições capazes de fazer a situação evoluir.

Acrasia significa desistir da ideia de fazer os esforços necessários para se transformar. A hesitação diante da mudança também se deve ao fato de não termos certeza de que o resultado será benéfico. Dizemos a nós mesmos: "Bom, prefiro continuar assim porque, mesmo que minha situação não seja ideal, tudo poderia ser bem pior. Quem sabe o que a mudança vai trazer?". Muitos execram a ideia de fazer um trabalho consigo mesmos. Preferem improvisar dia após dia.

ALEXANDRE: Genial a imagem da prancha de madeira empenada! Inspiradora! Se é preciso tempo para se aprisionar nos hábitos e adquirir manias nocivas, escalar a encosta de uma montanha não é coisa que se consiga fazer da noite para o dia; é preciso uma paciência infinita.

Spinoza nos lembra de que o ser humano não é um império dentro de um império. Inseridos na natureza, presos a circunstâncias que não necessariamente escolhemos, temos a certeza de não ter plenos poderes sobre nada. A primeira etapa da ação consiste em identificar as paixões tristes, as forças que nos determinam, os reflexos, o peso dos condicionamentos no decorrer de nossas vidas. Com infinita benevolência, vamos olhar para as áreas da vida em que somos frágeis e cultivar uma vigilante atenção sobre elas. A comida, o álcool, a sensualidade, o sexo, a necessidade de reconhecimento – em qual delas somos convidados a trabalhar para nos tornarmos mais livres, mais leves, mais donos de nós mesmos?

Para não desmoronar no meio do caminho, é preciso descobrir os recursos que podem nos ajudar a encontrar a paz e, como um bom mecânico, considerar o que se passa dentro de nós, lidar sempre com os fatos, sem convocar o exército de julgamentos culpabilizantes. O que está acontecendo comigo? Quais são as áreas importantes da minha existência? Qual é a consistência da tempestade que surge aqui e agora? As tradições orientais aconselham a assumir a posição de testemunha. O mais *urgente* é diminuir o passo, é se dar tempo, é observar o campo de batalha sem querer intervir a qualquer preço. Está uma zona, mas não tem problema! A confusão é total, mas por que perder a confiança, a fé? A vida ganha terreno; o desafio é não fazer drama quando o cenário começar a balançar um pouco.

O genial doutor Spinoza oferece uma das ferramentas mais poderosas para isso: descobrir o que realmente nos enche de alegria. Essa gaia ciência[3], essa arte de se divertir intensamente, quaisquer que sejam as circunstâncias, constitui a provisão de todo caminho espiritual. Ela amplia os horizontes, torna-nos disponíveis para a grande viagem. Combater as acrasias não é só uma questão de força de vontade nem de autocontrole. Se tentarmos resistir dia e noite às

3. *A gaia ciência* (em alemão: *Die fröhliche Wissenschaft*) é o último trabalho da fase positiva de Friedrich Nietzsche, e uma das obras mais lidas do autor. A expressão "*gai savoir*" ou "*gaya scienza*" corresponde à habilidade técnica e ao espírito livre requeridos para a escrita poética. O livro é escrito na forma de aforismos como: "*Qual o problema da liberdade alcançada?* Não mais envergonhar-se de si mesmo" (Aforismo 275). "*Em que acredita você?* Nisto: que os pesos de todas as coisas precisam ser novamente determinados." (Aforismo 269). *A gaia ciência*. Tradução de Paulo César de Souza. São Paulo: Companhia das Letras, 2012. p. 165. [N. Ts.]

tentações, a vida cotidiana pode se tornar bem amarga. Por isso, é necessário fazer a vida circular, tentar praticar uma ascese divertida, leve. Spinoza tem muita razão quando afirma que não é a privação que conduz ao desapego, mas a alegria que culmina na liberdade. Sim, apenas um coração leve, bem-humorado, jovial, generoso pode renunciar alegremente às migalhas do bem-estar, aos golpes do esquecimento de si, às falsas aparências e, assim, encontrar a felicidade.

Para se livrar da acrasia existe uma estratégia: setorizar, circunscrever, delimitar as áreas acrásicas. Ninguém pode ser reduzido aos seus combates. Posso ser um excelente pai de família e ter uma explosão de raiva de vez em quando na vida. Podemos praticar o altruísmo e ainda assim continuar a nos sentir magoados, frágeis, vulneráveis, desarmados. A ternura consigo mesmo não é apenas um bálsamo; é também um tônico que estimula a perseverança e nos ajuda a sair das dificuldades.

"Não se pode mudar": mais uma ideia falsa!

MATTHIEU: Alguns afirmam que, no fim das contas, "a gente não muda". Isso é verdade se continuarmos a manter e a reforçar nossos hábitos e, a menos que aconteçam grandes perturbações em nossa existência, em geral nossos traços de caráter permanecerão estáveis, ou vão até piorar. Em contrapartida, se estivermos convencidos de que há pontos a melhorar em nossa maneira de ser e decidirmos empreender a tarefa, será perfeitamente possível evoluir.

Sabe-se hoje que a "neuroplasticidade", isto é, a capacidade do cérebro de se modificar em função da experiência, permite mudar em qualquer idade. Essa plasticidade pode ser provocada por uma mudança nas condições exteriores, como também pelo desenvolvimento de capacidades que até então existiam em estado latente. É possível aprender a ler, a fazer malabarismos, a jogar xadrez e também a cultivar qualidades humanas essenciais como a atenção, o equilíbrio emocional e a benevolência. Em todos os casos, se não houver treinamento, não haverá mudança.

Não se trata aqui de propor um manual de "desenvolvimento pessoal em cinco etapas e três semanas", mas de compartilhar uma gama de conhecimentos seculares de exploração do funcionamento da mente, corroborado pelas ciências cognitivas e pelas neurociências contemporâneas.

A experiência demonstra que muitas pessoas que se encontravam em estado insatisfatório ou doloroso conseguiram percorrer o caminho que conduz a uma maior liberdade interior. A resiliência principalmente é uma qualidade que se adquire com a experiência, mas que também pode ser cultivada pelo treinamento mental. Por outro lado, existem sábios que foram ainda mais longe e se livraram de toda forma de confusão mental; eles usufruem de uma liberdade interior irreversível. A força do testemunho demonstra que, se essa transformação é possível para os outros, por que não seria para nós?

Existe uma diferença entre o pessimista que diz a si mesmo: "Sou um zero à esquerda, sou incapaz de sair dessa situação. As coisas são assim mesmo, não posso fazer nada a respeito", e a pessoa que constata: "Bem, sei que tenho pontos fracos, mas também tenho qualidades e, acima de tudo, força de vontade. Tenho uma ferida dolorosa, mas o resto do corpo está são; acredito que, se cuidar desse ferimento, ele acabará cicatrizando". Mais realista do que o pessimista inveterado, o otimista sabe que a mudança é possível, que existem oportunidades de todo tipo e muitos caminhos a explorar. O entusiasmo que nasce da contemplação dos benefícios da mudança pode nos tirar da acrasia. Para isso, o ideal é definir uma série precisa de tarefas, bem delimitadas, porque é mais fácil cumprir uma a uma. Caso contrário, corremos o risco de achar que a tarefa completa está acima da nossa capacidade.

• CAIXA DE FERRAMENTAS •

Para enfrentar a acrasia

◈

ALEXANDRE

- *Não fazer um drama* dos combates, das recaídas, dos passos em falso. Todo ano, no dia primeiro de janeiro, assumo compromissos impossíveis de cumprir a longo prazo. Descobrir a liberdade é primeiro de tudo identificar quais são nossas algemas, avaliar nossos recursos e dissolver um a um os psicodramas.
- *Temos muito trabalho pela frente; trabalho nunca faltou...* O caminho espiritual é muito mais uma maratona do que um *sprint*, uma corrida de velocidade. No meio do caminho podemos tropeçar, quebrar a cara. Para essa grande viagem, vamos descobrir o que nos reanima, o que nos reconforta, nos revigora. Um maratonista que se dopa, ou se anestesia, não conseguirá manter o passo o tempo todo. A sabedoria exige que identifiquemos o que nos alimenta profundamente. Essa gaia ciência, essa arte de desfrutar a vida, quaisquer que sejam as circunstâncias, tem sua origem na alegria incondicional.
- *Descentrar-se.* Encarar os combates interiores é, na certa, dar direto com a cara na parede. Por isso, a prudência manda se descentrar um pouco, impedir que os problemas sejam o centro da nossa vida, o que não significa fugir deles. E quando estou mal, nada me impede de concretamente chamar alguém que também luta contra a acrasia e apoiá-lo, oferecer-lhe um ombro amigo, escutá-lo.

MATTHIEU

- *O primeiro passo*: A prática budista recomenda começar tentando descobrir os estados mentais e as emoções perturbadoras que mais nos afetam e diante das quais somos mais vulneráveis. Em seguida, é preciso identificar os antídotos apropriados e colocá-los em ação. É necessário compreender também que aquilo que nos atormenta não depende apenas de uma causa, mas de inumeráveis causas e condições interdependentes que devem ser levadas em consideração.

- *Um passo depois do outro.* Shantideva, o grande mestre budista indiano, costumava dizer que não existem grandes tarefas difíceis que não possam ser decompostas em pequenas tarefas fáceis.
- *A motivação*: Se treinar a mente por meio de técnicas apropriadas permite tornar-se menos irado, menos ansioso, menos arrogante, sem sombra de dúvida compensa explorar essa possibilidade. Se você quebra uma perna, a recuperação vai exigir esforços, mas isso vale muito mais a pena do que ter de andar de bengala para o resto da vida. Observe ao seu redor – centenas de pessoas conseguiram sair dessas situações.

CHRISTOPHE

- *O elogio das resoluções.* A acrasia alimenta-se da falta de projetos. Sem dúvida, a fraqueza da vontade pode frear o processo de decisão, complicá-lo, mas visualizar as coisas e tomar decisões é uma atitude produtiva! Estudos demonstram que muitas das resoluções que tomamos são úteis: em seis meses, 40% delas ainda se mantêm e, em dois anos, 20% ainda continuam. Quando não há nenhuma resolução, o resultado é sempre 0%!
- *O elogio do não julgamento.* Devemos simplesmente aceitar que em nossas resoluções sempre há perda, isso sem nos agredir nem nos desvalorizar.
- *O elogio do discernimento.* Cabe a nós observar se o problema da acrasia é passageiro (porque estamos fatigados ou excessivamente expostos às tentações) ou se ele se repete (talvez porque o objetivo seja muito difícil nesse momento da nossa vida, ou porque precisamos rever nossa maneira de conduzi-lo).

“*De maneira geral, não tenho a impressão de ser muito vulnerável à dependência: detesto o fumo, controlo sem muito esforço o uso do computador e o consumo de álcool. Certo dia, porém, tive uma experiência adictiva que me mostrou até que ponto e com que rapidez essa perda de liberdade podia se apossar de qualquer um, mesmo de pessoas que se sentem muito bem, ou mais ou menos bem (quase sempre temos a imagem de que a dependência se instala para compensar um mal-estar interior).*

Eu estava de férias na casa do meu irmão, bem na época em que começaram a aparecer aqueles magníficos videogames, ao mesmo tempo narrativos e estratégicos, cujo realismo dava verdadeiramente a ilusão de que tudo era autêntico. Após o jantar, por volta das 21 horas, meu irmão me propôs experimentar um videogame denominado Civilização. O objetivo do jogo era criar e governar uma civilização, desde a Idade da Pedra até a Era Moderna: tudo começava com a construção de uma fazenda, depois de uma fortificação ao redor dela, roubávamos as vacas do vizinho, nos tornávamos conquistadores e todo esse gênero de ações... Era como uma brincadeira de crianças, mas tão fascinante que, quando olhei o relógio pela primeira vez, me dei conta de que eram 3 horas da manhã! Fui dormir, mas lutando contra minha vontade de continuar "só mais um pouquinho"; consegui ser razoável, mas só porque precisava estar em forma no outro dia.

Na noite seguinte, durante o jantar, eu tinha uma única urgência: retomar o jogo, reencontrar meu reino, meus camponeses e meus soldados virtuais, abandonados na véspera, que esperavam minhas ordens e minha estratégia! Apesar das recomendações de minha esposa, passei por "recaídas" várias noites seguidas. No dia de ir embora, meu irmão me ofereceu o videogame de presente. E respondi: "De jeito nenhum!". Desde então, nenhum desses jogos entrou na minha casa! Aliás, isso me faz lembrar do anúncio publicitário de um fabricante desses videogames tão inteligentes e tão diabolicamente viciantes: "É mais forte do que você!". Nesse slogan *estava embutido ao mesmo tempo o desafio (quem será o mais forte?) e a promessa da dependência, cuja frase "É mais forte do que eu" poderia ser usada como lema...*”

Christophe

2

A DEPENDÊNCIA

CHRISTOPHE: Do ponto de vista médico, ser dependente significa não poder passar sem determinada substância (álcool, fumo, drogas), sem uma relação (dependência afetiva ou sexual) ou sem um tipo de comportamento (dependência da opinião do outro ou de elogios). Existem dependências consideradas normais: todos nós dependemos da água, do oxigênio, do sol, dos outros seres humanos, mas as dependências de que iremos tratar aqui são aquelas que nos fazem sofrer.

Se uma dependência é problemática, é porque gera sofrimento – para a própria pessoa e para o outro – e porque tem um lado incontrolável. Todas as atividades que nos proporcionam prazer intenso, ou rápido demais, podem culminar numa dependência: sexualidade, álcool, comida. Se a dependência consiste em beber uma taça de vinho todas as noites, isso é, no máximo, um problema comportamental e, se não desenvolve uma insensibilidade que obrigue a aumentar a dose toda vez para obter o mesmo prazer de costume, esse comportamento não é considerado patológico. Ele se insere muito mais no registro do hábito, uma forma leve de dependência de conforto e de prazer que poderíamos dispensar ao preço de um simples desconforto.

A dependência de drogas reduz consideravelmente a liberdade: o dependente químico vive apenas à espera da próxima dose. Sua visão da existência sofre um empobrecimento. Na minha opinião, essa é a mais absoluta das alienações. Da acrasia à dependência há uma perda extra de liberdade. Na acrasia, a pessoa sabe o que deve fazer – a ação está dentro dos limites de suas capacidades atuais –, mas ela não tem firmeza para concretizá-la. No caso da dependência, a pessoa também tem noção do que precisa fazer, mas isso é impossível para ela. Muitas vezes, no fundo de si mesma, ela quer de fato se livrar do vício (todos sabem que é muito complicado ajudar dependentes químicos quando já se encontram nesse estado). "É mais forte do que eu" é a frase mais comum entre eles.

MATTHIEU: A dependência poderia ser descrita como um acúmulo de alienações que acaba por nos precipitar no abismo da adicção. Isso não é uma acusação, mas uma constatação clínica. Nesse caso, o trabalho mental consiste em livrar-se das algemas que a mente forjou. No cérebro, tanto a dependência como o treinamento mental, que ajuda a se livrar dela, modificarão as redes neuronais implicadas na adicção.

ALEXANDRE: Daí a necessidade de uma boa dose de paciência. É preciso tempo para sair do buraco...

Os mecanismos cerebrais da dependência

MATTHIEU: Ser dependente é desejar sem ser dono da própria vontade, é continuar a desejar algo de que não se gosta mais. Há alguns anos, fiquei perplexo com as descobertas de Kent Berridge, um neurocientista que eu já havia encontrado inúmeras vezes, particularmente em uma das conferências organizadas pelo Mind and Life Institute. Na ocasião, passamos cinco dias discutindo a questão do desejo, da necessidade e da dependência. Os trabalhos de Berridge demonstram que existem no cérebro redes neuronais diferentes para o que se *ama* e para o que se *deseja*. Quando se ama o que dá prazer – uma boa ducha quente depois de um passeio na neve ou uma porção de comidas deliciosas, por exemplo –, as redes neuronais ativadas não são as mesmas que atuam quando se deseja essa coisa. Isso porque o prazer que se sente em realizar certas experiências, quase sempre de ordem sensorial, é volátil, pode transformar-se rapidamente em indiferença, desgosto e até mesmo em aversão. Um pedaço de bolo com cobertura de creme é delicioso, mas cinco pedaços podem provocar náuseas.

Kent Berridge e outros pesquisadores demonstraram que, quando repetimos muitas vezes as experiências prazerosas, reforçamos as redes cerebrais que nos fazem desejar e querer essas experiências. Chega um momento, porém, em que não se sente mais prazer, seja no uso de uma droga, de um prazer sensual ou de qualquer outra forma de sensação que no início era prazerosa. E ainda assim continuamos a desejar cada vez mais essa experiência. Além disso, esse desejo, essa sede, é muito mais estável do que as sensações de prazer, efêmeras por natureza. É por isso que os prazeres intensos são mais raros do que os desejos intensos. Quando o desejo se torna todo-poderoso e constante, quando nos sentimos hipersensibilizados pelo objeto desse desejo, podemos falar de dependência. No fim das contas, a gente fica na triste situação de não poder evitar desejar alguma coisa que quase não dá mais prazer algum e que pode até mesmo provocar asco.

Berridge descreve um tipo de situação extrema: é possível induzir um rato a desejar algo que não somente jamais lhe deu prazer algum, como até então ele considerava repugnante. Se ativarmos de maneira repetitiva as áreas do cérebro ligadas ao desejo no mesmo momento em que fizermos o rato beber uma água tão salgada quanto a do mar Morto (três vezes mais salgada do que a dos outros mares), atingiremos um estado de condicionamento em que, ao se ativar a área do desejo, o rato se afasta da alavanca que dá acesso a uma solução de água açucarada e vai direto para a que libera a água salgada, embora antes do condicionamento ele evitasse sistematicamente essa alavanca.

Essa experiência permite constatar até que ponto a situação é viciante, pois não basta repetir para a pessoa em situação de dependência "Você tem de pensar no álcool, na droga e na adicção ao sexo como coisas repugnantes", já que quase sempre ela já sente aversão pelo objeto de sua dependência. Não basta considerar algo indesejável para não querer mais. Algumas pessoas chegam a afirmar que não conseguem deixar de correr atrás do objeto de seu desejo mesmo que detestem sua dependência. Parece que temos grandes lições a tirar dessas pesquisas.

CHRISTOPHE: Alguns criticam as pesquisas de exploração neurobiológica dos nossos desejos, sonhos, alucinações, das nossas engrenagens psicológicas. Taxam essa abordagem de reducionista: o ser humano não se "reduz" à sua biologia. É a pura verdade; no entanto, considero reconfortante saber que, se sou vítima de uma dependência, é por causa das disfunções que ocorreram nos mecanismos do meu cérebro e também porque me deixei dominar por esses mecanismos pulsionais sem conseguir controlá-los. Isso me torna responsável – ninguém pode agir sobre meu cérebro em meu lugar –, mas sem me culpar por isso – não sou um molenga que escolheu se tornar dependente. Existe uma dimensão biológica que eu não escolhi, mas contra a qual preciso me mobilizar.

Por outro lado, essa dimensão biológica dá muito bem conta da dissociação que nos domina: de um lado, corremos atrás do que nos dá prazer; de outro, sabemos perfeitamente que haverá inconvenientes muito desagradáveis: inconvenientes médicos, porque a dependência prejudica meu corpo; inconvenientes psicológicos, pois me sinto fraco, debilitado, e tenho a sensação de perder meu livre-arbítrio no campo da minha existência; inconvenientes relacionais, porque a dependência lentamente me isola do mundo. No melhor dos casos, experimentamos a decepção e a desvalorização; no pior, um sentimento de vazio existencial: sou dominado por um desejo que não me proporciona mais nada e que, num segundo momento, me deixa desolado e destrói minha vida; e sou impotente para impedi-lo de atuar em mim.

MATTHIEU: Ontem mesmo vimos pegadas de animais selvagens na neve que nos permitiram dizer: "Por aqui passaram um coelho, uma raposa, uma doninha". Do mesmo modo, quando se estuda o cérebro, descobrem-se os traços deixados pelos diversos modos de pensamentos, pelas propensões, pelas emoções, pela alienação e pela sabedoria. A análise desses traços pode ser reveladora. Longe de despoetizar a natureza humana, essas pesquisas científicas foram para mim um revelador que cristalizou uma intuição. Compreender a dissociação entre o que se ama e o que se deseja cria ferramentas para se libertar de uma dependência funesta e escolher a melhor maneira de intervir sobre ela. Treinar a mente pode remodelar nossas conexões neurais por meio da neuroplasticidade. Precisamos nos descondicionar, pensamento após pensamento, emoção após emoção, a fim de enfraquecer lentamente as redes cerebrais associadas às tendências que nos fazem desejar sem trégua aquilo que nos prejudica.

CHRISTOPHE: O que é surpreendente nos estudos sobre os mecanismos cerebrais da dependência, qualquer que seja, é a constatação de que o circuito do prazer é frágil e instável, pois se desintegra rapidamente. Em contrapartida, o circuito cerebral da dependência é muito mais sólido, mais estável e resiste muito mais tempo à extinção. Ser dependente é tornar-se pouco a pouco "adicto" a tudo aquilo que nos dá mais prazer do que dor ou medo...

Por que é tão difícil sair da dependência?

MATTHIEU: Libertar-se de uma dependência é um verdadeiro desafio. A experiência vivida, corroborada pelas neurociências, mostra que, além da força de vontade e da necessidade de mantê-la por um tempo suficientemente longo, existem ainda quatro obstáculos extras. Em primeiro lugar, é fato reconhecido que as áreas do cérebro ligadas à vontade são mais difíceis de ativar nas pessoas em estado de dependência! Elas são portadoras de uma deficiência exatamente na área da vontade, da qual têm tanta necessidade.

Em segundo lugar, a dependência modifica o cérebro de maneira permanente, tornando-o mais reativo aos estímulos que provocam os comportamentos adictivos. Essa sensibilização do cérebro nos faz reagir com mais facilidade e intensidade aos fatores que desencadeiam o consumo de uma substância química ou ao brilho de uma tela de videogame.

O pior de tudo é que em todo treinamento, seja na prática meditativa, seja no aprendizado de piano, a neuroplasticidade, isto é, a transformação de certos conjuntos de neurônios em determinadas áreas cerebrais, se produz essencialmente na área do cérebro denominada hipocampo. Sabe-se ainda que, em casos de depressão, a atividade do hipocampo é inibida, o que torna a mudança bem mais difícil. No entanto, ela é solicitada quando se aprende a arte do malabarismo, durante a meditação e a prática de esportes. Infelizmente, no caso do dependente químico, o hipocampo também fica inibido. Ele tem menos força de vontade e sua capacidade de mudança fica enfraquecida. Trata-se então de um quádruplo obstáculo: uma intensificação do desejo, uma hiperatividade diante do estímulo adictivo, um enfraquecimento da vontade e uma inibição na área do cérebro que atualiza a mudança. Para conseguir sair dessa situação, é precioso saber de tudo isso. Precisamos mobilizar ao máximo a vontade que nos resta e fortalecê-la dia após dia com muita paciência.

ALEXANDRE: Como enfatiza a filósofa Simone Weil, existe uma espécie de ascetismo no indivíduo apaixonado. É bizarro tudo o que estamos prontos a fazer, a sacrificar para atenuar a ausência, para obedecer a um desejo. No fundo, creio que existem dois tipos de libertação: uma radical, súbita, o famoso clique – percebo que estou em um impasse, enxergo o abismo no qual me precipito e encontro a energia, a força de dizer adeus aos hábitos, de mudar de vida... A outra é uma conversão muito mais longa, mais árdua. Passo a passo, é preciso interromper as guerras civis, pacificar, unificar a nossa interioridade. Cuidemos para não dar valor absoluto a nenhum desses caminhos. Cada um de nós se liberta e avança a partir de onde se encontra, com os próprios recursos e com suas fraquezas.

Num momento em que eu aturava uma dependência afetiva terrível, uma diferenciação me ajudou profundamente: prazer e desejo não podem se confundir. Matthieu, você me deu uma ferramenta fabulosa. Graças a você compreendi que as áreas cerebrais ligadas ao prazer eram zonas muito instáveis, mutáveis, flutuantes, enquanto as regiões do cérebro responsáveis pelo desejo eram mais coriáceas, sólidas, estáveis. Na prática, posso experimentar um imenso prazer ao lado de um indivíduo, passar bons momentos com ele e aliviar certa solidão... Mas o problema todo é começar a desejar esse ser, as situações que compartilho com ele, sem sentir a mínima alegria. A partir de então, um querer, uma pulsão que conduz ao vazio me transformam em escravo sem nunca me saciar. Incapaz de sentir qualquer contentamento, reduzido ao sentimento de falta, viro um fantoche infeliz.

Daí vem a questão salvadora: o que de verdade me dá prazer, o que preenche mais profundamente meu ser? Não é o moralismo que cura. De nada adianta demonizar a dependência quando o que mais importa é chegar ao fundo do poço, é escutar nossa bússola interior, aquela que indicará a direção do que nos traz alegria de verdade. Mais uma vez, Spinoza tem razão: a alegria nos liberta. Ela nos dá a força de passar cantarolando ao largo das coisas ilusórias.

CHRISTOPHE: É preciso ter em mente a ideia de que os esforços terão de ser obrigatoriamente longos, pois vamos reconfigurar nossos circuitos cerebrais. Quando queremos nos libertar das dependências, a maior dificuldade é que a luta é contra mecanismos enraizadíssimos. Os progressos são seguidos de recaídas e regressões periódicas, que não podem ser interpretadas como provas de nossa inaptidão para mudar, mas como sinal de que tropeçamos no caminho e de que devemos "simplesmente" retomar a marcha.

Esse modelo da mudança psicológica ainda não se instalou na mente; continuamos ainda no modelo da transformação por um clique, como se, uma vez compreendida a situação, tudo se arranjasse, enquanto a mudança só se efetiva por meio de uma nova aprendizagem, que contraria a primeira, ou então pela aprendizagem de novas capacidades. É vital transmitir essa mensagem: a maioria das mudanças psicológicas que ocorrem na mente são 90%, ou mais, fruto de esforços regulares, pacientes e constantes. O modelo cinematográfico – compreendo alguma coisa e, puf!, graças a um raio salvador a mudança se estabelece para sempre – pode ser mais sexy, mas é muito menos realista.

MATTHIEU: Saber que o sofrimento provém dos traços deixados no cérebro por nossos maus hábitos também mostra que nada é definitivo e que podemos reverter esse processo.

CHRISTOPHE: Dito isso, compreendo como pode ser complicadíssimo sair dessas situações. Todo mundo sabe que não se deve esperar resultado imediato, que é preciso se empenhar com confiança e dizer a si mesmo: "Faça todos esses pequenos esforços e você chegará lá". Entretanto, ninguém tem noção de *quando* isso vai funcionar. E enquanto esperamos, sofremos. É por isso que a solução mais simples é ceder ao objeto da dependência. Existem as dependências químicas, mas existem também as dependências de queixas e ruminações. É tentador gemer, dizer a nós mesmos que somos infelizes e que não temos sorte. Paradoxalmente, essa é a solução que adotamos para não fazer mais nenhum esforço sem nos darmos conta disso. Mesmo porque nos tornamos *experts* em lamentação. Sei que é muito fácil cair nessa cilada, sou bem talentoso nesse tipo de esporte, mesmo que hoje em dia me esforce para não fazer mais isso!

MATTHIEU: Isso é o que Eckhart Tolle[1] denomina "corpo de sofrimento". Quando o ego fracassa em sua busca de triunfo, ele cria uma nova identidade, tornando-se vítima. Essa troca permite que ele cristalize uma nova forma de existência e de distinção entre o "eu" e o "outro". Ele diz a si mesmo: "Todo

1. Eckhart Tolle (1948). Escritor alemão, autor de *best-sellers* sobre espiritualidade. [N. Ts.]

mundo está contra mim" e forja para si um "nicho" no qual pode se proteger, uma identidade à qual pode se agarrar.

O PONTO DE VIRADA

MATTHIEU: Existe outra situação fascinante que não é fácil de compreender. Muitas pessoas declaram que, depois de terem tentado sair muitas vezes de uma situação de dependência, em dado momento chegam a um ponto de virada. De súbito, conseguem sair daquela situação de uma vez por todas. Continuam vulneráveis à droga e ao álcool por toda a vida – e sabem muito bem disso –, mas jamais tocam neles outra vez. É uma questão de tudo ou nada. É preciso parar completamente. Pois quando se recomeça, tudo vai por água abaixo. Uma amiga me confessou como, em certo momento da vida, se tornou alcoólatra para aliviar suas crises rotineiras de angústia e sua agorafobia. Ela me disse: "Eu sabia muito bem que o álcool não resolvia nada, mas ele me permitia ter um momento de pausa mais eufórico e anestesiante do que os tranquilizantes. A única coisa que ele fazia era baixar o nível de ansiedade por algumas horas, mas na manhã seguinte eu encontrava a fiel ansiedade a postos, junto com todos os efeitos negativos do álcool que meu corpo já não suportava mais. Com o passar dos anos, minha decadência era visível, eu mentia e, mais do que tudo, sentia vergonha. Certa noite, me 'vi' exatamente como era. Compreendi de supetão que estava perdendo meu marido, minha família, meus amigos queridos, meu trabalho. E a mim mesma. Naquela noite, decidi que jamais iria beber uma única gota de álcool outra vez. Foi uma resolução ao mesmo tempo racional e emocional. Uma visão clara e poderosa da realidade. Um clarão que me afetou profundamente, como se eu pudesse ver ao mesmo tempo o passado, o presente, o futuro e tudo o que me esperava se persistisse naquela degradação. Resisti a tudo, embora não tenha sido fácil. A angústia redobrou, é claro, mas lutei com unhas e dentes, sem medicação paliativa nem fingimentos. Apesar de todas as tentações, consegui sobreviver a essa experiência. Já faz vinte anos que estou sóbria. Hoje em dia, a mesa pode estar repleta de todos os elixires mundanos, que eles não me tentam mais, melhor dizendo, me são totalmente indiferentes".

ALEXANDRE: Na filosofia zen-budista, gradualistas e imediatistas convivem lado a lado! Para os primeiros a Iluminação ocorre progressivamente; já os imediatistas acreditam que esse despertar vem de uma vez só. Por que essa necessidade de categorizar as pessoas a todo custo, de inventar um discurso universal, quando cada um de nós é convocado a escolher um caminho, a se virar com os recursos que tem? Dizer a um viciado em completa degradação para mudar seus hábitos, seu modo de vida de um dia para o outro pode simplesmente provocar o efeito inverso, aumentar o sentimento de privação e criar um pânico infernal. O desafio é me perguntar na prática o que pode me ajudar aqui e agora a dar um passo resoluto na direção da grande saúde e a abandonar uma a uma as escravidões.

CHRISTOPHE: É muito complicado e perigoso dar um ultimato às pessoas. Acho que só funciona quando a pessoa dá o ultimato a si mesma.

Às vezes dizemos que é preciso chegar ao fundo do poço para mudar, não pelo simples prazer de tocar o fundo e se prejudicar, mas porque nesses estados de dependência extrema a vida se torna tão vazia e deserta que podemos ser muito receptivos a um acontecimento, mesmo simples e banal, que nos abra os olhos à força e produza no cérebro um despertar singular. Assim como existem estados de despertar para a graça, existem também estados de despertar para o sofrimento, para a angústia extrema, tanto a dos outros como a nossa própria. Esses estados não são apenas constatações intelectuais. Quando você é dependente, todo dia você constata a sua degradação, a sua fraqueza, a estupidez das situações em que se envolve. Em geral, você faz isso com o intelecto, sabendo no fundo que vai recair; mas podem existir momentos de revelação, e nesses instantes ocorre uma súbita comoção cerebral, uma reviravolta completa da mente e do corpo.

MATTHIEU: Se bem entendi, nossos pontos de vista e nossas decisões resultam de um estado de coerência entre diferentes áreas do cérebro. Mas essa coerência é um estado dinâmico, capaz de se reconfigurar de repente em um novo estado cujo equilíbrio é diferente do anterior. Esses estados resultam de interações de áreas cerebrais ligadas às principais emoções – atração, repulsa, prazer, desprazer, medo, desgosto etc. –, bem como de outras áreas implicadas na regulação dessas emoções, principalmente a área do córtex pré-frontal.

CHRISTOPHE: Um gênero de mudança que efetivamente irrompe de maneira brutal e global. Isso quando acontece. Já não me lembro mais de quem disse a seguinte frase: "Existem certos hábitos que devem ser levados para fora de casa descendo a escada degrau a degrau; outros devem ser atirados de um só golpe pela janela!". É dessa segunda via que estamos falando.

"A dependência de drogas reduz consideravelmente a liberdade: o dependente químico vive apenas à espera da próxima dose."

MATTHIEU: A imagem que me vem à mente é a das revoadas de estorninhos ou a dos cardumes de peixes que se deslocam aos milhares de maneira sincronizada e de repente mudam de forma e de direção quando são perseguidos por predadores. No cérebro, tudo pode mudar subitamente de um estado de coerência para outro muito diferente do anterior. Em certos casos, essa nova atitude permanece estável e irrevogável para o resto da vida, o que acho fascinante.

Ouvi falar de um prisioneiro, nos Estados Unidos, autor de diversos assassinatos. Para passar o tempo, inscreveu-se nas sessões de meditação oferecidas na prisão. Ele revelou que um dia teve a impressão de que um muro desmoronava dentro de si. Com uma clareza fulminante, se deu conta de que até aquele instante só havia pensado e agido no padrão do ódio e da violência. Todas as relações dele com os outros eram baseadas em dominação, brutalidade e desejo. Naquele momento, passou a olhar o mundo e os outros sob uma luz totalmente diferente. Começou a demonstrar generosidade, apaziguar os conflitos e encorajar outros detentos a renunciar à violência. Um ano depois, foi apunhalado com um caco de vidro dentro de um dos banheiros da prisão – vingança de um crime que havia cometido no passado.

CHRISTOPHE: Decerto ele sabia que se colocava em perigo ao renunciar ao uso da violência em um ambiente ultraviolento. Mas era mais forte do que ele. Todas as pesquisas contemporâneas demonstram que, às vezes, o cérebro ativa o processo de decisão antes mesmo de tomarmos consciência dele e de concordarmos com ele; o que fazemos é segui-lo. É uma espécie de estado de revelação que vem do âmago, e aí dizemos: Não posso mais continuar assim!

MATTHIEU: Segundo o neurocientista Wolf Singer[2], é muito desagradável estar numa situação de conflito e de indecisão, pois na atividade cerebral isso corresponde a um processo inacabado. A resolução desse conflito interno e a tomada de decisão são sentidas como alívio.

CHRISTOPHE: Creio que exista também infelizmente uma espécie de comodismo; quando o desconforto dura muito tempo, acaba virando um hábito. Do hábito, a pessoa passa à resignação, depois à submissão e por fim segue a lei do menor esforço, mesmo que isso seja doloroso e conduza ao pior. Diante das dificuldades e do desconhecido, preferimos a facilidade – mesmo que destrutiva – e a previsibilidade.

---

2. Wolf Singer (1943). Importante pesquisador alemão, membro da Sociedade Max Planck e diretor do Instituto Max Planck de Pesquisa Cerebral. Seus trabalhos sobre os processos neuronais do desempenho cognitivo superior, que envolve a percepção visual, a memória e outras formas de cognição, são internacionalmente reconhecidos. [N. Ts.]

ALEXANDRE: Para quem batalha contra a dependência, é tentador preencher o vazio, controlar a falta por todos os meios possíveis, mesmo a custo de humilhação. Diante desses tristes mecanismos, como emergir do sofrimento abissal? O drogado que fuma um baseado e o viciado em sexo que assiste a um filme pornô já sabem que essa dose traz apenas uma breve trégua. Fugir do mundo é arriscar-se numa aterrissagem forçada. Paradoxo singular, atrás da adicção talvez se esconda uma vontade de controle: sem dúvida alguma, virar uma garrafa inteira pelo gargalo, esvaziar um copo, ainda é se *esforçar* em desespero de causa para acalmar o desespero, afugentar o tormento, se anestesiar. Diante do mal que nos devora, cada um se vira como pode. Às vezes fazendo uso de expedientes que nos prejudicam ainda mais. Como abandonar esses meios contraproducentes e tentar outras vias de mais longo prazo? Consumir drogas, se entregar ao comportamento dependente, implica sempre buscar um reconforto, um consolo, uma trégua. É claro que nesse caminho só encontramos subterfúgios, migalhas, passando ao largo do melhor, da liberdade, de uma profunda alegria.

Como nos colocar realmente em marcha, como praticar a ascese, encontrar o prazer em outro lugar e não nessas condutas nocivas? As mudanças radicais talvez sejam uma ilusão, uma utopia? O espetáculo cotidiano mostra a dificuldade de se desvencilhar do circuito repetitivo dos hábitos, dos reflexos e dos esquemas estabelecidos. E, se para começar, identificássemos os meios ineficazes que usamos para tentar nos aliviar, preencher o vazio e eliminar as mágoas?

CHRISTOPHE: É verdade que essas histórias de mudanças radicais talvez não sejam a maneira mais comum de se livrar de uma dependência. Mas estudá-las e compreendê-las poderia fornecer novas armas: somos tão desprovidos de recursos quando se trata de ajudar os dependentes a lutar! A questão é saber o que aconteceu pouco antes da mudança, coisa que as pessoas nem sempre percebem claramente. Será que existe um tempo de incubação, de preparação? Será que o clique de dizer a si mesmo "isso não pode mais continuar assim" pode acontecer mesmo que não se tenha feito nenhum esforço? Ou será que é geralmente precedido de um desconforto que dura muitas semanas, muitos meses, e de uma evolução progressiva da consciência antes de chegar ao ponto de virada?

MATTHIEU: Segundo a amiga que me confiou sua experiência, esse "clique" é o ponto culminante de uma série de esforços contínuos e de momentos progressivos de tomada de consciência, de pequenos passos que são como minidistanciamentos do objeto da dependência. Existe um tempo de incubação durante o qual a intensidade do desconforto aumenta em relação ao prazer que o vício promete, por mais tênue que seja. Quando fica claro que os inconvenientes são intoleráveis, o ponto de virada é atingido. É mais ou menos como um fruto maduro. Se você tentar colher uma maçã ainda verde, o galho pode quebrar e a maçã ficará intragável. Quando a fruta está madura, você mal a toca e ela já cai na sua mão.

A dependência afetiva

ALEXANDRE: Ser relacional, aberto, sensível, o ser humano não é uma *causa sui*[3]... nem para melhor nem para pior! O pior talvez resida na dependência, na carência de afeto, nas projeções, nos mal-entendidos, nas expectativas frustradas. Com frequência, a ligação com o outro pode azedar. Sem falar das relações tóxicas, que deterioram completamente a vida. Sobre esse tema, um amigo me deu uma lição preciosa: toda vez que vai visitar a mãe em um lar de idosos, ele se prepara, como ele mesmo diz, “para descer ao fosso contaminado de Chernobyl”. E acrescenta: “Sempre espero receber uma rajada de ondas negativas, uma montanha de reprovações, um vagão de críticas”. E Deus sabe o quanto ele ama a própria mãe, razão pela qual faz de tudo para evitar estragar a relação. Ele tenta introduzir um pouco de liberdade no meio da confusão. Quantas vezes na vida nos ligamos a pessoas que só nos oferecem migalhas de afeição, sem nunca saciar a sede do nosso coração? Pior ainda, podemos nos relacionar e até mesmo trabalhar com mulheres e homens cuja especialidade é nos colocar para baixo.

Swami Prajnanpad[4] resume isso muito bem: um cão sempre chega perto de seu dono na esperança de conseguir sua ração, mesmo que o dono seja malvado e o espanque toda vez. Seja por fidelidade ou por necessidade, o corajoso animal está sempre disposto a receber os golpes violentos, a reviver indefinidamente os traumatismos e a se acorrentar ao seu carrasco. Até que ponto estamos dispostos a sofrer para satisfazer nossas carências e obter a magra ração de que sentimos tanta falta? Dá até mesmo para apostar que muita gente que não recebeu nenhum tipo de amor incondicional – e eu me considero o primeiro da lista – se humilhe para conseguir algumas migalhas. Aí mora o perigo da dependência, da alienação.

Felizmente, existem milhares de caminhos que nos libertam dessa prisão. Por que deveríamos conceder a quem quer que seja o direito de vida ou morte

3. Referência a um conceito central no pensamento de Baruch Spinoza, Sigmund Freud e Jean-Paul Sartre. Para eles, o ser humano não é a causa de si mesmo nem gera sentido, a não ser a partir de sua própria vida. [N. Ts.]

4. Swami Prajnanpad (1891-1974). Também conhecido como Prajnanapada. Grande iogue e guru da Índia. [N. Ts.]

sobre nossa alegria? Qual é a vantagem de delegar nossa paz interior a alguém? Mais uma vez, Spinoza vem para nos afastar de qualquer tipo de charlatanismo. Ele afirma que é por meio de uma afeição muito maior que conseguimos vencer uma paixão triste. Concordo com isso. Para destruir uma ligação nociva, sem se esgotar na luta, é preciso cultivar uma aspiração muito maior, mais vasta: por exemplo, o desejo de se rodear de pessoas, de se libertar, de estabelecer relações verdadeiras e de buscar a Iluminação. Como você explicou muito bem, Matthieu, essa forma divertida de ascese nos faz sair aos poucos da autonomização do desejo, desses esquemas repetitivos.

A relação com o corpo é crucial. Se não podemos nos suportar, se nos odiamos, como não correr em direção ao primeiro que aparece e encontrar uma espécie de caixa eletrônico de recompensas e de alívio? Nesse caso, não é o outro que amo, mas sim uma imagem idealizada dele, uma ilusão.

Já que falamos de ração e de migalhas, não posso deixar de revelar um episódio tragicômico da minha vida, incluído em meu último livro, *La sagesse espiègle*[5] [A sabedoria divertida]. Assim que voltei da Coreia, me envolvi com um rapaz até perder qualquer sopro de liberdade. Todos os dias, às 15 horas em ponto, ele me chamava pelo Skype. Essa era a minha dose, a minha droga. Eu queria me transformar naquele homem, roubar sua silhueta, sua compleição tão leve, tão bela, tão bem feita. Na exata medida em que eu adorava meu *ídolo*, eu também me desprezava. Completamente desorientado, sem saber para onde ir, precisei fazer uso de alguns estratagemas para me livrar dessa dependência obstinada. Com a ajuda dos escritos de Chogyam Trungpa, precisei adotar a postura de um engenheiro mecânico para conseguir visualizar aquela baderna total sem transformar a situação em um negócio de Estado, sem me afundar de vez na culpa nem acreditar que estava condenado para sempre, completamente destruído. Graças a você, querido Matthieu, pude olhar de frente para essa relação, que não me dava mais nenhum prazer, que me exauria e envenenava meu dia a dia. Por fim, para reencontrar a saúde mental, precisei buscar muitas vias, caminhos que usei para quebrar o monopólio da afeição e descobrir uma sabedoria divertida, uma capacidade de dizer sim a um corpo deficiente, à face trágica da existência, à ousadia de sentir um amor incondicional e ao fato de poder receber e distribuir afeição por toda parte. Sim; existem milhares de maneiras de se libertar, de fugir das nossas prisões. E a ferida nunca é vergonhosa.

MATTHIEU: É essencial não estigmatizar os problemas psíquicos, principalmente a dependência e a depressão, como se fossem taras ou defeitos de nossa inteira responsabilidade, mas sim abordá-los como enfermidades, como disfunções ligadas a inúmeros fatores – sociais, ambientais, genéticos,

5. Alexandre Jollien, *La sagesse espiègle*. Paris: Gallimard, 2018.

fisiológicos e cerebrais – que participam ativamente na formação das nossas disposições. Meu pai, que era alcoólatra, escreveu: "O alcoolismo é uma doença cuja devastação precisa ser contida por meio de uma série de estratagemas". O contraponto mais eficaz, dizia ele, "é alimentar em si um desejo mais forte do que o da bebida e incompatível com ela". No caso do meu pai, era o desejo de escrever. O discernimento e a vontade de utilizar com perseverança nosso potencial de transformação são elementos-chaves para nos livrar desses males.

CHRISTOPHE: As dependências afetivas não são raras: elas se manifestam pela necessidade de um contato permanente (telefonemas, mensagens), por uma hipervigilância diante de qualquer afastamento, por uma intolerância a qualquer tipo de crítica, pela angústia de ser abandonado e por uma hiperexigência quanto aos sinais de afeição e de amor, que devem ser incessantemente renovados. Como todas as dependências, as dependências afetivas são necessidades normais sobre as quais perdemos o controle.

É claro que no plano afetivo ninguém é perfeito nem totalmente autônomo e independente. Isso não existe na espécie humana: o ser humano é um animal social que não pode sobreviver bem na solidão e que precisa estabelecer diversos vínculos com aqueles que o rodeiam. Dependemos todos uns dos outros, somos todos codependentes. Mas de uma forma adaptada!

Precisamos de laços afetivos fortes e asseguradores com os que vivem ao nosso redor, mas essas dependências são parciais e não totais: não exigimos de maneira *nenhuma* compartilhar tudo com uma só pessoa. Nossas dependências são flexíveis e não rígidas: podemos suportar períodos transitórios de afastamento afetivo sem chegar ao desespero nem nos sentir em perigo. E, sobretudo, essas dependências são múltiplas: não impingimos o peso enorme de todas as nossas expectativas sobre uma só pessoa, mas dispomos de inúmeras figuras de ligação.

Em *Emílio*[6], Jean-Jacques Rousseau escreveu: "Todo apego é um sinal de insuficiência: se nenhum de nós tivesse necessidade dos outros, nem sequer sonharíamos em nos unir a eles". Assim, se somos dependentes é porque somos insuficientes. Razão pela qual devemos nos *amar* e nos *ajudar* uns aos outros. Mas sem nos *sufocar* mutuamente... como no caso das dependências afetivas, quando ocorre uma fusão com a outra pessoa na busca permanente de satisfação das carências.

Quando isso acontece, a visão da existência empobrece consideravelmente: quem sofre de dependência afetiva perde a dimensão da liberdade, perde a capacidade de apreciar a riqueza do mundo e de se nutrir dela. Só existe uma

6. Jean-Jacques Rousseau (1712-1778). *Emílio, ou Da educação*. Tradução de Roberto Leal Ferreira. São Paulo: Martins Fontes, 2004. [N. Ts.]

única fonte de alívio e de segurança: a figura à qual nos apegamos. Todo o resto fica em segundo plano e até mesmo desaparece de nossos polos de interesse. É por isso que essa relação é considerada uma dependência.

ALEXANDRE: O que torna a dependência afetiva tão difícil de eliminar talvez seja uma mitologia íntima, um erro de apreciação: a crença de que o outro tem a capacidade de preencher nossa necessidade visceral de consolo, nossas carências. Aprisionado dessa forma, o adicto começa a sofrer uma inexorável série de efeitos secundários e se inflige maus-tratos inimagináveis. Nesse terreno, não existe certeza de que a razão pura e a força de vontade possam curar alguém. Não adianta montar uma tabela Excel indicando as vantagens e desvantagens de uma relação para constatar que dela só recebemos migalhas, para interromper de uma vez por todas a decadência e deixar de viver como um prisioneiro, grudado no outro.

CHRISTOPHE: Essa é uma dimensão essencial da dependência afetiva. Em determinado momento, suas vítimas se dão conta de que as desvantagens – perda da liberdade, medo do abandono – são bem mais importantes do que as vantagens. Mas as vantagens têm a ver com uma necessidade fundamental: receber amor e segurança. Para isso, a pessoa prefere renunciar à própria liberdade e dignidade. Vocês se lembram daquela canção de Jacques Brell[7], "Ne me quitte pas" ["Não me deixe"]? "Não me deixe / Não vou mais chorar / Não vou mais falar / me esconderei aqui / para te ver dançar, para te ver sorrir / para te ouvir cantar e depois rir / Deixe que me torne / a sombra de tua sombra / a sombra de tua mão / a sombra de teu cão". Quando chegamos a esse estado, a liberdade interior já se foi há muito tempo...

ALEXANDRE: O que vem tornar a dependência mais dramática ainda, pois ela induz a essa vida semiclandestina. Quem ousaria ser franco e confessar sem hesitação: "Sou completamente dependente, viciado na bebida", "Não posso mais viver sem ela, sou louco por essa mulher"? Como não temer as reações das pessoas ao redor, como deixar de dissimular na frente da família, dos outros, do médico, de nós mesmos, o mal-estar que sentimos? Os bons amigos, aqueles e aquelas que nos amam incondicionalmente podem se tornar os verdadeiros artesãos de nossa *cura interior*. Mas como poderão agir se ocultamos deles nossas mágoas, nossos traumas e a terrível engrenagem em que nos emaranhamos? O primeiro passo talvez seja tentar manter a transparência, deixar

7. Jacques Brell (1929-1978). "Ne me quitte pas", considerada um dos maiores clássicos da música francesa, foi interpretada por cantores e cantoras como Mireille Mathieu, Nina Simone, Sylvie Vartan, Serge Lama, Nana Mouskouri, Céline Dion, Maysa, Cássia Eller, Maria Gadú, entre outros. [N. Ts.]

de lado o embaraço e a vergonha: "Acreditem, sou viciado nessa pessoa, sou louco por ela. Socorro!". É um sinal de alerta. Desde que a pessoa não comece a contar vantagens, a mentir, a interpretar um papel, a maquinar, tudo levará a crer que ela está em perigo.

Sem contar o sentimento de culpa que nos impede de atacar os verdadeiros problemas e retarda nosso avanço. Como calar essa insidiosa voz interior que não cessa de repetir: "Você vale muito mais do que isso!"? Matthieu, quando você evoca nossa verdadeira natureza, a felicidade profunda que habita em nós, você confirma a existência de uma dinâmica gigantesca que dissolve o desespero, o fatalismo, a resignação. Como você mesmo diz, quando vivemos em plena dependência, podemos nos esquecer totalmente de que somos feitos para a felicidade, de que a natureza de Buda que resplandece em nós se origina de uma liberdade inconcebível.

Em um primeiro momento, buscar a grande saúde, escapar da dependência, talvez seja tentar alcançar a lucidez total, a transparência, deixar de mentir para si mesmo, parar de contar vantagens. Como você bem lembrou, a dissociação entre prazer e desejo é extremamente libertadora. Esse cara me vira a cabeça, sonho com aquela mulher, preciso desse ou daquele anestésico, dessa droga, mas tudo isso não me faz sentir prazer algum, felicidade alguma. Em vão, tento por todos os meios acabar com a insatisfação e, no meio do caminho, vejo tudo explodir no ar. Por isso, é de interesse vital, crucial, observar esse caos, fazer um diagnóstico, descobrir as diferentes opções da existência.

CHRISTOPHE: Mas o que torna difícil ter lucidez e compartilhar o sofrimento é o fato de que deixar cair a máscara e confessar a dependência é expor a própria fraqueza, é ficar nu diante dos outros! E isso requer um grande esforço! Como Matthieu explicou, um dos problemas da dependência é que temos muita resistência em nos esforçar, em mudar nossa maneira de ser.

MATTHIEU: De onde se origina o sentimento de carência? De maneira geral, ele pode ser desencadeado pela não satisfação de necessidades fundamentais – alimentação, água, sono etc. O estado de carência vivido por alguém privado de uma substância da qual é dependente também é provocado por reações fisiológicas. No caso da dependência afetiva, o estado de carência que faz com que se deseje intensamente uma situação, ou uma pessoa, é provocado por um sentimento de incompletude que, por sua vez, também não está isento de interações fisiológicas: temos a impressão de que falta alguma coisa sem a qual é inconcebível experimentar uma satisfação durável. Quando fazemos isso, somos vítimas de uma ilusão, imaginando que o estado de plenitude resulta de um acúmulo de objetos, de situações e de pessoas indispensáveis a uma felicidade imaginária. Na verdade, o estado de "plenitude" não exige que estejamos "plenos" de todo tipo de coisas. É muito mais um sentimento de coerência e de satisfação profunda que já é "pleno" em si mesmo. É a liberdade interior por excelência: uma sensação de paz e de unidade, livre da atração e da repulsa, da carência e da satisfação. É a realização dessa liberdade que as pessoas que meditam tendem a conquistar no decorrer de anos de prática. Mas, bem antes de chegar a esse ponto, possivelmente experimentam momentos de plenitude ao caminhar por uma floresta na companhia de amigos queridos, ou quando se sentam à beira de um lago numa região de montanhas, contemplam a imensidão de uma paisagem do alto de um desfiladeiro, ouvem uma música sublime ao redor de uma fogueira, ou em qualquer outra circunstância em que a agitação dos pensamentos se acalma e dá lugar à simplicidade natural da mente. Usufruir dessa forma de liberdade depende de nosso nível de familiarização com o modo de funcionar da mente, mas também da capacidade de nos libertar do automatismo dos pensamentos. Uma vez conquistada a liberdade interior, nada mais falta.

A FORÇA DA SOLIDARIEDADE DIANTE DA ADICÇÃO

ALEXANDRE: Um conhecido meu deve sua saúde, sua "liberdade", aos Alcoólicos Anônimos (AA). Que ajuda, que alegria poder se libertar graças aos bons amigos que em vez de nos policiarem nos apoiam, nos estendem a mão! No fim, somos todos convidados muito mais a prestar solidariedade, a oferecer ajuda do que a condenar aquele que enfrenta a acrasia. Esse é nosso grande desafio: superar a falta quase congênita de compaixão, a incapacidade cruel de se entregar à vida sem reservas, de amar incondicionalmente. Diante da dependência pesam não apenas a força dos hábitos, mas também a ditadura do "coletivo", o medo da rejeição, o pavor do olhar do outro, essa angústia de ser considerado vagabundo, insignificante no serviço. Diante desses obstáculos, só o amor triunfa!

MATTHIEU: Um dos pontos fortes dos Alcoólicos Anônimos e das terapias de grupo reside precisamente no fato de que ali as pessoas dependentes não têm mais necessidade de se esconder e podem confiar nos outros. Estão todos no mesmo barco e sabem como chegaram ali. Não é mais momento de dissimular o que quer que seja nem de inventar histórias: o objetivo compartilhado é o de sair daquela situação com o apoio uns dos outros, aceitando ser guiado nesse processo. Senão, ao sofrimento da dependência, somam-se os da culpa e da solidão.

CHRISTOPHE: Como terapeuta, fico sempre impressionado com os resultados que os Alcoólicos Anônimos podem alcançar com determinados pacientes (mesmo que nem todos apoiem sua abordagem, que implica preservar demais a pessoa e esperar compromisso da parte dela). Quando ouço vocês, constato que nos AA existem três ingredientes extremamente poderosos, três alavancas de ação: 1) a compreensão sem julgamento; 2) o apoio social; 3) a espiritualidade. Qualquer que seja o estado em que os pacientes chegam, mesmo alcoolizados, eles são aceitos (o que não é bem o caso nas terapias de grupo). Não importa o que você diga, nem o que faça, nem o estado em que se encontra, você é ouvido. Naquele instante, o que importa não é estar sóbrio, mas estar sinceramente imbuído do desejo de parar com o álcool. E a maior parte das pessoas ali tem esse desejo; é a passagem para a etapa seguinte, para a ação propriamente dita, que é difícil para elas. O apoio social é mais um pilar de sustentação: eles se ajudam muito uns aos outros. Cada um deles tem um padrinho à disposição a qualquer hora do dia ou da noite, com quem podem falar de suas aflições e de suas tentações. Além disso, também há a espiritualidade, algo muito importante nos Alcoólicos Anônimos. Como terapeuta, isso no começo me assustou um pouco, mas depois fui compreendendo que a espiritualidade era parte integrante e importante do programa. O programa dos AA declara abertamente essa dimensão espiritual e evoca uma "força superior", que podemos chamar de Deus, destino, anjo da guarda ou estrela-guia. Com frequência, é muito reconfortante imaginar uma suposta presença benigna, pois eles sabem que também existem dentro deles, bem tangíveis, as forças maléficas da dependência.

Como terapeuta experiente, hoje em dia me sinto mais à vontade com a necessidade de espiritualidade de certos pacientes e compreendo melhor a ajuda que isso lhes traz. A espiritualidade me permite ver em que vou depositar minha fé. Em situações extremas, colocamos nossa esperança em maus objetos, em pessoas más e em más expectativas. Os Alcoólicos Anônimos têm um sistema que se pode aprovar ou não, mas traz essa dimensão espiritual de que alguns necessitam para poder lutar e acreditar que, no caso deles, existe uma solução possível.

Mesmo que o sistema dos Alcoólicos Anônimos não nos convenha, em qualquer tipo de luta contra a dependência é preciso se certificar de que existem pessoas ao nosso redor que compreendem e escutam sem julgar. E como você mesmo lembrou, Alexandre, é preciso encontrar outras fontes de felicidade que não sejam a droga nem a pessoa em quem sou viciado. Aí não me contento mais apenas em lutar contra a dependência, mas quero também reequilibrar em minha vida tudo o que possa me alimentar e me fortalecer. Temos duas frentes de batalha necessárias: fazer o mal recuar, mas também trabalhar para alcançar tudo o que pode fazer bem, mesmo se no começo esse "bem" pareça menos poderoso, menos agradável do que aquilo que a dependência provocava antes.

MATTHIEU: O lema dos AA é "Compartilhar, falar, escutar, ajudar-se mutuamente". Além do mais, eles não tentam controlar as pessoas que participam das reuniões, tampouco verificar se continuam a beber ou não. Nada ali é obrigatório. O movimento dos Alcoólicos Anônimos nasceu em um círculo cristão. O aspecto espiritual é essencial; faz com que cada dependente diga a si mesmo: "Estou lutando há muito tempo, cheguei ao fundo do poço e me sinto totalmente impotente. Preciso pedir ajuda, entregar-me a uma força superior e então abrir-me a ela". Isso implica, é claro, acreditar em Deus, sob qualquer forma que assuma. Nas espiritualidades não teístas, como o budismo, pode-se encontrar um equivalente disso na natureza de Buda, que reside em cada ser. Essa abordagem consistiria em pedir a um alcoólico ou a um drogado, imersos na cultura budista, que pensassem da seguinte maneira: "No momento sou impotente diante dos meus hábitos e das ondas de pensamentos que me dominam, mas no fundo de tudo existe a natureza de Buda, a natureza fundamental do meu espírito, jamais alterada nem corrompida. Posso então me religar a ela e libertar-me de tudo isso".

CHRISTOPHE: Você se refere à meditação do Programa de Atenção Plena (*Mindfulness*)? Sei que hoje em dia existem muitas pesquisas interessadas na prática da meditação nos casos de dependência, ao lado de outras abordagens medicamentosas ou psicoterápicas.

MATTHIEU: Trata-se de algo muito mais profundo que o simples exercício da atenção plena , o qual certamente pode ajudar. No encontro sobre dependência organizado pelo Mind and Life Institute, havia uma mulher que tinha patrocinado um programa de *Mindfulness* a alcoólicos moradores de rua, com resultados surpreendentes: seis meses depois, metade continuava a praticar a meditação de atenção plena e um bom número deles havia deixado de beber. Isso é extraordinário dadas as condições adversas que os moradores de rua têm de enfrentar.

• CAIXA DE FERRAMENTAS •

Para enfrentar a dependência

◈

CHRISTOPHE

- *Admitir que a solução simples e única não existe.* Constata-se com frequência que as pessoas que recebem ajuda subestimam a complexidade das estratégias usadas para se libertar das dependências. Não se trata apenas de uma questão de força de vontade. Dito de outra forma, não é exatamente uma queda de braço entre o mundo mental e o afetivo, ou contra a pulsão. Trata-se de fato de um campo muito vasto que possui três níveis:

  – o campo psicológico –, com dois eixos: 1) Como lutar contra a adicção? 2) Como enriquecer minha vida, abrir-me a outros interesses e com isso me fortalecer?

  – o campo ambiental – O que em meu ambiente me conduz inevitavelmente a meus erros? O que me ajuda a lutar?

  – o campo relacional – A quem me dirigir para encontrar conforto, receber informações?

- *Refletir a respeito da volta da tentação.* É preciso saber que mais dia menos dia ficaremos novamente expostos ao elemento que desencadeia a adicção (álcool, droga, tabaco, imagens sexuais etc.). Como reagiremos nessa hora? Melhor fazer essa pergunta antes, e até mesmo treinar para evitar a tentação. Em determinados casos e em certos momentos, os comportamentalistas que estudam a adicção propõem exercícios específicos a seus pacientes, tais como: ficar na frente de uma garrafa de bebida, cheirar um copo de vinho, tomar uma golada, deixá-la na boca e depois cuspir, esvaziar a garrafa no ralo da pia. Ter feito tudo isso "ao vivo" aumenta as chances de poder reproduzi-lo sozinho mais tarde.

- *Saber que as adicções são perigosas*: Elas só atingem nossas necessidades fundamentais. Ninguém é viciado em um par de sapatos ou em uma lâmpada elétrica! Nossa adicção é por álcool, por sexo, por açúcar, por coisas que satisfazem nossas carências. Com muita frequência não podemos nos contentar em passar sem elas, porque a abstinência nos priva de uma necessidade fundamental. Precisamos nos reorientar para outros modos de satisfazer essas necessidades e então perguntar: O que busco nessa dependência? Que outros caminhos preciso explorar para satisfazer minhas carências? Como seria uma vida sem essa dependência, mas que também me fizesse feliz e saciasse essa necessidade?

- *Nunca esquecer que a vida é a mais eficaz das terapias.* Gosto de ser terapeuta e acredito muito no que faço. Constato que a vida pode fazer muito bem, mais até do que as psicoterapias e os medicamentos, porque ela contém ao mesmo tempo uma combinação de todas as vitaminas necessárias! O exemplo que sempre uso é o da vitamina C. É claro que pode ser encontrada em comprimidos, mas também nos kiwis, nas laranjas e em muitas outras frutas: a vitamina C absorvida através das frutas é bem melhor, pois vem acompanhada de inúmeros nutrientes (ausentes nos comprimidos) que intensificam seu efeito. O mesmo acontece na vida; ela dá guinadas, surgem circunstâncias que provocam simultaneamente encontros, diferentes fontes de prazer, um novo ambiente, novas emoções. E de repente, associados aos nossos esforços, todos esses elementos entram em ressonância e nos ajudam a tomar a direção certa. Portanto, o melhor a fazer não é ficar de fora, mas sim viver a vida rotineira: atividades, saídas, encontros, descobertas... É aí que está a fonte abundante de soluções e de recursos!

MATTHIEU

- *Evitar os fatores desencadeantes*: Evitar o perigo de apoiar o dedo no gatilho e de se expor aos fatores que desencadeiam o desejo irresistível. Retirar do campo visual as substâncias, as imagens e qualquer outra coisa ou objeto ligados à adicção. Se isso não for possível, tomar distância, se afastar de tudo, fazer passeios na natureza em companhia dos amigos durante o tempo necessário para se tornar mais forte e resiliente.

- *O momento crítico*: As pesquisas têm demonstrado que o momento crítico é o da confrontação com o estímulo: vemos diante de nós o pó branco, a garrafa de bebida, no mundo real ou numa imagem mental, e isso se impõe com toda a força. É aí que rapidamente tudo se torna irresistível. Se deixarmos o processo se desencadear, ele adquirirá tamanha força que ficará muito difícil frear. Não se pode simplesmente dizer: "Bom, vou tomar só um pouquinho e depois vou parar". A prática meditativa pode ajudar "ampliando" o espaço temporal desse momento de confrontação para que a pessoa usufrua de uma margem maior de manobra.

Ao contemplar diretamente os pensamentos gerados pela imagem mental do objeto de desejo, ao deixar a mente se fixar no momento presente, damos tempo para que esses pensamentos percam sua intensidade e se dissolvam por si mesmos, assim como um desenho feito na superfície da água se apaga à medida que o traçamos. Se conseguirmos interromper esse processo por um tempo bastante longo e nos fixarmos no momento presente, evitaremos ficar à mercê da cadeia dos pensamentos que nos afligem e na qual perdemos todo controle.

- *Observar a pulsão no espaço da atenção plena*: O grande sábio budista Nagarjuna[8] costumava dizer: "É tão bom se coçar, mas é muito melhor ainda quando a gente não tem coceira". Com esse objetivo, recomenda-se observar a área irritada com a máxima atenção por um tempo longo o suficiente até que o prurido se acalme e você se sinta de novo livre. Alguns podem se coçar até sangrar. Se interrompermos esse ato, é claro que durante alguns momentos ficará difícil suportar o prurido, mas no fim ele acabará sumindo. Aplicando essa metáfora ao contexto da dependência, é preciso mobilizar a suficiente determinação, a força interior, para deixar essa pulsão lancinante diminuir por si própria, do mesmo modo que o fogo se apaga quando paramos de colocar mais lenha na fogueira – ele vai ficando cada vez mais fraco até se extinguir completamente. Essa é a natureza das coisas.

ALEXANDRE

- *Matricular-se na escola de Spinoza*: abrir-se para a gaia ciência é descobrir o que realmente nos dá alegria, o que de fato alimenta nosso ser de coisas boas.
- *Quebrar o monopólio*: Vamos diversificar os prazeres, ou melhor, vamos colher alegria em todas as coisas. A vida é dura: dúvidas incessantes, insatisfação tenaz, adversidades, desventuras, deterioração, luto. Diante de tudo isso, para nos atirarmos sobre a primeira migalha capaz de nos anestesiar é um passo. A fim de escapar da dependência – e só Deus sabe como é fácil falar –, vamos acabar com o egoísmo e jamais dar a quem quer que seja o controle remoto capaz de nos enviar direto ao inferno. Nada nem ninguém pode se tornar a coisa mais importante do mundo.

8. Nagarjuna (*c*.150-250). Filósofo budista que sistematizou e articulou a doutrina do vazio, tradicionalmente considerado fundador da Escola do Caminho do Meio. [N. Ts.]

- *Tentar manter a transparência*: Pedir ajuda, revelar os sofrimentos da alma e nunca esquecer que o ser humano não é uma *causa sui,* uma entidade impenetrável, separada, autárquica. Com certeza, existem outras maneiras de se conectar aos seres humanos sem ter de se tornar refém do medo, da inveja, do apego.
- *Saber discernir*: Aprender a distinguir entre aquilo atrás do qual corremos dia e noite e aquilo que desejamos verdadeiramente do fundo de nosso ser. Apurar o ouvido para identificar as necessidades e prazeres do nosso coração.

“Quando eu estava na Coreia, tinha o direito de me hospedar por três meses em um retiro zen-budista no campo. As primeiras semanas decorreram sem maiores problemas, em pleno paraíso na Terra. Um dia, minha mulher e meus filhos foram me visitar. Perambulamos juntos alegremente pelos bosques, escorregamos pelas encostas e desfrutamos da perfeita felicidade. Quando chegou a hora, eles voltaram para Seul. Então, reminiscências de um passado distante me invadiram com toda a força. Comecei a rememorar as calamitosas noites de domingo, quando de certa forma eu perdia meus pais e tinha de voltar para o instituto. Não sei dizer que mosquito me picou, mas fui logo xeretar na internet e acabei descobrindo que no passado, naquela região, havia tido um caso de raiva. Eu sabia que essa doença era fatal se não fosse tratada depressa. Não precisou de mais nada para que uma angústia insuportável tomasse conta de mim... Eu me arrepiava todo com a ideia de me sentar inadvertidamente sobre um guaxinim infectado pela raiva. Lembro-me de que em certos momentos de meditação, eu precisava morder os lábios para não gritar de tanto medo que sentia. Tentei de tudo – meditar, passear, assistir filmes... nada acalmava aquele estado de alarme permanente.

Já no ponto de explodir, deparei com um vídeo que recomendava um exercício bastante bizarro: com a ajuda da imaginação, tentar aumentar a intensidade da angústia usando imagens terrificantes. Eu então pensava em um dos meus filhos sendo mordido por um animal infectado e morrendo sem socorro. Ao cabo de dez minutos, o vídeo aconselhava a redobrar a dose de terrores e a observar o desconforto, os tormentos, os suores, as crispações. Esse exercício, no mínimo contraintuitivo, ajudou-me bastante. Tomei consciência de que, se era capaz de aumentar a intensidade das minhas angústias, também era capaz de parar de alimentá-las. Como tela de fundo no meu celular, coloquei a imagem de um botão de volume gigante. Esse inferno durou meses. Apesar dessa preciosa prática e de seu efeito sutil sobre a angústia, foi preciso constatar que minha vontade não era soberana. Esse exercício apresentava também outro interesse: revelava que esses tormentos eram totalmente criados pela minha mente.”

Alexandre

3
O MEDO

CHRISTOPHE: Em psicologia, o medo designa o conjunto de reações do corpo e da mente diante de um perigo. Distingue-se de sua prima ansiedade, que reúne as reações diante da *possibilidade* do perigo, isto é, de um perigo próximo ou imaginário. Como se costuma dizer e como você mesmo afirmou, Alex, a angústia é por sua vez um medo sem objeto. Sem objeto efetivo e presente, mas não sem realidade, já que ela domina o corpo e a mente!

O medo, em todas as suas formas, é sem dúvida uma das emoções mais inibidoras da liberdade. Quer seja da liberdade exterior, pois ele quase sempre nos obriga a fugir ou a procurar escapatórias, quer seja da liberdade interior, pois o medo polui os pensamentos, nos convence a vigiar o ambiente, a antecipar todos os perigos possíveis, a calcular com antecedência o que seria mais seguro para nós e para nossa família: nosso cérebro vira uma máquina de vigiar, de evitar, de planejar.

Mesmo um risco imaginário é capaz de invadir e dominar a mente, a vida, como aconteceu com você, Alexandre, quando o medo do guaxinim raivoso deixou você naquele estado. Sob o domínio dessa improvável projeção, sua visão do real ficou distorcida, seu universo se contraiu. Você perdeu toda a flexibilidade, toda a capacidade de enxergar outras possibilidades, ficou sem ação.

O medo é a emoção mais arcaica que existe. Mesmo nos organismos primitivos existem dois movimentos fundamentais, quase reflexos: a aproximação (busca de recursos e de prazeres) e o evitamento (reação de proteção diante dos perigos). Portanto, o medo pode ser considerado como a mãe de todas as outras emoções dolorosas: a vergonha se origina do medo do olhar dos outros; a tristeza, do medo de uma perda permanente; a raiva, do medo do fracasso e da humilhação. Se pensarmos bem, sempre sentimos medo de algo, ou de várias coisas, não importa nossa idade ou o momento da vida!

AS CRISES DE ANGÚSTIA

CHRISTOPHE: A projeção no mundo virtual e em cenários catastróficos improváveis, com a impressão de beirar uma espécie de loucura (e por isso o medo de ficar louco ou louca), são sensações constantes nas crises de angústia. Perdemos o autocontrole e a mente passa a nos infligir sofrimentos que, no fundo, sabemos, são absurdos e criados por nós mesmos. Entretanto, o corpo acredita em tudo isso, pois não enxerga a diferença entre o virtual e o real. Para o corpo, tudo é verdadeiro – ele se aflige como um espectador de cinema que sente medo, embora saiba muito bem que o que está assistindo não passa de um filme de terror.

ALEXANDRE: As fantasias relativas aos guaxinins infectados me deixaram com um sentimento de impotência. Eu me vi desarmado, em luta contra ideias, contra fantasmas, contra o nada. Inútil dizer que diante da angústia o pensamento racional não funciona. Por que a lógica não convence quando o que deveria triunfar é a evidência dos fatos? E o que dizer das tentativas vãs daquele que tenta neutralizar um medo irracional apenas com o que tem nas mãos: "Olhe-se da cabeça aos pés! Você vê sinais de alguma mordida?". Lamentável impotência dos fatos diante da agitação mental que convida a tentar outra via!

MATTHIEU: Por que será que a razão não tem nenhum domínio sobre esses medos tão extravagantes? A causa aparente da angústia – sentar-se por acaso em cima de um guaxinim infectado pela raiva – não tem o menor sentido, mas dizer isso não basta. Para tanto, é preciso identificar a verdadeira causa da angústia, que se cristalizou na forma de um guaxinim. Quando estimulamos as pessoas a analisarem a fundo seus medos, notamos que o principal componente é geralmente o medo da morte. Se conseguirmos identificar a causa original, poderemos nos esforçar para tratá-la de uma maneira ou de outra, mesmo que isso seja muito difícil. Se não conseguirmos tratar da causa profunda, poderemos facilitar uma "descompressão" do medo, por exemplo, acompanhando essa pessoa a um lugar definitivamente isento de perigo – um terraço de frente a uma ampla paisagem montanhosa ou a um oceano tranquilo – e sugerindo a ela que faça algumas respirações profundas; em seguida, que sua mente se conecte à vastidão luminosa do céu, à paisagem que se estende ao infinito, e que deixe os pensamentos perturbadores se dissolverem nesse espaço. Desse modo, os tormentos podem se afastar com mais facilidade.

Se isso não for possível, também podemos imaginar essas paisagens, ou qualquer situação tranquilizadora, na qual a mente se desligue temporariamente da rigidez do medo e do estado de urgência alienante gerado por ele.

CHRISTOPHE: Na maior parte do tempo, não percebemos que os ansiosos deixaram nosso mundo e entraram em outro que não obedece mais às mesmas regras. Nesse mundo virtual, as informações são tratadas de modo muito diferente: se um perigo tem uma chance em um milhão de se concretizar, vivem atormentados por essa minúscula possibilidade. A lógica não é a mesma no caso de uma pessoa não ansiosa. A melhor coisa a fazer em benefício dessas pessoas é trazê-las para o mundo real. Isso pode ser feito pelos meios mais simples, como caminhar, contemplar a natureza, trabalhar, sair, agir, conversar com os amigos – coisas que se ancoram no mundo real. É por isso que as angústias que nos invadem no meio da noite são as mais violentas: quando estamos sozinhos, não conseguimos nos proteger por meio da ação ou da distração. Felizmente, existe também a meditação, o que não é de surpreender, pois meditar não é apenas refletir de olhos fechados, mas envolver o corpo inteiro nessa ação. Quando meditamos prestamos atenção na própria respiração, nos reconectamos com o corpo, ouvimos os sons ao redor. Mesmo angustiado e aflito, o corpo permanece sempre no mundo real, jamais no virtual.

No seu caso, Alex, você estava em um retiro, privado de qualquer via de ação e de interação possíveis. Entre meus pacientes, não são poucos os que apresentaram crises de angústia durante retiros espirituais e meditativos. Antigamente, quando ainda não existiam os protocolos adaptados aos pacientes (como a MBCT ou a MBSR[1]), muitos ansiosos e depressivos iam fazer retiros de meditação vipassana ou zen-budista e, a cada três deles, um saía completamente do ar! Isso acontecia porque os mestres zen, ou de vipassana, não eram terapeutas e às vezes eram duros e exigentes demais.

E você? Como se saiu? Em que momento teve a impressão de retornar ao mundo real?

ALEXANDRE: Não consegui encontrar os recursos internos capazes de derrotar a angústia. Mais uma vez, a salvação veio do exterior. Aliás, minha salvação está aqui em carne e osso!... No meio da noite, acordei o bom Matthieu, que acabou me convencendo de que a chance de eu me sentar sem querer em cima de um guaxinim infectado pela raiva era a mesma de um meteorito cair na minha cabeça. Sua ternura, sua calma, sua voz alegre, a milhares de quilômetros de distância, chamaram meus terrores à razão.

MATTHIEU: Sentar sobre um guaxinim adormecido no meio da floresta... você seria a única pessoa do mundo a quem uma coisa dessas poderia acontecer. Além de tudo, infectado pela raiva!

1. MBCT: Mindfulness-Based Cognitive Therapy (terapia baseada na atenção plena, indicada em casos de ansiedade e depressão). MBCR: Mindfulness-Based Stress Reduction (redução do estresse baseada na atenção plena, indicada em casos de problemas médicos e psicológicos associados a níveis elevados de estresse).

ALEXANDRE: Nessa ocasião, você me deu um ensinamento muito profundo: contemplar a natureza, parar de considerá-la inimiga, uma presença hostil, um perigo permanente. Isso certamente me tranquilizou.

MATTHIEU: Às vezes, o mundo inteiro parece um inimigo em potencial. Na verdade é a mente que se torna nosso pior inimigo. Como escreveu Charles Ferdinand Ramuz: "Ela amplia de tal forma o lago imaginário que a rodeia que não consegue mais sair dele".

ALEXANDRE: A mente desnorteada, que consegue se esvaziar, recupera certa lógica e pode contra-argumentar com a voz da razão. Trata-se de um processo verdadeiramente diabólico que dá o que pensar a todos aqueles e aquelas que tentam tranquilizar alguém com medo. Entretanto, deixar de fazer isso seria cometer um erro. Recordo com imensa gratidão do Doutor Olivier, um amigo meu a quem costumava chamar nessas ocasiões; ele me apresentava elementos científicos para contrapor os delírios da minha imaginação.

Como se libertar da angústia

MATTHIEU: Tenho uma amiga, muito equilibrada e serena na vida cotidiana, que me confessou acordar às vezes em plena madrugada com uma angústia persistente que não tem necessariamente um objeto, uma espécie de angústia difusa. Sempre existe a possibilidade de observar essa angústia e constatar que ela é vazia de existência verdadeira; não passa de uma poderosa construção da mente, semelhante às nuvens escuras que precedem uma tempestade. Na meditação, com um pouco de treinamento, podemos olhar diretamente para ela e desconstruir sua aparência imponente. A parte da mente que observa a angústia não é angustiada, é consciente. É claro que no meio de uma crise de angústia não é fácil acessar essa parte da consciência não angustiada que observa a angústia, mas essa alternativa existe. Nesse caso, dispomos de um espaço na consciência que não está sob o domínio da angústia. Como um pé que mantém a porta entreaberta. Se conseguirmos persistir nessa observação, o espaço de liberdade vai naturalmente adquirir cada vez mais amplitude, a porta vai ficar cada vez mais aberta. A angústia continua lá – não vai desaparecer de repente –, mas perde pouco a pouco sua força, torna-se menos real, menos opressora, depois acaba desaparecendo de nossa paisagem mental.

CHRISTOPHE: Tudo isso é muito precioso. De fato, observar a angústia com atenção plena sem procurar extingui-la de repente, apenas observando suas manifestações, ajuda a se desprender, a sair dela suavemente. Para mim, a contribuição da meditação foi enorme, tanto para ajudar meus pacientes, como para tratar das minhas próprias angústias: ao sentir que a angústia vai nos invadir, o importante é observar o que acontece, nos concentrar na respiração, no corpo, contemplar os pensamentos e tudo o que está se desencadeando naquele momento... Imaginar que estamos à beira de um rio, no qual a torrente de angústias corre acelerada. De tempos em tempos, mergulhamos de novo na torrente, mas é preciso sair dela e recomeçar tudo outra vez... Depois das terapias e dos tratamentos nos períodos de crise, ensinamos aos nossos pacientes ansiosos (e também aos depressivos) a prática da meditação da atenção plena (*mindfulness*), e quase todos conseguem evitar as crises posteriores de angústia, mesmo que por acaso essas crises voltem (por exemplo, em momentos de fadiga extrema ou de dificuldades existenciais).

MATTHIEU: Não se deixar levar pela torrente, contemplar tudo da margem...

CHRISTOPHE: Quanto aos nossos medos, há também uma grande questão: é possível que existam angústias insondáveis, ontológicas, sem conteúdo visual, mental? Das quais seria mais difícil sair de imediato. Elas constituiriam os verdadeiros "medos sem objeto". Angústias simplesmente ligadas ao fato de ser humano, de saber que a morte virá um dia e de se sentir impotente diante disso. Muitos filósofos consideram esse fato como constitutivo de nossa humanidade e, por isso mesmo, inevitável.

MATTHIEU: Meu pai era um pouco assim; ele costumava dizer que a felicidade está sempre fora do nosso alcance, já que a morte é inelutável.

CHRISTOPHE: O problema maior com a morte não é tanto a morte em si, a nossa morte, já que depois não estaremos mais aqui, mas sim se o medo da morte é constante, se nos acompanha em todos os momentos da vida. Encarar a ideia da nossa própria morte é enfrentar o medo mais fundamental, assim como enfrentar a morte das pessoas que amamos é viver a tristeza mais fundamental.

Todos os nossos momentos de felicidade dependem unicamente da nossa capacidade de esquecer essa condição, de esquecer que a morte vem em nossa direção, ou de que avançamos na direção dela. Foi você, Matthieu, quem me abriu os olhos para isso, pois me fez dizer a mim mesmo: se ainda sente esses medos e essas tristezas dentro de si, é porque talvez não tenha se esforçado o bastante, não desceu bem no fundo. Porque, se você avançar mais, encontrará a paz. Tem muita gente que tem medo da psicoterapia, da interioridade, da introspecção, da própria meditação, pois temem encontrar no fundo de si mesmos um oceano de medos e de sombras insondáveis. O desafio é reassegurar,

“O medo, em todas
as suas formas,
é sem dúvida
uma das emoções
mais inibidoras
da liberdade.”

é convencer essas pessoas a ir mais longe, dizendo-lhes: "Vamos encontrar obstáculos, mas vamos atravessá-los e superar nossos medos, vamos avançar ainda mais e deixá-los para trás...".

MATTHIEU: Obtive exatamente essa resposta de uma pessoa com cerca de 20 anos de idade que não ousava olhar com medo do que podia encontrar. Mas essa é a única maneira de ir ao cerne do problema e aprender a reconhecer a "presença desperta" na qual os pensamentos se formam e se dissolvem. O budismo tibetano é muito rico em técnicas que permitem desconstruir os pensamentos que nos dominam e fazer com que se dissipem por si mesmos. Esses pensamentos, que exercem intenso domínio sobre nós, são como fogo ardente? São como rochas que resvalam da montanha para nos esmagar? Como um general e seu exército? De modo nenhum. Não passam de fabricações mentais. Reconhecer isso já é dar um passo para a libertação. E se foi a mente que fabricou tudo, ela mesma pode reparar. Compreendemos, então, que nada é irremediável e que com paciência e meios apropriados a mente é capaz de se livrar dos tormentos que criou.

ALEXANDRE: Para eliminar o medo e dissipar a ansiedade, o livro *Alegre sabedoria*, de Mingyur Rinpoche[2], pode ser de grande ajuda. Com certeza vai auxiliar a desmascarar os mecanismos que nos torturam: o medo que recobre o real como uma camada, como uma neblina, e que cria interpretações falaciosas sobre os fatos. A ascese consiste em dissolver, em contemplar a bruma das emoções no instante em que é evocada. A tradição zen guia para a atenção plena: observar o que acontece sem colorir, sem tingir a experiência com projeções, expectativas e as categorias do ego. Entretanto, para amadores como eu, meditar pode conduzir a um irremediável sentimento de solidão. No fim das contas, estou sozinho, observando o medo passar por mim. Que fazer quando temos uma necessidade visceral do outro para encontrar a paz? Às vezes me pergunto se por trás do pânico, do temor, não há uma vozinha que pede socorro: "Por favor, alguém me ajude!". Desprovidos, solitários, sem recursos, podemos ter a bagagem teórica, mas continuar sempre precisando do outro para receber conforto, para ter coragem, para ter a energia de descer até o fundo de nós mesmos.

MATTHIEU: Estar conectado a um autêntico mestre espiritual faz uma grande diferença, mas infelizmente essa solução não está ao alcance de todos.

---

2. Mingyur Rinpoche (1975). Mestre tibetano das linhagens Karma Kagyu e Nyingma, do budismo tibetano. Mingyur Rinpoche. *Alegre sabedoria*: abraçando mudanças e encontrando liberdade. Tradução de Paula Rozin. Rio de Janeiro: Lúcida Letra, 2016. Edição Kindle. [N. Ts.]

ALEXANDRE: É preciso distinguir os remédios paliativos dos tratamentos de base! De fato, a meditação é um remédio eficaz, formidável e durável para os venenos mentais. Quem poderia negar sua utilidade? Como deixar de aconselhar essa via? Yongey Mingyur Rinpoche propõe um exercício bem simples que certamente dissipará as neblinas mentais. Ao longo desta jornada falaremos bastante sobre isso. No banheiro, diante do espelho, a rádio Mental FM começa a funcionar: "Nossa! Que cara de fantasma a minha hoje! E essas bolsas sob os olhos...". O desafio que esse mestre tibetano propõe é aprender a viver a experiência sem acrescentar nada a ela! Nesse caso, o zen-budismo nos ensina a distinguir a percepção das concepções, do blá-blá-blá interior: o que tenho diante dos olhos? Quais são os fatos? Observo o espelho, aí logo depois encontro o Matthieu e o Christophe... Por que sempre temos de adicionar mais uma camada e comparar: "Ele está melhor do que eu", "Isso é bom", "Isso é mau"? A prática de Mingyur Rinpoche é um exemplo que me toca de modo particular, pois, como esse sábio afirma, ele mesmo já passou por tudo isso. Antes de se libertar das paixões tristes, das emoções perturbadoras, também conheceu o medo. Ele é um precursor, é a prova viva de que outro modo de vida é possível.

MATTHIEU: Desde a infância, ele tinha muita dificuldade de controlar seus ataques de pânico. Para ele também, esses ataques estavam ligados ao medo da morte, ao medo de que a casa desmoronasse, de que um raio caísse sobre ele, de que seu coração parasse de bater, ou de que não conseguisse mais respirar. Quando tinha 6 anos, sem dizer nada a ninguém, ia se refugiar numa gruta perto de sua casa, nas montanhas do Nubra, no Nepal. Ali sentava-se e meditava, isso antes mesmo de que alguém lhe ensinasse a prática da meditação. Isso o acalmava, mas não resolvia o problema. Aos 13 anos, foi de livre e espontânea vontade para um retiro contemplativo, onde permaneceu por três anos, pois seu maior desejo era meditar. Esse evidentemente foi um caso excepcional. Passado um ano, ele continuava a sofrer ataques de pânico. Certo dia, disse a si mesmo: "Agora chega! Vou me fechar no meu quarto e pôr em prática tudo o que meu pai me ensinou sobre a natureza da mente. (Tulku Urgyen Rinpoche[3] era um mestre espiritual muito respeitado, que também foi mestre de Francisco Varela[4]). Não sairei do quarto enquanto não tiver resolvido esse

---

3. Tulku Urgyen Rinpoche. (1920-1996). [N. Ts.]

4. Francisco Varela (1946-2001) trabalhou intensamente com Humberto Maturana e, juntos, publicaram vários livros, dentre os quais se destaca, *A árvore do conhecimento:* as bases biológicas da compreensão humana, de 1984. Tradução de Humberto Mariotti e Lia Diskin. São Paulo: Palas Athena, 2010. Praticante do budismo, Varela publicou com Evan Thompson e Eleanor Rosch um dos mais importantes livros sobre o diálogo entre as ciências cognitivas e as tradições budistas da psicologia da meditação e da filosofia. Ver *A mente incorporada*: ciências cognitivas e experiência humana. Tradução de Maria Rita Secco Hofmeister. Porto Alegre: Artmed, 2003. [N. Ts.]

problema". Começou a seguir as instruções metodicamente e, depois de três dias, conseguiu se livrar do pânico de uma vez por todas. Reconhecia que ainda recebia "alguns golpes", mas que desde então sabia como resolvê-los, como revela em seus livros *A alegria de viver* e *Alegre sabedoria*[5]. Hoje, a liberdade que ele irradia é alegre e contagiosa, além de uma impressionante sabedoria. Ninguém jamais poderia imaginar que ele tivesse sido vítima dessas crises de pânico durante tantos anos. Ele prosseguiu com seus retiros espirituais e ensina a natureza da mente de modo claro e profundo.

Seu principal conselho é não considerar o pânico como um inimigo, pois isso gera uma tensão extra – ficamos com medo de ser invadidos pelo pânico – mas sim tentar fazer dele um amigo: "Bom dia, pânico, seja bem-vindo!", e utilizá-lo para alcançar a liberdade interior. Para ser mais preciso, ele propõe quatro estratégias: começar a observar atentamente o pânico, em particular as sensações físicas que desencadeia, do mesmo modo que alguém observa a enchente de um rio. No seu caso, caro Alexandre, seria mais a ansiedade; para outros, poderia ser o ciúme ou o desespero. Se em vez de diminuir, o pânico aumentar, a segunda estratégia consiste em se concentrar em outra coisa: nos sons que nos rodeiam, no vai e vem da própria respiração, numa paisagem que aparece diante de nossos olhos. Podemos nos concentrar também em outra emoção perturbadora. No caso de Mingyur Rinpoche, ele criava artificialmente uma raiva qualquer e então se concentrava nela. Isso permitia que se familiarizasse com a maneira de administrar as emoções perturbadoras, além de ser um treino para lidar com uma emoção, no caso a raiva, menos invasiva do que o pânico.

Desse modo, tudo fica mais fácil porque a raiva é menos perturbadora do que a ansiedade, que é nossa principal dificuldade. Se isso também não ajudar, o terceiro método consiste em recuar um pouco e observar o que se esconde atrás do pânico: o medo de sentir pânico, a aversão pelo pânico, a resistência ao pânico. E, por fim, se nada disso funcionar, a última opção é fazer uma pausa; dar um passeio, tomar um banho, brincar com as crianças, sair para visitar os amigos etc.

5. Yongey Mingyur Rinpoche. *A alegria de viver*: revelando o segredo e a ciência da felicidade. Tradução de Cristina Yamagami. Rio de Janeiro: Lúcida Letra, 2021. Edição Kindle. *Alegre sabedoria*: abraçando mudanças e encontrando liberdade. Tradução de Paula Rozin. Rio de Janeiro: Lúcida Letra, 2016. Edição Kindle. Nessas duas obras, o autor, grande mestre tibetano de meditação, estabelece uma ponte entre os ensinamentos do budismo e as descobertas mais recentes das neurociências. Propõe também a ideia de que as tristezas, as dúvidas e as angústias do ser humano não são unicamente obstáculos à felicidade, mas também oportunidades para alcançar a liberdade e a alegria. [N. Ts.]

ALEXANDRE: Mingyur Rinpoche também nos oferece uma ferramenta fabulosa: a visão panorâmica preconizada pelo zen-budismo, que é a imensa disponibilidade interior que a mente possui. Sob o domínio da angústia, causada por uma ilusão de óptica, a consciência se fixa, se concentra, em determinado ponto, nas contrariedades do dia e esquece de todo o resto. Quando isso acontece, o exercício consiste em tomar consciência do que existe ao redor, sem ser a angústia, e se abrir para o mundo, que é muito maior do que esse eu agitado.

CHRISTOPHE: Aprender a enfrentar as crises, não sentir mais medo de que elas voltem, é essencial. Entretanto, isso não se decide; isso se trabalha, baseado no princípio do adágio em latim *"Si vis pacem, para bellum"* ("Se você quer a paz, prepare-se para a guerra"). Se você quer ser feliz, mesmo sendo ansioso, seja capaz de enfrentar as ondas de ansiedade sem se afogar nelas. Trata-se de um verdadeiro treinamento. O que você acabou de descrever é um dos meios de agir sobre a angústia: trabalhar a "musculatura" da atenção. Diversos estudos científicos demonstram que, quanto mais ansiosos somos, mais nossa atenção se concentra no objeto da angústia. Com isso, negligenciamos todo o resto. Ora, a visão que devemos privilegiar, na vida em geral e principalmente nos períodos de ansiedade, é, ao contrário, a visão panorâmica: é enxergar o problema, ou a possibilidade do problema, bem como todos os recursos que temos para enfrentá-lo e tudo o que existe ao redor que não é o problema.

É nisso que se empenha a psicologia positiva, que também é a psicologia dos recursos: regularmente procurar ampliar o olhar e apreciar o que vai bem na vida, o que funciona bem, o que nos ajuda e fortalece. Quando os medos chegarem, esses recursos permitirão lutar melhor contra as múltiplas facetas da adversidade: seu lado real (os ansiosos também têm problemas verdadeiros como todo mundo!), seu lado amplificado (os ansiosos enxergam tudo com uma lente de aumento), seu lado imaginário (os ansiosos quase sempre se deixam levar por cenários catastróficos improváveis, repletos de guaxinins infectados e muitas coisas mais!).

MATTHIEU: Além disso, o que surge no imaginário pode assumir infinitas formas, umas mais ameaçadoras do que as outras.

CHRISTOPHE: Sim; e essa é a parte mais difícil de enfrentar. Afinal, as pessoas ansiosas não se saem tão mal diante das dificuldades reais e concretas, mas esgotam-se diante de todo o resto. Isso acontece porque o cérebro ansioso trata o risco como se fosse realidade, com toda a seriedade e energia.

"Quando a angústia começar a nos sufocar, concentrar a atenção na respiração, no corpo, contemplar os próprios pensamentos e tudo o que está se desencadeando..."

Já que de qualquer modo o risco existe, a pessoa reage como se ele fosse real. Concentrada no medo, a mente fica paralisada. O que pode ajudar é reconhecer o medo, mas não permitir que ele tome conta de *tudo*. É convidar a mente a fazer outras coisas: a prestar atenção na respiração, no corpo, nos sons, a olhar muito bem o que acontece ao redor, a fincar os pés no real, no tangível e, a partir daí, observar os próprios pensamentos com certa distância, da mesma maneira que se observa cada expiração acontecer. E toda vez que a mente se fechar, se retrair nos medos, começar tudo de novo, ampliar mais e mais a atenção sobre tudo o que existe ao redor, não apenas no medo...

Existe uma porção de outras técnicas, mas o que os ansiosos devem compreender é que não é possível utilizá-las no meio da tempestade: não é quando o avião já está caindo que vamos aprender a usar o paraquedas. Se partirmos do princípio de que a condição humana implica sentir regularmente momentos de ansiedade ou de desespero, uma espécie de treinamento existencial é necessário. Em minha opinião, esse é um tipo de bagagem psicológica imprescindível. Sem ela, corremos o risco de ficar devastados quando as crises de angústia nos assolam, ou de ficar dependentes dos tranquilizantes, do álcool e de outras coisas para nos acalmar.

NA ESSÊNCIA DA CURA, A CONFIANÇA E A ATENÇÃO AOS BONS MOMENTOS

CHRISTOPHE: O que me deixa mais curioso ao ouvir você, Matthieu, é o fato de que no auge da crise de angústia, há um momento em que sair dela depende de um ato de fé. Se meus medos são devastadores, tenho dificuldade de acreditar tanto no que o terapeuta diz quanto no que o Matthieu e os mestres tibetanos afirmam! Sei, porém, que preciso me aprofundar nisso, devo tentar aplicar seus conselhos, pois essa via já foi validada pela ciência e experimentada por esses mestres. E no instante em que o ansioso deixa de acreditar nas histórias que inventa, de achar que tem razão, de que corre perigo, de que seus filhos correm perigo e de acreditar piamente em qualquer outro medo, esse pequeno instante é decisivo. É quando a situação pode inverter-se completamente, quando ele diz a si mesmo: “Talvez eu esteja errado; estou perdido, cego e dominado por meus medos. Nada disso funciona. Então, vale mais a pena tentar, largar minhas atitudes negativas, me jogar no vazio e agarrar a mão que o mestre ou o terapeuta me estendem, ouvir seus conselhos, aplicar seu método”.

MATTHIEU: É essa atitude que distingue a fé da confiança. Fé comum é acreditar em qualquer coisa, mesmo que não seja justificada por nenhuma prova. Fé cega é continuar a crer mesmo se houver provas de que essa fé é errônea. A fé pode ter infinitas modalidades, já que não precisa estar apoiada na realidade. A confiança, por sua vez, consiste em basear a opinião na experiência direta, seja na razão lógica e na inferência válida, seja em um testemunho digno de confiança.

CHRISTOPHE: De certa forma, isso não deixa de ser um ato de fé: em latim, *fides* significa simultaneamente "confiança" e "fé". E isso acontece sem dúvida porque muitos ansiosos têm dificuldade em dar um passo à frente sem serem esclarecidos, reassegurados e até mesmo acompanhados por um terapeuta. A mente diz: "Nãããããão! Existe perigo, não se arrisque, não vá!". Os conselhos não funcionam se não vierem de alguém em quem se confia. É comovente constatar como nossos livros, nossas vozes ajudam as pessoas, mesmo à distância, sem que elas jamais tenham nos encontrado. Isso não acontece apenas porque o que escrevemos tem sentido e é útil, mas também porque elas têm uma relação de confiança com a gente.

MATTHIEU: Para isso, é preciso sentir que a pessoa em quem depositamos confiança seja alguém de grande benevolência. No caso de um mestre espiritual, é preciso dizer a si mesmo: "Essa pessoa parece tão sábia e benevolente que posso, salvo prova em contrário, depositar nela minha confiança".

CHRISTOPHE: Sim; encontrar seres humanos que encarnam a possibilidade de superar nossos medos nos faz bem. Os mestres espirituais, as pessoas que personificam a força e o reconforto de uma tradição espiritual podem nos oferecer muito no âmbito das questões existenciais; além disso, constituem remédios concretos para nossos sofrimentos, sobretudo se não estiverem muito longe de nós, no alto de alguma montanha, se eles nos escutam e mostram compaixão e benevolência em relação a nós. São essas qualidades que nos aproximam e reduzem a distância entre nós e eles; se essa distância for grande demais, eles não podem ser fonte de ajuda e de inspiração. Se estiverem próximos de nós, mostram que, se continuarmos nesse caminho, vamos realmente superar nossos medos e encontrar um espaço de tranquilidade.

MATTHIEU: Fui testemunha da maneira como certos mestres tibetanos ajudam discreta e habilmente algumas pessoas que passam por dificuldades psicológicas e não se sentem bem na própria pele. Em geral, eles não tentam convencê-las a administrar seu desequilíbrio por meio do intelecto ou da razão. O que propõem é que elas compartilhem de seu dia a dia e que os acompanhem nas viagens que fazem a vários lugares para ensinar. Assim, pouco a pouco, por osmose, os discípulos se impregnam da tranquilidade e da sabedoria daquele ou daquela a quem acompanham. Estabelece-se um clima de confiança e, quando receberem as instruções mais formais para a própria prática espiritual, farão tudo com a mente serena e confiante. Essa é a força silenciosa do exemplo.

CHRISTOPHE: Mas os verdadeiros mestres são raros e, pelo menos na minha opinião de terapeuta, suas mensagens nem sempre são muito objetivas! É nesse caso que os terapeutas intervêm, pois são mais fáceis de encontrar, menos intimidantes e mais ancorados no mundo real! Penso nos pacientes que vivem assombrados pela ansiedade e pela tristeza. Sentimos que eles não olham na direção certa, pois dão muito mais importância às experiências existenciais de infelicidade do que às de felicidade. Não dão o devido valor a momentos de vida que poderiam contribuir para salvá-los – por exemplo, quando caminham no meio da natureza, quando estão com os amigos – porque não estão presentes ali, porque sua mente não enxerga, porque seus corações não estão abertos para acolher esses momentos. Meu papel como terapeuta é ajudá-los a corrigir esse pequeno erro. Digo "pequeno" porque o esforço a fazer não é muito grande e pode gerar imensas mudanças. Existem momentos em que uma nesga de céu azul, uma palavra amiga podem tocá-los em pleno coração. É de importância capital abrir seus olhos para isso: "Será que a verdade da sua existência não habita dois territórios? O território do sofrimento e também o da tranquilidade, do amor, da afeição, da admiração?". O que se tenta fazer é reequilibrar esses dois tipos de experiência de vida, é chamar a atenção deles para esses pequeninos oásis de tranquilidade e sugerir que eles também dizem coisas a respeito do que a condição humana pode ser: um pé na adversidade e o outro na felicidade.

MATTHIEU: O advogado do diabo diria: "Sim; é um momento mágico, mas o que muda? Isso não vai durar". Sem dúvida, mas também podemos nos esforçar para compreender por que sentimos paz durante aqueles momentos privilegiados. Por que não tentar reforçar a atenção nas características desse estado e, como você mesmo diz, cultivá-los?

CHRISTOPHE: A dificuldade com nossos pacientes é que eles não estão presentes de fato nesses momentos de beleza, de amizade, de reconforto – tomar uma xícara de chá oferecida por um amigo que nos ama etc. –, mas sim mergulhados, por vezes obcecados, nas tristezas, nos sofrimentos, nas angústias e não têm senão um objetivo: encontrar soluções permanentes e respostas definitivas. Nos bons momentos, vão argumentar: "Foi agradável, mas não resolveu nada, não me impediu de logo retornar às minhas angústias". O que temos a lhes dizer, o que devemos fazê-los compreender por si mesmos é o seguinte: "Enquanto vocês não considerarem os bons momentos como remédios para os maus momentos, nada vai funcionar. O mais importante é se entregarem plenamente aos instantes de amizade, de admiração, de encontro com a natureza, sem impor uma finalidade a eles. Se vocês se deixarem dominar pelas angústias, se continuarem a estabelecer uma hierarquia, a considerar que a ansiedade, o medo, a tristeza e os sentimentos de solidão são intrinsecamente mais importantes, mais verdadeiros do que os momentos felizes e tranquilos, nada vai funcionar mesmo. Tornem os momentos de serenidade tão reais quanto suas inquietações, ruminem os bons momentos tanto quanto os maus, tratem os dois em pé de igualdade e vão deixar de oscilar entre um e outro!".

ALEXANDRE: Sim, seria preciso escutar mais o próprio âmago e apenas tentar se desconectar de tudo o que conduz permanentemente à hiperatividade. Sem querer parecer retrógrado, como não perceber que hoje a vida interior, a introspecção são interceptadas por milhares de solicitações a que somos submetidos: Facebook, Twitter, *e-mails*, informações. No meio desse tumulto contínuo, como vislumbrar um modo sadio de entrar em contato com o que existe bem no fundo de nós? Quem nos impede de tentar fazer pequenos retiros, de seguir tantas etapas quantas forem necessárias para desligar o piloto automático e buscar o conhecimento profundo? Hiperestimulados, ainda sabemos coabitar com o tédio, com os fantasmas, com a aspereza dessas horas que aparentemente não produzem nenhum fruto? Até mesmo em nossas meditações queremos viver experiências excepcionais, sensações fortes. Como não instrumentalizar a via, o caminho? Mergulhar fundo em nós mesmos já é se desprogramar, é acreditar que nenhuma circunstância pode impedir a verdadeira alegria. O pessimismo do ego se baseia em uma mentira, em uma fraude.

O que se deve fazer milhares de vezes por dia é perseverar na ascese, é dissipar as nuvens fortuitas que nos impedem de acessar nossa natureza de Buda. Abandonar a lógica do consumo e se conectar com algo muito maior do que nós mesmos, com o ambiente que nos rodeia, esse é o desafio! Parece que hoje existem crianças que nunca viram uma vaca de verdade e acham que peixe é uma coisa quadrada e empanada... Mas não vamos bancar os moralistas quando a intenção aqui é muito mais escapar das adicções afetivas e ficar surdos aos apelos das sereias das aparências.

VICIADO NA ANGÚSTIA?

ALEXANDRE: Uma questão me atormenta: será que existe no ser humano um mecanismo de autodestruição? Como é possível que em pleno conhecimento de causa continuemos a perseverar numa estrada que nos conduz direto a um beco sem saída? Por que em certos momentos da vida nos obstinamos em comportamentos que nos empurram para baixo? Que forças imperiosas são essas que nos tornam adictos às causas dos nossos sofrimentos? E lá vamos nós mergulhar de novo no tema da acrasia e da dependência...

CHRISTOPHE: Viciado em suas angústias? Não gosto nem um pouco de acusar as pessoas de serem "complacentes" com seus sintomas. Mas, de fato, isso pode ocorrer a qualquer um de nós: criar uma dependência dos sofrimentos, mesmo involuntária. Muitas vezes, quando se tenta reconfortar alguém muito ansioso, a impressão que dá é que ele se apega às suas angústias. Em certos momentos, inicia-se uma espécie de queda de braço argumentativo, na qual ele tenta convencer você de que tem boas razões para ser ansioso e você estupidamente tenta convencê-lo de que é necessário ser menos ansioso. Cria-se um impasse: convicção *versus* convicção.

ALEXANDRE: Será que preferimos um hábito nocivo, doloroso, a nos abrir para o desconhecido, a dar as boas-vindas ao vazio?

CHRISTOPHE: Exato. É por isso que, mesmo sendo terapeuta, acredito que em qualquer processo de cura, em dado momento, existe um ato de fé: abandonamos as certezas negativas e mergulhamos no vazio para agarrar a barra do trapézio que o mestre espiritual, o terapeuta ou um bom amigo nos lançam. Estamos pendurados na beira do abismo, tudo balança, não temos controle de nada, e lá longe alguém grita: "Largue tudo, se atire e tente agarrar a solução que te ofereço!". É normal sentir medo de se jogar e ficar tentado a permanecer agarrado ao trapézio dos próprios sofrimentos; pelo menos naquele instante, o trapézio é algo tangível e está bem seguro em nossas mãos!

MATTHIEU: Poderíamos definir o *samsara*, isto é, o oceano da existência condicionada pela ignorância e pelo sofrimento, como uma adicção às causas do sofrimento.

ALEXANDRE: Quais são os mecanismos de uma dependência como essa? De onde ela se origina?

MATTHIEU: Da distorção da realidade característica do estado de desorientação: nos precipitamos em direção ao sofrimento e damos as costas às causas da felicidade. Um texto budista afirma também que tratamos a felicidade como se fosse nosso pior inimigo. Não se trata de complacência com os sintomas do sofrimento, mas sim de falta de discernimento.

ALEXANDRE: Para nossa grande infelicidade, parece que vivemos completamente obstinados em nos enganar, nos iludir, em perseverar na ilusão e na ignorância.

MATTHIEU: A mania de reproduzir as causas dos sofrimentos é uma das características da confusão mental. Um dos mestres espirituais que ensinava na Dordonha, região da Nova Aquitânia, costumava dizer: "O que chamam felicidade, nós denominamos sofrimento". Essa drástica afirmação refere-se à nossa busca por objetivos incapazes de nos proporcionar o verdadeiro bem-estar: a sede de posses materiais, de fama, de poder, de prazeres superficiais, e os medos do desprazer, da perda, do fracasso, do anonimato, das críticas etc.

ALEXANDRE: Como reproduzir no cotidiano as grandes aspirações que habitam nosso coração? Tenho certeza absoluta de que a generosidade é um tesouro, uma chave para as relações humanas, um presente dos Céus. Não sei como ela é, mas sei que pode ser um remédio para muitos males, no entanto... Tenho dificuldade de arregaçar as mangas e perseverar nesse caminho, isso porque as forças da inércia e os hábitos são ossos duros de roer.

MATTHIEU: No mundo contemporâneo faltam modelos. A quem admiramos de verdade? Que ser humano merece ser reconhecido como modelo? Adoraríamos jogar xadrez como Bobby Fisher, um dos mais brilhantes gênios da história do xadrez, mas quem gostaria de ser como ele? Uma pessoa profundamente perturbada, com quem era impossível conviver. Quando olhamos ao redor – pais, educadores, pessoas importantes desse mundo, pensadores, artistas –, ficamos um pouco desconcertados. Existem pessoas admiráveis, mas também muita gente com quem certamente não gostaríamos de ser parecidos como seres humanos, quaisquer que sejam seus talentos particulares. Em contrapartida, quando encontramos um ser pleno da verdadeira sabedoria, que irradia uma inesgotável benevolência, gostaríamos muito de possuir as qualidades dessa pessoa.

• CAIXA DE FERRAMENTAS •

Para enfrentar o medo

◈

MATTHIEU

- *Observar o medo* como quem observa um fogo ardente e deixá-lo pouco a pouco se consumir por si mesmo sob o olhar dessa "presença viva" que não se identifica com o medo.
- *Sair da rigidez de nossa mente angustiada* e contemplar, ou criar na imaginação, uma vasta paisagem, a imensidão do céu.
- *Utilizar a razão para se reconectar com a realidade.* Dentre nossos milhares de medos, quantos verdadeiramente se materializaram em situações dramáticas no mundo real?
- *Analisar o medo* e compreender que ele não passa de uma fabricação da mente e que não há nenhuma razão para se submeter a ele.

Essas ferramentas se referem a medos imaginários e não a perigos reais diante dos quais o medo pode ser salutar.

ALEXANDRE

- *A terapia baseada no real.* Os estoicos aconselhavam, no caso de emoções perturbadoras, de conflitos interiores, de dramas emocionais, que a pessoa se voltasse para os fatos. O que tenho na minha frente? Do que tenho medo? O que é que me deixa nesse estado?
- *Ampliar o campo da consciência.* Se a mente se obstinar em focalizar o problema do momento, tentar ter uma visão mais panorâmica das coisas, olhar o que acontece ao redor, conectar-se com as sensações, abrir-se para a grandiosidade do mundo.
- *Para sair da espiral infernal do medo.* Perceber que a lógica não tem necessariamente resposta para tudo, que os argumentos nem sempre conseguem desarticular os temores irracionais, e praticar, de acordo com a necessidade, a arte de mudar de assunto, visualizar o que pode nos ajudar para impedir que o medo esteja no centro de tudo.

- *Não superestimar nossas forças.* Existem combates que nos esgotam e nos deixam exangues. Para não carregar todo o peso sozinho, tentar se rodear de bons amigos e, assim, não perder o pé na situação.

CHRISTOPHE

- *O medo, um atentado permanente à nossa liberdade.* Para nós, o verdadeiro problema do medo não é tanto o desconforto ou a dor que ele provoca, que acabam passando, mas nossa liberdade, que ele reduz permanentemente. Para deixar de sentir medo, passamos o tempo evitando o que parece perigoso. Sem saber se esse é de fato o caso – evitar o perigo não nos ensina nada, nem sobre os perigos nem sobre nossas capacidades.

- *Desobedecer.* Essa é a primeira coisa a fazer sempre que possível: o medo manda recuar? Vamos avançar para ver o que acontece! Ele insiste para não pensar senão nele? Vamos ampliar nosso campo de atenção para pensar em todo o resto (na respiração, no corpo, no mundo que nos rodeia)!

- *Treinar para enfrentar os pequenos medos.* Se enfrentar nossos grandes medos é muito difícil, vamos identificar os menores, mais acessíveis aos nossos esforços. Vamos treinar para lidar com eles repetidamente, pois uma vez só não é suficiente. Os mecanismos da libertação são os mesmos, não importam quais sejam os medos. As ações para se libertar dos pequemos medos são as mesmas que vão servir para os grandes.

- *Não se esquecer da psicoterapia.* É quando trata dos nossos medos e das nossas angústias que a psicoterapia obtém os melhores resultados, principalmente as terapias comportamentais e cognitivas, as terapias de aceitação e de compromisso e as terapias baseadas na atenção plena.

“*Na Bretanha, encontrei uma mãe que todos os dias, às 17 horas, ficava transtornada. Era a hora em que, cinco ou seis anos antes, seu único filho havia morrido quando voltava da escola. Seu luto jamais cessou.*

Conheci outra mãe que encontrou o filho afogado na piscina da própria casa. No momento da tragédia, ela disse a si mesma: "Tenho uma única escolha agora: ou vivo com esse desespero até o fim dos meus dias, ou decido viver e prestar homenagem a meu filho de alguma forma diferente".

Foi um momento decisivo no qual ela escolheu viver a vida plenamente e dedicar à memória de seu filho as inúmeras ações caritativas que empreendeu e patrocinou com sua fortuna. Para ela, foi um ponto de virada, e não importa o que se pense sobre o livre-arbítrio, naquele momento, sob condições extremas, ela visualizou a possibilidade de ir para um lado ou para o outro, e decidiu: "Escolhi a vida em vez do desespero". ”

MATTHIEU

4

O DESENCORAJAMENTO E O DESESPERO

CHRISTOPHE: São duas histórias impressionantes, dois exemplos de reações contraditórias diante da tentação para o desespero, esse primeiro nó que vem à garganta quando se perde um filho. Mas, meus amigos, talvez seja melhor começar a falar de um sentimento menos trágico e mais corriqueiro: o desencorajamento. Para mim, ele é uma espécie de tripé que se apoia simultaneamente num desgaste, numa fadiga (estou desencorajado por ter tentado por muito tempo); numa falta de resultado, pelo menos de um resultado satisfatório (isso não funciona); e numa perda da esperança (jamais conseguirei). É o menino desamparado diante de um exercício de matemática que não consegue resolver, é o faz-tudo nervoso que não consegue consertar alguma coisa, é o sujeito desolado que se exaure tentando ajudar um amigo depressivo...

O risco do desencorajamento e sua consequência concreta é a vontade de desistir. É também uma perda insidiosa de liberdade: posso fracassar sem me desencorajar, mantendo a esperança de que mais tarde haverá uma solução. No desencorajamento, fico paralisado na certeza de que nenhuma solução pode vir de minha parte e, se o desencorajamento for muito profundo, menos ainda do mundo exterior.

Existem dois modos distintos de desistir: a desistência por escolha e a desistência imposta. No primeiro caso, a pessoa se dá conta de sua fadiga e de sua incapacidade transitória de enfrentar a situação, de resolver o problema; ela aceita, faz uma pausa, permite-se um descanso, um tempo para refletir, e pede ajuda. A desistência por escolha é uma forma de prevenir o desencorajamento. Mas a desistência imposta, consequência de uma obstinação e de um esgotamento, enfraquece e reduz nosso sentimento de eficiência e de liberdade.

O OTIMISMO DOS RATOS

MATTHIEU: Um dos aspectos da liberdade é dispor de uma ampla gama de possibilidades de escolha. O desencorajamento nos faz renunciar a esses potenciais, pois rejeita tudo logo de uma vez. Dizemos a nós mesmos "não sou capaz", ou "esse projeto está destinado ao fracasso".

É frequente afirmar que os otimistas são ingênuos e os pessimistas mais realistas. Já foi demonstrado que essa ideia imposta é falsa: os pessimistas exageram muito os aspectos negativos de uma situação e, se alguém propõe soluções, eles não as colocam em prática, pois acreditam que não vai funcionar. Por outro lado, o grau de liberdade do otimista é muito mais amplo: ele empreende dezenas de coisas das quais algumas acabam obtendo êxito. O pessimista é vítima de uma espécie de desencorajamento crônico.

CHRISTOPHE: Existem estudos interessantes sobre esse tema na psicologia experimental. Os ratos são mergulhados em um grande recipiente de água que não dá pé para eles. Mede-se então quanto tempo eles nadam antes de desistir, ou seja, antes de se desencorajarem, pois ficam esgotados e concluem que não há mais esperança de sobreviver. Aliás, antigamente, esse era o método de testar os antidepressivos: eles deviam aumentar o tempo que os ratos nadavam e só eram incluídas na fórmula do medicamento as substâncias que provocavam esse efeito "antidesencorajamento". Mas existe outra maneira, não medicamentosa, de prolongar o tempo que os ratos nadam: fazer com que tenham antes uma experiência de sucesso com seus esforços. Nesse caso, eles são mergulhados em uma bacia na qual existe uma saliência invisível sob a água, que fica ao alcance de suas patas durante o nado. Em dado momento, eles por acaso chegam até essa saliência e podem parar de nadar, e então talvez pensem (com seu cérebro de ratos!) que seus esforços foram recompensados, que valeu a pena perseverar e que, no fim das contas, sempre há esperança. De tal maneira que, se depois forem mergulhados num recipiente sem saliência, eles vão continuar a nadar por muito mais tempo do que os outros, movidos por essa esperança. Isso é o que se denomina "sentimento de eficiência aprendido".

Entretanto, experiências diferentes foram realizadas com cães. Eles foram colocados em uma gaiola dividida em dois compartimentos separados por uma barreira, fácil de saltar, cujo piso podia ser eletrificado. Os cães foram então submetidos a uma série de choques elétricos leves e desagradáveis: evidentemente, os animais saltavam para o outro lado da gaiola para evitar o choque. Em seguida, as condições da experiência mudaram; eles continuaram a receber os choques, mas foram amarrados e ficaram impedidos de saltar: eles não podiam fazer nada para se proteger. O que se constatou em seguida foi que, mesmo que estivessem soltos, dois terços deles deixaram de saltar a barreira para evitar os choques. Foi exatamente o inverso do que se constatou com os ratos. O psicólogo Martin Seligman designou esse fenômeno como "impotência aprendida" ou "desesperança aprendida".

Aplicadas aos seres humanos, claro que sem os choques e sem o nado forçado, essas pesquisas informam que certos comportamentos não devem ser julgados de maneira precipitada, pois os indivíduos que com muita regularidade são confrontados com situações de impotência acabam ficando totalmente resignados: em determinadas trajetórias de vida, se foram espancados pelos pais, ridicularizados pelos colegas ou maltratados pelos professores como um ser desprezível, quando as experiências de fracasso se acumularam, o desencorajamento e a vontade de desistir surgem diante da primeira dificuldade encontrada. Essas pessoas vivem em uma dúvida constante e violenta quanto às suas capacidades de enfrentar a vida. Seu desencorajamento recorrente faz com que permaneçam encerradas em uma jaula, assim como ocorre com alguns animais, que depois de ficarem cativos por muito tempo, quando as jaulas são abertas, continuam andando em círculos. Existem igualmente as jaulas mentais nas quais ficamos encerrados por bastante tempo e temos dificuldade de abandonar, mesmo que as condições de nossa vida exterior tenham mudado. Somos assolados por dúvidas avassaladoras quanto à nossa capacidade de liberdade e de autodeterminação, isso porque ser livre pressupõe enfrentar muitos obstáculos e não acreditamos em nós mesmos o bastante para isso: dúvida constante e desencorajamento recorrente.

A DÚVIDA E A ESPERANÇA

ALEXANDRE: A dúvida e o espírito crítico são instrumentos de vida e podem se voltar contra a pessoa, criar vazios e provocar grandes devastações. E o desencorajamento, o desespero podem arruinar um coração. A tradição zen-budista considera a dúvida como um instrumento de libertação. Tomar consciência de que o ego não pode resolver os problemas da existência, de que ele não é verdadeiramente concebido para nos trazer a paz, aprender a desconfiar dele e a não levá-lo muito a sério são grandes passos para a sabedoria. Isso não tem nada a ver com a hesitação, com as evasivas e subterfúgios que sempre retardam as chances de progresso e nos deixam em estado de total perplexidade, de grande insegurança. Daí vem o estímulo dos mestres de se mostrar determinado, de se engajar sem qualquer razão no caminho da vida espiritual, de ter plena confiança de que, cedo ou tarde, é possível alcançar a

Iluminação, do mesmo modo que o rio desce a montanha e, apesar de todos os desvios e obstáculos, desemboca inelutavelmente no mar. Difícil, no entanto, manter essa fé, essa convicção quando nos encontramos em plena tempestade mental. Entretanto, aqui estamos nós na eterna busca do caminho, não importa quais sejam o cenário e as circunstâncias exteriores.

Quanto ao desencorajamento, em minha opinião, talvez tenha origem na falta de confiança. Levanto-me pela manhã sem forças nem energia, completamente abatido diante das imperfeições que há tanto tempo tento corrigir. Não paro de quebrar a cara com as mesmas contradições de sempre. Tem dias em que, se der mais um passo, mergulho direto num desespero sombrio e não entrevejo nenhuma solução, nenhum sentido nesse deserto interior, nesse vazio total que me invade e que, no pior dos casos, nos expõe à tentação do suicídio.

Nesse caminho, o que me inspira seguramente são todos esses homens e mulheres, todos esses mestres e sábios e também a multidão de anônimos que se embrenharam nele, passaram por ele e conseguiram sair. Eles realimentam a chama, fortalecem a fé na bondade da vida, nos ajudam a manter o rumo. O que faz mergulhar no desencorajamento é a imobilidade, a impossibilidade de criar uma dinâmica de vida e a impressão de se encontrar diante de uma muralha.

Desencorajamento e desespero também provêm do sentimento de impotência, quando não se pode entrever nenhuma saída. De repente, nada mais tem sentido... A sabedoria pode lançar mão de todos os recursos possíveis e integrar numa mesma dinâmica os fracassos, as dificuldades, os tormentos e até mesmo as traições e as dores. Nesse caso é útil distinguir esperança de expectativa. A expectativa é restrita, limitada, centrada em um objeto preciso: "Espero ganhar na loteria". Acordo todos os dias com o pensamento fixo nesse único objetivo, o resto do mundo não existe para mim. Quero ganhar o primeiro prêmio, conseguir um bom trabalho, encontrar uma mulher ou um homem, comprar um belo automóvel, e sei lá mais o quê. Já no caso da esperança, da confiança, existe uma disponibilidade interior, uma abertura. Foi a esperança que deu a Etty Hillesum[1] a coragem de repetir, no meio dos campos de concentração: "Eu terei força", não importava o que acontecesse. A expectativa se agarra a uma

1. Esther Hillesum (1914-1943), jovem judia, que viveu em Amsterdã durante a ocupação nazista. Em 1941, conheceu o psicoterapeuta alemão Julius Spier, com quem iniciou um tratamento. Os dois tornaram-se amigos e amantes. Com Spier, desenvolveu seu interesse por psicologia e também se aproximou de Deus. Escreveu oito diários, nos quais fazia reflexões pessoais sobre a humanidade e a vida na Segunda Guerra Mundial. Em 1942, começou a trabalhar no Conselho Judaico (órgão burocrático criado pelos alemães) e decidiu ser voluntária no campo de trânsito de Westerbork, dando apoio aos judeus que trabalhavam e viviam ali antes de serem enviados definitivamente para os campos de extermínio. Em setembro de 1943, Etty foi deportada para Auschwitz, onde morreu meses depois. [N. Ts.]

"O importante é não se identificar com o desespero. Ninguém vai ao médico e diz: 'Doutor, eu sou a gripe'."

segurança, a esperança nos envolve na confiança e na entrega. Ela não se aferra a uma felicidade sob medida, mas alimenta a convicção de que a existência sempre nos oferece momentos de alegria e de progresso.

CHRISTOPHE: Sim, no desencorajamento existe a noção de que pode tratar-se de um estado transitório: estou desencorajado porque fiz esforços que não chegaram a nenhum resultado, ou parece que não vão chegar. No caso do desespero, a certeza é permanente: não importa o que eu faça, a coisa não vai funcionar. Desespero é desencorajamento permanente, cristalizado, enraizado...

No vocábulo “desencorajamento” existe um movimento que vai da coragem maior para a coragem menor. Essa coragem não representa uma atitude diante do perigo, mas tem um sentido mais amplo – no uso tradicional da palavra, significa força moral ou energia para a ação. É o que se deseja quando se diz a alguém “tenha coragem!”. O desencorajamento não tem nada a ver com a emoção do medo, mas muito mais com a emoção da tristeza. E isso com todos os graus de intensidade, que vão desde a fadiga até o desencorajamento, e depois ao desespero.

No que você acaba de dizer, Alex, identifico a ideia de André Comte-Sponville em seu monumental e apaixonante *Tratado do desespero e da beatitude*[2], ou em sua super-resumida adaptação para o grande público *A felicidade, desesperadamente*[3]: às vezes, a melhor coisa a fazer na vida é renunciar às expectativas, é deixar de esperar, deixar de ficar de olhos fechados, atados pelos pés e pelas mãos, na expectativa da realização dos objetivos. Na teoria, estamos todos de acordo, mas é bem agradável ter projetos, ter expectativas, ter esperanças!

MATTHIEU: Determinação, flexibilidade, lucidez, pragmatismo, serenidade e força interior são qualidades que os psicólogos associaram à esperança e que identificaram em pessoas de natureza otimista, que não se entregam de bom grado ao desencorajamento. Eles definem a esperança como a convicção de que é possível realizar os objetivos a que nos propomos e encontrar os meios necessários para isso. Sabe-se que a esperança melhora os resultados dos estudantes nos exames e nas *performances* dos atletas, mas que também ajuda a suportar doenças e enfermidades dolorosas. Um estudo demonstrou que as pessoas com disposição para a esperança suportam manter a mão

---

2. André Comte-Sponville (1952). *Tratado do desespero e da beatitude*. Tradução de Eduardo Brandão. São Paulo: Martins Fontes, 2006.
3. André Comte-Sponville. *A felicidade, desesperadamente*. Tradução de Eduardo Brandão. São Paulo: Martins Fontes, 2001.

dentro da água gelada por um tempo duas vezes maior – uma maneira de medir a tolerância à dor.

Os inegáveis efeitos curativos dos placebos baseiam-se na esperança da cura associada à decisão de seguir um tratamento no qual se acredita que fará bem. O efeito placebo consiste em mudar de atitude em relação à doença e ao remédio. Primeiro, ocorre uma mudança no paciente que gera a esperança, depois ele adquire a convicção de que determinado medicamento pode curá-lo. Por essa razão, ele vai mudar o centro de sua atenção e de seus recursos físicos e mentais para a cura, da qual o medicamento é um vetor portador de esperança. O efeito placebo reaviva o desejo de sobrevivência. Médicos e enfermeiros sabem muito bem que os doentes movidos por uma determinação implacável resistem melhor aos momentos críticos. Os que cedem ao desencorajamento e acreditam estar condenados se abandonam a uma resignação passiva e morrem mais cedo.

De qualquer modo, uma exacerbação crônica das expectativas e dos medos pode também desestabilizar a mente. Em geral, essa disfunção pode ser explicada por uma tendência de ser excessivamente centrado em si mesmo. Diante dos acontecimentos da vida, a pessoa se pergunta repetidas vezes: "Por que eu?" ou "Por que não eu?". Sabe-se muito bem que o excesso de ruminação sobre o passado e de antecipação ansiosa sobre o futuro é um dos sinais precursores da depressão. Libertar-se dos tormentos da expectativa e do medo nos aproxima da liberdade interior.

CHRISTOPHE: Tenho alguns pacientes cujas expectativas são tão grandes que fico preocupado por eles; estão sempre em estado de alerta. Esperar ganhar na loteria e não fazer mais nada na vida não é o mesmo que ter esperança de ganhar enquanto continua a trabalhar e a se divertir com os amigos. Acredito que nossas esperanças só são tóxicas quando acompanhadas de uma forma de fixação no objeto esperado e da renúncia em relação ao resto das coisas. Podemos sentir muito amor por alguém e esperar que um dia essa ligação entre nós se concretize, mas essa esperança não pode ser considerada patológica se nesse meio tempo continuamos a conviver com os amigos, a trabalhar, a usufruir de todas as outras coisas da vida. Afirmo uma vez mais: o que me parece ser a grande fonte de sofrimento é a fixação num único objeto de esperança. Não há necessidade de se inquietar por saber que na vida existem fontes de sofrimentos e fontes de esperanças, mas é sempre bom se certificar de que elas se inserem em um espaço no mundo que permanece aberto, fluido, vivo, ativo.

MATTHIEU: O problema começa quando impomos nossa afeição às coisas e às pessoas: "Sem ele – ou sem ela – não posso ser feliz de jeito nenhum", ou "Se não me desembaraçar disso, nunca encontrarei a paz". Temos a tendência a pensar que certas coisas, certas situações, certas pessoas são intrinsecamente desejáveis ou detestáveis, no entanto, como qualquer outra coisa no mundo, essas características são variáveis e resultam em grande parte de nossas projeções mentais.

Libertar-se do desespero

CHRISTOPHE: O que dizer diante de alguém desesperado? Às vezes até mesmo eu, que sou terapeuta, sinto imensa tristeza por uma pessoa vítima do desespero. Tenho receio de não conseguir ajudá-la. Em momentos assim, tento transmitir aos meus pacientes as mesmas palavras que muitas vezes digo a mim mesmo:

> Não é um estado necessariamente anormal; todo mundo tem o direito de se sentir desencorajado, tem o direito de se sentir desesperado; talvez você nem tenha cometido erro nenhum nem feito alguma besteira. Quem sabe se o que está causando seu desespero hoje, amanhã já não tenha desaparecido? Mesmo que nesse instante você não acredite nisso, leve o tempo que precisar para repetir essas palavras sem julgá-las nem rejeitá-las. Todos os seres humanos podem se sentir desencorajados por boas ou más razões. Você não tem nada do que se reprovar. O desencorajamento é apenas um dos componentes da condição humana.
>
> Faça o melhor que puder, faça qualquer coisa, uma coisinha para você, outra coisinha para o outro, mesmo que não tenha nada a ver com a situação. Não fique centrado no problema, destruindo-se por dentro. Se se sente desencorajado, ou mesmo desesperado, isso talvez seja porque a situação é realmente desencorajadora e desesperadora, e que nesse instante não existe uma solução simples para ela. Se houver uma solução, ela se apresentará; se não houver, outras coisas surgirão. Nos dois casos, não se preocupe demais com o problema e não fique encerrado no espaço limitado de sua mente. Saia, movimente-se, espaireça, vá em frente. Não fique sozinho, converse com alguém, não necessariamente sobre o seu problema; descubra alguma coisa em comum com alguém que o ama, que pode ajudá-lo a rever suas ideias ou aconselhá-lo e consolá-lo.

> E depois, quando tiver saído dessa fase de desencorajamento, ou de desespero, não passe logo para outra coisa: tome um tempo para analisar o que se passou, sente-se, escreva, reflita, observe como você está hoje em relação a esse desespero. Tente compreender por que razão ele não está mais aí, como foi que desapareceu – talvez ele tenha apenas se transformado em tristeza. Hoje você não está mais desesperado. Como pôde cair nesse abismo de desesperança? Em que estado você estava? Quais foram as etapas do trajeto que conduziram você à saída? Lembre-se bem de seus momentos de "desespero por nada", ou quase nada, aos quais você finalmente sobreviveu. Pense no que dizia Emil Cioran[4]: "Somos todos farsantes, sobrevivemos muito bem aos nossos problemas".

Da mesma forma que é preciso lembrar-nos sempre dos grandes momentos de felicidade, nunca devemos esquecer as ocasiões em que nos autointoxicamos, completamente hipnotizados pelo desespero. É essencial saber até onde cada um de nós é capaz de ir por causa de seus erros e pontos fracos, como ter uma consciência clara deles, não para se julgar, mas para poder ser generoso consigo mesmo, tanto hoje como no futuro, e agir com prudência diante dos próximos desencorajamentos.

"Aqui ninguém jamais fracassa"

MATTHIEU: Isso me faz pensar na minha irmã Ève: ela trabalhou durante trinta anos como fonoaudióloga no Hospital Sainte-Anne, cuidando de crianças que viviam em lugares extremamente desfavorecidos. Às vezes, elas se recusavam até mesmo a falar e tinham grande dificuldade de aprender a ler e a escrever. Uma delas, que não conseguia lembrar o nome de minha irmã, costumava chamá-la de "a moça das palavras". Algumas dessas crianças afirmavam ter fracassado em todas as instituições pelas quais passaram. Minha irmã sempre respondia: "Aqui ninguém jamais fracassa". No fim de uma das sessões de reabilitação, uma das crianças havia anotado apenas uma frase em seu caderno: "Aqui ninguém jamais fracassa". O menino explicou a Ève que se sentia muito feliz de ser aceito como era.

Diante das pessoas desesperadas, é preciso ter humildade e não pretender ter resposta para tudo. Às vezes, uma simples presença benevolente é o

4. Ver Emil Cioran (1911-1995). *História e utopia*. Tradução de José Thomaz Brum. Rio de Janeiro, Rocco, 2011; *Breviário de decomposição*. Tradução de José Thomaz Brum. Rio de Janeiro, Rocco, 2011. [N. Ts.]

que podemos oferecer de melhor. Se as circunstâncias permitirem, podemos lembrar a pessoa de que não importa qual seja a magnitude de seu desespero, existe sempre um potencial de mudança. Se ela for receptiva a essa ideia, pode-se também sugerir que no fundo de cada um de nós sempre existe alguma coisa intocada pelo desespero – a "presença desperta" que mencionei anteriormente. É claro que a angústia e o sofrimento não vão desaparecer de uma hora para outra, mas ao reconhecer que dentro de nós existe um espaço de paz, podemos deixar que esse espaço se amplie cada vez mais. Podemos sugerir à pessoa que se lembre dos momentos tranquilos que teve na vida. Essas lembranças vão ajudá-la a recordar que essa paz é uma realidade possível. O importante é não se deixar definir por seu estado mental e não se identificar com o desespero. Ninguém vai ao médico e diz: "Doutor, eu sou a gripe". Ora, não somos nem o desespero nem a gripe. São apenas males que nos afligem e que podemos remediar.

ALEXANDRE: Para não se identificar totalmente com os estados mentais, com as contrariedades do dia, talvez seja bom desistir da vontade voraz de resolver os problemas na mesma hora. Certas vezes, quando múltiplas tarefas me absorvem, eu me convenço de que, para fazer as coisas mais rápido, é preciso diminuir o passo. Entrar na agitação é se arriscar a pular etapas e a fazer bobagens. Que tal tentar não me precipitar? E se for dormir à noite sem ter resolvido todos os problemas, seria isso uma catástrofe irremediável?

Paradoxalmente, para aprender a paciência, é bom agir de maneira decisiva, sair do mundo mental e romper com a inação. Há pouco tempo, eu estava à espera de um resultado médico e o telefone não tocava nunca. O pânico tomou conta de mim. Aí me lembrei do ensinamento zen-budista, cuja sugestão é que a gente se coloque em ação de corpo e alma. Primeiro peguei um cesto e comecei a organizar meu quarto. Depois meditei, dedicando minha prática a todos aqueles e aquelas que sofriam no mundo inteiro.

Identificar as engrenagens antes de se emaranhar nelas é o maior desafio do praticante! Em Seul, quando atravessava o bairro das prostitutas, eu costumava ver alguns homens esperando na soleira das portas, indecisos. Era um espetáculo tragicômico ver a hesitação desses indivíduos em dar um passo adiante e entrar, ou não. A vida espiritual também apresenta essas pequenas escolhas, essas frações de segundo nas quais ainda podemos evitar remorsos amargos. Como recuar rápido nesses instantes cruciais? Para acalmar a mente agitada nada melhor do que voltar ao presente, pisar em terra firme, "fazer o que se costuma fazer". É bem conhecida a frase do sábio "Quando for andar, ande, quando for sentar, sente, mas, acima de tudo, não hesite!".

Quando tudo vai mal, quando o ego estiver nos atormentando com seus delírios, vamos tentar ser fiéis à rotina diária, continuar a levar as crianças na escola, responder ao *e-mail* de alguém que precisa de ajuda, vamos tentar sair disso, sair do cinema interior.

• CAIXA DE FERRAMENTAS •

Diante do desencorajamento

◈

ALEXANDRE

- *Inserir a vida numa dinâmica* e concretamente se perguntar o que é preciso fazer aqui e agora para não acabar no fracasso. A perseverança e a arte de manter o rumo – poderosos antídotos da resignação – devem ser usadas no momento presente.
- *Não alimentar a dúvida sobre si mesmo e naufragar na culpa e na autoacusação*, mas usar esse instrumento de vida para neutralizar o ego e avançar na direção da verdadeira confiança, decisão que não pode depender da mente.
- *Tentar não se precipitar*, diminuir o passo quando tudo nos força a encontrar soluções a qualquer preço, a nos precipitar.

CHRISTOPHE

- *Questionar*-se: O desencorajamento pode ser legítimo; talvez seja o sinal de que é melhor parar os esforços, mas como saber se isso é verdade? Talvez dependa de uma livre escolha: eu poderia continuar, tenho força e capacidade para isso, mas acho que já tentei o bastante e parece também que existem outras possibilidades.
- *Um lema antidesencorajamento* talvez possa nos dar energia para continuar e repelir o desencorajamento. Um dos lemas mais conhecidos e enigmáticos é o de Samuel Beckett em seu romance *Worstward Ho* [Pra frente o pior[5]]: "Já tentou. Já fracassou. Pouco importa. Tente outra vez. Fracasse outra vez. Fracasse melhor". E mais didático ainda é o epílogo da fábula "O carroceiro atolado", de Jean de La Fontaine: "Ajuda-te que o céu te ajudará".
- *Duas regras*: O desespero exige antes de tudo duas atitudes toda vez que sentirmos que ele está surgindo: primeiro, não ficar sozinho, e segundo, não tomar nenhuma decisão importante enquanto ele estiver no comando.

---

5. Samuel Beckett (1906-1989). *Companhia e outros textos*. Companhia / Pra frente o pior / Sobressaltos / O caminho / Teto / Ouvido no escuro I e II. Tradução de Ana Helena Souza. Rio de Janeiro: Biblioteca Azul (Globo Livros), 2012. [N. Ts.]

MATTHIEU

- *Confiança*: O desencorajamento pode nos levar a desistir de nossos esforços, mesmo quando ainda é possível superar as dificuldades. Por isso, é importante juntar nossas reservas de energia para transformar o obstáculo em realização.
- *Otimismo*: Os otimistas permanecem mais serenos do que os pessimistas, cedem com menos facilidade ao desencorajamento e reservam suas energias para enfrentar os verdadeiros perigos.
- *Serenidade*: Se por uma razão ou outra fracassamos, é inútil nos sentir desencorajados. Enxergar a realidade tal qual é não tem nada de desencorajador. É preferível manter a serenidade e desviar os esforços para outra direção.

“Certo dia, enquanto nadava alegremente na piscina municipal, notei ao longe um menino com as costas completamente vermelhas. Ele tinha ficado debaixo do sol tempo demais. Por uma fração de segundo, meu coração ficou apertado: "Deus do céu, meu filho Augustin queimou as costas!". Mas logo parei de me preocupar, pois percebi que, por sorte, aquele não era meu filho...

Foi inacreditável como me desinteressei pela saúde do outro garoto, que corria risco de insolação. Que espécie de ilusão de óptica, que maldita disfunção me torna indiferente à desgraça do outro! A prática da autodisciplina serve exatamente para corrigir essa relação deteriorada de quem só olha para seu próprio umbigo, de quem passa pelo mundo completamente autocentrado. Por que me blindei diante do sofrimento de outra pessoa? Por que não me senti do mesmo modo tocado pelas queimaduras de sol que aquele desconhecido sofreu?”

ALEXANDRE

5
O EGOCENTRISMO

MATTHIEU: Muita gente pensa que, quando alguém se refere tão somente a si mesmo, desfruta de uma liberdade total, pois não é obrigado a se curvar à vontade dos outros, decide o que amar, o que fazer e do que viver, não leva em consideração nem o bem do outro nem a situação como um todo. Mas, fazendo isso, se arrisca a ser como os narcisistas, cuja principal preocupação é saber como eles próprios se sentem, prestar atenção às mínimas reações de seu eu e recobri-lo de extremos cuidados.

Basicamente, o egocentrismo é um obstáculo no caminho da liberdade e uma contração do mundo: se alguém vive com o sentimento exacerbado de sua própria importância, se o conjunto de suas relações com os outros e com o mundo é representado apenas em função do próprio ego, o que ele faz é instrumentalizar os seres humanos, tratá-los como simples objetos utilitários (será que vão me trazer algum benefício ou ameaçar meus interesses?). Assim, ele se submete aos ditames desse pequeno potentado, cujos caprichos e exigências não têm limites. Para ele, o universo se assemelha a uma espécie de catálogo do qual pode encomendar tudo o que quiser. É claro que se sente infeliz, porque o mundo não está configurado para satisfazer exigências sem fim. O egocentrismo conduz à frustração e ao tormento. A pessoa acaba ficando obcecada pelo menor prazer ou desprazer e se torna um joguete desses humores sutis provocados pelas reações de atração ou de repulsa, e longe de ser livre, se torna muito vulnerável.

CHRISTOPHE: De maneira geral, quando a palavra "ego" surge em uma conversa não é bom sinal. Ela quase sempre designa um *excesso* de apego a si mesmo, aos próprios interesses, ao próprio *status*. A terminologia psicológica dispõe de inúmeros termos para indicar a relação que alguém cultiva consigo mesmo. A palavra "egotismo", por exemplo, de uso muito mais técnico do que cotidiano, pode ser encontrada na obra autobiográfica de Stendhal, *Souvenirs de l'egotisme* [Lembranças do egotismo][1]. Segundo Paul Valéry[2], o

1. Stendhal (1783-1842). *Souvenirs de l'egotisme*. Paris: Hachette Livres-BNF, 2018. [N. Ts.]
2. Ambroise-Paul-Toussaint-Jules Valéry. (1871-1945). Filósofo e poeta francês da escola simbolista. [N. Ts.]

termo designa o "desenvolvimento da consciência com a finalidade de conhecimento": significa aceitar que nosso olhar sobre o mundo não pode se originar senão de nós mesmos. É um primeiro movimento espontâneo, razão pela qual o essencial de nossos esforços em relação a esse "ego" deve ser para nos libertar dele em vez de alimentá-lo, e depois desenvolver com ele uma relação lúcida, em vez de querer se desembaraçar dele a todo custo.

O que denominamos "egocentrismo" designa a tendência de se colocar no centro de tudo, de considerar os próprios interesses antes dos interesses dos outros. Por exemplo, em uma discussão, isso poderia consistir em sistematicamente ser o primeiro a falar antes de conceder a palavra a outra pessoa; ou durante um jantar servir-se antes de todo mundo: mesmo que a comida não acabe, mesmo que sobre para os outros, é colocar-se sempre na frente deles! O egocentrismo não vem acompanhado necessariamente de um olhar negativo, de desprezo, de ingratidão em relação ao outro, mas trata-se simplesmente de uma atenção prioritária sobre si mesmo, o que constitui uma visão ingênua e incompleta da vida em coletividade, um comportamento comum em certo período da vida, presente nas crianças pequenas, e não uma filosofia existencial organizada.

No egoísmo, passamos para um nível superior desse comportamento. O egoísta não dá a mínima para a existência do outro, tampouco se preocupa com suas necessidades. O lema "Depois de mim, o dilúvio"[3] é característico do egoísmo – uma vez que minhas necessidades sejam satisfeitas, o que acontecerá aos outros no futuro é indiferente para mim. Não lhes quero mal, mas não faço nenhum esforço para lhes fazer o bem. Essa filosofia baseia-se no "cada um por si".

Por fim, existe o narcisismo no sentido empregado na psicologia e na psiquiatria: um egoísmo arrogante, uma superestima do próprio valor (ou um "complexo de superioridade") acompanhada de desprezo pelos outros, perante os quais a pessoa se sente superior, e com direitos que se arroga em razão disso. Os indivíduos narcísicos não se sentem obrigados a respeitar as regras da vida social, pois acreditam que seus direitos são maiores do que os dos outros: direito de falar mais do que os outros (já que dizem coisas mais inteligentes), de furar a fila (pois seu tempo é mais precioso), de dirigir em alta velocidade (pois são melhores motoristas), de importunar os outros (mas sem tolerar serem tratados da mesma forma) etc. No narcisismo há uma combinação de egoísmo, sentimento de superioridade e uma relativa amoralidade. O presidente norte-americano Donald Trump é, sem dúvida, um bom exemplo desse tipo de pessoa. A filosofia de vida narcísica é patológica e tóxica para os grupos humanos, pois provoca uma regressão, já que colaboração e respeito pelo outro são atitudes associadas a qualquer tipo de progresso.

3. No original, "*Aprés moi, le déluge*", expressão atribuída a Luís XV, ao prever que, sem ele, a queda da monarquia francesa seria iminente. Quinze anos após sua morte, veio a Revolução Francesa, que, além de Luís XVI e de Maria Antonieta, condenou centenas de pessoas à guilhotina. [N. Ts.]

"Quando sofremos demais, ouvimos os outros pensando em nós, olhamos o mundo pensando em nós. Isso é desgastante e destrutivo."

MATTHIEU: Na psicologia, o narcisismo é descrito como uma tendência para tudo o que é grandioso, uma necessidade de admiração e uma falta de empatia. O narcísico é um admirador incondicional de sua própria pessoa – a única coisa que lhe interessa – que procura incessantemente reforçar a imagem lisonjeira que tem de si mesmo. Tem pouca consideração pelos outros, que trata como instrumentos capazes de glorificar sua imagem.

Durante muito tempo acreditou-se que, no fundo, os narcísicos não se amavam e se supervalorizavam para compensar um sentimento de insegurança. Pesquisas recentes demonstraram que, na verdade, o que as pessoas narcísicas têm mesmo é um sentimento de superioridade. Quando o narcísico é confrontado com a realidade, geralmente sente raiva contra si e contra os outros. Estudos comprovam que as pessoas que se superestimam apresentam uma tendência para a agressividade superior à média.

A psicóloga Jean Twenge revelou que, há uns vinte anos, os Estados Unidos vêm sofrendo uma verdadeira epidemia de narcisismo. Em trinta anos, o número de adolescentes que concordam com a afirmação "Sou alguém importante" passou de 12% para 80%. Nos dias de hoje, nesse mesmo país, a cada quatro universitários, um pode ser qualificado de narcísico. Segundo os pesquisadores, uma das razões desse egocentrismo é o uso das redes sociais, em grande parte consagradas à autopromoção.

Em contrapartida, todas as religiões evocam as virtudes da humildade. Os cristãos insistem no "esquecimento de si" (*kénosis*). A Regra de São Bento[4] descreve os doze degraus da humildade que todo monge deve colocar em prática. No hinduísmo, o *Bhagavad Gita* prescreve: "A humildade, a modéstia, a não violência, a tolerância, a simplicidade [...], o autocontrole, [...], o não ego [...], esse é, afirmo, o conhecimento. O contrário disso é ignorância". O budismo considera a humildade uma virtude essencial, semelhante a um "recipiente deixado ao ar livre, pronto para receber uma chuva de qualidades". Os humildes não são pessoas extraordinárias que tentam se persuadir de que não são nada, mas seres humanos que fazem pouco caso de seu ego. Eles se abrem com mais facilidade para os outros, são particularmente conscientes da interdependência que existe entre todos os seres vivos e do sentimento de pertencimento à grande família humana. Os pesquisadores também evidenciaram a existência de uma relação entre a humildade e a capacidade de perdoar. Os que se acreditam superiores julgam as faltas alheias com mais dureza e as consideram menos perdoáveis.

---

4. *Regula Benedicti*, ou *Regra de São Bento*, escrita no século VI por Bento de Núrsia, é um conjunto de preceitos que regula a vida nas comunidades monásticas cristãs. Resume-se essencialmente ao lema da Ordem de São Bento – *pax, ora et labora* ("paz, reze e trabalhe") –, pelo qual todo monge deve pautar sua vida. [N. Ts.]

O SOFRIMENTO PODE NOS TORNAR EGOCÊNTRICOS

ALEXANDRE: Quem sabe, no fundo da nossa personalidade, não se dissimule um "mini-Trump", que apregoa não "*America first*", mas "*Me first*" – "Eu primeiro". Sete bilhões de seres humanos habitam nosso belo planeta. Por que a mente nos ilude a esse ponto, por que se obstina em sentir-se superior a essa multidão de homens, de mulheres, de crianças?

MATTHIEU: Se traçarmos uma linha e colocarmos de um lado nossa pessoa e do outro os 7 bilhões de seres humanos, e ainda assim continuarmos a acreditar que somos mais importantes do que esses 7 bilhões de indivíduos, estaremos cometendo um grave erro de cálculo! Isso seria a prova de uma escravidão cega ao ego.

ALEXANDRE: Que aberração! Que coisa absurda se deixar levar por essa brutal ilusão: um único eu ser maior do que 7 bilhões de pessoas! Erro fatal, mas que não é causado por uma perversão; em pleno sofrimento, uma espécie de reflexo parece fazer a pessoa se enclausurar em si mesma e esquecer o mundo inteiro. Tenho tanto medo de sofrer algum golpe da vida, que me agarro com unhas e dentes ao personagem que interpreto. Por que fazer isso dia e noite, por que me obstinar o tempo todo em proteger, acobertar, salvar o personagem insignificante com o qual acabei me identificando? No entanto, querendo salvar a pele a todo custo, corre-se o risco de negligenciar e até mesmo de desprezar os outros. Agir assim é como dar um tiro no próprio pé, sem dúvida.

CHRISTOPHE: Isso que você descreve, Alex, me impressiona como médico: sob o efeito do sofrimento, regredimos quase sempre ao egocentrismo. O sofrimento canaliza o potencial de nossa atenção e nos coloca inevitavelmente no centro de tudo, nos preenchendo de nós mesmos. Quando sofremos demais, ouvimos os outros mas pensando em nós, olhamos o mundo pensando em nós. Isso é desgastante e destrutivo.

Existem trabalhos científicos muito interessantes realizados por Philippe Fossati e sua equipe no Hospital Pitié-Salpêtrière de Paris: num deles, apresenta-se aos participantes uma lista de palavras negativas – egoísta, cruel, covarde, mentiroso etc. – tanto para pessoas deprimidas como para não deprimidas, sempre registrando o que acontece no cérebro por meio de aparelhos de neuroimagem. Nos deprimidos observa-se uma ativação muito importante das zonas de referência a si (como o córtex pré-frontal ventromedial), principalmente na leitura das palavras negativas (o que corresponde à sua tendência de se autoacusar e de se desvalorizar). São muito centrados em si mesmos, mas, ao contrário dos narcísicos, fazem isso como autocrítica. Por outro lado, os não deprimidos só se sentem afetados por algumas palavras negativas, mas não por todas, em geral pelas que têm um sentido em relação a eles.

No caso da depressão, pode-se dizer que se trata de um egocentrismo autotóxico. E também autoagravante: se quando estamos sofrendo nos centramos em nós mesmos de maneira negativa, acentuamos ainda mais nosso sofrimento (pois focamos a parte de nós que vai mal e nos identificamos inteiramente com ela) e nos afastamos das soluções e dos alívios possíveis (que naquele instante não residem em nós, mas sobretudo no interesse que temos pelo mundo que nos rodeia). É por isso que as pessoas deprimidas podem parecer egoístas; nesse caso, trata-se de um egoísmo involuntário, pois elas não têm nem a energia nem a capacidade de desviar sua atenção para os outros.

Talvez em menor grau, isso também aconteça com as pessoas que não se sentem bem na própria pele nem na vida: em qualquer conversa falam muito de si mesmas e quando argumentam estão sempre olhando para o próprio umbigo. Recordo-me de uma cerimônia de cremação de um amigo próximo: no automóvel que nos reconduzia à casa da família para uma reunião de solidariedade, falávamos sobre as cinzas do falecido e sobre quais teriam sido seus últimos desejos a respeito delas (dispersá-las? conservá-las?). De repente, uma das passageiras interrompeu a conversa para revelar que ela mesma tinha solicitado que suas cinzas fossem dispersadas no cume de uma montanha que havia escalado várias vezes etc., etc. Um grande mal-estar tomou conta do ambiente até que um dos familiares a colocou bruscamente em seu lugar dizendo que por enquanto não era ela que estava morta...

Para ser bem honesto, já observei essa tendência em mim mesmo! Quando não estou bem, eu e meus sofrimentos me preenchem totalmente e, se não me vigiar, minha tendência é deixar meu ego sofredor invadir meus pensamentos (isso é um problema meu) e minhas discussões (isso é um problema para os outros). Quanto mais sofro, mais me vigio para limitar o tempo de conversa egótica: falo um pouco sobre meus problemas se alguém me sugere ou se sinto necessidade, e logo devolvo a palavra à experiência dos outros! Sei que essa atitude fará com que me sinta muito melhor! Certo dia, eu conversava com uma das minhas tias, uma pessoa muito simpática e engraçada mas muito centrada nela mesma e na família (seus filhos, seus netos), quando ela reconheceu com bom humor seu egocentrismo e me confessou: “Sou louca por mim mesma!”. Em minha opinião, ela representa o que se pode chamar de uma pessoa egocêntrica simpática: divertida quando estamos de bom humor, mas uma chata o resto do tempo. Felizmente, ela tem muitas outras qualidades!

Importante lembrar também que o egocentrismo é uma passagem obrigatória no desenvolvimento da psicologia humana: há um período na vida da criança, quando sua identidade emerge, em que ela é natural e transitoriamente egocêntrica (ou pelo menos egótica, como diria Stendhal). Isso ocorre quando começa a ver e compreender o mundo a partir de si mesma, a partir de suas referências e segundo suas regras. Em qualquer projeto educativo, um ponto essencial, entre outros, é ensinar a criança a superar esse egotismo infantil e, por meio do exemplo e de conselhos, chamar sua atenção para a existência e a importância dos outros. Qualquer tipo de educação que favoreça o narcisismo vai formar crianças tiranas, intolerantes à frustração, inaptas para a felicidade e para o bom companheirismo com seus semelhantes. Um amigo meu, o psicólogo Didier Pieux, demonstrou muito bem em suas obras como "crianças tratadas como reizinhos" quase sempre se tornam "adultos tiranos" e narcísicos. Pessoas infelizes que tornam os outros infelizes...

O EGO NÃO É NEM UM VÍCIO NEM UMA SOLUÇÃO

CHRISTOPHE: Uma coisa importante é não fazer julgamento moral sobre o egoísmo. Evidentemente, o egoísmo não é uma boa solução para nada. Sobretudo, ele resulta de um equívoco emocional (quando o sofrimento é a fonte), ou intelectual (quando se calcula que será mais vantajoso agir sozinho do que em colaboração com outrem). Com muita frequência, é uma falta de inteligência e não uma falta moral. Mesmo que a pessoa não procure fazer bem aos outros, mesmo que não se interesse senão em obter benefícios pessoais, acredito ser um erro fundamental se fechar no que você, Alexandre, denomina a "bolha do ego". Enclausurar-se no ego é empobrecer-se e enfraquecer-se; é um esquecimento grave do que os outros podem nos oferecer (por meio de sua ajuda, seus conselhos, seus pontos de vista, sua afeição, seu olhar), um esquecimento também do bem-estar que as trocas feitas com eles podem nos propiciar (parte notável do que nos torna felizes vem do que doamos e do que recebemos). Não vamos exigir dos egoístas que se convertam em altruístas, mas sim que compreendam esta verdade: ninguém pode viver sem os outros!

Além dos interesses materiais, o que deveria motivar essas pessoas são as consequências emocionais da abertura em relação aos outros. Inúmeras pesquisas chegaram à mesma conclusão: quanto mais egoísmo e narcisismo, menos felicidade encontramos na vida. É quando estamos felizes que nos sentimos livres, já que a felicidade é um estado que traz energia, vontade, abertura... Quando temos boas relações com os outros, nossa liberdade se intensifica, mesmo que no começo exija alguns esforços. Não se ocupar com os interesses dos outros parece inicialmente nos deixar mais livres ("um esforço e um estresse a menos”), mas, no fim das contas, quem perde somos nós. A busca da liberdade também exige esforços!

MATTHIEU: Seja na física, química ou matemática, a expressão “grau de liberdade” indica a possibilidade que um sistema tem de evoluir sem restrição em uma direção específica. Quando o sistema não pode mudar de estado, considera-se que esse é o grau mínimo de liberdade. Um grau de liberdade pequeno permite passar de um estado A para um estado B. No grau extremo de liberdade, múltiplos estados e configurações são possíveis.

O egocentrismo é um empobrecimento da vida, já que restringir tudo à minúscula prisão do ego constitui uma autolimitação do próprio potencial – considero-me o centro do mundo, embora seja apenas um indivíduo dentre um número incomensurável de outros seres. Com isso, limito meu grau de criatividade, de liberdade e meu potencial de ação. As possibilidades da existência ficam truncadas e a margem de manobra, reduzida.

Perguntaram a Thomas Edison por que foram necessárias dezessete pessoas para inventar a lâmpada elétrica, e ele respondeu: “Se pudesse, teria feito sozinho...”.

ALEXANDRE: Para mandar o ego plantar batatas, vamos parar de bancar o procurador-geral, que considera o ego um pecado, um vício, quando na verdade é um fardo. Por que se sentir culpado por arrastar esse fardo? Os egocêntricos, entre os quais frequentemente me incluo, assemelham-se muito mais a convalescentes, a pessoas aniquiladas pela vida, do que a gente perversa.

Jamais se deve esquecer a lição de Spinoza: considerar nossas taras, nossas paixões tristes como se fossem curvas, volumes ou linhas, tentar compreendê-los e lidar com o problema sem julgar, assim como faz o mecânico de automóveis no exemplo de Chogyam Trungpa. Quando se trata de recuperar capotas amassadas, de consertar rápido o automóvel, de nada serve condenar o motorista imprudente que teve a infelicidade de capotar seu carro no meio da rua. Dispor-se a exterminar o egoísmo não tem nada de autoflagelação. Vamos escolher sem demora o caminho da alegria, vamos brincar de caça ao tesouro cujo objetivo é identificar nossos erros, nossos passos em falso, mas sem levar as coisas muito a sério, sem fazer psicodrama. Como vocês ressaltaram, o egocentrismo é causado pela pobreza, pela indigência da mente. Ele provém de uma limitação do campo de visão, de uma retração da consciência que só se importa com o que é do próprio interesse. Diríamos que, sufocado em si mesmo, o ego se coloca numa situação de deficiência, separado do infinito, do mundo, dos outros.

“O egocentrismo é um obstáculo no caminho da liberdade e uma contração do mundo.”

Um passo a mais e lá estamos nós, atolados até o pescoço no narcisismo do fantoche, que adora e venera a própria imagem. Nesse estado, o sofrimento é claramente duplo e a restrição também: primeiro a pessoa se recolhe em si mesma, depois, no álbum de fotografias de um ego percebido como uma entidade hermética, autossuficiente. O diagnóstico do Buda é de uma atualidade incrível: toda fixação gera sofrimento. Isso permite compreender que o narcísico nunca deixa de sofrer... Ao reduzir o mundo às suas próprias categorias, amputa de si mesmo o que é essencial. Fascinado por uma imagem que o afasta da realidade, vagueia na completa ilusão. Diante das diversas patologias do umbigo, de nada serve atirar a pedra nos pretensos perversos, quando o mais urgente é desfazer as ilusões de óptica. É sempre esse espinhoso e coriáceo problema da acrasia. Se tenho a certeza de que estou correndo direto para o abismo, como fazer para me desviar dele, arrancar minhas viseiras, abrir os olhos?

A arte culinária possui realçadores de sabor dos alimentos, condimentos que acentuam o gosto dos pratos. Será que existem realçadores do ego? Golpes do destino, experiências, sofrimentos, baixa autoestima, falta de confiança, instinto de preservação, medo de morrer, comparações, feridas, tudo concorre para que o pequeno eu se contraia e se enclausure em si mesmo. O que diz o budismo a respeito dos fatores que enrijecem os sentimentos desse célebre eu?

MATTHIEU: Costuma-se dizer que Buda é um terapeuta. Devemos nos considerar como doentes e não sentir culpa por isso. Você falava do instinto de sobrevivência. O budismo postula que todo ser vivo e senciente deseja não sofrer e permanecer vivo. Sua aspiração mais fundamental é buscar a libertação do sofrimento para viver sua existência em plenitude. Se quisermos nos livrar do sofrimento e de suas causas, são necessários conhecimento e sabedoria. Nas sociedades tribais da Amazônia, por exemplo, as pessoas idosas são respeitadas pela simples razão de terem conseguido sobreviver até uma idade avançada, o que é uma proeza, dadas as condições quase sempre penosas em que vivem. O que se respeita nelas são os ensinamentos que extraíram de sua experiência de vida, que lhes permitiu sobreviver em circunstâncias difíceis. O discernimento, a experiência e a sabedoria são valores-chaves que nos permitem identificar as causas do sofrimento e nos libertar de nossa servidão a elas. Se essa atitude acontecer por iniciativa própria, isso não pressupõe que negligenciamos os outros.

COMO LUTAR CONTRA OS REALÇADORES DO EGO?

CHRISTOPHE: Sim, precisamos fazer um esforço para usar a razão e agir sobre as duas dimensões reunidas. Não é "eu *ou* os outros", mas sim "eu *e* os outros". Seja isso em relação à felicidade ou à infelicidade. Não se trata da "minha" felicidade contra a dos outros; devo aprender a me regozijar com a felicidade do outro, primeiro por princípio, depois por lógica: ele não está tirando nada de mim, e se isso deve ter um efeito, esse efeito será positivo, pois num ambiente feliz as pessoas terão muito mais condições de me ajudar, de me escutar, de me amar.

Do mesmo modo, devemos ficar atentos à competição tóxica do "quem é mais infeliz?". Às vezes as pessoas que sofrem têm a tendência de se comparar em excesso, seja para se reafirmarem ("existem casos piores do que o meu"), seja para se queixarem ainda mais ("meu sofrimento é o pior"). É preferível dar as costas a esse gênero de comparações e respeitar qualquer tipo de sofrimento, tanto o dos outros quanto os nossos, fazendo o melhor possível para não hierarquizar.

Para completar o que o Alex dizia sobre o egocentrismo não ser um vício, para nós, médicos, é importante reiterar: "Não se acusem! Não se culpem! Simplesmente identifiquem os momentos em que vocês estão autocentrados de forma excessiva e perguntem a si mesmos qual é a causa desses sintomas. Qual é o problema por trás desse eu, eu, eu, eu? Onde está o sofrimento?".

Quando tomo consciência de que tenho uma vontade excessiva de falar de mim, de me queixar (afirmo de novo que existem vontades legítimas), posso me perguntar de que tenho necessidade. De mais atenção, compreensão, afeto, amor? E considerar a possibilidade de obter tudo isso de outra maneira, sem querer levar vantagem em detrimento dos outros. Por exemplo, expressando diretamente essas necessidades...

O que complica ainda mais a tarefa é que nossas tendências egocêntricas são regularmente reativadas pela sociedade em que vivemos, que estimula todo mundo a se dar muita importância. Segundo a frase do Alexandre, toda a sociedade de consumo abusa dos "realçadores de ego". Não para o nosso bem, nem para levantar nosso moral ou nos valorizar sem segundas intenções, mas para o bem dos acionistas das multinacionais, que têm as mercadorias da ilusão para vender! É claro que o objetivo das lisonjas dirigidas às nossas insignificantes pessoas, às quais a publicidade recorre – "Vocês são fantásticos, vocês merecem o melhor, sem demora, sem esperar, sem estresse"– são para nos fazer comprar alguma coisa. Anseio pelo dia em que leremos em um anúncio publicitário: "Vocês são geniais exatamente como são, não comprem nada, vocês não têm necessidade de mais nada!". É, acho que posso esperar sentado! Toda vez que nos valorizam dessa maneira, há sempre um realçador do ego, cujo objetivo é desregular nosso apetite: comer mais alimentos muito açucarados, ou salgados demais, ou alimentos adulterados, com realçadores de sabor, ou comprar coisas inúteis porque valorizam a pessoa socialmente, porque exaltam o ego.

Graças a Jean de La Fontaine e à fábula "O corvo e a raposa", sabemos muito bem que "todo bajulador vive às custas de quem o escuta"! Mas, no fim das contas, nos esquecemos disso e acreditamos nas falsidades dessas bajulações comerciais. Esses abusos publicitários nos impelem a comprar e a consumir para aumentar nossa sensação de felicidade (graças a um novo sofá, um novo automóvel), de beleza (graças a novas roupas), de juventude (graças a novos cosméticos)... Como também a sensação de liberdade, pois a publicidade nos diz incessantemente: "Pense em você mesmo! Ouça a si mesmo! Mande o estresse para o inferno! Ceda às suas tentações!". Essa visão da liberdade cria um impasse, já que não demora muito para cairmos na realidade de nossa conta bancária, das necessidades das pessoas que nos rodeiam (nossos filhos serão mais felizes se passarem mais tempo conosco do que se ganharem uma nova televisão, mesmo que eles mesmos não saibam disso).

MATTHIEU: Em Nova York, as lojas de uma rede de farmácias colocam cartazes em suas vitrines com a seguinte frase: "Que aparência tenho hoje? Como me sinto? De que preciso *agora*?". Tenho vontade de escrever embaixo: "Estou pouco me lixando com minha aparência; sinto-me muito bem, obrigado, e não preciso de nada".

ALEXANDRE: Vamos esclarecer logo esse horrível mal-entendido que faz crer que altruísmo é o mesmo que sacrifício. Como silenciar essa vozinha em nossos ouvidos que pode nos induzir ao erro: "Até agora só me dediquei aos outros, doei, e o que recebi em troca?". A generosidade, a compaixão, a dádiva de si não podem ser administradas por um contador especializado, com orçamento previsto e expectativas de retorno do investimento. Seria uma calamidade acusar os próprios filhos de ingratidão. "Depois de tudo o que fizemos por eles!" O altruísmo está acima de tudo isso. A tola espera de uma retribuição não lhe diz respeito.

CHRISTOPHE: Costuma-se dizer: "Bondoso demais, imbecil demais". Em primeiro lugar, será mesmo verdade? Podemos ser imbecis também por egoísmo, por mesquinharia. Esse não é um adjetivo reservado apenas às pessoas gentis. Além do mais, isso diz respeito sobretudo à questão da decepção que ameaça aqueles que doam com a expectativa de receber amor, reconhecimento ou reciprocidade. Na verdade, não é anormal se sentir feliz quando alguém nos diz obrigado. É um prazer e uma fonte suplementar de motivação para continuar. Embora também seja uma expectativa a ser superada, da qual não se pode permanecer prisioneiro: "Ok, tudo bem esperar alguma retribuição, mas deve-se aceitar também o fato de que ela talvez não venha!". Vamos usar um exemplo: você convida alguns amigos para irem à sua casa várias vezes em seguida, mas eles jamais retribuem seu convite. O reflexo disso quase sempre é dizer "Já que nunca me convidam, também não vou convidá-los mais", em lugar de pensar "Será que não passamos bons momentos juntos?". E de se fazer a verdadeira pergunta: "O que estou procurando? A equidade contábil ou o prazer?".

MATTHIEU: O próprio Dalai Lama costuma dizer: "Mesmo que você tenha uma atitude altruísta, não há nenhuma certeza de que isso vá agradar o outro. Mas, de qualquer modo, você é o ganhador absoluto. Pois esse é um estado eminentemente gratificante em si mesmo".

Raphaelle, uma amiga próxima que trabalhava no Tibete na construção de escolas e clínicas, viveu momentos desencorajadores e de muita mágoa de tanto lutar contra o machismo de certos indivíduos que a tratavam dura e injustamente. Certo dia, ela foi pedir conselhos a um de nossos mestres, e ele lhe disse: "Seu trabalho não é tornar as pessoas perfeitas – esse trabalho é do Buda –, mas sim construir escolas e clínicas". Não se pode esperar que as pessoas se comportem bem só porque as ajudamos. Quando nos engajamos em projetos humanitários, é importante reconhecer que o objetivo é cuidar, é educar, mesmo que no meio do caminho encontremos gente mal-agradecida, grosseira, e até mesmo malfeitores. Julgamento moral é uma coisa, compaixão é outra: seu objetivo é aliviar os sofrimentos, não importa quais sejam, onde estejam e quais suas causas.

CHRISTOPHE: O que você diz é essencial, Matthieu. Afinal, o altruísmo pode ser uma solução feliz para o egotismo. Embora o altruísmo tenha muitas versões e diversas etapas.

Existem pessoas naturalmente muito altruístas, o que pode ser uma questão de genética, de educação ou de trajetória de vida. É maravilhoso que existam e sejam fontes de inspiração, pois praticam o autêntico altruísmo com toda a simplicidade, do mesmo modo como respiram. Para outras, entre as quais me incluo, são necessários esforços regulares! No começo, nosso altruísmo quase sempre tem expectativas: como todos os aprendizes, precisamos ser recompensados e guiados! Nada de mal nisso se for apenas uma etapa; mas não deixem de prestar atenção nas decepções! Devo sempre lembrar que, se fico decepcionado, o problema é meu, não do outro.

Depois, existe o altruísmo sem expectativas, que nos esforçamos em alcançar. Como dizia Matthieu, dependendo dos contextos, dos momentos de vida, podemos alcançá-lo e nos comportar como um bodisatva[5]. Para simplificar, no budismo, bodisatvas são seres humanos que se preocupam em ajudar os outros

5. No budismo, bodisatva é a pessoa que, movida por grande compaixão, gerou em si o desejo espontâneo de atingir o mesmo estado de Iluminação do Buda e atuar em benefício de todos os seres sencientes. [N. Ts.]

a progredir enquanto eles mesmos progridem (não se deixa ninguém para trás); o bodisatva busca a Iluminação, mas sempre ajudando os outros a alcançá-la também. É claro que, para a maioria de nós, é muito difícil agir desse modo em caráter permanente. Às vezes, temos dor de dente, dor nas costas, temos preocupações e simplesmente não conseguimos fazer isso!

Mas quando conseguimos funcionar nessa vibração, quando chegamos a viver, a raciocinar, a sentir e agir assim, essa experiência deixa um gosto de "quero mais". As pessoas de quem Alexandre falava, que voltam ao egocentrismo, que deixam de praticar o altruísmo sem expectativas por causa de alguma decepção, pela fadiga, talvez sejam pessoas que não saborearam o bastante os benefícios desse tipo de altruísmo. Nessa condição, sentimos a verdadeira liberdade interior, vivemos a leveza do altruísmo que não espera nenhum retorno. Esperar alguma coisa é ser menos livre.

Como médicos, temos alguns pacientes que reclamam o tempo todo, pessoas que não são gratificantes. Há dias em que a coisa para mim fica pesada, mas digo a mim mesmo que minha função não é ter pacientes gentis, mas sim cuidar deles. E os trato como se fossem "gentis". Faço todo o esforço possível para não espelhar minha atitude na deles. Em geral, empenho-me em fazer isso como ser humano, e mais ainda como médico – na relação terapêutica já enfrento muitos desafios para me deixar levar pelas exigências de reciprocidade. Essa não é de fato uma relação igualitária e simétrica, pois em razão de seus sofrimentos, de suas expectativas, os pacientes estão em posição de maior vulnerabilidade em relação a mim. A verdade é que isso acontece toda vez que estamos diante de alguém que sofre.

Entretanto, acredito que nós mesmos precisamos estar em forma para sermos capazes de uma atitude como essa. Daí a importância do cuidado de si!

MATTHIEU: É preciso ser altruísta, mas na medida das próprias capacidades e, com isso, evitar o *burnout*, o esgotamento. Isso significa preservar nossas faculdades de poder ajudar os outros. Ao ultrapassar nossos próprios limites, realizamos menos do que poderíamos.

CHRISTOPHE: Repito mais uma vez, a etapa do egocentrismo não deve ser erradicada, mas sim ultrapassada. É um ponto de partida e, às vezes, um ponto de regressão necessário e justificável. Por exemplo, quando passamos por experiências importantes.

Gosto muito do exemplo da máscara de oxigênio: nos aviões, quando a tripulação mostra aos passageiros os procedimentos de segurança, explicam que em caso de despressurização da cabine, se houver um acidente, as máscaras de oxigênio descerão diante de nós direto do teto da aeronave. E se recomenda aos pais: coloquem a máscara em seu próprio rosto antes de colocar nas crianças. Para poder ajudar melhor os outros, precisamos começar por nós mesmos; não se trata de egoísmo, mas de pragmatismo.

A pausa de cinco minutos que faço entre cada paciente, para me recuperar emocionalmente, respirar com atenção plena, me descontrair e me recentrar é um tempo que dedico a mim mesmo, em vez de dedicar a eles. Faço isso com a consciência tranquila, pois sei que em seguida irei escutá-los melhor e ajudá-los.

MATTHIEU: Existem dois tipos de expectativa que podemos transcender: a necessidade de reconhecimento e o sucesso a qualquer preço. É evidente que, quando abraçamos uma causa, nossa expectativa é que ela dê frutos. Mas, se por uma razão ou outra a tarefa escolhida não alcança o êxito previsto, é preciso ser capaz também de abrir mão dela. Sentir-se devastado ao se confrontar com o fracasso tem muito a ver com o egocentrismo. Querer que o projeto tenha bom resultado a qualquer preço demonstra certa arrogância. Quando fracassamos, o melhor é acreditar que fizemos o melhor possível, que não temos de que nos censurar (se esse for o caso!), e então mudar de assunto, mantendo a mente serena.

ALEXANDRE: Jean-Jacques Rousseau argumenta a favor da nossa discussão quando distingue o amor de si (proteger-se das doenças, das intempéries, cuidar do próprio ser...) e o amor-próprio, que nos expõe perigosamente ao desejo de se impor, de brilhar, de se sobressair, enfim, ao narcisismo e, pior do que isso, ao desejo de poder, ao egoísmo mais desenfreado.

• CAIXA DE FERRAMENTAS •

Para enfrentar o egocentrismo

◈

ALEXANDRE

- *Divertir-se em identificar os realçadores do ego*: medos, traumas, expectativas impossíveis, para reencontrar o gosto, o sabor da vida.
- *Sem se autoflagelar, adotar a atitude do mecânico de automóveis e descobrir as coisas mais importantes de uma existência.* Por que fico perturbado com o que os outros pensam de mim? O que espero da vida afinal? Quem sou eu de verdade?
- Se muitas vezes a relação com o outro é desgastante, isso talvez seja porque nela se imiscui uma carga de expectativas forçosamente frustradas. *Abandonar aos poucos a mentalidade de contabilista em relação aos outros* é desistir da lógica dos lucros, deixar de arriscar, de investir, e reencontrar o outro por puro amor.

CHRISTOPHE

- *Mostrar-se atento aos pequenos detalhes.* Em nosso próprio modo de falar, por exemplo, evitar que os pronomes "eu" e "meu" iniciem sempre as frases; quando trocarmos informações com as pessoas próximas, evitar falar de nós mesmos e perguntar a elas quais são as novidades...
- *Permanecer lúcido*: Ao perceber que estivemos autocentrados – isso pode acontecer! –, fazer-se a pergunta: o que não ia bem comigo naquele momento? Qual era o meu medo, qual era minha necessidade? Medo de que ninguém se interessasse espontaneamente por mim, necessidade de que alguém me amasse? Será que poderia ter agido de outra forma, sem centrar tudo em mim?
- *Agir*: Começar a se cuidar por meio de um engajamento em alguma atividade benevolente ou caritativa de serviço aos outros, antes de procurar correndo uma psicoterapia. E considerar as duas possibilidades se o caso for sério!
- *Regime digital.* Desconfiar das redes sociais que estimulam quase sempre a autopromoção.

MATTHIEU

As melhores ferramentas são aquelas que nos permitem compreender como podemos realizar o bem em dobro – tanto para nós, como para os outros.

- *No egoísmo, todo mundo sai perdendo*: tornamos a vida miserável para todos os que nos rodeiam e também para nós mesmos.
- *No altruísmo todo mundo sai ganhando*: contribuir para o bem do outro é a melhor maneira de se desenvolver.
- *O egoísmo restringe nosso universo*; o altruísmo expande o universo para a totalidade dos seres sencientes.

“Um amigo indiano me contou a seguinte história:
Um pescador estava sentado à beira de um lago, sob a sombra de uma árvore. Ele brincava com seus filhos. Um homem da cidade chega, contempla a cena e puxa conversa.
— Bom dia! O que você faz da vida?
— Sou pescador. Meu barco está ali, na margem do lago. Pesquei a manhã toda.
— Por que você não pesca à tarde?
— Já consegui alimento para minha família para os próximos dois dias.
— Mas se você pescasse o dia todo, também poderia vender seu peixe.
— E para quê?
— Você teria como pagar um ajudante, pescaria mais e aumentaria sua renda.
— E o que faria com isso?
— Ah, você poderia comprar um segundo barco e prosperar muito mais!
— E depois?
— Você poderia parar de trabalhar e passar um bom tempo descansando e brincando com seus filhos.
— Mas é exatamente isso que estou fazendo!”

MATTHIEU

6

A DESORIENTAÇÃO

Os múltiplos erros de perspectiva

CHRISTOPHE: Ficar desorientado é perder o rumo, desviar-se do caminho que é bom para nós, importante para a nossa vida. A palavra "desorientação", nesse contexto, significa "afastar-se de um rumo desejável". De qualquer modo, a gente se perde porque não dá a devida atenção ao que importa, que é manter-se no caminho certo. Isso explica os constantes esforços que devemos fazer para não ficarmos desorientados por muito tempo nem com muita frequência!

Podemos ficar desorientados de três maneiras: porque não definimos o caminho (partimos para a aventura sem ter um objetivo); porque não definimos um bom objetivo; ou porque não começamos o caminho da maneira certa. Em todos os casos, ficamos desnorteados, confusos, perturbados, erramos, nos desviamos do caminho. É engraçado constatar que, em francês, a lista de sinônimos para a palavra "desorientação" é muito mais longa do que a de seus antônimos – ou contrários – como, por exemplo, lucidez e discernimento. Vários termos para designar alguém que se perdeu, mas poucos para falar de alguém bem orientado.

Se quisermos explicitar situações de desorientação na vida rotineira, com suas três fontes possíveis, podemos usar o exemplo da educação das crianças: se não assumirmos o objetivo de educá-las, esperando que a vida se encarregue disso, fica configurada uma desorientação por falta de objetivo; se o objetivo é apenas fazer com que sejam obedientes e instruídas, isso também constitui uma desorientação, pois não escolhemos um objetivo satisfatório; e se nosso objetivo for mais sensível (que elas se desenvolvam, sejam autônomas e felizes), mas se não fizermos as coisas da maneira adequada (isto é, sendo muito condescendentes, fazendo o contrário do que nossas mensagens educativas expressam, sendo estressados e rígidos), essa também será uma forma de desorientação.

O mesmo acontece com a busca da felicidade: vamos ficar desorientados se esperarmos que ela caia do céu; ou se a procurarmos sozinhos no nosso próprio canto, de maneira egoísta; ou ainda se quisermos ser felizes por meios exclusivamente materialistas, acumulando dinheiro, posses e prazeres que se podem comprar... Foi nosso amigo comum, Christian Bobin, que um dia fez a seguinte observação: "É unicamente por distração que não entramos no Paraíso nesta vida, por pura distração". Nossa distração e nossa dispersão nos desorientam, nos desviam do que é essencial com gentileza, como quem não quer nada.

Na psicologia e na psicoterapia insiste-se muito no obstáculo que as emoções mal controladas e o passado mal digerido representam para nossa felicidade, mas talvez não se ressalte o suficiente a questão da desorientação. Sem dúvida, porque essa constatação implica refletir sobre nossas escolhas existenciais (quais são os objetivos da minha vida?), algo que na psiquiatria não se aborda com frequência, pois se trabalha mais para desobstruir o caminho dos sofrimentos acumulados do que para fixar horizontes mais distantes.

MATTHIEU: Sentir-se desorientado, desnorteado, é não ter qualquer noção de para onde ir, de que escolhas fazer, de que direção tomar na vida. A primeira forma de desorientação vem do fato de não possuirmos nem os elementos nem os conhecimentos para encontrar o caminho certo, notadamente em situações complexas. Somos pessoas de boa fé, mas ficamos perdidos como um caminhante solitário extraviado no meio de uma imensa floresta, incapaz de se orientar. Para esse tipo de desorientação, a solução consiste em recorrer com antecedência a fontes de conhecimento válidas: consultar um guia habilitado ou munir-se de um mapa detalhado antes de sair estrada afora. Diante das escolhas e dos desafios da existência, essa fonte poderá ser uma pessoa experiente, que já viveu bastante ou, no melhor dos casos, um sábio ou um mestre espiritual.

A segunda forma de desorientação procede de uma falta de discernimento e de lucidez: por exemplo, queremos ser felizes e achamos que para isso é preciso ser rico, poderoso, famoso. Um dia, ficamos sabendo que algumas pessoas que reuniam todas essas condições na verdade estão deprimidas, são toxicômanas ou se suicidaram. Aí pensamos: "Que coisa bizarra! Se eu tivesse tudo isso, com certeza seria feliz!". Mas se tivéssemos tido o trabalho de refletir sobre o assunto, perceberíamos que esse caminho falso não leva a nenhuma satisfação profunda. Comprovamos nossa falta de perspicácia e damos as costas para valores como amizade, serenidade, paz interior e equilíbrio emocional, que poderiam produzir em nós um desenvolvimento constante. Ficar desorientado é contradizer as próprias aspirações (ser feliz, ser uma boa pessoa) por causa de suas escolhas e ações. Coisa que já havia compreendido muito bem o pescador de nossa história inicial.

Tem vezes em que teimamos em seguir nessa direção. Nem a razão nem a lógica parecem ter influência nessa obstinação – ignoramos os conselhos de pessoas experientes que nos alertam de que estamos dando as costas ao bem-estar. Há ocasiões em que esses conselhos acabam reforçando nossa obstinação. Agimos como quem coloca a mão no fogo e acha que não vai se queimar.

O budismo visualiza uma terceira forma de desorientação: uma interpretação errônea da realidade. Por exemplo, se nos apegamos às coisas como sendo permanentes, embora sejam impermanentes por natureza, cedo ou tarde vamos perder os objetos ou as pessoas que nos rodeiam. Se não formos nós a perdê-los, serão eles que nos perderão! Isso é uma fonte de sofrimento. Muitas consequências infelizes decorrem desse erro, dessa distorção da realidade.

Outro exemplo de desorientação: nos primeiros tempos de uma relação, achamos que a pessoa é 100% desejável, não reparamos em nenhum de seus defeitos. Aí vêm as brigas, os desentendimentos, e então passamos a considerá-la 100% odiável, ainda que, com algumas ligeiras mudanças, ela basicamente continue a ser quem sempre foi. Nos dois casos, trata-se exatamente de uma distorção da realidade. Todas as pessoas, sem exceção, compõem-se de uma mistura de qualidades e defeitos. Somos prisioneiros de nossas produções mentais. Bloqueados por uma visão incorreta da realidade, passamos da fascinação incondicional ao puro ódio. Completamente desorientados, reagimos de modo excessivo e inapropriado.

CHRISTOPHE: O que você descreve é a desorientação como uma recusa ou como uma incapacidade de ver o mundo como realmente é. Com frequência inventamos histórias tranquilizadoras que idealizam o real, ou histórias angustiantes que o dramatizam. Nos dois casos, estamos fora da realidade, perdemos a lucidez e a liberdade pois vivemos em mundos parcialmente virtuais que correspondem às nossas expectativas. Cedo ou tarde, colidiremos de novo com o mundo real. A única liberdade que vale a pena, a longo prazo, é a que nos insere na realidade, e a desorientação é uma forma de sair dessa realidade ou, quem sabe, uma maneira de perceber apenas um pequeno fragmento dela, a parte que confirma nossas expectativas, que nos tranquiliza tanto para o bem quanto para o mal.

MATTHIEU: Sim, a capacidade de ver as coisas tais como são nos liberta. Toda visão equivocada do real impõe um jugo que fatalmente gera tormentos. Existem inúmeras maneiras de virar prisioneiro de visões falsas, mas uma única maneira de ser livre, ou seja, estar de acordo com a realidade. Para isso, é preciso compreender que essa realidade é impermanente e interdependente, que as características que associamos às coisas e aos seres resultam em grande parte das nossas projeções mentais.

As marcas do exílio

ALEXANDRE: Alguns seguidores do sufismo comparam o itinerário espiritual a um caravaneiro que avança pelo deserto. Para não nos esgotar no caminho, vamos seguir de oásis em oásis, de etapa em etapa, vamos descobrir as fontes, os recantos onde nos acalmar, nos recrear. Uma gaia ciência por excelência... Ouvir os medos, obedecer cegamente aos próprios fantasmas é resvalar para o mal-estar e acabar parecido com um cata-vento. Algo nada prático em pleno deserto! Para sair dos psicodramas, a ascese nos convida a fincar o pé no mundo real. O tempo todo exilados de nós mesmos, precisamos retornar ao lar, mergulhar fundo, renunciar ao eu superficial, dizer adeus a esse ego constantemente agitado. Uma espécie de exílio interior nos torna estrangeiros no mundo, nos encerra em nossa bolha. Milhares de vezes por dia, o caravaneiro tem de fincar os pés no chão, largar medos e miragens e ficar de olhos abertos para manter a direção, usando as forças que tem.

A tradição budista também nos oferece uma preciosa ferramenta – a atenção plena: tornar-se disponível para a experiência, viver o dia a dia sem rejeitar nem agarrar nada, sem etiquetar, sem marcar o real com nossos carimbos de bem-mal, de agradável-desagradável.

No fundo, o que precisamos mesmo é deixar nossa rádio Mental FM, deixar essas concepções pré-fabricadas, essa visão de mundo autocentrada e abrir os braços para a beleza, para a extrema riqueza do presente, que nenhum dos nossos psicodramas jamais conseguirá contaminar.

O exercício espiritual aqui consiste em desfazer as tramas do nosso egocentrismo, mas com bom humor. Assim que me desorientar, que começar a ir de cá para lá, no exato instante em que vestir a máscara, ter a ousadia de ficar nu, sem armadura. A vulnerabilidade pode não matar, mas interpretar um papel o dia inteiro esgota, atrapalha o encontro com o outro. O primeiro passo? Identificar a imensa propensão carnavalesca do ego, suas distrações, os medos, os caprichos da mente. Em resumo, tudo aquilo que nos desvia e nos distrai induz ao erro. Os filósofos antigos falavam de coisas fúteis para designar tudo o que não pode nos saciar por muito tempo: reconhecimento, honra, ostentação, prazeres desenfreados, riqueza... Impossível encontrar a liberdade desse lado. Há pouco, Matthieu, você falava da artificialidade das coisas. Como eliminar de dentro de nós todos esses fascínios, esse cinema interior, esses espelhos mágicos?

O filósofo escocês Hector Boece compara o ser humano em busca da felicidade a um bêbado tentando chegar em casa. Ele se lembra vagamente do endereço onde mora. Por isso hesita, se desequilibra, titubeia, tropeça, sem saber muito bem para onde ir. Voltar para casa, retornar do exílio é algo que acontece passo a passo e começa com uma pergunta: qual é a minha verdadeira pátria interior, onde está o centro da minha vida? A partir de então, posso tentar a qualquer momento encontrar um refúgio, mergulhar fundo ao encontro de quem sou, principalmente quando nessa jornada a ditadura do coletivo e as tentações das futilidades têm toda a chance de me pegar.

Em suas *Confissões*[1], Santo Agostinho descreve os passos, o caminho de conversão, que permitem o mergulho profundo em si mesmo. Segui-lo é ousar fazer essa mudança interior, é aceitar seu convite, é não fugir, pois ele assegura que dentro de cada ser humano habita a verdade. Libertar-se é também escutar nosso *daimon*, como fez Sócrates, e, nas palavras de Santo Agostinho, é tornar-se disponível ao mestre interior.

O dia a dia pode se transformar rapidamente em um deserto árido, sem oásis. Francamente, como não se perder nele? Onde encontrar uma bússola interior? Buscar a liberdade é atravessar terrenos pedregosos, é se chocar contra muralhas, cair de exaustão e se colocar de novo em marcha. Uma porção de razões nos impelem ao exílio: fadiga, tédio, banalidades opressivas, a vontade de viajar para bem longe... Os psicólogos chamam de *habituação hedônica* esse processo singular que amortece os prazeres e as alegrias, que nos torna apáticos e ávidos de sensações fortes, de novidades. No meio do deserto, em nossa corrida em busca da felicidade, como evitar essas incontáveis transversais, esses desvios perigosos, essas ruelas sem saída?

Andar em círculos, perder-se, ficar paralisado talvez não seja uma fatalidade. Daí a necessidade da ascese, de exercícios espirituais para se livrar das relações tóxicas, da atração pelo sensacionalismo. A vontade por si só não pode ser o motor de nosso périplo; serve no máximo de leme. Ela indica uma direção a tomar.

Ao lado da desorientação, que pode nos arruinar da cabeça aos pés, existe também a renúncia, o desprendimento de si, uma audácia que estimula a encontrar a plenitude além das fronteiras da individualidade, a se perder, a deixar de viver retraído em si mesmo. Mas, se é perigoso se exilar do fundo de si mesmo, também é preciso certa coragem para deixar de seguir as estradas traçadas inteiramente pelo ego. Talvez Mestre Eckhart[2] já nos preparasse para esse grande salto quando aconselhou: "Observe-se a si mesmo com atenção e a cada vez que se encontrar, esqueça-se de si mesmo; não existe nada melhor".

Chogyam Trungpa também nos ajuda em nossas incursões em pleno deserto. Ele recomenda, repetimos, que para considerar os grandes temas da vida o aspirante espiritual deve usar o mesmo ponto de vista do mecânico de automóveis. Quando alguém lhe traz capotas amassadas, um para-brisa em pedaços,

1. *Confissões*. Tradução de Lorenzo Mammi. São Paulo: Companhia das Letras/Penguin Books, 2017. [N. Ts.]
2. Eckhart de Hochheim (1260-1328). Mais conhecido como Mestre Eckhart, foi um frade dominicano reconhecido por sua obra como teólogo, filósofo e por seu misticismo. É considerado um dos grandes símbolos do espírito intelectual da Idade Média. [N. da R.]

“A capacidade de ver as coisas tais como são nos liberta. Toda visão errônea do real nos impõe um jugo que fatalmente gera tormentos.”

uma porta arrombada, ele se abstém de julgar. Constata os problemas e sem demora tenta reparar o estrago. Do mesmo modo, vamos observar sem dramas a capacidade singular que temos de nos iludir. Por que às vezes preferimos teimar a aceitar que estamos errados? Que forças estranhas nos acorrentam ao nosso ponto de vista, aos nossos hábitos?

Como encontrar o caminho

CHRISTOPHE: É normal se desorientar; todos nós vivemos períodos de desorientação, pelo menos momentâneos. Assim como os períodos de adversidade, eles também podem ser ricos de ensinamentos, pois nos permitem compreender que nós mesmos nos traímos.

Isso também já aconteceu comigo. Em certo momento da minha vida, compreendi que estava perdendo minha bússola interior porque trabalhava demais. Eu reproduzia o objetivo de vida dos meus pais – não terminar na pobreza, garantir a segurança material dos meus filhos –, o que não era um mau objetivo, mas ele havia tomado espaço demais na minha vida, eu sacrificava coisas demais por ele. Em dado momento, disse a mim mesmo: "Se eu morrer amanhã, de que sentirei remorso? De não ter trabalhado o suficiente? Ou de não ter aproveitado a vida e a convivência com a minha família?". Isso parece evidente, quase idiota de se dizer, mas quantos anos passei nesse estado de desorientação!

E, no entanto, poderíamos agir de outra forma. Esses caminhos enganosos quase sempre se revelam por sinais emocionais: é raro que o erro seja confortável. No meu caso, sempre que me desorientei, de algum modo tive a sorte de sentir as emoções dolorosas que me puseram de novo na linha: eu dormia mal, estava sempre doente, incomodado por coisas que habitualmente me davam prazer e, no fim das contas, não me sentia feliz. Nossas emoções são um sistema inteligente, são feitas para nos ajudar. As emoções agradáveis são sinais de que nos aproximamos do que é bom para nós. As desagradáveis mostram que nos afastamos. Apesar de tudo o que acontece ao nosso redor, é claro que podemos decidir não ouvir essas emoções, mas o que tenho observado é que, a longo prazo, ficar desorientado no conforto absoluto não é possível.

ALEXANDRE: Será que a vida dá indícios quando a desorientação toma conta de nós, quando estamos prestes a dar com a cara na parede? Refugiar-se na clandestinidade, querer esconder da família um comportamento, dizer mentiras são sinais que deveriam deixar a gente com a pulga atrás da orelha. Por que tentar dissimular uma ação, um hábito? Existe um pré-requisito para se libertar: aproximar-se dos bons amigos de uma maneira positiva, tentar ser transparente, duvidar dessas vozes que sussurram na nossa orelha, contestar a mim mesmo quando digo: “É só por um tempo”, “É provisório”, “Divirta-se”, “Afinal, só se vive uma vez”. Tantas besteiras, tantas provas que atestam que a luta interna não para, e de que isso incomoda.

Já falei da triste paixão que me ligou a um rapaz e os caminhos pouco ortodoxos que me salvaram de uma forte dependência. Em minha busca, comecei a fazer parte de um grupo de dependentes afetivos e sexuais, onde encontrei verdadeiros mestres da transparência, descobri recursos e contei com a ajuda de guias que também se debatiam em infernos de certa forma ainda mais extremos que o meu.

CHRISTOPHE: Sim, é importante não se sentir sozinho, não se criticar demais e simplesmente reconhecer a própria desorientação, mesmo que não haja uma solução rápida para sair dela. Mas isso não deve impedir-nos de começar o trabalho o mais rápido possível. Presenciei uma etapa na qual muita gente ficava bloqueada e tinha dificuldade de começar o trabalho de libertação, pois diziam que não tinham escolha. Por exemplo, se trabalhavam em excesso, argumentavam que não podiam fazer diferente. Pessoas desorientadas, desoladas, mas ainda assim teimosas! *Deixar* alguma coisa sólida, que já existe, seja uma relação, uma profissão ou uma situação, é algo que provoca medo, ainda que seja desistir dos nossos próprios erros!

ALEXANDRE: Nietzsche, Freud, Marx e muitos outros nos ensinam a desconstruir qualquer forma de ilusão, de mentira. O exercício aqui exige identificar o medo a que nossos julgamentos, nossas crenças, nossos credos nos sujeitam. Por que simplesmente não divertir-se examinando nossa mitologia pessoal, nossas convicções às quais nos agarramos com unhas e dentes? Destituir os ídolos, largar o fardo de preconceitos que nos impedem de viver com transparência, esse é o grande desafio!

MATTHIEU: Muita gente me diz: “Deve ter sido muito duro para você largar tudo, deixar o Instituto Pasteur, a vida parisiense, sua carreira, e partir para o Himalaia”. Mas no meu caso era muito evidente que a transição tinha sido feita com alegria e ternura, como quando alguém que se extasia com a beleza de um vale ao chegar ao cume da montanha. Quando a direção a tomar é clara, pegamos a estrada sem hesitação. Hoje em dia, me felicito a cada instante por ter feito bem cedo a escolha que melhor correspondia às minhas aspirações.

CHRISTOPHE: Às vezes, a desorientação é não sair dos trilhos, é aceitar as servidões do cotidiano nas quais não nos desenvolvemos, mas que têm o mérito de existir. Preferimos um caminho, mesmo inadequado, a não ter caminho algum. Nossas desorientações se tornam hábitos, e existe coisa mais difícil do que se livrar dos hábitos?

ALEXANDRE: Em *Ética a Nicômaco*, Aristóteles afirma que o lugar certo é aquele que é perfeito para nós. Diante do mal-estar, da insatisfação, é grande a tentação de dar uma guinada de 180 graus. Mas isso também não é se iludir? Não é uma ilusão obstinar-se num único caminho ou mudar constantemente de cenário sem combater as raízes do mal? Aí, também, é preciso ficar atento à bússola interior para responder melhor às exigências do real, ao apelo da vida.

• CAIXA DE FERRAMENTAS •
Para enfrentar a desorientação

◈

ALEXANDRE

- *A rejeição das etiquetas*: Para manter a rádio Mental FM a uma boa distância, a prática zen propõe um exercício formidável: abandonar as concepções, a série de etiquetas, prevenções, ideias preconcebidas que usamos para rotular o mundo e os seres e se voltar às percepções, sensações e tudo o que se passa aqui e agora. Concretamente, ao encontrar uma pessoa, abster-me de enquadrá-la nas minhas categorias mentais, de reduzi-la a seu passado e me perguntar: Quem é que estou vendo? No fundo, quem é essa pessoa?
- *Uma mudança interior.* Mergulhar bem fundo em si mesmo, voltar para casa, acessar a própria interioridade exige uma mudança interna. Como os caravaneiros que, etapa por etapa, atravessam o deserto, vamos descobrir os oásis e tudo o que nos refaz de verdade.
- Os místicos aconselham a *jamais confundir as etapas com os estados mentais.* Devastados interiormente, podemos vagar na noite mais profunda e mesmo assim crescer, progredir, avançar a passos largos.

CHRISTOPHE

- *Existem muitas maneiras de se desorientar*: Não ter objetivos (viver ao sabor das influências externas ou do passado); ter coisas demais (não conseguimos hierarquizar o que é mais importante para nós e para a conduta de nossa vida); ser muito apegado aos próprios objetivos (às vezes, a desorientação é insistir no momento em que, ao contrário, seria preciso mudar).
- *Nossas emoções são um sinal de alarme*: principalmente as preocupações e as insatisfações. É preciso saber ouvi-las e procurar suas origens.
- *É normal desorientar-se periodicamente.* A vida é ardilosa e complicada! Mas toda vez que tomamos consciência disso, é hora de ter um encontro consigo mesmo ou com algumas pessoas próximas, a fim de identificar os novos objetivos e equilíbrios que a vida vai nos estabelecer.

MATTHIEU

- *Encontrar o caminho* é identificar, após uma reflexão sincera e tranquila, as condições exteriores e os estados mentais que favorecem a felicidade – concebida como a maneira ideal de ser –, e distingui-los daqueles que tiram nosso bem-estar e o dos outros.
- *Analisar o melhor que pudermos a natureza da realidade* e compreender que ela é impermanente por natureza, e que as características que atribuímos às coisas e aos seres ao redor são em grande parte projeções da nossa mente; não são assim tão "sólidas" como queremos acreditar.
- *Aprender a administrar nossos pensamentos e emoções* e a "libertar" os estados mentais aflitivos à medida que surgirem na mente, ou seja, permitir que passem como pássaros que voam pelo céu sem deixar vestígio.

CORRESPONDÊNCIA

CHRISTOPHE E ALEXANDRE

Paris, 15 de maio de 2018

Querido Alexandre,

Entre os inúmeros pontos que nos conectam, figura a ansiedade.

Você e eu somos dois inquietos e costumamos falar com muita frequência dessa inquietude que habita em nós regularmente.

Você se lembra, sem dúvida, de todos aqueles anos em que me pedia conselhos sobre as origens da ansiedade que perturbavam sua vida. E da minha dificuldade em responder suas questões, pelo menos de maneira satisfatória na sua opinião; você acabava de descobrir que eu não tinha uma varinha mágica! E que, embora fosse um especialista em ansiedade, eu não podia dar a você os mesmos conselhos que dava aos meus pacientes: uma mistura de enfrentamento e de flexibilidade de acordo com os momentos e com as angústias. Sangue, suor e lágrimas, como dizia Churchill[3]! Recordo também que a ideia de ter de fazer tantos esforços para tão pouco ganho, e de precisar renová-los incessantemente, não satisfazia você nem um pouco. Seu sonho era encontrar uma solução radical e definitiva.

A ansiedade é essa inquietação do corpo e da mente diante de todos os perigos possíveis. E a lista de perigos possíveis em uma vida humana é infinita, razão pela qual a ansiedade também pode ser infinita. Ela nos alerta sobre eventuais problemas que ainda não surgiram, mas que poderiam acontecer: e se isso acontecesse com a gente? Ela nos faz ruminar sobre problemas reais, e nossa imaginação se cristaliza em suas possíveis consequências: forçosamente, o que começou mal, vai acabar mal... Em resumo: todos os perigos se concretizarão e todos culminarão no pior. Essa é a equação que nós, e todos os inquietos do mundo, temos de resolver. E depois vem todo o resto: os efeitos da inquietação no corpo, as dores físicas, as tensões, os formigamentos, os espasmos etc. Os efeitos da inquietação aparecem também na mente, aquela

3. Referência à conhecida frase de Winston Churchill (1884-1965) em seu discurso de posse como primeiro-ministro no Parlamento Inglês em maio de 1940: “Eu diria ao Parlamento, como disse àqueles que se juntaram a este governo, que nada tenho a oferecer senão sangue, suor e lágrimas”. Uma forma dura, mas visionária, de preparar os britânicos para os cinco anos de luta inexorável contra a Alemanha nazista. Mais do que a defesa de um país, a luta era pela liberdade e pelos valores mais caros à civilização ocidental. [N. Ts.]

espécie de insanidade temporária em um cérebro lúcido, sintomas em que, às vezes, você é especialista: quando estamos com Matthieu, alguns dos seus cenários de catástrofe nos fazem rir juntos (você se lembra da história do guaxinim infectado pela raiva?); mas não se pode rir das angústias senão com os amigos; quando estamos sozinhos, isso não tem graça nenhuma!

Seu cérebro, como o meu, é o cérebro de uma pessoa ansiosa: nossas inquietações disparam sozinhas, e a capacidade de detectar os perigos inerentes a qualquer situação de vida é nossa segunda natureza. Um simples piquenique na grama com as crianças e lá vamos nós procurar o ninho de marimbondos mais próximo; uma carta importante colocada no correio e já imaginamos que ela nunca chegará a seu destino; se um machucado ou uma doença nos afeta ou, pior ainda, afeta um dos nossos familiares, logo achamos que será um mal incurável. Todos esses incêndios começam em nossa mente sem pedir nossa opinião e passamos a vida tentando apagá-los.

O Matthieu está acima de tudo isso, e tenho a impressão de que ele nunca fica ansioso, se é que já ficou um dia! Precisamos perguntar a ele sobre isso com mais detalhes. Recordo de uma vez em que lhe perguntamos sobre esse tema e ele respondeu com as palavras do Dalai Lama: "Para que se preocupar? Se há uma solução, não vale a pena se inquietar. E se não há solução, vale menos ainda!".

Mas e você? Como se sente atualmente a esse respeito? De minha parte, parece que tenho progredido...

Primeiro de tudo, graças aos meus pacientes: ajudá-los a sair dessa situação por si mesmos tem sido motivo e inspiração permanentes para atenuar minhas próprias angústias. Assim como um professor de ginástica melhora sua condição física fazendo exercícios junto com seus alunos, creio que nunca terminei uma sessão de terapia com um paciente sem me perguntar: "E você? Como se sente a respeito disso?". Todas as nossas técnicas da terapia cognitivo-comportamental (TCC) têm me ajudado consideravelmente: colocar às claras, por escrito em um papel, e de modo sistemático quais são suas inquietações, tentar desemaranhar o fio que conduz ao cenário da catástrofe, identificar e questionar sempre a lógica desses pensamentos ansiosos automáticos e buscar hipóteses alternativas etc. Essa é uma tarefa bem trabalhosa e pouco poética, mas bem eficaz para alterar os automatismos do pensamento ansioso, que, por fim, consiste na ditadura do pior: "Não nos deixemos tiranizar", é o que dizem as abordagens da TCC.

Além disso, a prática da meditação da atenção plena representou para meus pacientes e para mim uma segunda e significativa revolução: em certos momentos, não lutar contra a ansiedade, mas aquietar-se e simplesmente observá-la. Observar as modificações que a ansiedade provoca em nosso corpo, os pensamentos que incita fazendo-os passar por realidade; observar as ordens que ela nos dá ("Inquiete-se, fique preocupado!"), os impulsos que provoca dentro de nós ("Tome uma atitude, telefone, verifique, multiplique as precauções e as ações protetoras! Senão o pior acontecerá e a culpa será sua, toda sua!"). Observar tudo sem se afetar: continuar a respirar, a sentir, a ouvir, a permanecer no mundo real e não no mundo virtual, que é para onde a ansiedade quer nos levar; permanecer no instante presente, calmos, sabendo que estamos respirando e que estamos vivos, sem nos deixar arrastar para um futuro dramático onde estão todas as catástrofes possíveis e imagináveis.

A psicologia positiva, por sua vez, completou meu arsenal: comecei a observar atentamente os não ansiosos e os pouco ansiosos. Passei a considerá-los não como pessoas inconscientes dos perigos (como eu fazia antes), porém mais inteligentes do que eu diante da vida. Ao observá-los, percebi que quase sempre tinham razão de serem otimistas, confiantes, entusiastas. Que não aconteciam mais coisas a eles do que a mim. Mas que eles desfrutavam muito mais da existência. Quando comecei a trabalhar também nessa área, passei a focar meu olhar nos acontecimentos felizes dos meus dias, a verificar se meus cenários catastróficos e minhas predições pessimistas se revelavam exatos. E, bem... não, isso não acontecia; eu era um péssimo vidente, sem nenhuma dose extra de lucidez: as grandes catástrofes anunciadas jamais se concretizavam, apenas alguns pequenos contratempos, e eu sobrevivia facilmente a todas as infelicidades previstas. Meu jeito de olhar a vida se modificou.

Hoje em dia, continuo dono de um cérebro inquieto, mas sou bem menos ingênuo e escravo dele. Reconquistei minha liberdade. Sinto-me como um cavaleiro cujo cavalo está muito nervoso e amedrontado, e que ao menor sinal incomum pode desembestar e partir em disparada: aprendi a acalmá-lo e a recolocá-lo no passo rapidamente. De repente, juntos, meu cérebro e eu, já podemos fazer belos passeios na vida. Talvez haja recaídas, sabe-se lá, mas enquanto espero desfruto de tudo!

Mas e você, caro amigo? Você se encontra em que trecho desse longo caminho, dessa progressão à procura de mais felicidade e menos dores, dessa busca que é de nós dois e, sem dúvida, da maioria dos seres humanos, tanto dos ansiosos quanto dos outros? Será que a filosofia propiciou tanto para você como a psicologia para mim? E a meditação? E a espiritualidade? E a prática zen, que você foi aprofundar durante anos na Coreia?

Não vejo a hora de ler suas respostas sobre estes temas. E de continuar a aprender com você como conduzir melhor minha vida.

Um grande abraço e toda minha estima e afeição.

Christophe

◈ ◈

Lausane, 25 de maio de 2018

Meu caro Christophe,

Muitíssimo obrigado por sua mensagem positiva que deu início a uma espécie de miniconversão: observar, se inspirar em gente relax, tranquila, aquelas e aqueles que parecem atravessar a existência sem esse monte de angústias, de complexos e de dores de cabeça. Que ideia genial a sua de contemplar os "sortudos" que se viram bem em matéria de emoções e aproveitar para se nutrir, e também de se dar um tempo para avançar no ritmo dos nossos próprios progressos, de nossas forças e de nossos passos em falso.

Não existe um botão interior que bastaria acionar para largar o controle, para se descontrair de uma vez por todas e encarar as coisas de maneira mais *cool*. Talvez não sejamos todos iguais diante das mordidas da tristeza, das garras do medo, dos aguilhões do desejo. É preciso se definir a qualquer custo? "Sou ansioso, sou depressivo" etc.

Se um bom diagnóstico pode ajudar bastante ao abrir caminhos, as etiquetas, por sua vez, são masmorras onde podemos afundar e sucumbir asfixiados. Ainda patino nas malditas zonas de pânico, mas será que só por isso sou considerado ansioso? Essas desconfianças na vida estão verdadeiramente gravadas na minha alma? Vasta questão que culmina em outra, espinhosa, crucial: quem sou eu bem no fundo de mim mesmo?

Se o narcisista permanece com o nariz colado a uma imagem e se desconecta do mundo, dos outros e de sua natureza profunda, existe um conhecimento, uma gaia ciência que, como dizia Nietzsche, liberta e talvez comece com uma questão vital: quem sou eu de fato e o que é que me insere definitivamente em uma dinâmica, em um progresso, em um itinerário de libertação?

Sem dúvida, existem duas abordagens da confiança. De um lado, é esperar encontrar um dia um colete salva-vidas, uma balsa, uma boia flutuante para atravessar os altos e baixos do cotidiano. De outro, existe também uma espécie de renúncia, um desprendimento de si, uma disponibilidade interior que ajuda a encarar a vida sem precisar de nenhum tipo de segurança, a flutuar sem se agarrar a nada. Você me pergunta em que trecho estou desse longo caminho, dessa progressão em busca de mais felicidade e menos dores...

Como você bem sabe, a coisa comigo vem de longe. Hoje de manhã, ainda na cama, só para esclarecer um pouco as coisas, tentei fazer uma lista das... minhas angústias: a) perder um parente próximo, b) pegar uma doença, c) ser rejeitado, desprezado e internado em uma espécie de instituição, separado dos meus. Experiência que determinou os primeiros anos de minha vida. Dos 3 aos 20 anos vivi a dor da separação, além de mais alguns traumas, como a seguinte lembrança: aos 12 anos, eu estava saboreando tranquilamente um belo pedaço de bolo de chocolate quando algumas migalhas caíram em meu pulôver. Uma educadora que passava por ali no momento gritou para mim: "Lugar de porco é no chiqueiro!". E depois de arrancar toda minha roupa, me arrastou pelos corredores, na frente de todo mundo, até o banheiro. Naquele dia, algo se rompeu. Depois de um "tratamento" como esse, difícil não se considerar um peso, um sujo, um porco fedorento, e outras coisas mais...

Como diz o bom Matthieu, hoje estou sendo convidado a entrar no instituto da liberdade. Desde que nosso brilhante amigo me deu esse mantra genial, quando o medo me invade, tento correr para o instituto da liberdade. Sigo o caminho dessa escola singular cujo objetivo é nos desensinar, nos fazer desaprender esse mecanismo quase indelével que nos induz a olhar o presente com os olhos do passado.

Em *Assim falou Zaratustra*[4], Nietzsche escreveu: "É preciso ter o caos dentro de si para criar uma estrela que dança". O mínimo que posso dizer é que, ao tocar o caos, tenho a impressão de ser invadido por ele: meu problema técnico de base é viver em um mundo mental totalmente dominado pela ansiedade, e o recente episódio de ter me envolvido com um rapaz até cair em uma intensa dependência me deixou bastante abalado. Paradoxalmente, essa última peripécia me deu muito mais coisas para pensar do que as dificuldades com as quais me defronto: vergonha, medo da rejeição, acrasia, tudo concorria para lotar um barco furado que já se enchia de água por toda parte. Daí se origina uma questão crucial: no meio do tumulto, o que impede as coisas de fluírem livremente? No meio da correnteza, onde encontrar a força para continuar e, a despeito das contradições, renunciar, soltar tudo, para continuar na estrada e manter o rumo depois de a renúncia ter sido consumada?

Em primeiro lugar, quando o que eu mais temia no mundo era a rejeição, os julgamentos, os dedos em riste, algumas mãos nunca se soltaram das minhas. Minha esposa, meus filhos e os bons amigos foram testemunhas da bondade da vida, inclusive quando eu estava perdido, à beira do abismo. Com frequência me perguntam o que caracteriza um amigo do peito. Minha tendência é afirmar que é alguém com quem se pode contar em todas as horas, nas dificuldades, na confusão... Mais precisamente um coração benevolente e amoroso que não some quando o céu escurece, prova viva de que a fidelidade pode existir neste mundo infeliz. No meio da tempestade, uma pergunta me assombrou de maneira profunda: Com quem podemos de verdade contar? Quem de nós é capaz de sentir um amor realmente incondicional? Hoje em dia, tenho algumas ideias sobre isso.

Contra todas as expectativas, a busca de mim mesmo me levou por caminhos transversais que me ensinaram algumas lições, uma espécie de gaia ciência, de sabedoria bem-humorada: ninguém pode deter o monopólio da afeição. Não se pode impor a quem quer que seja a missão de preencher o vazio, de consolar o que há de inconsolável em nós. É preciso construir a arte da felicidade no meio do caos, encontrar a paz no meio do tormento.

---

4. Friedrich Nietzsche. *Assim falou Zaratustra.* Tradução de Paulo César de Souza. São Paulo: Companhia das Letras, 2011. [N. Ts.]

O desafio é não se deixar amargurar pelo fracasso, é não se blindar, é se abrir sempre. Vivemos graças aos outros e com os outros. Para o melhor e para o pior. Nossa sensibilidade, que nos torna tão vulneráveis, talvez seja uma oportunidade, um presente, uma porta aberta para a grandeza que pode habitar um coração. Hoje em dia, para não delegar às circunstâncias o controle remoto de meus estados mentais, imagino uma passarela que religa o mundo de um lado ao outro. Todo trabalho espiritual consiste em estabelecer sobre essa miniponte um vigia generoso, um guardião do coração, para que assim, quando a menor obsessão surgir, a dependência mais desastrosa seja mantida a boa distância e pare seu massacre.

Quando evocamos o tema da solidariedade, penso nesses milhares de "benevolentes" que me ajudam todo dia. Quando saí do instituto, eu vivia em pânico, com medo de contrair uma doença. Tinha sido educado com a ideia de que fora dali rondavam os riscos, as ameaças e os perigos. Em uma de minhas primeiras passagens por Paris, angustiado pela ideia de ter sido infectado por não sei que seringa imaginária, fui correndo ao pronto-socorro do bairro em busca de uma terapia preventiva. Naquela noite, eu tinha combinado de jantar na sua casa junto com Bernard Campan, nosso amigo comum. Evidentemente, aturdido pelo pânico, pelo medicamento e por todas as peripécias da mente, esquivei-me do jantar e fui para casa dormir, na tentativa de fugir da agitação de um cérebro mal orientado pela dor. Bernard e você se revezaram para me dar apoio, para ter certeza de que o rei do pânico dormia em paz. Esse amor, essa atenção, essa ternura também são indeléveis. Vêm se contrapor à mais sombria das projeções e me fazer confiar nos ensinamentos de Trungpa, nessa audácia de não visar mais à segurança, de se curar da própria ideia de cura e de se entregar plena e inteiramente à vida.

Em seu livro *Retornando ao silêncio*[5], Katagiri relembra que existem três formas de dádivas: o suporte material, os ensinamentos compartilhados e a dádiva do não medo. Minha sincera gratidão, caro Christophe, por esse presente que não tem preço.

Justo na hora em que estava terminando esta humilde missiva, um amigo meu me mostrou um exercício que me apressarei em aplicar seriamente. Depois te conto como foi. Ele me falou da história de uma mulher que, de uma

5. Dainin Katagiri (1928-1990). *Retornando ao silêncio*: a prática zen na vida diária. Tradução de Rubens Rusche. São Paulo: Pensamento, 1991. [N. Ts.]

forma divertida, começou a praticar o não julgamento e a não prestar muita atenção em si mesma, graças a uma ascese bem simples: de manhã até a noite, não deixar o ego prevalecer, observá-lo quando ele julga, critica, se irrita. Agora entendo o que significam estas palavras: "Quando você estiver revoltado, quando entrar em pânico, em lugar de gesticular em todos os sentidos, de bancar o justiceiro, imagine em seu interior um grande banco de jardim. Sente-se nele e fique contemplando tudo o que acontece ao redor, sem mover um dedinho sequer. Sem reagir a nada, apenas contemplando".

Talvez seja esse o repouso, a quietude que procuro desesperadamente. Deixar a vida ser o que é, sem mesmo querer aceitá-la. Abrir os braços para ela e ousar uma atitude, um olhar mais contemplativo.

Cuide-se bem. Caminhemos todos juntos com os recursos e as forças que temos na grande saúde!

Obrigado!

Tudo de bom para você!

Alexandre

Parte II

A ECOLOGIA DA LIBERDADE

ALEXANDRE: Em grego, a palavra "*oikos*" designa "casa", "hábitat". Ecologia poderia ser essa arte de coabitar alegremente. Somos todos colocatários desse belo planeta azul. Por que então prejudicar um ao outro e considerar o outro um rival? Como nos tornarmos verdadeiramente membros solidários de um time e tentar participar da aventura de viver uns com os outros?

O desafio ecológico não pode ser vivido em pura abstração. Ele implica um monte de interrogações concretas que ultimamente ocupam nosso cotidiano. Qual é nossa relação com a natureza? Por acaso ela é uma loja, um *self-service*, uma caixa de ferramentas? Um lugar onde se consomem árvores, animais, se usa e joga fora? Por que considerar o universo inteiro como um imenso supermercado? É preciso mesmo encher a pança numa total indiferença ao dilúvio que podemos desencadear? Manter a sabedoria como alvo talvez implique repensar a maneira de habitar este mundo e considerar os laços que teço com os homens e as mulheres que me é dado encontrar.

A natureza nos lembra sem cessar de que não somos o centro do mundo, e isso é maravilhoso! Com certeza, há coisas muito maiores do que nós. Suas forças e sua majestade nos extraem com gentileza da fixação no eu, do consumidor que pode existir latente em nós, e colocam em xeque nosso sentimento de onipotência. No pico de uma montanha, ao pé de uma árvore, na companhia de um ser humano, como não experimentar a grandeza do cosmo, infinitamente mais vasto do que as fronteiras estreitas e frágeis da nossa individualidade? A ecologia nos lança um apelo: vamos nos converter, crescer interiormente, sair do cubículo mental para nos doar ao mundo.

Como manter o contato com a natureza no meio do asfalto e respeitar em toda parte o superpoderoso milagre da vida? A fim de coabitar todos juntos nessa gigantesca morada, é urgente restabelecer o laço consigo mesmo, com os outros, com o todo e se abrir para o mundo. Quando a indiferença nos invade, torna-se imprescindível abrir portas e janelas para que o ar circule e jamais se instale o cheiro de bolor. No metrô de Nova York, aconteceu uma cena dramática que poderia se tornar *banal*. Um sujeito foi apunhalado diante de todos e a indiferença foi quase geral. Ninguém levantou um dedo sequer para ajudar o infeliz. Sem cair no saudosismo, como não deplorar que, numa sociedade hiperconectada, o vínculo natural com o outro se deteriore, perca sua força? Costumo fazer cursos de inglês pela internet. E estranhamente conheço muito melhor meu professor que vive em Boston do que meu vizinho de andar.

Por isso, proponho um desafio ecológico da maior importância: viver todos juntos, sem deixar ninguém de fora. Como cuidar de nossa casa e ao mesmo tempo dos seres que habitam conosco? Sem fazer profecias dramáticas, não seria bom passar em revista as poluições que minam o viver juntos? De agora em diante, podemos todos trabalhar sem descanso para cultivar a boa vizinhança. Para Plotino[1], a alma se transforma naquilo que contempla. Onde se fixa nosso olhar de manhã até a noite? Do que se alimenta? O espetáculo da perversidade, da competitividade, da corrida insana, da luta pela vida nos deixará incólumes? Retornar à natureza, identificar o desafio, já não é frear, reduzir a velocidade, diminuir um pouco essa avidez, e passar do "eu" ao "nós"?

CHRISTOPHE: Você acaba de definir perfeitamente as três dimensões da ecologia que podem nos influenciar muito, tanto para o bem quanto para o mal: a dimensão natural, a dimensão relacional e a dimensão cultural. Para mudar a nós mesmos e para mudar o mundo, nossos esforços pessoais contam muito, mas os ambientes em que vivemos têm importância fundamental: são os lugares em que evoluímos na vida diária sem nos darmos conta, que impregnam em nós seus vícios e virtudes e nos freiam ou nos ajudam.

Como médico, acredito que esses ambientes possam, por exemplo, contribuir com nossa saúde ou alterá-la. É o que se denomina "medicina ambiental": não se pode gozar de boa saúde num ambiente doentio, num ecossistema humano poluído, quer se trate de poluentes físicos (ar, água, alimentos), relacionais (viver em incessante competição ou em comparação com os outros) ou culturais (viver numa sociedade egoísta e materialista). Em alternativa, um ambiente favorável beneficia a saúde e o bem-estar: o contato regular com a natureza, o fato de contar com familiares e amigos amorosos prontos a ajudar, o pertencimento a uma cultura que assegura valores de solidariedade e respeito e reaviva esses valores, tudo isso é bom para nós, mesmo sem exigir esforço da nossa parte.

A reflexão ecológica não diz respeito apenas à proteção da natureza, mas também à proteção dos laços entre os seres humanos, entre as sociedades humanas naquilo que têm de melhor. E a desconfiança e a ação em relação ao que têm de pior.

---

1. Plotino (204-270). Um dos mais influentes filósofos gregos, fundador do neoplatonismo. O sistema ético de Plotino pregava a união da alma e do intelecto e afirmava que a palavra proferida é a imagem da palavra interior. [N. Ts.]

“Não se pode gozar de boa saúde em um ambiente doentio, quer se trate de poluentes materiais, relacionais ou culturais.”

Tudo isso conta muito, mesmo que às vezes não se tenha consciência disso. Um ambiente favorável liberta minha mente porque me proporciona emoções agradáveis, me dá um sentimento de segurança pessoal e me permite ter uma relação aberta e tranquila com o mundo. Em ambientes favoráveis, tenho o sentimento de viver em um universo previsível, justo e coerente. Como ventos favoráveis que nos impulsionam e nos ajudam a avançar! Ao contrário, um ambiente tóxico provoca estresse, me entristece, me cansa e me força a permanecer vigilante, desconfiado, a me proteger dele: é repleto de opressões e de restrições à minha liberdade interior!

O que gosto nessa noção de ecologia é o fato de ela nos lembrar de que não somos seres imateriais que desabrocham sem terra: é exatamente aí, onde fincamos raízes, na nossa cultura, no nosso ambiente natural, nos laços que criamos com nossos semelhantes que encontramos nossos nutrientes! A árvore da cidade não cresce da mesma maneira que a árvore da floresta. Por isso talvez seja precioso refletir sobre uma ecologia da liberdade interior e definir as condições exteriores que possam ser favoráveis ou desfavoráveis a ela.

MATTHIEU: Do ponto de vista da busca da liberdade interior, o ambiente natural e as pessoas com quem convivemos têm, pelo menos para nós, iniciantes, uma influência considerável em nosso estado interior, em nosso sentimento de liberdade ou de servidão.

“*Certo dia, estava eu em Nova York com Rabjam Rinpoche, o abade do Monastério de Shechen, quando nos vimos no meio da Times Square, praça famosa no mundo inteiro, onde se concentram teatros, cinemas e grandes lojas de departamentos. Ali os arranha-céus são recobertos por imensas publicidades luminosas que anunciam os espetáculos em cartaz e fazem propaganda de diversas bebidas e produtos de confeitaria.*

Contemplando centenas de cartazes multicoloridos, cujas luzes piscavam em todas as direções, Rabjam Rinpoche comentou com ar pensativo: "Estão tentando roubar minha mente!". É claro que aquele não era um lugar favorável para a liberdade interior.

No Himalaia, em lugar dos grandes outdoors *em todas as esquinas, do tipo "Beba Coca-Cola!", o que se lê no flanco das montanhas, gravados sobre imensas fileiras de pedras brancas, são mantras, como o do Buda da Compaixão. As colinas são recobertas de bandeiras com orações impressas, como esta: "Que todos os seres sejam felizes", que os ventos levam a todas as direções.*”

Matthieu

7

O AMBIENTE FÍSICO AGE SOBRE O ESTADO MENTAL

MATTHIEU: Os lugares possuem características próprias que por si só influenciam nosso estado mental e, por extensão, nossa busca pela liberdade. Se um praticante de meditação experiente já consegue preservar sua liberdade interior em todas as circunstâncias, tanto num engarrafamento como nas montanhas do Himalaia, para nós, principiantes, o melhor é usar todos os recursos a nosso favor escolhendo um lugar propício para a contemplação. Nosso estado mental em um lugar caótico, barulhento, sujo e decrépito, não será o mesmo que em um lugar harmonioso, no qual tudo o que vemos e ouvimos favorece a paz interior. No início, somos muito frágeis e vulneráveis para saber tirar partido construtivo das condições externas desfavoráveis. Precisamos de tempo para cultivar a força da alma em um ambiente que facilite esse treinamento em vez de travá-lo.

OS LUGARES PROPÍCIOS PARA A VIDA INTERIOR

MATTHIEU: Os ensinamentos tibetanos descrevem as características dos lugares favoráveis à prática espiritual e dos que oferecem obstáculos. Certos locais e certos ambientes psicológicos reforçam nossos venenos mentais – a animosidade, a cobiça, o orgulho e outros sentimentos que perturbam a mente e obscurecem o discernimento. Convém evitá-los, inclusive os ambientes sociais e familiares tensos e conflituosos. Importante cuidar também para que os meios de subsistência (água, alimento, abrigo) sejam de fácil acesso. Melhor evitar lugares em que corremos o risco de estar sempre preocupados com os perigos potenciais e com tudo o que possa interromper a prática espiritual, notadamente a presença de grupos armados, de bandidos, de animais ferozes, ou o perigo de inundações, deslizamentos de terra etc. O objetivo não é procurar um lugar de extremo conforto, mas sim evitar que as dificuldades externas prejudiquem nossos esforços.

Esses ensinamentos descrevem igualmente as características dos lugares favoráveis a práticas específicas. Quando a meditação se centrar na calma interior, *shamatha*, procuremos as florestas e outros lugares abrigados e retirados, nos quais a luz delicada e difusa acalma e tranquiliza a mente atribulada. Nesses lugares, o ar se impregna de aromas tranquilizadores.

Se quisermos cultivar a visão ampla e penetrante – *vipassana* – e meditar sobre a presença desperta, sobre a natureza da mente – prática centrada na clareza, no aspecto luminoso da mente –, escolhamos os lugares elevados, onde o ar é puro, lugares abertos para paisagens amplas em contato direto com o céu. A luminosidade das paisagens de neve favorece a luminosidade da mente.

À beira de cachoeiras violentas e tumultuosas, as construções mentais são reduzidas ao silêncio. Se quisermos treinar o domínio das emoções fortes, procuremos lugares acidentados, desfiladeiros e ravinas que intensificam nosso estado mental. No Tibete, os praticantes que desejam extirpar o ego pela raiz, renunciar às preocupações mundanas e meditar sobre a impermanência e a morte, vão meditar nos "cemitérios celestiais", espaços situados nas montanhas onde se depositam os corpos dos mortos para servir de pastagem aos abutres.

Devemos evitar os lugares poluídos, de atmosfera pesada e malsã, lugares que geram ambição e cobiça, violência e inveja, nos quais os conflitos surgem com facilidade e a preocupação constante é promover os próprios interesses e sobrepujar os rivais, nos quais inevitavelmente nos envolvemos em atividades incessantes. À medida que nos afastamos de lugares assim, as perturbações mentais diminuem; a mente se torna mais clara, mais serena, mais dona de si, confiante na legitimidade do modo de vida que escolhemos.

Os textos sagrados também descrevem com precisão as particularidades dos lugares próprios para a construção de monastérios ou de centros de retiro contemplativo. O ideal é um local com a face voltada para o sul, completamente aberto para o leste, para o sol nascente, bem como para o sul. Deve apresentar uma ligeira elevação a oeste e uma montanha mais elevada ao norte, na parte de trás do monastério. É conveniente que um rio corra de leste para oeste, e que o vale desse rio seja rodeado de pequenas colinas, semelhantes a um amontoado de joias. Porém, não é aconselhável que diante desse local exista alguma cadeia de montanhas com rochedos pontiagudos e cumes ameaçadores. Por isso, convém que o lugar da prática espiritual seja escolhido com discernimento.

No mundo contemporâneo, de maneira mais prosaica, se alguém for dependente do álcool, por exemplo, deve escolher um lugar que não o faça lembrar-se da bebida. Se for obcecado por moças ou rapazes, deve evitar as praias povoadas de Vênus de biquíni e de Adônis musculosos. Nos ambientes protegidos, a pessoa fica mais à vontade e tem mais chance de cultivar o espaço propício para lidar com a própria dependência sem comprometer o treinamento ainda frágil numa confrontação incessante com os elementos desencadeadores do desejo. Como escreveu meu pai: "Essas astúcias de guerra obedecem a um princípio comum: fugir das ocasiões em que o despertar da besta é inevitável".

ALEXANDRE: Durante meu retiro na Coreia, tentei, com os meios de que dispunha, trocar uma vida hiperativa por uma existência mais contemplativa e orientei meu dia a dia para a prática. Logo percebi que a paisagem exterior não exercia grande impacto na qualidade da presença, da disponibilidade interior. Não importa para onde fujamos, carregamos sempre nossos problemas, nossos traumas e cicatrizes. Raramente os fantasmas internos nos deixam em paz.

Em pleno coração de Seul, no meio dos arranha-céus e do mercado central, ergue-se um templo budista, o Jogyesa. O dia inteiro, mulheres e homens vão ali para fazer suas orações e realizar suas práticas espirituais, no meio dos tumultos daquela megalópole. A sabedoria, a devoção, a compaixão deles me convenceram a transformar cada lugar, cada instante da vida em pequenos retiros interiores. Mestre Eckhart convida todos a se abrirem a Deus em todas as coisas, a visualizá-lo sempre na mente, nas intenções, seja numa igreja ou numa cela. Em Jogyesa, eu adorava contemplar as flores de lótus e os nenúfares que se multiplicam nas águas salobras de alguns pântanos. Nada nem circunstância alguma pode nos impedir de colher os frutos.

Na floresta coreana em que fazia o retiro espiritual, senti na própria carne as dores da solidão e da carência. Existem, é claro, ratos dos campos e ratos das cidades. Um vai preferir o deserto para chegar às profundezas, o outro fará do encontro um caminho para a paz. Sem acesso ao telefone celular nem à internet, no meio das árvores e dos guaxinins, senti que a vida interior seguia seus ciclos, suas estações, que ela avançava sempre, sem pressa e sem nenhuma urgência. O perigo está em querer que a paz sobrevenha a qualquer preço, em se forçar, em sonhar com as condições ideais, quando na verdade podemos meditar em qualquer lugar, até mesmo diante de um arranha-céu...

CHRISTOPHE: Sim, é possível meditar em qualquer lugar, principalmente se tivermos experiência, mas a coisa fica mais complicada se formos iniciantes. De qualquer modo, ter de vez em quando a chance de meditar por um tempo mais prolongado em ambientes tranquilos e inspiradores sem dúvida possibilita aprofundar ainda mais a prática. Por sua facilidade, os "ambientes agradáveis" também são um desafio: isso porque eles não substituem os esforços pessoais nem nossa experiência, embora tornem a vida mais fácil e ajudem a ir mais longe. Pessoalmente, confesso que foi em momentos de meditação prolongada, de intenso contato com a natureza que experimentei com maior frequência momentos de profunda tranquilidade, de plenitude existencial, de clareza mental.

Parece que, para ser favorável, um ambiente deve possuir três características: a beleza aliada à harmonia, a calma e uma dose mínima de natureza. Considero essa "dose" de natureza algo vital. Recordo-me de certa vez ter assistido à cerimônia de cremação de uma amiga. Estávamos todos sentados numa grande sala, sem emblemas religiosos, simples e sóbria, mas sem nenhum encanto. De repente, o anteparo diante do qual estávamos sentados foi erguido e apareceu uma imensa abertura envidraçada que dava para um pequeno jardim e um espelho d'água, coroados pela vastidão do céu azul. Ainda me lembro da sensação de tranquilidade e de conforto que senti diante daqueles elementos naturais. Era como se o contato com a natureza tivesse aliviado minha tristeza. Recordo-me de ter dito a mim mesmo: "Tudo isso já estava aí antes de nós e continuará aí depois de nós. Esta é a simples ordem das coisas: nascer, viver, morrer". Naquele instante de conexão com a natureza, minha sensação foi a de que a mensagem que recebi era exatamente o que estava precisando; um ambiente arquitetônico, mesmo perfeito e harmonioso, não teria exercido o mesmo efeito em mim.

Por outro lado, um ambiente material desfavorável priva as pessoas desses três elementos: isso porque é desagradável, vulgar, barulhento e artificial. Muitos centros urbanos e suburbanos são exatamente assim – nos agridem e nos tolhem. Por essa razão, começamos a nos enclausurar em nós mesmos (muitos citadinos se refugiam em seus fones de ouvido e celulares), ficamos estressados e obrigados a estar sempre vigilantes, sempre em estado de alerta (precisamos prestar atenção para não esbarrar nos transeuntes que circulam nas calçadas e para não sermos atropelados ao atravessar as ruas). Toda a energia desperdiçada em ambientes como esses é autocentrada, empregada em uso próprio, na autoproteção, e não na abertura e na descoberta. Ficamos sempre na defensiva, perdemos a leveza, a liberdade e o bem-estar que os ambientes belos, seguros e substanciais oferecem.

Mas o que fazer se moramos numa cidade? Se de certo modo estamos condenados a viver nesses ambientes a maior parte do tempo? Muitos sonham em viver mais perto da natureza, alguns conseguem. Mas a maioria se contenta em viajar para lugares assim com a maior frequência possível, motivo das grandes migrações de fim de semana e das férias! Legítimas, por sinal, já que os benefícios do contato com a natureza perduram muito mais do que o tempo que ali passamos.

OS BENEFÍCIOS COMPROVADOS DO CONTATO COM A NATUREZA

MATTHIEU: Os lugares de natureza nos atraem e está comprovado que são propícios para uma boa saúde física e mental. A inclinação por tudo o que é vivo, bem como a apreciação pelos espaços da natureza dotados de uma rica diversidade de formas e de cores, foi designada de "biofilia", conceito elaborado pelo biólogo E. O. Wilson[1]. Pesquisadores mostraram fotografias de

1. Edward Osborne Wilson (1929). Entomologista, biólogo, especialista em formigas, defensor da ecologia, é considerado fundador da sociobiologia. Pouco estudado no Brasil, Wilson defende a unidade do conhecimento no campo científico como um todo e a superação da oposição natureza--cultura. Prêmio Pulitzer em 2014, com *O sentido da existência humana*. Tradução de Érico Assis. São Paulo: Companhia das Letras, 2018. [N. Ts.]

paisagens variadas aos habitantes dos cinco continentes. As mais apreciadas foram as que representavam a vastidão das savanas, repletas de superfícies de água e de pequenos bosques mais elevados. Essa preferência apareceu até mesmo entre os esquimós, que nunca haviam visto esse tipo de paisagens. É provável que para nossos ancestrais, provenientes de regiões subsaarianas, os espaços ligeiramente mais elevados, com vista ampla e algumas árvores sob as quais se abrigar, ofereciam um posto de vigia ideal para espreitar tanto as presas das quais se alimentavam como eventuais inimigos e predadores. As planícies verdejantes e as superfícies de água sugerem abundância e condições favoráveis de sobrevivência. Para a maioria das pessoas, contemplar paisagens como essas gera uma sensação de harmonia e de segurança.

Outro estudo evidenciou que nos hospitais, após uma intervenção cirúrgica, os pacientes cujo quarto tem vista para uma paisagem natural (parques, extensões de água) se recuperam melhor e mais rápido do que os pacientes que têm vista para prédios urbanos. Os primeiros deixavam o hospital um dia antes que os outros, tinham menos necessidade de analgésicos e eram mais tranquilos.

Na cidade, a percepção da própria escala humana é reduzida, uma vez que a evolução formatou os seres humanos para se compararem à estatura das árvores, dos rochedos e de outros elementos das paisagens naturais. Alguns pesquisadores controlaram a fisiologia dos moradores das cidades (graças a braçadeiras que transmitiam dados ininterruptamente) e depois lhes fizeram perguntas. O que constataram foi que os transeuntes que percorriam uma longa fachada de concreto, ou de vidro fumê, sentiam menos emoções e ficavam mais melancólicos. Alguns aceleravam o passo, como se quisessem sair o mais rápido possível da zona morta. Em contraste, ficavam muito mais animados e curiosos quando passavam por uma rua repleta de camelôs, de restaurantes e de lojas. Quando caminhavam por zonas verdes, por uma avenida bordejada de árvores ou um parque, suas emoções e humores se mostravam mais positivos ainda. As cidades mais apreciadas são aquelas em que as pessoas se sentem bem e não aquelas em que todos se satisfazem em atravessar apressadamente.

Diversos estudos preocupantes demonstram que o fato de uma criança crescer em uma cidade duplica a probabilidade de ela desenvolver esquizofrenia na idade adulta e aumenta o risco de ocorrência de outros problemas mentais, em particular a depressão e a ansiedade crônica. No caso das crianças, em certas áreas cerebrais a densidade da massa cinzenta também fica reduzida. Portanto, é importante renovar nosso contato com os ambientes naturais, aumentar e preservar os espaços verdes nas cidades e conceber uma arquitetura mais próxima da escala humana. É preciso melhorar igualmente a qualidade dos laços sociais nos ambientes urbanos. Perto de 40% dos habitantes de Nova York e de 58% dos moradores de Estocolmo vivem sozinhos. Sabe-se muito bem que as relações sociais de qualidade beneficiam a saúde, favorecem a longevidade e diminuem os riscos de depressão e de adicção.

CHRISTOPHE: Exatamente! Modificar a organização das cidades e dos subúrbios é um desafio muito grande. Não vai demorar muito para que a grande maioria dos seres humanos sejam moradores de cidades, e o importante é fazer de tudo para que não se sintam estressados, doentes e infelizes! Em resumo, para seguir as recomendações das inúmeras pesquisas científicas que você citou, Matthieu, é preciso organizar as cidades como se fossem um conjunto de pequenos vilarejos, de pequenos bairros, sempre prestando atenção a se cada um deles oferece aos residentes e aos visitantes os "nutrientes" de que o cérebro e o corpo precisam: barraquinhas e pequenas lojas para as pessoas que circulam por ali, praças tranquilas repletas de verde, bancos de jardim para se sentar e encontrar outras pessoas, calçadas largas para não ter de estar sempre alerta (sobretudo no caso de pessoas idosas) e caminhar com a mente livre de preocupações.

Não tivemos consciência dessas coisas senão nos últimos tempos. Por um lado, em razão de certas tendências soberbas do urbanismo e do papel de alguns "grandes" arquitetos, como Le Corbusier, fundamentalmente indiferentes à noção de conforto da vida rotineira e de psicologia humana. Imaginem só que ele queria destruir toda uma área do centro de Paris, na margem direita, para construir gigantescos arranha-céus! Em compensação, outras escolas de arquitetura por sorte pensaram em construir *para* os seres humanos, e não para fazê-los habitar conceitos teóricos, cuja função é inflar o ego de seus criadores. Um amigo alemão me revelou que, quando Christa Fischer, arquiteta contemporânea berlinense, projeta parques e jardins públicos, nunca desenha as trilhas: ela começa plantando grama por toda parte, depois deixa que os próprios frequentadores do parque delineiem livremente os trajetos mais convenientes a seus itinerários de costume; passados alguns meses, ela pavimenta com seixos os caminhos desenhados pela passagem diária, obedecendo ao uso natural dos seres humanos.

Outro problema criado pelas grandes cidades é o da interferência e, às vezes, o da destruição do sistema humano pelas grandes companhias multinacionais. Um exemplo disso são as grandes grifes que, em vez de abrirem lojas, entregam seus produtos na casa do consumidor (porque é mais rentável, porque vendem a preços mais baixos e exatamente porque escapam dos impostos); com isso, pouco a pouco, as lojas desaparecem e as cidades perdem sua rede de espaços de sociabilidade. Outro exemplo também perverso são as cadeias de lojas que oferecem espaços de convivência, mas que são usados para aumentar seus próprios lucros: quase sempre as galerias de lojas são lugares agradáveis, com todos os ingredientes que mencionamos antes (um pouco de natureza, graças ao verde das plantas, lugares para sentar e para passear, sem medo de que as crianças sejam atropeladas por um automóvel, espaços de socialização para encontrar os amigos, sentar e conversar). Exceto pelo fato de que, quando

"Um ambiente favorável reúne três características: a beleza aliada à harmonia, a calma, e uma dose mínima de natureza."

entramos ali, somos estimulados a consumir e a gastar dinheiro e, sem uma extrema vigilância, cairemos na tentação... Um estudo feito em bairros pobres dos Estados Unidos demonstrou que as lojas de *fast-food* eram os únicos lugares que ofereciam conforto e espaços de convivência fora de casa: ambientes aquecidos no inverno, climatizados no verão, e mais ou menos agradáveis... Mas induziam as pessoas a ingerir uma comida que as deixava diabéticas e obesas. O que levou os autores da pesquisa a concluírem que a epidemia de obesidade nas classes sociais menos favorecidas não se deve tanto à falta de força de vontade das pessoas pobres, mas muito mais a espaços de convívio que oferecem ao mesmo tempo conforto e envenenamento. Continuamos a falar de ecologia, mas da ecologia dos ambientes tóxicos que nos conduzem inconscientemente para a direção errada. Se todas essas pessoas pudessem se beneficiar dos jardins públicos e das hortas comunitárias, em lugar de frequentar *fast-foods*, sem dúvida que a epidemia de obesidade e de diabetes tipo 2 (ligada ao sobrepeso) não seria tão importante.

MATTHIEU: Outro estudo demonstrou que vinte minutos de caminhada diária na cidade não trazem os mesmos benefícios físicos e psicológicos que quando feita na natureza. Mais uma vez, seremos rotulados de "Ursinhos Carinhosos"[2] que pregam o retorno à natureza, de saudosistas que querem abraçar as árvores. Não importa o que falem de nós, a verdade é que existem alguns ambientes estressantes e desestabilizadores e outros propícios à serenidade.

CHRISTOPHE: Esses estudos são muito interessantes, pois fornecem pistas sobre os mecanismos que explicam os benefícios dos ambientes naturais. Por que caminhar, que já é uma atividade salutar, é mais benéfico ainda quando praticado em espaços da natureza, embora o esforço físico empregado seja o mesmo? Porque na natureza não há cartazes publicitários, não há agressões sonoras nem interrupções incessantes da atenção. A mente pode viver sua vida com toda a calma: livre para refletir, para vagabundear, para imaginar... contínua e tranquilamente. Num ambiente urbano, ou artificial, existem dispositivos deliberadamente concebidos para atrair a atenção das pessoas. Seja para protegê-las (sinais sonoros ou luminosos nas passagens de pedestres, as buzinas dos automóveis), seja para fazê-las cair numa armadilha (as publicidades cada vez mais onipresentes). Não se vive mais na interioridade, mas na reatividade, não mais na liberdade, mas na servidão (prestar atenção ao que é mostrado, em vez de escolher o que se quer observar).

2. No original, Bisounours, famosa linha americana de ursinhos de pelúcia, vendidos aos milhões na década de 1980, que deu origem a uma série de desenhos animados e a três filmes infantis entre 2004 e 2005. [N. Ts.]

ALEXANDRE: Nietzsche, que conviveu com a doença durante toda sua vida, afirmava que o clima e o lugar que escolhemos como domicílio é essencial para a "grande saúde". Além disso, o filósofo nos previne contra a vida sedentária, um verdadeiro pecado contra o Espírito Santo, que, segundo suas próprias palavras, nos predispõe aos preconceitos. Adoro quando ele nos aconselha a ficar sentados o menor tempo possível, a nutrir nossas ideias ao ar livre, a fazer a vida circular. Na opinião dele, a escolha dos alimentos, do clima, do lugar em que vivemos, bem como das formas de recreação que adotamos são cruciais. Embora nosso mal-estar nos acompanhe, talvez existam espaços mais propícios para acabar com ele.

Também somos um corpo, uma fisiologia, somos músculos, nervos, paixões e desejos. Acreditar que somos seres separados da natureza, que não precisamos dela é certamente dar um tiro no próprio pé. Ao ouvir suas palavras, caro Christophe, fico surpreso ao constatar que até hoje dei muito pouca atenção às fontes do estresse. Como pensar em outra coisa quando estamos à beira do precipício? Como tentar diminuir a velocidade, identificar as causas da agitação e encontrar uma área de descanso? Na vida espiritual é preciso estar sempre alerta ao perigo do esgotamento... Por isso é uma necessidade vital descobrir os oásis, os espaços de recreação, se abrir para a natureza.

MATTHIEU: Sabe-se que intensificar o contato direto com a natureza exerce um impacto importante no desenvolvimento cognitivo e afetivo da criança. Observar de perto a natureza, constatar os mecanismos de interdependência da biosfera, observar como as plantas e os animais conseguem sobreviver, se associar, cooperar ou competir uns com os outros, evoluir, se regenerar e resolver desafios quase sempre complexos também é uma forma preciosa de aprendizado para encontrar as soluções de inúmeros problemas da existência, o que não acontece no universo inerte das construções urbanas. Se as crianças de hoje nem sabem mais os nomes das plantas, dos pássaros, dos animais, dos peixes, por que deveriam apreciá-los e querer preservá-los?

Em seu livro *A última criança na natureza*,[3] Richard Louv afirma que as crianças que vivem em ambientes fechados estão mais sujeitas à obesidade e aos problemas de déficit de atenção, isso porque não desfrutam das vantagens espirituais, emocionais e psicológicas da exposição às maravilhas da natureza, que favorecem a redução do estresse, o desenvolvimento cognitivo e o jogo cooperativo. Na Califórnia, uma pesquisa revelou que os alunos que se beneficiam de aulas ao ar livre, em plena natureza, obtêm melhores resultados

---

3. Richard Louv (1949). *A última criança na natureza*: resgatando nossas crianças do transtorno do deficit de natureza. São Paulo: Aquariana, 2016. [N. Ts.]

escolares e aumentam sua competência para resolver problemas, para exercer o pensamento crítico e tomar decisões. O tempo passado em ambientes naturais estimula igualmente a criatividade das crianças.

CHRISTOPHE: Isso é verdade! Dados sobre o impacto cerebral da exposição regular à natureza não faltam! Observar imagens da natureza provoca um aumento da atividade no córtex cingulado anterior e na ínsula (zonas associadas à estabilidade emocional, ao altruísmo, à empatia), enquanto a contemplação de espaços urbanos aumenta a atividade da amígdala cerebral (zona de resposta aos estímulos emocionalmente aversivos). Diferentes trabalhos demonstram também que o contato com a natureza facilita a recuperação mental após a execução de tarefas complexas, melhora as *performances* subsequentes e reforça as capacidades de vigilância, de atenção, de memória etc.

Os mecanismos desses benefícios podem ser observados em inúmeros detalhes, por exemplo, no fato de que, mesmo sem termos consciência, o cérebro é sensível à biodiversidade: o bem-estar que sentimos no contato com a natureza é proporcional à multiplicidade de espécies de plantas e de cantos de pássaros que existe naquele espaço! Isso tem uma lógica: conservamos uma memória ancestral e inconsciente do que é bom para nós em termos de recursos, tanto de sua abundância, como também de sua variedade. Quando sabemos que o número de pássaros dos nossos campos está diminuindo assustadoramente (em dez anos, mais de 60% dos pardais desapareceram, e um terço das cotovias, em quinze anos), sem falar de todo o resto, principalmente dos insetos, isso não é uma boa notícia nem para os pássaros nem para nós!

MATTHIEU: Quando passeamos juntos, nós três já constatamos que jamais ficamos enfastiados diante do espetáculo da natureza. Trata-se de um maravilhamento constante e tranquilizador que nunca passa. Todos os grandes mestres budistas exaltaram os lugares selvagens como propícios para a prática espiritual. Shantideva escreveu que na floresta os animais, os pássaros e as árvores são notadamente os amigos ideais, não são tagarelas nem maledicentes. Ele aconselhava a permanecer em um eremitério, em uma gruta ou ao pé de uma árvore com a mente e o coração livres de qualquer distração, tendo como única preocupação dominar a mente e deixá-la repousar em seu estado natural.

Nos grandes espaços do Tibete, seja à beira de um lago, do oceano, ou no alto de uma montanha de onde se avista quase até o infinito, a meditação é praticada tanto no interior como no exterior, e ninguém tem a impressão de estar nadando contra a correnteza, como acontece em um ambiente hostil à concentração e à paz interior. Pode-se abrir inteiramente ao ambiente em vez

"Após uma intervenção cirúrgica, os pacientes se recuperam melhor e mais rápido quando seu quarto de hospital tem vista para a natureza."

de tentar se proteger, como se faz numa cidade barulhenta ou num apartamento situado em uma grande avenida onde é preciso desligar o telefone, a televisão e até mesmo fechar as janelas para ter um momento tranquilo. De tanto sermos arrastados por um turbilhão de atividades caóticas, acabamos perdendo o controle do nosso veículo interior.

Na natureza, tudo o que nos rodeia serve de inspiração para meditar, em vez de desencorajar. Os espaços tranquilos oferecem a continuidade e a regularidade favoráveis à prática espiritual. Pessoalmente, no início de um retiro espiritual, acho formidável saber que tenho diante de mim certo número de dias, de semanas, de meses e até mesmo de anos que serão dedicados à pratica espiritual e que não serei interrompido o tempo todo.

ALEXANDRE: Certos aspectos da natureza provocam verdadeiros calafrios na espinha: tremores de terra, tsunamis, doenças. Essas calamidades são também fenômenos naturais. Como sentir um mínimo de confiança no meio dessas forças que parecem tão hostis? Quando assisto a um telejornal, no mesmo instante me lembro de que o universo não foi especialmente organizado para responder às nossas necessidades, para nos paparicar. Durante uma viagem à Grécia, vivi um verdadeiro calvário. Como fiquei hospedado no campo, nas proximidades de um bosque, eu estava tão aterrorizado que não ousava dar nem um passo sequer fora de casa, tamanho era o medo das doenças que me atormentava – sempre o medo!

Certo dia, vestido como no inverno, resolvi me arriscar e enfrentar a paisagem campestre, que por sinal era bem tranquila. Naquela época, estava lendo justamente *O nascimento da tragédia*[4], de Nietzsche, no qual o filósofo evoca Apolo e Dioniso. Esses deuses gregos podem colorir nossos estilos de vida. Seguir Apolo talvez seja privilegiar a ordem, o controle, tentar compreender a si mesmo, praticar a *introspecção*. Escolher a via dionisíaca é romper com os limites da própria individualidade, é ousar viver sem controle. Na companhia desses guias, comecei a me livrar das roupas pesadas, a tirar os sapatos e a perambular alegremente pela floresta. Percebi que não tinha de que me proteger, que cedo ou tarde minha insignificante individualidade iria se dissipar e que homens e mulheres eram seres eminentemente naturais. Esse curioso episódio me ajudou a deixar de considerar a natureza como o templo sagrado da adversidade, como uma selva, uma ameaça, repleta de perigos permanentes. Quanto mais nos sentimos separados do nosso ambiente, do mundo, dos outros, mais sofremos.

4. Friedrich Nietzsche. *O nascimento da tragédia*. Tradução de Jaco Guinsburg. São Paulo: Companhia de Bolso, 2007.

• CAIXA DE FERRAMENTAS •

Para viver num ambiente favorável

◈

MATTHIEU

Se vivemos em uma cidade onde é preciso esticar o pescoço para vislumbrar uma nesga de céu da própria janela, como encontrar algum oásis na vida, no espaço, no tempo ou no meio das outras pessoas? Seria uma pena renunciar às nossas aspirações de encontrar a serenidade só porque não temos a chance de viver em um eremitério ou em plena natureza.

- *Esse oásis pode simplesmente existir na nossa própria casa*: sem ofender nem incomodar a família, isolar-se por cerca de vinte minutos.
- *É possível também ir a um parque*: sentar-se num banco e se recolher por um instante.
- *Nos transportes coletivos*: em lugar de ler uma revista, se tivermos a sorte de não ficar espremidos, podemos fechar os olhos (os outros passageiros acharão que estamos cochilando!) ou olhar para o vazio com os olhos semicerrados. Desse modo aproveita-se o tempo considerado perdido para se recolher ou meditar. Nesse caso, poderíamos quase dizer que o corpo é o eremitério e a mente o eremita.
- *Uma prática da presença*: Se temos de andar na rua por quinze minutos todos os dias, vamos tentar manter a mente presente no caminho que percorremos em vez de deixar que ela voe para outro lugar.
- *No local de trabalho, sempre há pequenos momentos de pausa.* Em vez de estar em incessante interação com os colegas, podemos procurar nos recolher um pouco. No Instituto Pasteur, eu tinha um pequeno escritório de 5 metros quadrados. Depois do almoço, fechava a porta e ficava ali tranquilo por quinze minutos. É preciso apreciar o valor desses momentos.

CHRISTOPHE

Procuro me lembrar regularmente da necessidade desses "nutrientes invisíveis" que os ambientes naturais nos proporcionam: ar puro, sons agradáveis e regulares, mudanças progressivas, calma, lentidão, continuidade. Vamos oferecer esses nutrientes ao corpo e ao cérebro o mais amiúde possível.

- *Arrumar tempo para imersões na natureza* se vivemos longe das cidades (caminhadas contemplativas, meditações ao ar livre); mas, se formos moradores das cidades, durante os intervalos de almoço, visitar várias vezes por semana os parques urbanos, que são bolhas de natureza, pois vale mais a pena usar o tempo e caminhar num parque do que ficar fechado em um bistrô cheio e barulhento (podemos sempre comer alguma coisa simples, sentados em um banco, com atenção plena).
- *Durante os intervalos de trabalho, nada de telas* "para espairecer"! Sair da cadeira, alongar o corpo, ir até a janela respirar um pouco, observar o céu e as nuvens.
- *Mesmo uma imersão ocasional na natureza é sempre benéfica*: alguns estudos demonstram, por exemplo, que uma caminhada de duas horas no meio de um bosque continua a beneficiar nossa imunidade durante mais de uma semana (em comparação com não caminhar ou caminhar na cidade). Por isso, ninguém deve passar um único fim de semana sem um passeio na natureza, seja na floresta, no campo, na montanha ou mesmo na beira de um rio!
- *Vamos agir:* ecologia não é simplesmente desfrutar dos benefícios dos ambientes naturais; é também agir para protegê-los, para preservar a vida do ecossistema. Seja no jardim, seja na varanda, nada de usar inseticidas e herbicidas. Nos passeios, não jogar nada no chão e recolher tudo o que os indelicados jogarem (levar sempre um pequeno saco plástico dentro da bolsa). Fazer pressão sobre os políticos que elegemos para que protejam os recursos naturais dos espaços em que vivemos e sempre restaurem tudo. Ou então vamos tentar nos eleger a nós para conduzir esses programas!
- *Vamos ficar atentos*. Prestar atenção aos efeitos que a exposição aos espaços naturais causa em nós, prestar atenção ao ato de respirar, e observar como eles modificam o estado do nosso corpo, dos nossos pensamentos e das nossas emoções... Quanto mais atentos estivermos a esses benefícios, mais ficaremos motivados a senti-los e restaurá-los em nós.

ALEXANDRE

- *Vamos nos aventurar na coabitação solidária sem fechar as portas a quem quer que seja!* Exploremos cada canto do nosso grande lar com agradecimento, cuidemos de nosso hábitat natural com respeito e benevolência! Como dizia Schopenhauer, sem altruísmo, sem generosidade, esse lar poderá muito bem acabar virando uma taverna de bêbados, um asilo de loucos, um refúgio de bandidos... A ecologia exige uma espécie de terna subversão: fazer de tudo para que a solidariedade triunfe e para que absolutamente ninguém fique largado na rua.

- *Um simples olhar sobre o lugar em que vivemos pode se mostrar imensamente fecundo.* O que está entulhando minha casa? O que para mim é útil, salutar e me nutre de verdade? De que adianta acumular coisas se não sei desfrutar de tudo o que recebo todo dia?

- *Sem cair na obsessão e no materialismo espiritual*, dedicar o tempo que nosso ser precisa aos exercícios físicos e mentais. Cuidar dos mecanismos do corpo, esse maravilhoso instrumento pronto a nos servir dia após dia, e ouvir suas necessidades sem sobrecarregá-lo. Estar sempre atento para não poluir a mente dia e noite com ressentimento, ódio e paixões tristes. Agir de modo que a vida circule com abundância. E por que não, por exemplo, se desconectar um pouco das redes sociais e tecer laços verdadeiros com nossos vizinhos do andar, com as pessoas em geral, com gente de carne e osso?

“Suponho, meus amigos, que já aconteceu com vocês de receberem cartas de leitores e leitoras muito gentis, acompanhadas de presentinhos totalmente anônimos (um livro, um peso de papel, um vidro de mel), e sem endereço, o que nos permitiria agradecer a eles. Pode ser esquecimento, mas na maioria das vezes creio que se trata do simples desejo de expressar gratidão por nosso trabalho, mas com a preocupação de não serem um peso e de não nos fazer sentir "obrigados" a responder ou a encontrá-los.

Sempre fico muito comovido com essa atitude: esses anônimos querem simplesmente embelezar nossa vida, nos dar algo sem pedir nada em troca. Entre os seres humanos há muitas pessoas assim. Por exemplo, os "benfeitores" (e as "benfeitoras"!), pessoas que fazem o bem aos outros com discrição. Que dentro de uma empresa ajudam os colegas em dificuldade, levantam o moral, cuidam de todo mundo; que no anonimato das cidade sorriem para os desconhecidos, falam com os mendigos, param espontaneamente para oferecer ajuda aos que parecem perdidos à procura de seu caminho. A onipresença desses benfeitores, bem mais numerosos do que se pode imaginar, mas tão discretos que se esquece de que existem, é parte integrante daquilo que possibilita viver em sociedade e torna a vida mais bela. Esses seres humanos nos fazem bem, mesmo que indiretamente, assim como o ar puro, o céu azul, a natureza, as flores, o sorriso das crianças, as coisas belas...”

Christophe

8

Uma ecologia dos laços sociais

MATTHIEU: De fato, certas pessoas nos tranquilizam com sua simples presença, nos inspirando calma, nos fazendo bem por uma espécie de osmose positiva. Mesmo que não aconteça nada de especial, é bom estar ao lado desses seres que quase sempre servem de modelos. Perto deles, não se sente opressão nem estresse: ficamos "à vontade". E essa "descontração" se assemelha muito a um estado de liberdade.

Outras pessoas, ao contrário, mesmo sem dizer nada, nos constrangem com suas atitudes, posturas, comportamentos, ações... Elas nos provocam o sentimento de estar constantemente à beira de um conflito. Conviver com elas exige atenção redobrada: esse estado de alerta permanente perturba nossa serenidade e limita nossa liberdade de ser.

O mesmo acontece com os ambientes sociais. Em uma empresa ou escritório, a atmosfera pode ficar tensa às vezes, poluída por causa da irascibilidade e da arrogância de uns e da submissão forçada de outros. Um ambiente assim é nocivo. Por outro lado, em um monastério, em um lugar de retiro, os membros da comunidade cuidam para não criar perturbações, para reduzir os conflitos e respeitar a tranquilidade de cada um. Todos estão conscientes de que cada um precisa de espaço, de tempo e de descontração. Com sua simples existência e com suas qualidades, uma comunidade pode entravar ou favorecer nossa liberdade interior.

Como as pessoas à nossa volta nos aproximam ou nos afastam da liberdade

CHRISTOPHE: De fato é surpreendente observar como a simples proximidade de certas pessoas basta para nos influenciar, sem que seja necessário falar ou trocar nada com elas. Parece que nessa ecologia dos laços sociais existem três níveis: o nível em que os laços se materializam por meio das trocas; o nível em que a simples presença é suficiente, mesmo sem trocas e sem palavras; e o nível em que mesmo à distância a existência delas exerce efeito sobre nós.

Esse último nível, o da influência à distância, é o que acontece comigo quando passo um tempo sozinho, longe de Paris, para meditar ou escrever: posso muito bem não ver ninguém durante dias e dias, mas sei que, mesmo à distância, minha família e meus amigos, minhas leitoras e meus leitores estão ali, que penso neles e que eles pensam em mim. Isso me reconforta e me faz bem. É também às vezes a alegria que podemos experimentar diante da ideia de que existem pessoas na Terra que fazem coisas belas, que praticam ações justas: isso nos faz bem (influencia nossas emoções) e nos inspira (influencia nossas ações), mesmo que não as tenhamos encontrado: saber que elas existem, que pertencem ao nosso ecossistema humano já é suficiente! No sentido inverso, mais doloroso ainda para as vítimas de violências, é saber que, mesmo à distância, seus agressores continuam lá, tranquilos, principalmente se não foram identificados, desmascarados ou punidos; isso constitui uma fonte de sofrimento e de desestabilização, uma obsessão e, portanto, uma limitação da liberdade interior.

Contudo, é verdade que a influência da presença é, sem dúvida, mais forte ainda. Todos nós convivemos em nosso ambiente com pessoas nutridoras e pessoas estressantes. Mesmo sem que digam nada, nós as observamos, as escutamos, vemos como vivem e nos sentimos impregnados por tudo o que representam: aliviados e livres quando elas personificam a alegria de viver, o altruísmo, a escuta, a flexibilidade, e tudo o que nos parece importante, facilitador e inspirador. E nos sentimos limitados e tensos se essas pessoas transpiram a vontade de contradizer, de falar sem escutar, egoísmo... Em meu trabalho, na relação com meus colegas, mesmo que a coisa não me diga respeito diretamente, sou sensível às pessoas "facilitadoras", aquelas que sempre favorecem o "sim", a busca de soluções, a simplificação... Enquanto outras sempre começam dizendo "não" ou "não é possível", e estão sempre procurando pelo em ovo, argumentando, bloqueando as coisas... Embora algumas vezes esses estraga-prazeres no fundo tenham razão, essa maneira de ser é irritante e até mesmo destrutiva, pois ativa emoções desagradáveis que consomem a energia que gostaríamos de dedicar à busca de soluções e a seguir em frente, em vez de nos esgotar na tentativa de puxar o freio de mão mental de nossos interlocutores!

Mas, em todo caso, é importante não julgá-los: eles não escolheram ser estraga-prazeres! E se começarmos com a escuta e a empatia, em vez de enquadrá-los e impor-lhes nossas necessidades e nossas convicções? Para tolerá-los com mais facilidade, podemos também nos lembrar de que, se a biodiversidade é boa para a saúde, uma boa dose de psicodiversidade também é! Aprender a conviver com pessoas muito diferentes de nós, cujas opiniões às vezes contradizem as nossas, é um bom exercício de flexibilidade e de abertura mental.

Assim como é muito mais a adversidade do que o êxito que nos faz avançar, progredimos muito mais quando aceitamos escutar e examinar os argumentos de quem nos contradiz do que quando falamos com amigos que concordam conosco (embora isso faça bem e seja outra forma de benefício!).

MATTHIEU: Para mim não é difícil conviver com gente cuja visão e maneira de ser são muito diferentes das minhas, ainda mais se sei que não estaremos juntos senão por pouco tempo, em uma relação de trabalho ou em uma viagem. Não quero interferir em sua maneira de ser, mas, se for desejo delas, estou sempre disposto a discutir o assunto. Por outro lado, se uma pessoa exige como prova de amizade, de respeito ou de confiança que eu enxergue as coisas e reaja da mesma maneira que ela, a situação fica muito complicada. Um pessimista, por exemplo, que fica ofendido se não compartilho sua visão. Ou alguém cuja impressão é a de que não lhe damos apoio, principalmente em público, porque nossa maneira de avaliar as situações e as pessoas, de agir e de reagir, é diferente. Isso é constrangedor na medida em que, para satisfazê-las, seria necessário ser constantemente diferente do que somos. Essas pessoas esgotam nossas fontes de resiliência porque nos obrigam a fazer coisas a contragosto.

CHRISTOPHE: É a questão das expectativas que os outros podem ter em relação a nós. As pessoas que não toleram ser contrariadas, que exigem sempre demonstrações de atenção e de afeto, efetivamente restringem a liberdade e a espontaneidade de qualquer um. Cabe a nós avaliar o que podemos lhes dar: é normal levar em conta as expectativas e as fragilidades de nossos familiares e amigos, e até mesmo dos nossos conhecidos e interlocutores, e fazer de tudo para evitar-lhes muitos sofrimentos. Chega um momento, porém, em que para nós isso fica muito pesado e pode contribuir para que eles persistam no mesmo comportamento: quando e como intervir nisso? Nesse caso não estamos fazendo verdadeiramente uma reflexão sobre a ecologia (que diz respeito à influência "passiva" e difusa dessas pessoas sobre nós), mas sim uma reflexão sobre a comunicação interpessoal. O assunto é outro, embora pudéssemos argumentar que a ecologia também inclui a responsabilidade de se envolver para modificar o próprio ambiente, seja material, humano ou cultural!

MATTHIEU: Algumas pessoas também demonstram com seu comportamento que certas atitudes não devem ser seguidas. Por exemplo, aquelas que só pensam em luxo, nos sinais exteriores de sucesso e de prosperidade, em sua reputação e que são obcecadas pela maneira como se sentem, bem como com sua aparência física. A extensão do desastre interior que elas deixam transparecer faz com que sejam contramodelos muito instrutivos.

CHRISTOPHE: Essa é uma maneira construtiva de tratar a questão! Quando as pessoas nos irritam com sua maneira de ser, o ideal é dizer a si mesmo: use-as como contramodelos! Os seres humanos não precisam apenas de ensinamentos e de conselhos para aprender; precisam também de modelos concretos. Modelos inspiradores são pessoas que com sua maneira de ser personificam e praticam os valores que nos são caros. Contramodelos inspiradores são pessoas que pisoteiam esses valores ou que veneram outros que nos parecem tóxicos. Diante delas, vamos usar todas as nossas forças para colocar em prática o célebre ensinamento de Spinoza: "Não julgar, não detestar, simplesmente compreender". Vamos fazer o máximo possível para limitar pensamentos e emoções negativas, e assim compreender e aprender no contato com essas pessoas contrainspiradoras... E não sejamos maldosos demais! Gosto muito da frase de La Rochefoucauld[1]: "Se não tivéssemos nenhum defeito, não teríamos tanto prazer em apontar os defeitos dos outros...". Eu mesmo observei isso em mim: quando estou começando a me esforçar para ser mais generoso, percebo mais facilmente a mesquinharia dos outros; quando estou me esforçando para ser "mais otimista e entusiasta", noto ainda mais o negativismo dos outros, e por aí vai.

MATTHIEU: Podemos também considerar os contramodelos como pessoas benevolentes (à sua maneira!) que nos indicam o caminho da liberdade, já que seu comportamento é a perfeita ilustração do que devemos nos poupar e nos desfazer. Esses contraexemplos nos fornecem as ferramentas para avançar e o encorajamento para eliminar os nossos próprios defeitos, entre os quais a impaciência... Isso é muito simpático da parte deles! Podemos também desejar de todo o coração que eles se livrem de seus defeitos e de seus pontos de vista superficiais.

Os bons amigos

ALEXANDRE: No *Sutra da Joia do Sexto Patriarca*[2], Huineng evoca os "bons amigos", expressão genial que afirma que ninguém pode se libertar sozinho no seu próprio canto, mas que para isso devemos nos abrir, nos doar, nos encorajar, nos apoiar e estender as mãos uns para os outros. A meu ver, essa ligação espiritual, esse companheirismo íntimo, tem duas características da maior importância: primeiro, ela exige um amor incondicional, que não julga

1. François de La Rochefoucauld (1613-1680). [N. Ts.]
2. Texto fundador da escola Chan, Escola Budista da Súbita Iluminação, produzido na China entre os séculos VIII e XIII. Contém discursos e ensinamentos atribuídos a Huineng (638-713), sexto patriarca. Seus temas centrais são a direta percepção da verdadeira natureza de cada um e a unidade da essência de *sila* (conduta), *dhyana* (meditação) e *prajna* (sabedoria). Trata-se de um texto breve e humano sobre a essência do ser humano e os caminhos da Iluminação. [N. Ts.]

e acompanha o outro até o extremo de suas fragilidades. Ao mesmo tempo, e sem a menor complacência, convida seu companheiro a superar tudo, a sair de si mesmo, a abandonar os incontáveis determinismos que podem barrar o caminho. Assim como Aristóteles, Hueineng vê na amizade uma cumplicidade que nos torna melhores. Lamentavelmente, com frequência o vínculo com o outro não passa de uma relação de negócios que, como dizia Sêneca, acaba junto com o lucro que traz.

Como você lembrou, Matthieu, mesmo o indivíduo mais rude, mais frio, pode nos fazer seguir os caminhos da liberdade. Mas como acolher os atritos, os mal-entendidos, sem se deixar anular, sem ser usado? Como todo bom estoico, Epicteto dá uma pista disso quando convida as pessoas a se prepararem para os males da existência. Seu exemplo é célebre e muito concreto: ele aconselha a qualquer um que pretenda ir aos banhos públicos a não perder de vista o fato de que certamente vai receber cotoveladas, zombarias, enfim, uma boa dose de estresse. O exercício é simples: tentar manter a paz e a liberdade intactas em meio às inevitáveis contrariedades, compreender que isso faz parte do cenário. Se nossa relação com os outros é deformada pelo interesse e pelo cálculo, corrompida pelo excesso de expectativas, não é de surpreender que no fim só encontremos decepção e amargura. Mais do que colecionar e acumular amigos do bem, podemos nos perguntar, sem querer bancar os heróis: a quem realmente podemos ajudar em nossa vida? Devo confessar que esse é um medo que me atormenta, uma dúvida profunda: com quem posso contar para me ajudar se um dia tudo for por água abaixo? Mas pensar assim é um erro... Neste exato momento, a grande questão é a seguinte: quem posso apoiar hoje?

MATTHIEU: Existem bons amigos de todo tipo. Uns são companheiros de viagem no caminho espiritual. No mundo da prática espiritual, desempenham um papel crucial. Por exemplo, em uma *sangha*, termo que significa literalmente "comunidade virtuosa", uns são responsáveis pelos outros de maneira construtiva. De forma que, se você ficar tentado a se comportar em contradição com seus ideais, seus companheiros de *sangha* o ajudarão a manter a direção correta. É mais ou menos como o cordame que se usa para escalar uma montanha: quando o alpinista escorrega ou dá um passo em falso, os outros o ajudam, mas sem criticá-lo por isso. Cada um por sua vez lhe oferece a mão para que ele se levante e prossiga na escalada.

Em minha juventude, costumava navegar e constatei que não existe nada pior em um barco do que gente que não se entende, pois ficamos presos ali com elas até o fim do cruzeiro. Porém, se compartilhamos com essas pessoas os mesmo valores, temos toda a chance de que a expedição chegue a bom porto e deixe uma excelente lembrança.

Outros bons amigos são os heróis anônimos da compaixão, os milhões de pessoas benevolentes que integram as ONGs nacionais e internacionais, as associações de bairros, os profissionais da saúde, não importa qual seja sua qualificação, cujo único objetivo é aliviar os sofrimentos do outro (e não o *status* ou a notoriedade médica).

Em resumo, bons amigos são aqueles que compartilham dos mesmos valores, que são abertos, pacientes, flexíveis, empreendedores, que levam em conta os sentimentos e a opinião dos outros, que são competentes e não arrogantes.

Isso é verdade tanto no caminho espiritual como na vida em geral. Conviver com bons amigos ajuda a fazer florescer as qualidades humanas. Mas associar-se a pessoas que se comportam de maneira antiética é correr o grande risco de que suas atitudes tóxicas acabem nos impregnando.

No Canadá, demonstrou-se que jovens delinquentes que passam a viver em companhia de outros não delinquentes têm grandes chances de se recuperar. Ao contrário, se os delinquentes são agrupados em reformatórios, o pior dentre eles vira o chefe, o modelo, e os defeitos de todos se agravam. O mesmo acontece com o sistema carcerário em geral, que, a despeito de certas iniciativas louváveis, principalmente nos países escandinavos, continua a ser um sistema mais restritivo e punitivo do que reabilitador. As prisões escandinavas funcionam de forma muito mais humana, e a tensão entre carcereiros e prisioneiros é bem reduzida. Existe uma que foi instalada numa ilha onde os prisioneiros se dedicam à lavoura, cuidam dos animais de uma fazenda, aprendem artesanato etc. Essa prática faz com que, depois que os prisioneiros são libertados, as taxas de recidiva sejam muitíssimo inferiores às observadas em países onde o sistema carcerário é baseado na repressão, no medo, na humilhação e até mesmo na vingança e na violência.

QUANDO O OUTRO NOS FAZ SOFRER

ALEXANDRE: Múltiplas questões surgem aqui: por que com tanta frequência a relação com o outro faz sofrer? Como sair do atoleiro das projeções, dos mal-entendidos, das decepções? Podemos nos prevenir contra eles? É possível viver uma relação harmoniosa sem os tormentos e as perturbações que oprimem um coração?

Se Aristóteles tem razão, se somos seres eminentemente políticos que alcançam a felicidade em uma comunidade, é forçoso constatar que a relação com o outro nem sempre é fácil. Em *O mal-estar na civilização*[3], Sigmund Freud esboça um quadro de dar calafrios na espinha. Ele identifica as três maiores causas do sofrimento humano. Primeiro as forças da natureza, que podem desencadear

3. Sigmund Freud (1856-1939). *Obras Completas* (1930-1936). *O mal-estar na civilização* (1930). Tradução de Paulo César de Souza. São Paulo: Companhia das Letras, 2010. v. 18. [N. Ts.]

tremores de terra, tsunamis, catástrofes naturais e concorrem para nos deixar em um estado de incerteza quase permanente. Depois, a fragilidade do nosso corpo, que degenera a cada dia que passa e avança inexoravelmente para a morte. E, por fim, a insuficiência das instituições que regem as relações entre os seres humanos, que ocasionam profundos tormentos, afirma o pai da psicanálise. Tudo parece se combinar para nos deteriorar a vida. Daí a necessidade vital de trabalhar pela harmonia, de ser um artesão da paz e eliminar todos os venenos mentais que transformam a vida em comum num verdadeiro calvário.

Jean-Paul Sartre, por sua vez, com sua célebre frase "O inferno são os outros", vem lembrar a dureza dos olhares, o peso dos julgamentos, o perigo da reificação. Será que o inferno são fatalmente os outros?

MATTHIEU: Eu, por mim, acredito que o inferno é o egoísmo, o fechamento em si mesmo e a indiferença pelos outros.

CHRISTOPHE: Quando a relação com o outro nos faz sofrer, as perguntas têm duas direções – a primeira: o que me pertence nesse sofrimento? Como você mesmo dizia, Alex, será que algumas das minhas expectativas, das minhas projeções, são excessivas? Se espero de alguém mais do que ele pode ou quer me dar, sou eu mesmo que fabrico meu sofrimento.

Segunda direção, segunda pergunta: o que vem do outro? Durante muito tempo, quando se tratava de dificuldades relacionais, os psicólogos e psicoterapeutas aconselhavam sempre a seus pacientes refletirem sobre si mesmos e sobre seus problemas: "Se o outro faz você sofrer, é porque você procurou ou permitiu, e talvez até goste disso" (tudo inconscientemente, é claro! Mas já que o inconsciente não pode responder "não, de jeito nenhum!", ele é o culpado ideal). Depois se acabou reconhecendo que também existiam pessoas tóxicas. Não estou falando aqui dos perversos e de outros perfis de pessoas que, por uma razão ou outra, têm a intenção de nos fazer mal, de nos explorar ou de tirar alguma vantagem do poder que exercem sobre nós. Mas alguns desses seres humanos tóxicos que nos fazem sofrer também sofrem de problemas de personalidade identificados pela psiquiatria. Falamos de "distúrbio de personalidade" quando os sofrimentos psicológicos se expressam por atitudes relacionais perturbadas: pelo egoísmo doentio dos narcísicos, pela desconfiança patológica dos paranoicos, pelas enormes angústias de abandono dos dependentes afetivos, pelo prazer dos perversos de causar sofrimento etc. Avalia-se em mais ou menos 10% a frequência desses distúrbios na população adulta. De modo geral, essas pessoas complicam tudo em lugar de simplificar, estressam em lugar de apaziguar, tiram em lugar de dar etc. Logo de início, vão precisar de importantes esforços de adaptação de nossa parte, e isso em três aspectos: evitar o contato com elas (quando for possível), ou enquadrá-las (nosso objetivo não é mudar sua personalidade, esse é um trabalho para os psicoterapeutas, mas fazê-las mudar seu comportamento em relação a nós), ou suportá-las (porém, com o tempo, isso deixa sequelas emocionais).

ALEXANDRE: Em questão de vínculo tóxico e de relação que faz sofrer, parece que sou um exemplo clássico... Graças a você, caro Christophe, compreendi que em uma relação podemos estar completamente equivocados, tanto de uma parte, quanto da outra, sem que necessariamente exista um carrasco e uma vítima. Dois perdidos quase sempre embarcam numa aventura que ultrapassa totalmente suas capacidades.

Um dia em que me abria com você, Matthieu, sobre minha dependência afetiva, a imagem que você me propôs foi fantástica e muito libertadora: na companhia de certos indivíduos, acabamos parecendo pregos e ferragens diante de um ímã, sem outra alternativa senão ceder à atração fulminante. Duas soluções: tentar se transformar interiormente para deixar de ser influenciado, sugado, escravizado pelo objeto amado, para pôr um fim no magnetismo infernal ou, enquanto isso não acontecer, praticar a arte de tergiversar, de se distanciar e até mesmo de fugir literalmente.

No meu caso, a dependência começou justamente naquele famoso dia, já contei para vocês, no qual um amigo que me chamava pelo Skype deixou a porta do seu banheiro aberta. Vi então sua silhueta, suas pernas, seus braços, enfim um ser que parecia livre na vida; fiquei atraído na mesma hora por aquele corpo que eu acabava de descobrir inteiramente nu. Ele personificava meu sonho, um corpo não defeituoso. Fascinado, quis ser aquele cara tão sólido, tão à vontade diante da existência. Durante meses fiquei magnetizado pelo objeto do meu amor. Todos os dias, às 15 horas em ponto, eu revia meu ídolo e resvalava pouco a pouco num inferno. O amor incondicional das pessoas próximas, da minha família, dos bons amigos e alguns expedientes pouco ortodoxos, me salvaram do abismo. Era preciso quebrar o monopólio daquela relação fatalmente tóxica. Mesmo assim, com a morte na alma, cheio de culpa, ainda usei algumas *webcams,* tentei alguns encontros. Hoje em dia, reconheço o mecanismo: o desprezo do corpo, os traumas, as cicatrizes, tudo concorre para projetar no outro nossas carências, nossos complexos, nossas mágoas...

CHRISTOPHE: A mesma lógica que permitiu a você se libertar dessas obsessões é a que permite superar os medos. É preciso dizer a si mesmo: "Pare de retroceder, pare de se submeter às suas próprias algemas, avance e enfrente o medo para ver se os perigos que ele anuncia são virtuais ou reais; essa é a única maneira de encontrar o mundo real e poder se libertar do mundo virtual".

MATTHIEU: Seu problema era a idealização do corpo. Já falamos sobre isso. O corpo é o que é: se, durante anos, eu me visualizar na meditação sob a forma de Matthieu ou de Bibi Fricotin[4], isso não me fará avançar grande coisa. No budismo tibetano procede-se de outra forma. Como todos temos em nós a natureza de Buda, para facilitar o reconhecimento dessa natureza, a pessoa se visualiza na forma de um arquétipo, o do Buda da Compaixão, por exemplo. Não se trata de sobrepor uma visão idealizada e artificial à realidade nem de manipular a própria imagem, como se faz no Photoshop para ter um rosto mais belo, mais jovem e sem rugas, mas sim de entrar em contato com a nossa própria natureza profunda ao visualizar a si mesmo sob uma forma em harmonia com essa natureza.

ALEXANDRE: Além da meditação, foi essa sua feliz distinção que, como já disse, me fez sair do inferno. Obrigado, Matthieu! É importante repetir que as zonas do cérebro ligadas ao prazer são instáveis, efêmeras e correm atrás da novidade. Os mecanismos responsáveis pelo desejo, ao contrário, são mais coriáceos, mais tenazes e verdadeiros ossos duros de roer. Com certeza, os momentos de Skype me tiravam a alegria. Mas depois que deixei esse episódio tragicômico para trás, consegui me aproximar de certo desprendimento e liberdade. Decididamente, é preciso fazer muitos desvios para alcançar a liberdade! Trungpa Rinpoche esclarece minhas peripécias *a posteriori*: "O sentido último da paixão é a comunicação, é criar laços, relações. Fecha-se uma espécie de espaço aberto, a possibilidade de se comunicar". Abrir-se para o outro sem querer prender ninguém, amar sem se odiar; o desafio é esse!

A força do laço social e sua manutenção

CHRISTOPHE: Os benefícios dos laços com os outros são subjetivos, promovem o bem-estar emocional (além de muitos outros benefícios). Inúmeros trabalhos se propuseram a avaliar as consequências concretas desses laços. No plano biológico, por exemplo, quando nos submetemos, em laboratório, a uma situação estressante (como improvisar uma fala diante de um público de pessoas de fisionomia reprovadora!), nosso nível de cortisol salivar (um indicador de estresse) é menor se um dos nossos melhores amigos estiver presente na sala. Essa presença modifica inclusive nossa visão de mundo e as dificuldades que temos de enfrentar. Um curioso estudo demonstrou que, quando se pedia a voluntários para avaliarem a altura de uma montanha, esta lhes parecia menos

4. Bibi Fricotin é o personagem de uma série em quadrinhos do desenhista Louis Forton (1878-1934). As primeiras tiras apareceram em 1924 no jornal *Le Petit Illustré*, publicado na França pela Société Parisienne d'Édition. [N. Ts.]

alta e suas encostas menos escarpadas se seus melhores amigos estivessem ao seu lado. Se estivessem sozinhos, achavam a montanha mais alta e o despenhadeiro mais íngreme!

MATTHIEU: Isso me fez pensar no Nepal, no lugar em que fica meu eremitério. Há cerca de dois anos, uma tigresa com dois filhotes foi vista várias vezes na região. Certa noite ouvi o animal grunhir a uns 100 metros de mim. Eu regressava ao eremitério depois de visitar um lama a quinze minutos dali. Meu sangue congelou nas veias. Alguns dias depois, sempre ao cair da noite, fiz o mesmo trajeto junto com outra pessoa. Mesmo sabendo que não éramos páreo para uma tigresa, pelo fato de estarmos juntos, nós dois nos sentimos em segurança.

CHRISTOPHE: Os outros são um recurso preciosíssimo para nós! Quando atendo meus pacientes pela primeira vez, sempre faço um inventário de seus recursos. Quando se fala de "pessoas sem recursos", não raro se pensa em recursos materiais. É claro que eles são importantes; o dinheiro não faz ninguém necessariamente feliz, mas em nossa sociedade é um bom redutor de estresse, pois permite que a pessoa não se preocupe com as necessidades materiais do dia a dia: se meu automóvel tem uma pane ou meu aquecedor para de funcionar, graças ao dinheiro posso mandar consertá-los; se meu trabalho é exaustivo, graças ao dinheiro posso viajar no fim de semana ou sair de férias para me recuperar, e assim por diante. Mas existem também outros recursos, principalmente os psicológicos – o hábito de refletir sobre si mesmo, de se questionar, a atenção à vida interior, a capacidade de controlar as pulsões – e os recursos relacionais, que são essenciais! O isolamento, quer dizer, aquela solidão sofrida e não escolhida, constitui um grande fator de risco em termos de saúde mental e física. Não ter família, não ter uma rede de amigos e de conhecidos com quem contar, é um fator de fragilidade em caso de problemas. Foi por isso que, quando ainda era um jovem psiquiatra, fiquei muito interessado em pacientes com fobia social, que, além das angústias que sentiam diante dos outros, também eram pessoas "sem recursos relacionais" e, por isso mesmo, quase sempre fragilizadas. Ao contrário, dispor de uma rede social vasta e diversificada (familiares, amigos, conhecidos) constitui uma fonte de resiliência e de bem-estar confirmada por todas as pesquisas.

MATTHIEU: Estudos comprovam que um laço social de boa qualidade beneficia a saúde, aumenta a longevidade, diminui a depressão, o risco de demência e o consumo de substâncias que provocam dependência. Isso implica ter boas relações com pessoas com as quais se pode contar, a quem se pede conselhos, que estão prontas a nos reconfortar e também a demonstrar amizade e solicitude. Uma sondagem realizada pela OCDE [Organização para a Cooperação e Desenvolvimento Econômico] mostrou igualmente que entre uma dezena de fatores que contribuem para o bem-estar, a qualidade das relações humanas estava em primeiro lugar (o salário ficou em sexto).

ALEXANDRE: Decididamente, a crença de que o ser humano é uma *causa sui*, uma *self-made-woman* ou um *self-made-man*, é tenaz. As pessoas ficam perdidas ziguezagueando entre a autossuficiência e a instrumentalização dos outros como se estes fossem meros objetos utilitários. O que mais estraga as relações é o interesse e o cálculo. Corremos para o outro na expectativa de uma gratificação, de um favor, de um bálsamo... De que modo esses encontros poderiam nos descentrar, nos enriquecer, nos libertar? Em *A prisioneira*, Marcel Proust afirma: “A única viagem verdadeira, o único banho de Juvência, seria não partir em busca de novas paragens, mas ter outros olhos, ver o universo com os olhos de outra pessoa, de cem outras, ver os cem universos que cada uma delas vê, que cada uma é...” [5]. É muito louco constatar que é a ligação com o outro que nos livra dos apegos, que arranca nossas viseiras e nos abre para o mundo.

CHRISTOPHE: Outra coisa importante é lembrar que sempre pode haver atritos e discórdias nos laços sociais, quaisquer que sejam eles. O ponto principal de uma relação humana funcional é a capacidade de reparação, e não que todo mundo esteja de acordo: se o acordo existe, tanto melhor, mas devemos poder discutir e, no fim, até mesmo estar em desacordo. É essa a diferença entre um casal vivo e um casal morto, entre amigos vivos e uma amizade que já morreu: o vivo é o que se autorrepara, o que cicatriza. É por isso que a capacidade de reconciliação (e muitas vezes a do perdão) é tão importante: não é uma questão de princípios – porque a paz vale muito mais do que a guerra –, é uma questão de sobrevivência! Se não somos capazes de tolerar os desacordos, e mesmo os conflitos, e depois reparar a relação, nós nos empobrecemos: a discordância funciona como um alimento amargo, mas quase sempre muito rico em “nutrientes” (argumentos e pontos de vista) que a mente não sabe produzir por si mesma.

Estar atento à manutenção dos nossos laços é muito importante. Encorajo muito meus pacientes a fazerem isso, mesmo que eu não seja necessariamente o melhor modelo para eles. Por mim, não tenho necessidade de ver as pessoas com tanta frequência, sou menos sensível que o Alex a essa noção de disponibilidade, de presença; talvez porque eu me sinta menos frágil? Ou acho que sou? Para mim, basta saber que esses laços existem; tenho muitas relações salutares,

---

5. Marcel Proust (1871-1922). *Em busca do tempo perdido.* Tradução de Fernando Py. Rio de Janeiro: Ediouro, 2002. v. 3, p. 194. [N. Ts.]

"Certas pessoas
nos tranquilizam
com sua simples
presença: elas nos
inspiram calma
e nos fazem bem
por uma espécie de
osmose positiva."

às vezes adormecidas, com gente que amo muito, mas que vejo apenas uma vez por ano, ou menos ainda. Por exemplo, dois de meus melhores amigos vivem na região sudoeste; só nos vemos uma ou duas vezes por ano e nos falamos por telefone com pouca frequência. Mas, todas as vezes que nos reencontramos, sentimos a mesma afeição e cumplicidade de sempre. Tenho maior tolerância a essas ligações episódicas do que minha esposa, por exemplo, que, ao contrário de mim, vê suas amigas pelo menos uma vez por mês e telefona para elas quase toda semana. Ela é mais extrovertida do que eu e precisa de mais tempo de socialização, enquanto eu preciso de mais tempo de isolamento.

É importante levar em consideração essa noção de apetite relacional para ajustar o modo de emprego pessoal e desfrutar o máximo do laço social! Por exemplo (desculpem por continuar falando de mim, mas sei que isso tranquilizará muitos de nossos leitores e leitoras), sou introvertido. Em psicologia, define-se a introversão como a necessidade (e o prazer) de ficar sozinho frequentemente e uma intolerância ao excesso de estimulações sociais. Os introvertidos não são necessariamente misantropos; podem muito bem apreciar os outros seres humanos, mas logo se cansam desse contato. É fácil para eles amarem as pessoas à distância e não têm a necessidade da constatação incessante de que alguém os aprecia. Por isso, esses introvertidos poderiam ser definidos como "solitários sociáveis", gente que gosta ao mesmo tempo do contato e da solidão, com uma necessidade de mais ou menos 20% de tempo de sociabilidade e 80% de tempo de solidão. No caso dos extrovertidos a proporção é inversa: 20% de tempo de solidão e 80% de tempo social. Cabe a cada um avaliar as próprias necessidades e ajustar sua ecologia relacional a elas.

MATTHIEU: Sou um pouco como você, Christophe, diferente do nosso caro Alexandre, que gosta de contatos frequentes com os bons amigos. Quando estou em meu eremitério, no Nepal, guardo todas as pessoas queridas no meu coração e, dentro das minhas modestas capacidades, todos os seres sencientes, mas me sinto perfeitamente bem ali, de frente para o Himalaia, e não sinto nenhuma "falta" por causa da solidão.

A FORÇA DOS MODELOS

MATTHIEU: Os textos tibetanos falam das diferentes qualidades ou "forças" de um mestre espiritual autêntico. Nesse caso, a noção de "força" não é sinônima de autoridade, mas sim a manifestação de uma compaixão lúcida que permite ao mestre guiar o discípulo da melhor maneira possível. Para estar apto a ensinar, um sábio deve poder identificar as variadas aspirações dos discípulos, saber notadamente se eles aspiram à Iluminação para adquirir a capacidade de realizar o bem para os outros ou se só estão preocupados com sua libertação pessoal. Um mestre qualificado pode avaliar as faculdades, as aspirações e a disposição mental dos discípulos, principalmente a preponderância de certas emoções negativas em suas mentes, bem como sua predisposição para a vida contemplativa e para a compaixão. Consciente de sua experiência e de sua realização interior, um mestre como esse pode discernir tanto os progressos dos discípulos quanto os obstáculos com os quais se confrontam.

A fim de realizar o verdadeiro bem ao outro, esses sábios devem ter cultivado uma compaixão sem limites, o que lhes permite aceitar incondicionalmente qualquer pessoa como ela é, com suas sombras e sua luz, motivados pela única aspiração de ajudá-las a se libertarem do sofrimento e de suas causas. Em essência, um mestre qualificado, homem ou mulher, deve ter incorporado os ensinamentos da tradição espiritual que representa, deve ter alcançado uma profunda realização interior e estar impregnado da benevolência em relação a todos os seres, sem exceção.

Por todas essas razões, é crucial só confiar em um mestre depois de tê-lo examinado minuciosamente, primeiro de longe, pedindo informações sobre ele a outras pessoas, depois de perto, verificando por si mesmo se a opinião que se tem sobre ele está de acordo com a realidade. É até mesmo aconselhável esperar alguns anos antes de lhe conceder sua plena confiança e seguir seus ensinamentos. Confiar em um mestre não qualificado é a mesma coisa que tomar veneno.

Entretanto, entre os que nos fazem avançar em liberdade interior, alguns não são considerados sábios ou mestres, mas nos dão lições de vida pela força do exemplo. Esse pode ser o caso de uma pessoa que se comportou de maneira admirável ou mostrou uma grande força de espírito como, por exemplo, Anne-Dauphine Julliand[6], que conhecemos em uma das Journées Émergences[7], em Bruxelas: ela perdeu duas filhas ainda pequenas, vítimas de uma doença degenerativa. Sua coragem e sua força de espírito diante desse drama fazem dela um exemplo muito inspirador. Temos muito a aprender com uma pessoa dessas. Na minha vida particular, vivo isso com minha irmã Ève. Vítima da doença de Parkinson ainda jovem (aos 43 anos), ela nos ensina a coragem com simplicidade, constância e dignidade, enfrenta uma doença penosa que sabe que não tem cura, mas mantém sempre uma atitude exemplar em relação ao mal que a afeta:

6. Anne-Dauphine Julliand (1973) é jornalista e vive em Paris. Perdeu duas filhas ainda pequenas, vítimas da leucodistrofia metacromática, uma doença degenerativa incurável. Em 2011, publicou *Dois pequenos passos na areia molhada,* uma mensagem de esperança que se tornou *best-seller* em todo o mundo. Em 2016, produziu e dirigiu o documentário *Et les Mistrals gagnants*, que mostra o cotidiano de cinco crianças com a mesma enfermidade de suas filhas. *Dois pequenos passos na areia molhada*. Tradução de Felipe Lesage. Campinas: Eclesiae, 2014. [N. Ts.]

7. Associação que atua nas áreas de autoconhecimento e de engajamento cívico e ecológico visando a uma sociedade mais justa, consciente e solidária. [N. da R.]

"Sei que tenho uma doença, entretanto, não sou essa doença e nunca serei... Abandono o que me abandona". Há momentos em que ela se sente muito mal e avisa que aquele não é o melhor dia para visitá-la, mas jamais tem um gesto ou uma palavra que expressam mau humor, mesmo quando se sente esgotada.

Esses exemplos ilustram muito bem a ligação entre sabedoria e liberdade. A sabedoria consiste em ter noção do que podemos mudar e sobre o que não temos controle; consiste em colocar obstáculos e tragédias em uma perspectiva mais ampla associada ao potencial que a vida humana nos oferece. A liberdade é a coragem de não se deixar abater pela adversidade e de encontrar dentro de si os recursos para viver uma vida rica e construtiva. Dessa maneira, ficamos livres, não dos acontecimentos em si, mas do impacto destrutivo que podem exercer sobre nosso desejo e nossa alegria de viver.

CHRISTOPHE: Os modelos são imagens da sabedoria. Não necessariamente mestres que trazem ensinamentos, mas seres humanos fora do comum em certas áreas ou certos momentos da vida. Um fenômeno muito mais frequente do que imaginamos. Para se nutrir de seu exemplo, de seus ensinamentos personificados, precisamos desenvolver a capacidade da admiração. Saber admirar é algo muito benéfico. Victor Hugo escreveu: "Existe na admiração um não sei quê de fortalecedor que dignifica e engrandece a inteligência". A admiração pelos belos comportamentos humanos nos ajuda a sentir o que os pesquisadores denominam "sentimento de elevação". Jonathan Haidt[8] estudou esse fenômeno em seu laboratório e demonstrou que, quando a admiração é despertada por ações morais (gestos de altruísmo e de ternura) e não por *performances* (esportivas, artísticas e intelectuais), ela estimula o sistema nervoso parassimpático (o que relaxa e acalma) e provoca a secreção de ocitocina, neurotransmissor que aumenta a sociabilidade e a capacidade de ligação e de afeição pelo outro. Admirar é algo inspirador, faz bem e torna as pessoas mais sociáveis.

MATTHIEU: Celebrar as qualidades do outro e alegrar-se com suas realizações é também uma excelente maneira de progredir pessoalmente. Essa alegria também serve de antídoto para a inveja.

Com a ajuda de um mestre espiritual, conseguimos alcançar um nível superior. Um sábio não inspira apenas por um aspecto particular de sua vida, mas pelo conjunto das qualidades humanas, intelectuais e espirituais, por conhecimentos e por sua maneira de ser. Ele é uma perfeita referência devido à sua sabedoria, altruísmo, ética, coerência e liberdade interior. Além disso, um sábio

---

8. Jonathan Haidt (1963). Professor de liderança ética na Stern School of Business de New York. No Brasil, Haidt foi um dos conferencistas da 14ª edição do ciclo Fronteiras do Pensamento, em 2020, intitulado "Reinvenção do humano". [N. Ts.]

autêntico sempre manifestará suas qualidades em qualquer tempo e em qualquer circunstância, tanto de forma privada como pública. Meus dois mestres principais, Kangyur Rinpoche e Dilgo Khyentse Rinpoche, se comportavam da mesma maneira diante de um humilde camponês ou de um rei. O mesmo acontece com o Dalai Lama, que trata do mesmo modo a pessoa que trabalha no andar do hotel em que se hospeda e um chefe de Estado. No fim das contas, as qualidades de um mestre espiritual devem ser verificadas a longo prazo; não existe o "faça o que digo, não faça o que faço". A perfeita coerência do sábio gera uma confiança inquebrantável em sua integridade. De nada adianta uma bela aparência exterior maculada por comportamentos deploráveis e obscuros.

Em culturas ainda bastante tradicionais, como no Tibete e no Butão, por exemplo, sempre que alguém chega a um lugar, logo pergunta onde residem os sábios da região, na firme intenção de encontrá-los. Quem pode imaginar alguém chegando a Paris e perguntando em qual rua se encontra o sábio do bairro! Todos vão achar que essa pessoa é louca. Em geral, pergunta-se onde fica o supermercado ou a academia mais próxima. Ouvi falar de uma delegação de indígenas, representantes do povo Kogi, habitantes das altas montanhas da serra Nevada de Santa Marta, da Colômbia, que ao chegarem a Paris disseram: "Queremos encontrar seus sábios". Seus anfitriões se entreolharam e não souberam o que responder. Apresentá-los a algum ministro certamente não seria a solução. "Lamentamos, mas esse artigo está em falta".

Em inúmeras culturas budistas do Himalaia, os sábios ainda têm papel central na sociedade. Eles não são respeitados como se fossem soberanos, mas recebem admiração e devoção do povo. As pessoas procuram por eles como as abelhas pelas flores, sem que eles tentem atraí-las ou retê-las. Um mestre espiritual é um doador de liberdade interior, não um tirano cuja intenção é controlar nossa existência em proveito próprio. Ele não tem nada a perder nem a ganhar, mas tudo para dar.

ALEXANDRE: Suas considerações, caro Matthieu, me fazem pensar em Emil Cioran, um mestre, ou contramestre, por excelência. Ele tem a coragem de dizer bem alto o que a voz interior murmura em nossos corações. Costumo lê-lo para eliminar da alma toda a névoa, todo o amargor, todos os ressentimentos que acabam se depositando nela. Seu humor mordaz, cáustico, provoca um autodesprezo saudável e também revela certa lucidez. Em seus *Diários*[9], meu livro de cabeceira, ele escreve: "Meus defeitos são muito grandes para que possam se emendar no contato com os sábios". Sem dúvida, o ser humano precisa mais do que modelos para avançar, para resistir, para progredir; precisa

9. Ver Emil Cioran. *Cahiers*. Paris: Gallimard, 1997. [N. Ts.]

de referências. Gosto muito de saber que o sábio, um amigo do bem, nos livra dessa tirania íntima que somos tão hábeis em exercer sobre nós mesmos.

MATTHIEU: Uma máxima budista afirma que a única qualidade de um defeito é o fato de que pode ser modificado, pois assim como tudo no mundo os defeitos são impermanentes e dependem de causas e condições que podem ser mudadas.

CHRISTOPHE: A questão é: por que esses "sábios" não estão mais presentes em nossas sociedades? Em vista de todos os benefícios que nos oferecem, é de lamentar que o contato regular com pessoas mais sábias do que nós não seja apresentado como algo benfazejo e desejável. Os sábios aliam a competência à benevolência, e essa mistura é de muita ajuda para todos. Pois todo aquele que domina determinada área do conhecimento e se mostra benevolente não tem medo de que alguém tome seu lugar. Para eles, a única aspiração é a de que sejamos felizes, de que possamos progredir e até mesmo superá-los.

Tive um professor de psiquiatria que também era um sábio. Junto dele me sentia feliz e livre: feliz de saber que ele estava sempre pronto a me aconselhar, a confiar bastante em mim, e livre para tentar coisas novas com os pacientes (desde que não fosse qualquer coisa), livre para imitá-lo ou para fazer diferente dele. Era uma figura que dava segurança, de onde vinha minha sensação de liberdade, exterior e interior, ao seu lado.

MATTHIEU: A laicização das culturas europeias é fato consumado. Não é por causa disso que se deve cair num fundamentalismo laico que defende a intolerância. Considerada a maior democracia do mundo, a Índia define a laicidade como o respeito por todas as crenças e pontos de vista – inclusive pelo ateísmo – sem tomar partido de nenhuma crença particular. Recentemente surgiram algumas correntes fundamentalistas, mas no geral as múltiplas religiões e pontos de vista que coabitam na Índia souberam encontrar os meios de conviver juntas. Durante anos, as personalidades mais populares e mais queridas dos franceses, pelo menos nas pesquisas, foram o padre Pierre[10], a irmã Emmanuelle[11] e algumas outras pessoas que nos inspiravam pelo seu modo de ser. Tenho a impressão de que o papa Francisco é um exemplo de simplicidade, de compaixão pelos menos favorecidos, pelos mais explorados, não só para a

10. Henri Groués (1912-2007), padre ativista francês que dedicou sua vida à luta contra a fome e a pobreza e a favor da democracia. Participou ativamente da Resistência Francesa durante a Segunda Guerra Mundial, quando adotou o codinome "Pierre". No fim da década de 1940, criou o Movimento Emaús de proteção e auxílio aos excluídos. Presente hoje em 37 países, a Comunidade Emaús conta com 327 centros de ajuda a pessoas marginalizadas na luta pelos seus direitos. [N. Ts.]
11. Madeleine Cinquin, ou irmã Emmanuelle (1908-2008). Religiosa belga da Ordem de Nossa Senhora do Sion, conhecida por seu trabalho pelos pobres na Turquia e no Egito e também por sua

comunidade católica, mas também para os não fiéis. Fechar as portas aos que são perseguidos ou que correm o risco de morrer de fome em seu próprio país não é um exemplo de benevolência e de integridade moral.

Nos dias de hoje, a tendência é fazer referência a pessoas mais maduras, que veem as coisas de uma perspectiva mais ampla. Quando Edgar Morin[12] publica um livro, por exemplo, as pessoas se interessam por seu ponto de vista, que considera muito mais o bem da humanidade a longo prazo do que a promoção de uma causa política específica. Ou ainda Stéphane Hessel[13], que aos 95 anos inspirava confiança por ser um sobrevivente dos campos de concentração nazistas e ter contribuído na redação da *Declaração Universal dos Direitos do Homem* etc. Todo mundo concordava que suas intervenções e conselhos não eram ditados por interesses pessoais, que suas opiniões eram mais esclarecidas, mais sábias e, por isso, mais dignas de serem ouvidas. De meu humilde ponto de vista, por mais íntegras, justas e combativas que sejam, essas pessoas estão longe das qualidades manifestadas por um mestre espiritual autêntico. Mas contribuem para promover o que o Dalai Lama denomina ética universal e laica.

Thubten Jinpa, intérprete principal do Dalai Lama, afirma que jamais encontrou alguém tão preocupado com o destino da humanidade como ele. Durante anos, o Dalai Lama sugeriu a criação de um Conselho Internacional composto de sábios, de Prêmios Nobel da Paz, de cientistas, de pensadores eminentes e de empreendedores sociais. As Nações Unidas, argumentava ele, deviam exercer esse papel, mas os representantes eleitos são naturalmente induzidos a defender os interesses de seus países e por isso têm dificuldade em priorizar os interesses da população mundial e do planeta. Esses sábios poderiam expor suas opiniões sobre as graves questões que afetam o mundo, mas de uma forma que transcendesse os interesses nacionais. Ninguém pareceu verdadeiramente interessado nessa proposição. Apesar de tudo, mas de maneira mais restrita, foi um pouco isso o que tentou realizar o grupo The

---

visão religiosa inortodoxa, incluindo o uso da contracepção e a permissão do casamento para os padres católicos. [N. Ts.]

12. Edgar Morin (1921) é autor de uma obra gigantesca. Seus últimos livros publicados no Brasil são *Fraternidade*: para resistir à crueldade do mundo. Tradução de Edgard de Assis Carvalho. São Paulo: Palas Athena, 2019; *A aventura de O Método*. Tradução de Edgard de Assis Carvalho e Mariza Perassi Bosco. São Paulo: Edições Sesc, 2020; *Conhecimento, ignorância, mistério*. Tradução de Clóvis Marques. Rio de Janeiro: Civilização Brasileira, 2020. Seu último livro é *Les souvenirs viennent à ma rencontre*, de 2019, publicado na França pela editora Fayard, em 2019, ainda sem tradução prevista no Brasil. [N. Ts.]

13. Ver Stéphane Hessel, Edgar Morin. *O caminho da esperança*. Tradução de Edgard de Assis Carvalho e Mariza Perassi Bosco. Rio de Janeiro: Bertrand Brasil, 2012. Em 2011, Hessel publicou um pequeno ensaio-manifesto que inspirou vários movimentos da sociedade civil no mundo inteiro. Faleceu em 2013. Ver *Indignai-vos*. Tradução de Marly Peres. São Paulo: LeYa Brasil, 2011. [N. Ts.]

Elders[14], do qual faziam parte Jimmy Carter, Desmond Tutu, Mary Robinson e uma dezena de outros. Mas quando convidaram o Dalai Lama para integrar o grupo, os chineses fizeram tamanho escândalo que a coisa não deu certo. O grupo continua a se reunir de tempos em tempos, mas ninguém faz grande caso de suas recomendações. O que é uma grande pena.

ALEXANDRE: Em *Assim falou Zaratustra*, Nietzsche evoca um rebanho sem pastor... Onde estão nossos guias, nossas referências? O que nos governa? A ditadura do "coletivo", a doxa, a lei de mercado, o egoísmo cego, o individualismo desenfreado? Fazer essa pergunta a si mesmo já é avançar a passos largos rumo à liberdade. O apelo é sempre para ser o que somos em profundidade, para cessar de se apoiar em modelos ilusórios e ídolos e humildemente se desviar da alienação. Para escolher a direção certa nessa nova via, vamos dirigir nosso olhar sem demora para aqueles e aquelas que podem nos inspirar e, em caso de necessidade, nos dar uma mão!

A cada instante que passa o cotidiano nos oferece mestres em humanidade. Quando o pânico me invade, adoro contemplar esses privilegiados, esses *hiperfavorecidos* que vivem além da angústia. Felizmente, junto com esses filósofos que me nutrem e me apoiam, tenho os amigos do bem, testemunhas que atestam sempre, e por toda parte, a bondade da vida. Abrir-se para os vínculos humanos é voltar de novo para a escola, é se deixar ensinar, é se deixar tocar. E cada dia traz sua lição. Um sorriso no metrô, um ouvido atento, a mão estendida, tudo são ensinamentos e ocasiões para se desaprender os mecanismos de defesa, para avançar de peito aberto rumo ao verdadeiro encontro. Marco Aurélio, na abertura de seu livro *Meditações*[15], faz a conta do que havia recebido das pessoas próximas, de seus pais, dos deuses... E se também fizéssemos esse exercício de gratidão para ver como o outro nos cria, nos nutre e nos habita?

---

14. The Elders (Os Anciãos) é uma organização internacional fundada por Nelson Mandela em 2007. Constituída por um grupo de ex-governantes, o objetivo da organização era discutir soluções para problemas mundiais, como mudanças climáticas, pandemias e conflitos. A ideia partiu do músico e ativista Peter Gabriel e do milionário britânico Richard Branson. O grupo era composto originalmente por Jimmy Carter (ex-presidente dos Estados Unidos), Desmond Tutu (arcebispo emérito da África do Sul), Fernando Henrique Cardoso (ex-presidente do Brasil), Kofi Annan (ex-secretário-geral da ONU), Muhammad Yunus (fundador do Grameen Bank), Mary Robinson (ex-presidente da Irlanda), Gro Harlem Brundtland (médica e líder política norueguesa) e outros. [N. Ts.]

15. O título que Marco Aurélio deu a seus escritos foi "Para mim mesmo". Essa obra revela que suas percepções e pontos de vista continuam tão relevantes hoje como eram dois mil anos atrás. *Meditações*. Tradução de Thainara Castro. Brasília: Kiron, 2014. Edição Kindle. [N. Ts.]

• CAIXA DE FERRAMENTAS •

Para uma ecologia dos laços humanos

◈

CHRISTOPHE

Para nossa caixa de ferramentas, proponho um pouco de teoria sobre o apoio social, sobre o conjunto de contribuições que os laços com os outros nos trazem.

As cinco contribuições dos laços sociais

Algumas pesquisas demonstram que o apoio social pode decompor-se em inúmeras famílias de contribuições:

- O apoio material – os outros podem ajudar concretamente; se estou com uma perna quebrada, fico contente se alguém puder sair e fazer as compras para mim; se tenho de mudar de casa, fico feliz que meus amigos me ajudem a transportar as caixas...
- O apoio informativo – os outros podem me aconselhar, fornecer informações úteis, podem fazer o papel de mecanismos humanos de pesquisa tão inteligentes quanto o Google, mas isso como seres vivos e generosos que não têm a intenção de revender nossos dados pessoais em seguida...
- O apoio afetivo – os outros nos permitem sentir emoções benéficas, oferecem-nos afeição, amor, confiança, admiração etc.
- O apoio da estima – os outros podem nos fazer lembrar de nosso valor e de nossas qualidades, dizer do que gostam em nós e fortalecer nossa autoestima, que em certos momentos vacila.
- Existe também uma quinta contribuição – o valor inspirador de seu exemplo, mais difícil de avaliar cientificamente, mas, como bem lembramos, muito mais real.

As quatro variedades de laços sociais

Outro ponto importante: é útil cultivar laços sociais bem variados (assim como é importante ter uma alimentação variada). Existem quatro famílias de laços sociais, divididas em quatro círculos concêntricos:

- Os íntimos, aqueles com quem vivemos, pessoas que tocamos e abraçamos quase todos os dias; em geral os membros da família e os melhores amigos.
- As pessoas próximas, amigos e colegas, com quem interagimos de modo limitado e regular.
- Os conhecidos, todas as pessoas com quem temos contato, mesmo ocasional, dos quais nos lembramos e que se lembram de nós.
- Os desconhecidos com quem também podemos criar laços, de acordo com nosso temperamento, com quem podemos falar na rua, nos transportes públicos, nas lojas. Eles podem ser fonte de informações para nós e vice-versa.

Os especialistas em laços sociais argumentam que é importante buscar apoio nesses quatro círculos – não apenas nas pessoas íntimas ou próximas –, vivificando nossos laços nessas quatro esferas relacionais, dando e recebendo ajuda, oferecendo informações, apoio, pontos de vista, conselhos e sorrisos!

Porque a ideia não é só receber, mas também dar: ao nos dirigirmos até mesmo aos desconhecidos, ao criarmos laços calorosos com simples conhecidos, vizinhos, comerciantes, nós fazemos o bem, embelezamos e melhoramos o mundo, tornando-o mais humano!

MATTHIEU

- *A importância do laço social:* Escolher viver sempre num ambiente em que as pessoas sejam calorosas, altruístas, benevolentes. Se isso não acontecer em todas as esferas de nossa existência, tentar instaurar esses valores pouco a pouco. Ou, se for impossível, abandonar esse ambiente deletério. Por falar nisso, gostaria de citar uma comunidade na ilha de Okinawa, no Japão, que se vangloria de possuir uma das maiores concentrações de centenários. Aparentemente, o fator principal dessa excepcional longevidade não é nem o clima nem a alimentação, mas a força dessa comunidade, onde as pessoas mantêm laços sociais riquíssimos. Do nascimento até a morte, todos vivem próximos uns dos outros. As pessoas idosas principalmente se reúnem diversas vezes por semana para cantar, dançar e passar o tempo. Quase todos os dias vão até a saída das escolas para esperar as crianças (tenham ou não laços familiares com elas) para abraçá-las e dar docinhos.

- *Inspirar-se nos Justos:* inspirar-se em Personalidades que em nossa opinião representam valores de imparcialidade, tolerância, compaixão, amor e benevolência. Nesses tempos de crises migratórias, penso em todos aqueles que assumiram grandes riscos e protegeram os judeus durante as perseguições nazistas da Segunda Guerra Mundial, principalmente, escondendo-os em suas casas. Essas pessoas, que desde então receberam o nome de "Justos", mostraram que o único ponto comum em todos os seus múltiplos testemunhos é terem uma visão dos outros fundada no reconhecimento de sua humanidade partilhada: todos os seres humanos merecem ser tratados com benevolência. Lá onde a maioria via um estrangeiro, eles enxergavam um ser humano.

- *Meditar sobre o amor altruísta*: Estudos em psicologia demonstraram que a meditação sobre o amor altruísta aumentava o sentimento de pertencimento à comunidade, a qualidade dos laços sociais, as atitudes generosas com as pessoas desconhecidas e reduzia as discriminações em relação a certos grupos (pessoas negras, moradores de rua, imigrantes etc.).

- *Inspirar-se nos amigos do bem e nos mestres espirituais*: Aconselho a todos a assistirem ao documentário histórico *A mensagem dos tibetanos,* realizado na Índia no fim da década de 1960, por Arnaud Desjardins[16], no qual se veem os mais respeitados entre os grandes mestres tibetanos que haviam se refugiado nas encostas do Himalaia, do lado da Índia, logo depois da invasão chinesa de seu país.

ALEXANDRE

- *A audácia de viver*: Existir, se abrir para o outro, é correr um risco, é abandonar as couraças, as proteções, abrir os olhos e ousar doar-se ao outro e ao mundo inteiro. Uma relação não pode ser um investimento, por isso vamos acabar com toda essa lógica de perdas e ganhos! E se nos lançássemos em uma jornada, sem mais nem porquê, sem reduzir o próximo a um objeto, sempre atentos àquelas e àqueles com quem nos é dado cruzar e, nesse caminho, encontrar alguns mestres em humanidade?

---

16. Arnaud Desjardins (1925-2011). Escritor e diretor da RTF (Rádio e Televisão Francesa), escreveu inúmeros livros sobre filosofias orientais e produziu vários documentários sobre os mestres espirituais da Índia e do Tibete. Em uma de suas viagens à Índia, conheceu seu mestre espiritual, Swami Prajnanpad, e tornou-se praticante do Adhyatma Yoga, ramo não dualista do Advaita Vedanta. [N. Ts.]

- *Descobrir nossas aspirações profundas*: com frequência, ajudar o outro implica impor a ele uma visão do mundo sem realmente escutar o que ele deseja do fundo de seu coração. Um homem havia comprado um elefante sem se preocupar antes como alimentá-lo. Desamparado, quando se viu obrigado a pedir ajuda às pessoas ao seu redor, ficou magoado com a reação de alguns: "Você nunca deveria ter comprado um animal tão grande!" O que significa ajudar o outro, apoiá-lo até o fim?
- *A autêntica compaixão*: Em nosso entusiasmo pelo outro, pode surgir uma vontade de poder, uma sede de reconhecimento, um meio deturpado de se valorizar. Aventurar-se no verdadeiro encontro é deixar a esfera neurótica e se lançar juntos nos caminhos da liberdade. Não se trata mais de *mim*, de *você*, mas de um *nós* que reúne, uma solidariedade primordial.
- *Sair dos bunkers*: Por força de sofrer na relação com o outro, é grande a tentação de se blindar, de se fechar muito bem no abrigo dos *bunkers*, com o risco de morrer asfixiados. As paixões, as decepções amorosas, a violência do desejo não nos relembram que somos seres essencialmente voltados para os outros, em perpétua comunicação? Existe uma forma de viver esses milhares de contatos diários sem que o ego se aproprie deles?

“Ao sair de um retiro espiritual, um amigo meu pegou alegremente uma autoestrada. O tempo estava ótimo, o céu magnífico. A vida parecia se oferecer a ele sem o peso dos venenos mentais, sem a incômoda intervenção do “eu”.

Durante uma curta parada em um posto de gasolina, enquanto enchia o tanque do carro, ouviu uma voz gritar atrás: “Vê se anda logo, seu imbecil!”. Durante uma fração de segundo, ele sentiu o impacto da agressividade e da violência daquelas palavras.

Diante dos altos e baixos da vida rotineira, é preciso manter sempre a alegria e o coração leve e amoroso. Que contraste entre a benevolência, o universo terno e calmo de um retiro espiritual e a vida diária, que quase sempre parece uma selva. É bem nessa hora que o trabalho sobre si mesmo acontece. Não seriam todas essas contrariedades uma oportunidade, uma via privilegiada para derrotar o ego, para cessar de viver entorpecido, atolado num mundo idealizado, cheio de conceitos abstratos?”

Alexandre

9

O IMPACTO DE NOSSO AMBIENTE CULTURAL

MATTHIEU: Se existem múltiplas definições da noção de cultura, os especialistas em evolução a concebem como um conjunto de informações que afetam o comportamento dos indivíduos de uma cultura particular. Essas informações incluem ideias, crenças, valores, atitudes, conhecimentos e competências. O instinto de imitação, tanto para o melhor quanto para o pior, contribui significativamente para a evolução das culturas.

A conformidade às normas é encorajada pela comunidade, enquanto a não conformidade provoca reprovação e diversas formas de sanções potencialmente desastrosas para quem é objeto delas. Certos valores e crenças concedem às pessoas grandes chances de sobreviver ou de alcançar uma posição social elevada. Na medida em que diferentes grupos culturais entram em competição, certas culturas florescem enquanto outras declinam.

O CHOQUE DAS CULTURAS

Não se age da mesma maneira num monastério, num cassino, numa grande loja de departamentos, numa cabana nas montanhas ou num estádio de futebol lotado de torcedores superexaltados. As pesquisas demonstraram, por exemplo, que as pessoas votavam de forma diferente sobre questões éticas dependendo de as urnas se encontrarem numa igreja ou numa escola, sem que estivessem de fato conscientes da influência que tais lugares exerciam sobre elas. Os eleitores foram repartidos por sorteio entre os dois lugares. As pessoas chamadas a votar na igreja eram mais suscetíveis a apoiar um candidato conservador e destinaram um orçamento menor aos pedidos de reembolso de pílulas anticoncepcionais. Os que foram designados a votar na escola votaram maciçamente a favor de um aumento dos orçamentos escolares.

CHRISTOPHE: O mais interessante é observar como essas influências atuam sobre nós mesmo à nossa revelia: ou não temos consciência, ou não prestamos a devida atenção. Com frequência, sua atuação é discreta; elas nos impregnam com seus estímulos sutis. Qualquer cultura recorre a três espécies de influências: 1) a influência direta (exercida pela educação escolar, pela propaganda política, pela publicidade...); 2) a influência indireta (exercida, por exemplo, pelo comportamento das pessoas que nos rodeiam e também pelos objetos e imagens); 3) a influência deliberadamente camuflada (exercida pelas manipulações como as dos *lobbies* das mídias, do tráfego de dados da internet, que visam os usuários das redes sociais para convencê-los a modificar seus votos ou suas compras).

O objetivo desses três grupos de influências é condicionar nossos pensamentos, motivações, decisões. Portanto, é de suma importância saber disso para aprender a se defender! A informação e a educação desempenham um papel crucial nesse processo.

Os fatores que nos alienam

CHRISTOPHE: Pessoalmente, fico bastante impressionado com os estudos sobre o que em psicologia experimental se chama "pré-ativação" (*priming*, em inglês): eles demonstram como o fato de organizar alguns pequenos detalhes aparentemente inofensivos de nosso ambiente pode modificar nosso comportamento. Esse processo pode ser posto a serviço das boas causas, como no caso dos "*nudges*", ou "pequenos incentivos": é notório o exemplo do aeroporto de Amsterdã, onde alvos fictícios são instalados dentro dos mictórios para que os usuários façam o esforço de "acertar a pontaria", o que melhora a limpeza dos banheiros e reduz a necessidade de higienizações frequentes. Outro exemplo ocorreu no café *self-service* de uma empresa, que diminuiu o risco de fraude colocando a foto de uma pessoa com os olhos fixos nos nossos sobre a caixa destinada a recolher o dinheiro devido...

Mas essas técnicas também podem tomar um rumo menos desejável. Isso acontece, por exemplo, quando o assunto é dinheiro, algo que provoca inúmeras mudanças de comportamento sem que se tenha consciência disso. Existem muitas pesquisas sobre esse tema: numa delas, os voluntários foram separados em dois grupos. O primeiro foi submetido a uma técnica que ativava o subconsciente dos indivíduos com um tema relativo a dinheiro; a proposta concreta era a de que os participantes fizessem uma série de exercícios simples no computador, sem nenhum objetivo importante, mas cuja tela de fundo era entremeada por imagens de cédulas bancárias. No segundo grupo, os voluntários faziam exatamente os mesmos exercícios, mas as imagens das cédulas eram substituídas por flores, quadros ou coisas neutras.

Outro exemplo de exercício: pedia-se aos participantes que classificassem alguns fragmentos de papel em função do tamanho ou do valor registrado neles. Para o primeiro grupo, os papeis foram substituídos por cédulas bancárias, que eles precisavam classificar de acordo com o valor. Na segunda etapa da pesquisa, os dois grupos foram reunidos numa sala; em seguida, solicitou-se que resolvessem problemas mais ou menos complicados e que, se precisassem, poderiam pedir ajuda aos demais participantes. Os voluntários que haviam sido "expostos" ao dinheiro pediram menos ajuda aos outros e, quando alguém solicitava sua ajuda, davam menos conselhos e dedicavam menos tempo a isso. Após o teste, quando o avaliador, sentado em sua poltrona, os convidou: "Venham se sentar a meu lado. Aproximem sua cadeira, vamos discutir um pouco..." os voluntários ativados pelo dinheiro colocavam suas cadeiras menos próximas do avaliador do que os participantes do segundo grupo de controle. O simples fato de sermos confrontados com imagens que evocam dinheiro nos torna menos solidários e nos afasta dos outros, pelo menos durante algum tempo após a experiência.

Um dos meus pacientes, funcionário da Receita Federal, ficou viciado em *sites* de comparação de preços: cada vez que queria comprar alguma coisa (uma passagem aérea, um par de sapatos etc.) comparava os preços do produto pela internet. Passava de uma a duas horas por dia nisso: sua mente estava contaminada pela ideia de que podia ser tapeado. Pessoalmente, prefiro ser tapeado a passar uma hora procurando o melhor preço, embora eu tenha a sorte de exercer uma profissão que não me faz pensar em questões de dinheiro o dia todo, como meu pobre paciente.

Outra pesquisa sobre a influência problemática da exposição excessiva ao dinheiro mostrou que os estudantes das faculdades de economia eram significativamente mais narcísicos do que os estudantes de psicologia da mesma faixa etária, além de serem muito mais materialistas e mais ligados ao dinheiro. Inútil fazer um julgamento sobre eles: é provável que os valores culturais de uma faculdade de economia facilitem muito mais esse gênero de interesse do que os valores de uma faculdade de psicologia.

MATTHIEU: A simples presença de uma arma desencadeia processos psicológicos que aumentam a agressividade. Um psicólogo deu a indivíduos voluntários a oportunidade de se vingarem dos insultos proferidos por alguém (um cúmplice do experimentador) infligindo choques elétricos ao sujeito (na realidade fictícios). Na metade dos casos, o experimentador também colocava sobre a mesa um revólver (levando a crer que era destinado a outra pesquisa). Conclusão, os indivíduos expostos à arma infligiam mais choques elétricos do que os outros.

“Não se age da
mesma maneira
num monastério,
num cassino ou
num estádio de
futebol lotado
de torcedores
superexaltados.”

CHRISTOPHE: Sim, um simples objeto pode ser suficiente para reavivar algumas atitudes associadas ao universo cultural da pessoa, às significações e aos valores que veicula. O mesmo gênero de pesquisa foi feito com telefones celulares: basta colocar um desses aparelhos sobre a mesa entre duas pessoas para que o diálogo entre elas seja alterado (percepção de menor empatia por parte do interlocutor, tendência a abordar assuntos menos íntimos e pessoais).

Além do efeito causado pelos objetos, existe ainda a influência direta das propagandas, cujo alvo é o comportamento das pessoas. Anos atrás, os *sites* que incitavam à infidelidade floresceram como nunca. É surpreendente! Andando de bicicleta, de automóvel, de metrô estamos sempre expostos a uma infinidade de estímulos para trair o próprio cônjuge discreta e impunemente! Qualquer um pode visitar um *site*, encontrar pessoas casadas que querem testar essa possibilidade sem serem flagradas e – pimba! Tudo resolvido. São desejos que podem surgir de vez em quando em qualquer pessoa, e não é isso que me incomoda, mas sim a exploração comercial e a incitação dessa tendência fortuita cuja consequência são os vários dramas humanos que pode acarretar.

MATTHIEU: Eles tocam no ponto fraco das pessoas, induzem a uma tentação e a amplificam significativamente.

ALEXANDRE: O que a vontade e a razão podem fazer diante dessas armadilhas, dessas sereias sedutoras que surgem de toda parte? Como desmontar essas armadilhas e não cair na rede quando todo nosso ambiente convida a consumir, quando a caixa do correio transborda de propagandas de *junk food*? Lucrécio[1] já percebia isso com clareza, embora em sua época não existissem publicitários engenhosos especializados na arte de atrair consumidores: "O bem que não pudemos ainda alcançar nos parece superior a todo o resto; e tão logo o conseguimos, já sentimos o desejo de um novo, e é assim que a mesma sede de vida nos sustenta até o último suspiro".

CHRISTOPHE: As publicidades quase sempre funcionam porque se dirigem às nossas necessidades psicológicas autênticas, que serão pirateadas. Todos nós aspiramos à felicidade, e isso é o que as publicidades nos prometem se comprarmos um sofá (mostram amigos sorrindo felizes sentados nesse sofá), ou um automóvel (exibem uma família feliz saindo de férias com ele) etc. No entanto, quando consumimos, não é à felicidade que temos acesso, mas sim a

1. Titus Lucretius Carus. (94 a.C.-50 a.C.). Em sua obra mais importante, *De Rerum Natura*, Lucrécio expõe a filosofia de Epicuro de Samos. Para Lucrécio, o epicurismo era a chave que poderia desvendar os segredos do universo e garantir a felicidade humana. *Sobre a natureza das coisas*. Edição bilíngue. Tradução de Juvino Alves Maia Jr., Hermes Orígenes Duarte Vieira, Felipe dos Santos Almeida. João Pessoa: Ideia, 2016. [N. Ts.]

um prazer fugaz que desaparece com rapidez. O pesquisador norte-americano Robert Lustig[2] reitera que os prazeres ligados ao consumo imediato (videogames, alimentos açucarados, sexo pago, compras, redes sociais...) estimulam a secreção da dopamina, neurotransmissor do prazer, e conduzem rapidamente à dependência, que é a perda suprema da liberdade e a melhor via para dar as costas à tão almejada felicidade. Acontece a mesma coisa com as propagandas do crédito rápido e fácil: "Compre hoje, pague amanhã". Sabemos que a finalidade dessas propagandas é encorajar as pessoas mais frágeis e mais compulsivas a se endividarem para comprar bens e serviços e, depois, fazer com que elas se empenhem ainda mais na busca de prazeres comercializados em vez de construírem tranquilamente sua felicidade o mais longe possível dos circuitos de estímulo ao consumo. Trata-se de um imenso problema de ecologia social.

MATTHIEU: Conheci uma americana cujo cartão de crédito lhe foi confiscado: ela gastava duas vezes mais do que ganhava. Era algo doentio e ela sabia disso. Por falta de lucidez e, definitivamente, de liberdade, essa amiga tornou-se vítima de uma sociedade que produz de propósito um excesso de bens de consumo, induzindo a compulsão para as compras.

QUAIS SÃO NOSSAS REFERÊNCIAS CULTURAIS?

ALEXANDRE: Para nos construir, para nos edificar uns aos outros, precisamos muito mais de indicadores, de referências, de fontes de inspiração do que de modelos. Além dos livros, dos filósofos e dos demais escritores, tive muitos outros encontros na vida que também me salvaram.

A que dedicamos nossos dias? O que alimenta verdadeiramente uma interioridade? Ligo a televisão, navego na internet, e o que ganho é uma avalanche de cinismo. E o que dizer então desses *youtubers* que, com seu magnetismo suspeito, se apoderam de nosso cérebro por horas a fio? Ah! Que contraste extraordinário com os semblantes dos sábios, os sorrisos dos monges, as bandeiras de oração agitadas ao sabor do vento que vi no Nepal quando fui visitá-lo, Matthieu! Para onde quer que eu olhasse, entrevia aquele terno apelo à interiorização. Nada a ver com as ciladas dos publicitários, os corpos desnudos e o convite ao adultério ao qual você se referiu ainda há pouco, Christophe. Apesar de tudo, continuo convencido de que a liberdade pode ser alcançada mesmo nesse dia a dia tão movimentado.

MATTHIEU: Segundo seus criadores, nos anos 1930, a publicidade e o marketing têm o objetivo explícito de *nos fazer comprar aquilo de que não temos*

2. Robert Lustig (1957). Bioquímico, endocrinologista e pediatra norte-americano. [N. Ts.]

necessidade ou de *criar* necessidades. Para treinar a compaixão, poderíamos nos sentar em uma grande loja de departamentos e contemplar os clientes alvoroçados sobre os objetos de consumo como crianças diante de caramelos ou como mariposas ao redor de uma chama. Em vez de olhar com superioridade, vamos agir com benevolência e desejar sinceramente que se libertem dessas ilusões.

ALEXANDRE: A sociedade, as mídias, as redes sociais podem criar padrões cruéis que a longo prazo deixam as pessoas exauridas, insatisfeitas. Como encontrar nosso lugar sem ter de imitar o Super-Homem ou a Super-Mulher? Por que precisamos ser excepcionais? Por medo da rejeição? Para sermos amados? Quais são as normas que ameaçam uma vida? Será mesmo necessário se distinguir dos outros, investir na busca desenfreada da alta *performance*? O que se valoriza mais hoje em dia? Uma vida inteiramente dedicada ao outro? O sucesso social?

Aqui também, atender ao apelo da sabedoria contém algo de subversivo. Vamos parar de reificar o outro, de considerar qualquer relação como uma simples prestação de serviços, como um toma lá dá cá, uma transação baseada no *win-win* (o lucro a qualquer preço). Como ouvir a bússola interior, mergulhar em si mesmo, prestar atenção a outra voz que não a do individualismo?

O filósofo norte-americano John Rawls propõe uma experiência de pensamento que com certeza pode nos libertar da mentalidade bairrista e mandar para o espaço todo tipo de preconceito, favoritismo e partidarismo que nos impedem de pensar livremente. Aliás, nem é preciso ter essa mentalidade para agir assim. Em seu livro *Uma teoria da justiça*[3], John Rawls se pergunta quais seriam os meios de formar um sistema de organização social perfeitamente justo. Ele acredita que o legislador deveria considerar as leis como se não soubesse em que condições teria de viver no futuro. Amanhã ele pode perder o emprego, ficar doente, sofrer um acidente... Vota-se por instinto, pensando de acordo com a bagagem cultural, para defender os próprios interesses. O filósofo nos encoraja a colocar de lado os preconceitos, com seus vieses interpretativos, a deixar toda submissão e tentar outro ponto de vista. Exercício eminentemente libertador: colocar-se no lugar dos outros e imaginar os muros contra os quais se chocam os menos favorecidos.

Genial convite para tirar as viseiras, ampliar a visão de mundo, fazer a grande mudança e jogar fora essa profusão de rótulos que usamos para julgar tudo: os outros, a vida, a nós mesmos. Toda sociedade cria seus excluídos, põe as pessoas de lado. Muitas tiranias podem nos manter sob controle: a imposição das normas, o despotismo do ego, o peso da opinião alheia, o conformismo e,

3. John Rawls (1921-2002). *Uma teoria da justiça*. Tradução de Jussara Simões. São Paulo: Martins Fontes, 2016.

em certos casos, o anticonformismo. É urgente se religar de verdade consigo mesmo e com os outros. Tentar se desconectar um pouco das agitações superficiais e ousar criar laços sociais autênticos, sem nenhum porquê, sem esperar nada em troca, sem especulação.

MATTHIEU: Já comentamos muitas vezes, e com razão, que a hiperconectividade das redes sociais pode gerar uma forma de solidão. Que significa ter 1.500 "amigos" no Facebook? Com certeza, não é isso que em geral se entende por amizade. Uma socióloga observou que as mídias, bizarramente chamadas de "sociais", fazem com que o indivíduo se sinta absolutamente só, mesmo estando conectado com muita gente. Lembro-me de uma caricatura em um jornal que representava um grande prédio à noite. Em cada uma das centenas de janelas iluminadas, via-se uma pessoa sentada sozinha diante do computador que "se comunicava" com alguém. Um jovem de 16 anos, grande usuário das mensagens de texto, confessou com certo pesar: "Um dia, mas certamente não hoje, gostaria de aprender a conversar". Passamos da conversação à conexão. As trocas eletrônicas são concisas, rápidas, às vezes brutais. As conversações humanas face a face são de natureza diferente, pois evoluem mais devagar, são muito mais equilibradas e sutis; o interlocutor percebe as expressões faciais do outro, o tom da voz, a postura corporal, fatores que favorecem a empatia e a ressonância emocional.

É inegável que as redes sociais oferecem aos cidadãos do mundo um potencial sem precedentes de se reunir, de permanecer em contato com os amigos, de escapar do controle dos regimes ditatoriais e de unir forças em prol de uma causa nobre. Mas essas redes também se tornaram uma vitrine do narcisismo que permite a cada um atrair o máximo de atenção sobre si mesmo. O *slogan* do YouTube é *Broadcast Yourself* [Divulgue-se]. Nos Estados Unidos, certas páginas do Facebook se abrem com o logo "I Love © ME" [eu me amo].

CHRISTOPHE: Infelizmente, todos os dados disponíveis mostram que o uso intensivo das redes sociais está correlacionado demais ao sofrimento emocional, à insatisfação existencial, aos sintomas ansiosos e depressivos. Pelo menos o uso exagerado, incontrolado, em altas doses. Esse é o grande problema, já que, é claro, as telas e as redes sociais também têm seu lado positivo.

Outro tema preocupante é que, além de comprometer nossa liberdade interior, em razão das dependências que induzem, as redes sociais são uma ameaça às liberdades exteriores pela capacidade que têm de armazenar e utilizar nossos dados pessoais. As revelações de 2017 sobre o uso de informações das redes sociais para influenciar o voto dos eleitores norte-americanos por ocasião da eleição de Donald Trump devem permanecer em nossa memória. Todos os dias, o comportamento de compra de dezenas de milhões de consumidores no mundo inteiro é manipulado da mesma maneira. É urgente revelar e controlar essas práticas e, mais do que isso, se libertar delas. Consumir inutilmente não é apenas acumular objetos; é dedicar grande parte de nossa atenção, de nossa energia mental e de nossos valores a coisas que não valem a pena. Isso é perder nossa liberdade e, no fim, nossa felicidade (o materialismo induz a mais materialismo, o consumismo induz a mais consumismo).

ALEXANDRE: As inumeráveis influências que nos teleguiam acabam afetando nossa identidade: Quem sou eu? Um consumidor dócil, um fantoche, uma marionete, uma haste de palha arrastada pelo fluxo da lei de mercado, um mendigo em busca de afeição? Para se desencarcerar da tirania do consumo a questão é: a quem confiei o controle remoto da minha existência? Quem manipula os cordames? No entender de Montaigne, a maior coisa do mundo é saber "ser verdadeiro consigo mesmo". Daí a necessidade de uma ascese jubilosa, uma gaia ciência para se libertar dos fardos, dos papéis, das máscaras.

Uma simplicidade serena?

MATTHIEU: Para muitos de nós, a noção de "simplicidade" evoca uma ascese, um empobrecimento da existência. No entanto, a experiência mostra que a simplicidade voluntária é fonte de profundas satisfações. O que é mais agradável: passar um dia com os filhos ou os amigos em casa, em um parque, na natureza, ou ficar percorrendo lojas de departamentos e zapeando canais de televisão? A simplicidade não consiste em nos privar do que nos torna felizes – isso não faria nenhum sentido –, mas sim em nos livrar do que nos afasta disso. Como costumava dizer o sábio taoista Chuang-Tzu[4]: "Quem descobriu o sentido da vida não perde tempo com o que não contribui com a vida". A simplicidade voluntária implica uma vida exterior simples, mas interiormente rica. Uma pesquisa realizada na Noruega demonstrou que três quartos das pessoas interrogadas preferiam uma vida mais simples, centrada no essencial e no indispensável, a uma vida opulenta ligada a inúmeras vantagens materiais obtidas à custa de um elevado nível de estresse. Pierre Rabhi[5], por sua vez, acredita que, ao moderar as necessidades de coisas inúteis, uma "sobriedade feliz" permitiria às pessoas não se deixarem mais lograr pelas imposturas da sociedade de consumo e recolocar o interesse humano no centro de suas preocupações.

---

4. Chuang-Tzu viveu por volta do século IV a.C., durante o período dos Reinos Combatentes, considerado o ápice da filosofia chinesa. [N. Ts.]
5. Pierre Rabhi (1938). De origem muçulmana, Rabhi é considerado um grande defensor da agroecologia. Para ele, o ideal de uma vida sóbria poderia gerar uma mudança global da sociedade. [N. Ts.]

Os efeitos do consumismo foram estudados por psicossociólogos, em particular por Richard Ryan[6] e Tim Kasser[7]. Esses estudos recobriram duas décadas e mostraram que os indivíduos mais inclinados ao consumo, que dão prioridade à riqueza, à imagem, ao *status* social e a diversos outros valores materialistas, estavam menos satisfeitos com sua vida do que aqueles que priorizavam os valores fundamentais da existência, como a amizade, o contentamento, a qualidade da experiência vivida, a preocupação com o outro, e também o sentimento de pertencimento e de responsabilidade em relação à sociedade e ao ambiente.

CHRISTOPHE: Mas como é complicado resistir! Para nós, que somos mais velhos e não nascemos nesse mundo de estimulações exacerbadas, de certo modo podemos nos proteger melhor. Além do que, é muito fácil e agradável comprar uma pilha de coisas na internet, ceder às tentações do clique do cartão de crédito... Quantas dificuldades à vista para as novas gerações!

Outro dia, minha filha mais nova, comentava comigo a respeito dos seus trabalhos de verão: *baby-sitter*, distribuição de panfletos e eventuais pequenos desfiles para escolas de moda... Enquanto ela falava, meu rosto e meu olhar deviam expressar claramente meus pensamentos, pois em dado momento ela se deu conta e me disse: "Quando falo dos desfiles de moda, você não parece nada contente ou então não dá a mínima". Compreendi no mesmo instante que eu expressava um julgamento negativo. Confessei então que não era falta de interesse pelo assunto, mas que eu considerava o ambiente da moda perverso, superficial, baseado tão só na aparência. Quem não tiver a estatura, o peso e a idade exigidos é sumariamente rejeitado. De fato, enquanto ela falava, não esbocei nenhum sorriso, não disse nenhuma palavra de encorajamento. E, no entanto, ela é uma menina altruísta, generosa, que todo mês reverte parte de sua mesada a causas humanitárias.

MATTHIEU: Se essas modelos temporárias se dessem ao trabalho de fazer as duas coisas, seria de esperar que um bom número delas se sentisse mais feliz em se dedicar a causas nobres do que em participar de desfiles!

CHRISTOPHE: Sim, a longo prazo isso poderia acontecer, mas quando você é jovem, não se sente atraído por essas coisas. O que você prefere: publicar uma foto sua no Instagram ou no Facebook desfilando em uma passarela, ou lendo livros para crianças em algum lugar remoto? Sei que é difícil dizer isso sem parecer moralista, sem dar a impressão de julgar, de olhar com superioridade.

6. Richard Ryan (1953). Pesquisador do Instituto de Psicologia Positiva da Universidade de Rochester. (N. Ts.)
7. Tim Kasser (1966). Psicólogo empenhado em decifrar as relações contraditórias entre materialismo e bem-estar. (N. Ts.)

"A simplicidade
não consiste em
nos privar do que
nos torna felizes,
mas sim em nos
livrar do que nos
afasta disso."

MATTHIEU: Claro, Christophe, entendo muito bem que no momento atual muitos jovens vivem totalmente submetidos ao ditames do aparecer, via Facebook, Twitter & Cia., que só valorizam a cultura da aparência e não têm o menor interesse em ser questionados sobre as noções de altruísmo, de generosidade, pelo menos nessa fase da vida. Recordo-me de um jovem que me disse, no fim de uma conferência sobre o altruísmo, que ele considerava aquilo tudo "deprimente". Os bombardeios visuais dos tabloides não são de nenhuma ajuda para eles. Não se trata de dar uma de moralista, mas de sensibilizar o maior número de jovens possível para a importância de viver essa experiência. Acabo de me lembrar de um estudo coordenado pelo célebre psicólogo Martin Seligman[8]. A pesquisa consistia em oferecer certa quantia de dinheiro a um grupo de estudantes e propor que metade deles gastasse tudo em benefício próprio e para se distrair – ir a um restaurante, ao cinema, tomar sorvete, ir ao shopping – e que a outra metade utilizasse o dinheiro para alguma atividade beneficente – ajudar pessoas idosas, contribuir para uma sopa popular, visitar crianças doentes nos hospitais etc. Os resultados foram indiscutíveis: no fim do dia, os estudantes que se dedicaram à benemerência notaram que se sentiram mais contentes, entusiasmados, atentos, afáveis e até mesmo mais apreciados pelos outros. Seu grau de satisfação ultrapassava amplamente o dos estudantes que haviam se dedicado à busca de prazeres pessoais hedonistas. Como sempre, é importante oferecer esclarecimentos adequados para fazer refletir.

A pressão do tempo e o efeito testemunha

CHRISTOPHE: Além de todas as influências sociais que podem modificar nosso comportamento, nosso modo de pensar, e nos fazer perder a liberdade de agir de acordo com nossos valores e visão de mundo, existe a pressão do tempo. Um estudo experimental já bem antigo, que se tornou um clássico, mostra como essa pressão pode levar a pessoa a agir de modo contrário ao seu desejo. A pesquisa foi realizada com alguns estudantes de teologia convidados a preparar uma homilia sobre a parábola do Bom Samaritano, do Novo Testamento. A parábola conta a história de um viajante surpreendido por assaltantes que o atacaram, roubaram todo seu dinheiro e depois o abandonaram quase morto à beira do caminho. Passa um primeiro viajante, depois um segundo, mas eles não param. Apenas o terceiro, o Bom Samaritano, decide parar e socorrer o homem estendido no chão. Os estudantes receberam então a seguinte instrução: "Vocês vão estudar esse texto com atenção e preparar um sermão que vão gravar em um estúdio que fica no bairro vizinho". Ao terminaram de escrever

8. Martin Seligman (1942). Professor da Universidade da Pensilvânia. Importante pesquisador na área da psicologia positiva. [N. Ts.]

o texto, metade dos estudantes recebeu o aviso: "Apressem-se. Vocês estão atrasados. Corram para o estúdio, senão vão perder a vez e não poderão mais gravar!". No caminho pelo qual todos tinham de passar obrigatoriamente, um dos companheiros dos pesquisadores recebeu a missão de ficar estendido no chão, no pórtico de um edifício, e gemer como o viajante agredido da parábola! Dois terços dos estudantes que não sofreram a pressão do tempo pararam para ajudar a pessoa (suponho que o outro terço não parou devido ao estresse provocado pela perspectiva da gravação!). Em contrapartida, a pressão do tempo exercida sobre o outro grupo fez com que menos de 10% deles parasse! Um em cada dez! E pensar que esses estudantes de teologia estavam trabalhando justamente sobre uma parábola que falava de altruísmo!

MATTHIEU: Além da influência exercida pela pressão do tempo, observou-se também uma diminuição na tendência de ajudar se grande número de pessoas estiver presente. Quando uma pessoa tem necessidade de ajuda ou se encontra em perigo, quanto mais gente estiver presente, maior a tendência de dizer a si mesmo: por que no meio dessa multidão toda sou eu que devo intervir e não qualquer outro? A pessoa hesita em tomar a iniciativa, em se destacar dos outros, em prestar socorro na frente de todo mundo. Um estudo demonstrou que entre as pessoas que se confrontam sozinhas com uma situação de urgência, simulada de modo realista, apenas a metade intervém, e essa proporção cai para um quarto quando duas testemunhas estão presentes. Essa reação torna-se ainda mais acentuada quando o grupo é numeroso. Essa diluição da responsabilidade também é conhecida como "efeito espectador" ou "efeito testemunha".

ALEXANDRE: Certos autores tentam explicar a indiferença, o desinteresse e a falta de respeito que podem se apossar de nós. Quando o assunto é esse, eles evocam a síndrome do *Mau Samaritano*, que, ao contrário de seu generoso compatriota, não para quando vê alguém estendido na calçada terrivelmente ferido. Ele segue seu caminho, pois decerto tem coisas muito mais importantes a fazer do que oferecer apoio, auxiliar, ajudar alguém. Como você mesmo disse, Matthieu, parece que o efeito de grupo aumenta essa frieza; a pessoa se exime de qualquer esforço, imaginando que logo surgirá uma alma caridosa para tirar o infeliz daquela situação. É como se, pelo fato de estarmos em grupo, ou em uma comunidade, essa responsabilidade se dissolvesse. Recentemente, um amigo confessou-me que, quando jovem, ficava chocado ao cruzar com um mendigo morando na rua. Mas hoje, infelizmente, não se surpreende mais de ver famílias inteiras dormindo nas calçadas. Como fazer para não permanecer na indiferença? Como continuar disponível e não delegar o compromisso e a responsabilidade aos outros?

CHRISTOPHE: Os seres humanos são uma espécie social, mas, sob o efeito da superpopulação, da pressão do tempo, podem regredir para um modo gregário: vivem lado a lado, mas são indiferentes uns em relação aos outros. Essa indiferença não é uma "liberdade" de escolha, uma autonomia, mas uma profunda regressão e um enorme empobrecimento.

Como um ambiente social pode favorecer a liberdade

CHRISTOPHE: Como seria um ambiente social facilitador da nossa liberdade interior? Não resta dúvida de que seria um ambiente capaz de controlar atentamente qualquer forma de estimulação e de manipulação. Em dado momento, compreendeu-se que era necessário regular as publicidades ligadas à bebida e aos jogos de azar, mas não basta ficar só nisso: a maneira como a publicidade é concebida de modo inteligente para intervir nas profundezas do cérebro do consumidor (neuromarketing) cria um problema evidente para nossa liberdade interior (deveríamos poder comprar apenas aquilo de que temos necessidade e não tudo o que as propagandas agitam diante dos nossos olhos e egos). Nosso autêntico bem-estar seria a busca da felicidade e não a dependência dos prazeres.

Enquanto se espera que essas manipulações sejam proibidas, ou rigorosamente regulamentadas, a educação deve ensinar a cada cidadão como se defender. Há algum tempo, participei de uma experiência nas escolas destinada a proteger a autoestima dos adolescentes contra as exigências da magreza e da busca desenfreada de uma aparência física em acordo com os cânones da moda: chegamos até mesmo a conceber um programa para ensinar os alunos a ler as publicidades e a compreender as intenções e as mentiras que propagam. De modo similar, a Radio France propõe regularmente aos estudantes certas formas de aprender a questionar as fontes das informações, a descobrir quais delas são *fake news*, as informações falsas... Uma generalização de programas de autodefesa intelectual nas escolas certamente ajudaria a limitar de maneira importante os riscos de manipulação a que somos expostos todo dia.

Não resta dúvida de que a tarefa parece imensa, mas quando se constata que nos dias atuais os seres humanos passam mais tempo na frente das telas dos computadores do que no meio da natureza, é possível dimensionar os danos futuros se nada for feito a respeito...

ALEXANDRE: Isso é incrível e brilhante como ferramenta: divertir-se em detectar o neuromarketing e progressivamente se desprogramar dos milhares de condicionamentos que nos fazem funcionar no piloto automático. Para evitar que terminemos enferrujados como robôs, Swami Prajnanpad faz um dos diagnósticos mais esclarecedores que já vi: "Seus pensamentos são citações, suas emoções são imitações, suas ações meras caricaturas". Sim, o trabalho espiritual consiste em uma alegre libertação, em um belo passeio longe dos preconceitos, dos reflexos, dos hábitos arraigados, da violência mimética que nos leva a desejar todos a mesma coisa, a querer nos apropriar de tudo o que o outro possui.

No fundo, a liberdade requer um constante vai e vem entre a tirania do "eu" e a ditadura do "coletivo", entre o reino do desejo e a submissão cega ao que os outros vão dizer, à pressão social. Trata-se de ser quem somos de verdade, com felicidade e sem forçar nada, sabendo de antemão que somos homens, mulheres que sofrem influências. Não se nasce livre; torna-se livre. O espírito crítico, a capacidade de empatia, a faculdade de renunciar às próprias convicções não caem do céu. Sonho com uma escola que ensine a tolerância e a solidariedade, que *acabe com a estupidez* e estimule o diálogo, a ajuda mútua, o respeito. E acreditem, meus amigos, há muito trabalho pela frente!

Como se livrar dos determinismos numa sociedade que se obstina em julgar segundo as aparências e que, sem mais nem porquê, marginaliza um monte de gente? Por que ainda subsistem tantos guetos? Tantas pessoas deficientes ridicularizadas, idosos isolados, estrangeiros discriminados, tantas marginalidades apontadas com o dedo. Trabalhar para que todos possam se desenvolver e viver felizes não é um desejo piedoso. É lutar concretamente contra as discriminações, renunciar a enquadrar o outro sob uma tonelada de etiquetas, ousar um olhar mais abrangente sobre as diferenças. A rádio Mental FM divulga *fake news* o tempo todo, nos tapeia, nos enrola. Daí a necessidade de desenvolver ferramentas para nos ajudar a ser quem somos, para reencontrar nossa verdadeira natureza, que foge a qualquer controle e permanece infinitamente livre.

MATTHIEU: Podemos encontrar a liberdade simplificando ações, palavras e pensamentos, evitando se deixar enredar por atividades cronofágicas e dispersas que só nos trazem satisfações insignificantes. Devemos dar preferência às atividades, ou ao não agir, que nos permitam deixar que a atenção plena do momento presente prevaleça no fluxo do tempo. Por fim, é necessário arranjar tempo para renovar o contato com a natureza em lugares em que a meditação pode acontecer tanto dentro como fora de nós e onde não teremos a impressão de nadar contra a correnteza.

AS VIRTUDES DA HUMILDADE

CHRISTOPHE: Há outro risco que ameaça nossa liberdade interior: o desvirtuamento de nossas aspirações espirituais. Em psiquiatria, observamos que muitos dos nossos pacientes vulneráveis se sentem apaziguados pelo discurso das seitas, que lhes oferecem promessas de um ambiente fraternal nesta vida e de um futuro maravilhoso no além.

MATTHIEU: Em nossa época, muitos se sentem tentados por religiões "*à la carte*" cujo sucesso se deve, em parte, ao intuito de cultivar, e até mesmo de insuflar, o ego em vez de desmascará-lo. Nos Estados Unidos, em particular, há pregadores evangélicos *popstars* que não encorajam nem um pouco a humildade e aguçam de modo explícito as propensões narcísicas dos fiéis. Vendem-se camisetas com os dizeres "Jesus me ama". Um evangélico bastante conhecido declarou enfaticamente: "Deus quer que vocês sejam ricos". Aliás, ele mostra isso muito bem com seu próprio exemplo!

ALEXANDRE: Sempre paira o risco de se achar o centro do mundo e de instrumentalizar o Altíssimo, transformado por nosso próprio ego num serviçal perfeito para ser explorado. Por falar em pairar, há pouco tempo num avião superlotado um casal de fiéis se incumbiu de lançar ruidosamente aos céus uma vibrante invocação: "Senhor, abençoai nosso voo e fazei com que tenhamos uma boa aterrissagem em Genebra!". Precaução legítima! No entanto, na prece, não houve alusão aos milhares de viajantes que se deslocam através do mundo, zero pensamento por aquelas e aqueles que sofrem na superfície da Terra. Por que não abarcar em nossas preces a humanidade inteira e todos os aviões do mundo? Por que não dar às nossas aspirações uma vocação universal? É urgente sair dessa visão bairrista e unir todos os homens e mulheres.

Podemos verdadeiramente praticar uma religião sozinhos, encolhidos no nosso próprio canto, sem nos interessar pela sorte dos outros? Por que diabos a religião deveria se contrair sobre si mesma? Os grandes místicos nos previnem contra as tentativas de restabelecer nossa ligação com Deus, pois é muito tentador ficar recolhido em si mesmo, num sentimento de falsa segurança. François Fénelon[9] encoraja o esquecimento de si em uma frase clara e límpida: "Saiam de si mesmos e estarão em paz!". Não significa fugir. É muito mais sair da redoma do ego, do conforto das pseudocertezas, da mentalidade do lucro da qual é preciso escapar. Deus não é uma vaca leiteira nem um agente de seguros. Buscamos por Ele por pura gratuidade, sem nenhum porquê.

Na Epístola aos Filipenses, São Paulo fala de "*kenosis*"[10]. Para o cristão, essa palavra significa seguir o exemplo do Cristo, renunciar a si mesmo, se esvaziar literalmente do narcisismo, dos desejos egocêntricos, de todos os

---

9. François Fénelon (1651-1715). Teólogo cristão. Suas ideias sobre política e educação desafiaram a Igreja e o Estado. [N. Ts.]

10. Conceito da teologia cristã que trata do esvaziamento da vontade própria de uma pessoa e da aceitação do desejo divino. No Novo Testamento, a expressão "esvaziamento de Jesus" é exemplo disso. [N. Ts.]

papéis que não cessamos de desempenhar dia e noite. No Sermão da Montanha, Jesus declara em alto e bom som que "os humildes herdarão esta Terra". Outro magnífico exemplo é o de São Francisco de Assis, que nunca deixou de pregar e personificar o amor e a dádiva desinteressada de si!

Ao lado das caricaturas grosseiras, abre-se um amplo espaço para a fé que liberta, que ajuda a se desfazer do eu insignificante, a literalmente se esquecer de si e a se dedicar ao próximo de forma integral.

MATTHIEU: Em geral os ocidentais se surpreendem ao ouvir os grandes eruditos e os orientais contemplativos afirmarem: "Não sou nada de especial, nem sei muita coisa". Eles consideram essas afirmações como demonstração de falsa modéstia.

No Ocidente, a humildade é muitas vezes considerada uma fraqueza, e é até mesmo desprezada. A romancista e filósofa americana Ayn Rand[11], defensora ferrenha do egoísmo, não hesitava em reiterar: "Rejeitem a humildade, esse vício que vocês usam como disfarce chamando-o de virtude". Mas o orgulho e a exacerbação narcísica do eu fecham a porta para qualquer progresso pessoal, pois para aprender é preciso primeiro admitir que não se sabe nada. A humildade nos permite reconhecer a extensão do caminho que ainda temos por percorrer e impede que nos vangloriemos das poucas qualidades que adquirimos. A humildade é um valor esquecido pelo mundo contemporâneo. A pessoa é muito mais encorajada a se "afirmar", a se "impor", a "ser bela" (ou belo) e mais a parecer do que a ser.

ALEXANDRE: É preciso dar um fim com urgência nessa visão doentia de humildade. Essa virtude não tem nada a ver com autoflagelação, com o desprezo de si, que nos levaria direto para o porão. Adoro o fato de a etimologia da palavra "humildade", do latim *humilis*, *humus*, remeter à terra, ao nível inferior, ao que está próximo do chão. Dar prova de humildade é encarar a realidade de frente, é manter os pés fincados na terra, sem depreciar nem supervalorizar aquilo que é. Vamos garantir que a força da humildade instaure o verdadeiro amor de si, diferente do narcisismo e do culto frenético do eu. Ela ajuda a manter a coesão de tudo o que existe em nós: nossos recursos, nossas qualidades, mas também nossa fragilidade, nossas vulnerabilidades. O paradoxo da vida espiritual é enorme, pois implica cuidar do próprio ser sem fazer muito caso de si mesmo. Um caminho difícil, no qual se pode quebrar a cara a cada passo, cair na fossa do desespero, do perpétuo menosprezo, ou então se perder de vez no abismo da megalomania.

---

11. Ayn Rand (1905-1982). Para Rand, a razão era o único meio de adquirir conhecimento, pela rejeição da fé e da religião. [N. Ts.]

MATTHIEU: Livre de expectativa e de medo, o humilde é naturalmente despreocupado e não se inquieta com sua "imagem". A humildade é uma qualidade encontrada de maneira invariável no sábio. Toda vez que viajo com o Dalai Lama, constato a humildade e a bondade com a qual trata todo mundo. Está sempre presente e dá atenção a todos, tanto aos humildes como aos grandes deste mundo. Certa vez, estávamos na sede do Parlamento Europeu, em Estrasburgo, para participar de um almoço oficial com uns vinte chefes de delegações de países europeus. Quando entramos no salão, o Dalai Lama viu dois ou três cozinheiros olhando pela porta entreaberta da cozinha. Ele deixou os representantes das nações para trás, foi até a cozinha e passou uns dois minutos com todos os que estavam trabalhando ali. Depois se dirigiu à grande mesa onde todos o esperavam de pé e comentou: "Que cheiro bom!".

CHRISTOPHE: A humildade é interessante também porque é uma forma de libertação: nos torna conscientes de nossos limites e de nossas insuficiências, e deixamos de querer sempre mascará-los diante dos outros. A humildade dispensa exibicionismo, libera da obsessão do julgamento social, já que não precisamos mais ocultar nossos próprios limites, tampouco fazer propaganda deles (como na falsa modéstia). Nosso amigo André Comte-Sponville dá uma bela definição: "O homem humilde não se julga inferior aos outros, mas deixou de se considerar superior"[12]. Por humildade, renuncia-se à competição dos egos e à autopromoção: sabe-se muito bem que existem muito mais coisas que se ignoram do que coisas que se conhecem e, principalmente, que se está muito mais interessado no que resta para aprender e descobrir do que pelo que já se sabe. Liberdade do ego quanto ao julgamento social, e liberdade da mente, voltada muito mais a descobrir o que ignora, do que a exibir aquilo que já sabe...

Além disso, a humildade apresenta outra vantagem quando comparada ao materialismo, cujo único interesse é nos fazer acreditar que somos perfeitos ("Você é fantástico!", "Acima de tudo, seja você mesmo!"), que existem respostas e soluções fáceis para tudo, que não precisamos fazer muito esforço ("Quer comprar alguma coisa? Faça um crédito e compre!", "Quer comer muitos doces, mas tem diabetes? Tudo bem, tome remédios para baixar a glicemia e continue a ingerir todo o açúcar que quiser! É tão bom!"). Se dermos ouvidos a esse gênero de apelos sedutores, que querem nos fazer acreditar que somos livres porque fazemos o que desejamos (o que nos fazem desejar, na realidade), logo nos veremos acorrentados. É também nesse combate que a humildade pode nos ajudar: "Não; não sou maravilhoso nem excepcional. Sou uma pessoa

12. Ver André Comte-Sponville. *Pequeno tratado das grandes virtudes*. Tradução de Eduardo Brandão. São Paulo: Martins Fontes, 1999. [N. Ts.]

normal, frágil e manipulável como todo mundo. Tenho interesse em manter os olhos bem abertos diante das bajulações, principalmente se vierem da publicidade e dos vendedores de adicções...".

ALEXANDRE: O imenso desafio é sair dos limites estreitos da mente e desse cinema interior que recobre tudo com uma densa neblina. O individualismo, por sua própria natureza, implica fronteiras, fechamento, solidão, numa palavra, um megaisolamento. Como não se sentir confinado por essas fronteiras? Como conhecer a verdadeira paz se coloco uma barreira intransponível entre mim e os outros? Então, de novo, para que essa redoma exploda de uma vez, de nada adianta se consumir no sentimento de culpa, na vergonha e na autonegação. É melhor identificar essa necessidade obstinada de compensação, descobrir nossos complexos de inferioridade e toda essa carga de mecanismos de defesa. Nesse sentido, ter humildade talvez seja me aceitar radicalmente do jeito que sou. Se quisermos progredir, o conselho de Swami Prajnanpad não é sempre aceitar em nós o pior do pior e o melhor do melhor?

• CAIXA DE FERRAMENTAS •

Para uma ecologia cultural

◈

CHRISTOPHE

- *Ser vigilantes*: Nunca nos esquecer de que evoluímos em uma sociedade ultramaterialista. Desde que saímos do campo e migramos para a cidade, desde que trocamos o lápis pelas telas dos computadores, viramos alvo de um mundo de multinacionais cujo único objetivo é nos fazer comprar e consumir seja lá o que for. Jamais encontraremos nisso nem felicidade nem sentido para a vida. E por essa razão perderemos nossa liberdade. Seja na rua ou na internet, estamos em território poluído: vigilância!
- *Ser conscientes*: Vamos contar durante um dia inteiro o número de horas que passamos na frente do computador, e também o número de horas que passamos na natureza, caminhando, observando, sonhando. Em que pé estamos? Como poderíamos reequilibrar isso?
- *Preservar os momentos preciosos*: Nunca, mas nunca mesmo, deixar um telefone celular se interpor entre nós e as boas coisas da vida: quando fazemos as refeições, quando andamos na natureza, quando falamos com os familiares, quando estamos com crianças, quando meditamos... vamos ficar longe e até mesmo desligar esses dispositivos!
- *Praticar toda a espécie de jejum*: De vez em quando, vamos reduzir e até mesmo parar com o cigarro, a bebida, o açúcar, as telas virtuais. Passado certo período de abstinência, vamos ver o que isso nos traz, do que isso nos liberta e alivia.
- *Retomar o controle*: Vamos suprimir as mensagens de alerta dos dispositivos eletrônicos: nada de bips nem de bandeirolas vermelhas para assinalar um novo SMS ou um novo *e-mail* (ou alguma coisa nova cujo nome nem conheço ainda). Vamos recuperar nossa liberdade: nós é que vamos consultar nossas mensagens quando for o momento adequado, duas ou três vezes por dia.
- *Preparar um antídoto*: Se não pudermos evitar a exposição às publicidades que nos desagradam (na rua, no cinema etc.), vamos repetir mentalmente: "Essa publicidade me agride, nunca comprarei esse produto". Jamais engolir uma colherada sequer de publicidade sem antes tomar esse antídoto!

ALEXANDRE

- *Heidegger nos alerta contra as implicações da técnica*: Comprar um telefone celular modifica até mesmo nossa relação com o outro. E se ousássemos nos desconectar um pouco deles para nos conectar ao que nos torna plenamente humanos: os encontros, a cultura, a solidariedade, o progresso interior?

- *Entre os laços que nutrem e a dependência afetiva, pode se abrir um valioso espaço de liberdade*: Não escolhemos morar em uma ilha deserta e a interdependência é a marca da nossa existência. Por que teimar em se blindar contra o outro quando o que salva é o amor incondicional, a abertura radical?

- *Epicuro nos ensina o prazer de existir* para acabar com a insatisfação e nos afastar dessa mania que nos faz querer sempre mais e da ideia de que a acumulação torna as pessoas completamente felizes. Epicuro distingue os desejos naturais e necessários: beber, comer, filosofar, abrigar-se; os desejos naturais e não necessários: o desejo sexual, degustar um prato refinado; e os desejos nem naturais nem necessários: a sede de glória, o desejo de poder, a competição pela riqueza. O filósofo da Escola do Jardim[13] não era nenhum desmancha-prazeres, pronto para usar a palmatória, nem um moralizador opressivo. Ao contrário, esse autêntico libertário nos encoraja acima de tudo a praticar uma "sobriedade feliz". Essa magnífica expressão de Pierre Rabhi implica uma liberdade que atualmente talvez seja o ápice da subversão da ordem estabelecida.

- *Elogio da humildade, do desvio possível e da alegria.* Existem milhares de caminhos que conduzem à renúncia, à liberdade, ao sacrifício de si, e a trajetória pode implicar muitos meandros. É preciso desconfiar da rigidez, de qualquer tipo de opressão. A verdadeira ascese é pura alegria, júbilo, descontração, generosidade, é um mergulho tranquilo no mais fundo de si mesmo. A humildade, precioso antídoto, impede que o orgulho se apodere de nosso desejo de progresso e nos encerre num perfeccionismo estéril.

13. Criada por Epicuro, em 306 a.C. e instalada em Atenas, a Escola do Jardim era aberta a homens, mulheres e até mesmo a escravos que ali iam aprender como alcançar a ataraxia, a paz de espírito, a concepção da felicidade ensinada pelo epicurismo. [N. Ts.]

MATTHIEU

- *Contentar-se com o necessário*: Não correr atrás do supérfluo, privilegiar as verdadeiras amizades e não as amizades interesseiras, o encanto da liberdade e não os símbolos do "sucesso".

- *Silenciar as lamentações do ego*: O "por que não eu?" quando se sentir carente, e o "por que eu?" quando ficar contrariado.

- *Compreender que o orgulho nos deixa vulneráveis* (diante dos menores fracassos e críticas) enquanto a humildade é fundamentalmente libertadora (do que os outros vão dizer, da expectativa e do medo).

- *Não depositar todas as nossas expectativas e medos nas condições exteriores*: Corremos o risco de ficar decepcionados com frequência.

- *Favorecer as condições interiores da felicidade*: Elas abrem um horizonte de possibilidades para a realização pessoal e o contentamento.

CORRESPONDÊNCIA

ALEXANDRE E MATTHIEU

Lausanne, 5 de abril de 2018

Caro Matthieu,

Espero que esteja tudo bem com você.

Primeiramente, gostaria de lhe dizer do fundo do coração um imenso obrigado por sua bondosa amizade, por seu apoio incondicional e por tudo aquilo que você personifica na vida diária. Sou muito agradecido por você ser esse guia tão profundo e cheio de humor, essa testemunha iluminada e divertida, esse infatigável libertador...

A primeira vez que cruzei com você, você sabe disso, eu tinha a alma em carne viva e minha natureza hiperafetiva se rebelou: "Mas esse cara não é um pouco frio demais?". Logo de início, você me ensinou uma coisa que nunca hei de esquecer: sim, podemos amar de verdade, e até mesmo profundamente, sem o *pathos*, sem as infinitas tensões, longe da sedução, do desejo de agradar e da vontade de controlar, sem colocar quem quer que seja numa gaiola...

Obrigado também por jamais ter soltado a mão de um principiante inseguro quando ele se perdia no fundo do túnel, quando se aproximava de um precipício perigoso. Devo confessar, caro amigo, que por causa dos comportamentos, no mínimo acrásicos, que tive em certa época, eu temia que você se afastasse de mim – um cara que não assume muito bem seu corpo e que cobiça rapazes com certa revolta e inveja. Um medo banal da rejeição, felizmente desmentido por ações e palavras que me fizeram sair muitas vezes da espiral infernal da mente, do medo, desses hábitos que gangrenam uma existência. Quantas vezes deixei mensagens ansiosas em seu telefone? Quantas vezes fui revigorado por sua voz constante, firme, otimista, que me trazia imediatamente de volta à vida, me dava confiança e certa liberdade... Naqueles momentos, do outro lado da linha, você trabalhava como o mecânico de automóveis de Chogyam Trungpa – você me ouvia sem julgar, sem condenar, me dava assistência, me apoiava paciente e infatigável. Meu desejo é de que todos possam contar com um apoio como esse, uma espécie de SOS amizade, de uma linha direta com o coração que nos relembre de que talvez não estejamos tão sozinhos e vulneráveis como o medo gostaria de nos fazer acreditar.

No fundo, o que me provoca todo esse sofrimento pode ser facilmente resumido: o medo, o apego, a falta de confiança... Depois de ter batalhado tanto, de ter lutado contra ventos e marés, como conseguir praticar a renúncia, como enfrentar tudo com graça, como não viver sempre em alerta, sempre em guarda? Tem dias em que, para mim, praticar a ascese capaz de nos afastar do medo, da desconfiança, das suspeitas, parece um esforço titânico, sobre-humano, fora de alcance. Doloroso paradoxo: será que, além de tudo isso, ainda precisamos reunir forças para simplesmente gozar a vida, apreciar suas dádivas sem esses satânicos tormentos?

Toda manhã, a máquina de fabricar preocupações começa a funcionar... As crianças vão para a escola, e eu fico pensando nos automóveis, nas pontes que elas precisam atravessar, nos bosques que têm de cruzar, nas avenidas que precisam passar... Como não ficar pirado com esse mundo mental irremediavelmente torturado? Os cenários que minha mente de pai pode criar serviriam de roteiro para os mais sombrios filmes de terror. E essa confusão mental que não leva a nada liquida qualquer chance de leveza: "Prudência, prudência, prudência... Amo muito vocês. Sejam cuidadosos! No mundo real, sempre se pode deparar com motoristas imprudentes, com psicopatas, com gente perversa... Prestem atenção no caminho, evitem falar com estranhos. E, principalmente, nunca, jamais entrem no carro de alguém que vocês não conhecem. Se alguém lhes oferecer balas vocês têm de saber que pode ser um embuste, uma armadilha. Prometam que vão tomar muito cuidado. Um acidente pode acontecer a qualquer minuto...".

Tenho consciência de que minhas tolas advertências não os protegem de fato... Mas onde encontrar a firmeza para transmitir a verdadeira serenidade, para ensiná-los, de uma maneira eficaz e natural, a ter confiança: "Meus queridos, apreciem e desfrutem esse belo dia que começa. É uma oportunidade, um presente, um imenso milagre acordar a cada manhã. Mantenham os olhos bem abertos, prestem atenção à beleza do mundo, aprendam muitas coisas interessantes e, se no caminho cruzarem com alguém, ofereçam um grande sorriso e sempre escutem sua bússola interior". O grande tema, o imenso desafio? É sentir confiança em si mesmo diante do imprevisto, dos obstáculos de todo dia, e não se trancar numa fortaleza e morrer asfixiado.

Como entrar agora mesmo na escola da confiança, experimentá-la profundamente e propagá-la ao nosso redor?

Nas veredas caóticas que conduzem milímetro a milímetro até a paz, patino sem nunca avançar. Mas Etty Hillesum me serve de estímulo nesse caminho. Consciente da morte certa no campo de concentração, encontrou em todas as circunstâncias a liberdade interior para alimentar uma convicção: "Eu terei força". Não se tratava de um otimismo cego nem de nenhuma técnica de autossugestão, mas da certeza de que, mesmo diante dos maiores sofrimentos, existe no fundo de cada um de nós uma parte ilesa que nada, absolutamente nada, pode destruir ou conspurcar. Mas como, no meio das vicissitudes da aventura humana, não esquecer esse mistério?

Vamos fazer uma pausa antes de avançar rumo a esse tesouro. Ao que tudo indica, a confiança se divide em três grandes modalidades que, claro, estão intimamente ligadas.

A confiança em si, a estima de si, essa certeza, essa liberdade interior, esse sentimento profundo de que de algum modo estamos equipados, somos capazes de atravessar os altos e baixos do dia a dia, de alcançar a alegria, a paz, e também de amar.

A confiança no outro. Por que a frase de Jean-Paul Sartre – "O inferno são os outros" – tem de ser forçosamente verdadeira, incontestável? Acreditar no outro, mas sem ingenuidade, talvez seja se abrir para a experiência, para a descoberta: no fundo de cada um, ocultos sob as feridas, os traumas e os mecanismos de defesa, residem a compaixão, o amor e a própria natureza de Buda. Apesar de toda a aparente contradição, é preciso manter intacta a convicção de que o ser humano é fundamentalmente bom, generoso, altruísta. O patético espetáculo da maldade do dia a dia, da injustiça, da violência, de tantos equívocos dolorosos, não deve gerar fatalmente a desconfiança, o pessimismo, o desespero. Muito pelo contrário, nada disso deve impedir um engajamento de corpo e alma em prol de uma sociedade mais equitativa, mais solidária.

Por fim, a confiança na vida, no mundo: conservar sempre a alegria no coração, estar disponível para o presente e para o futuro, com todos seus imprevistos e incertezas, requer audácia, leveza, muita flexibilidade e uma grande liberdade para não privilegiar sistematicamente o pior dos cenários.

Você sabe que, de maneira geral, a teoria eu conheço mais ou menos. Mas o difícil de fato é passar à prática, mergulhar de cabeça. Sem um empurrãozinho da minha família e dos amigos, eu iria continuar com as minhas "viagens", com meus delírios repletos de medos herdados do passado, das reminiscências tenazes de uma insegurança primordial. Nos instantes de pânico, como encontrar em si mesmo um meio de contradizer de modo gentil, mas firme, o pacote de preconceitos que vem obscurecer o real? Como desobedecer a essas vozes interiores que decididamente pintam tudo de preto?

O ponto de partida, suponho, é ter confiança na própria... falta de confiança, seguir em frente, avançar com os recursos disponíveis, estar convencido de que nenhuma fragilidade impede o progresso. É quando as coisas se complicam que a incerteza parece insuportável, quando o ego exige algo sólido, permanente, quando quer garantias concretas de uma segurança que não existe. Essa busca inútil esgota e não nos deixa nunca tranquilos.

Um dia você me convidou a encarar as angústias de frente e a ver que elas não são como avalanches de pedras que resvalam da montanha, ou como um incêndio que devasta uma floresta, mas que no fim não passam de produções da própria mente. Você me encorajou a ver por experiência direta que a consciência é infinitamente mais vasta do que os "espasmos psíquicos" que me assolam. Desde então, tento apreciar o olhar de um ser amado, de uma criança, de um amigo, sem dar muita importância à avalanche de premonições que impedem qualquer possibilidade de repouso, de quietude e de leveza. Aprendi a conviver com a ideia de que vivo em um universo onde o trágico nunca está muito distante.

Como encontrar uma alegria verdadeira, serena, num mundo marcado pelo efêmero? E uma centena de vezes por dia, tento me desviar desse ponto de vista hiperestreito sobre o mundo, que só vê perigo por toda parte. Mas quantos obstáculos! Basta ligar a televisão e ver as notícias para ser invadido por esse amontoado de misérias, injustiças, doenças... e perder as esperanças. E esse cérebro, esse aparelho mental que parece ter sido concebido quase exclusivamente para se concentrar no que imobiliza! Daí esse estado de alarme quase inextirpável e seu longo cortejo: medo da rejeição, medo de desagradar, obsessão por doenças, pela morte, e assim por diante. A boa nova é que nosso padrão mental talvez não esteja inteiro petrificado. É exatamente por isso que sua ajuda, sempre tão preciosa, é como dinamite. Com a infinita paciência de um hábil motorista, você me mostra que a via do medo é um erro... de direção. Sua conduta excepcional na estrada da vida me restitui a fé quando minha tendência habitual é dirigir nas pistas de carrinhos bate-bate.

Uma amizade autenticamente espiritual inspira o outro a aperfeiçoar seu interior; é como algo que retira as impurezas, expulsa os intrusos recalcitrantes, os ocupantes ilegais, os parasitas, os tiranos, em suma, tudo o que invadiu indevidamente uma alma para semear agitação e discórdia, para desorientá-la, rebaixá-la, possuí-la. É preciso se libertar dos cânceres mentais, dos vírus da Zika, dos corpos estranhos que desorientam, atrofiam e nos transformam em flagelos ambulantes, para que assim a natureza de Buda e a liberdade possam resplandecer um dia. Nessa caminhada, o suporte que você me dá é magistral.

Quem lhe escreve hoje é um aprendiz da confiança que deseja lhe pedir mais uma vez um pouco de combustível, pois precisa dele para poder acessar mais fundo esse realismo, essa visão pura que acolhe o mundo como ele é, sem desconfiança, sem recorrer a velhas fórmulas, e que sabe usar a dúvida como instrumento de libertação. Enfim, como buscar nossa verdadeira natureza que se revela longe, bem longe do medo e dos tormentos?

Eu não saberia dizer com certeza se a confiança é inata ou adquirida, mas quero crer que sobre esse tema nada está totalmente resolvido.

Em relação a esse capítulo, caro Matthieu, com toda a simplicidade, eu queria lhe pedir uma pequena ajuda para me lembrar de nossas discussões e, por que não dizer simplesmente um curso de recuperação?

Minha imensa gratidão.

Um abraço com redobrado afeto. Sempre me regozijo em ler o que você escreve.

Alexandre

◈ ◈

Katmandu, 25 de abril de 2018

Caríssimo Alexandre,

Você fala da confiança com palavras tão justas, vindas "do mais fundo do seu ser", como você sempre diz, que fico um pouco intimidado de propor uma resposta. Mas como você teve a bondade de me pedir, vou tentar fazer o melhor que puder.

Como você mesmo explica, de fato podemos considerar três aspectos: a confiança diante dos imprevistos da existência, a confiança em si mesmo e a confiança no outro.

Como navegar no oceano da existência quando só dispomos de um frágil barquinho? Surpresas boas e más, alegrias e tragédias colorem essa travessia. Grande parte de nossas preocupações nasce da imprevisibilidade de acontecimentos que fogem ao nosso controle. Revoltar-se contra a impermanência é de antemão uma causa perdida.

Claro que é legítimo se preocupar com o destino dos filhos e, do fundo do coração, desejar que tudo corra o melhor possível para eles. Mas querer erradicar a possibilidade da adversidade só pode desencadear uma efervescência de exacerbações dramáticas que deformam a realidade. Essa não é a melhor maneira de cuidar daqueles que amamos.

Você me pergunta: "Como viver num universo no qual o trágico nunca está muito distante?". Com certeza, quando a vida nos infligiu seu pacote de mágoas e de situações precárias, é bem compreensível se sentir vulnerável. Um sentimento como esse leva a imaginar o pior e a julgar iminentes alguns perigos pouco prováveis. Uma chance em um milhão? "Exatamente", foi o que lhe respondeu a mulher que temia ser atingida por um raio enquanto falava no telefone com você. O alto-falante estrondoso dos nossos pensamentos encobre a voz da razão.

Não temos escolha de nascer homem ou mulher, de ter essa ou aquela cor de pele, de ser ou não deficiente físico, nem de estar em pleno gozo de todas as faculdades mentais. Não podemos evitar a velhice, a doença e a morte. Por isso, a confiança não pode estar baseada no controle das circunstâncias exteriores, que só podem ser limitadas, efêmeras, ilusórias.

Entretanto, isso não significa de modo algum que seja impossível estabelecer uma confiança de outra ordem, que se instaura quando se cultivam os recursos internos que permitem conservar o equilíbrio diante das atribulações da existência, sem se sentir desacorçoado pela dificuldade nem afetado pelo sucesso. Mesmo que no início esses recursos pareçam insignificantes, é possível fortalecê-los com paciência, humildade e perseverança. Para isso, é preciso primeiro aceitar a ideia de que é possível melhorar nossa capacidade de lidar com a adversidade. Depois, à medida que treinamos essa capacidade, é bom confiar no processo que permite alcançar seu ponto ideal, e que poderíamos definir como uma serenidade ancorada no mais profundo do nosso ser, numa dimensão interior suficientemente vasta que impede que sejamos tragados pelo turbilhão infernal da angústia. Tudo isso é uma questão de prática: "Com paciência, o pomar de frutas se transforma em geleia", afirma o provérbio. Sei que você se dedica a isso com afinco há vários anos.

Em parte, a vida espiritual consiste em reafirmar nossa resiliência e nossa força mental e, acima de tudo, em adquirir a liberdade interior graças à qual não seremos mais joguetes do lucro e do prejuízo, do elogio e da crítica, da notoriedade e da obscuridade. Não é encorajador saber que essas qualidades podem ser ampliadas pela prática espiritual? Assim que nos sentirmos menos vulneráveis, enfrentaremos a adversidade e o sucesso com a mente serena e abriremos o coração com mais facilidade, não apenas aos entes queridos, como você faz tão amorosamente com seus filhos, esposa e amigos, mas também ao círculo cada vez mais amplo de nossos irmãos e irmãs humanos. Sei que o amor incondicional é parte integrante de sua experiência. Quando você se conecta a esse amor, não acha que sente mais confiança do que desconfiança em relação aos seus semelhantes?

Um nível mais profundo de confiança pode nascer do reconhecimento do potencial de transformação que todos nós temos, e que podemos sempre atualizar qualquer que seja o ponto de partida. O budismo fala da "natureza de Buda" presente em todo ser senciente. Não se trata de uma entidade misteriosa, mas da verdadeira natureza da mente. Poderíamos tentar explicitar essa natureza, dizendo que é a faculdade primordial do ato de "conhecer", sempre presente sob o véu dos pensamentos, emoções, esperanças e medos. É a experiência nua da consciência desperta, clara e límpida. Aqui, a prática espiritual consiste em acessar essa parte imutável, reconhecê-la e falar dela o maior número de vezes possível, até que se torne nossa referência mais íntima.

Como conservar nossa realidade diante de um mundo "marcado pelo efêmero"? É necessário, creio eu, trabalhar arduamente para apreender essa presença desperta, que é como a profundeza imutável do oceano, como o sol que brilha atrás das nuvens, como o céu que não se perturba com as miríades de pássaros que voam por ele sem deixar rastros. A serenidade que emana dessa presença não é um *bunker* para aprisionar nosso ego, mas um imenso espaço de liberdade interior.

Nesse caso, não seria altamente preferível confiar *a priori* nos outros? Não se trata de uma atitude desarrazoada, ingênua ou idealista. Para citar uma expressão budista, é claro que o mundo e os seres humanos podem "parecer inimigos", mas essa impressão decorre de nossas maquinações mentais. Assim que nossa paisagem mental é invadida por uma horda de suspeitas, nossa serenidade voa pelos ares. O bom senso e o treinamento da mente são as ferramentas que permitem combater esse hábito de suspeitar de tudo. Por isso, em lugar de ruminar sobre "o patético espetáculo cotidiano", lembre-se, Alex, da "banalidade do bem", do fato de que na maior parte do tempo, a grande maioria dos 7 bilhões de seres humanos se comporta de maneira decente uns com os outros. Devemos ter a honestidade de aceitar essa evidência: as pessoas que nos rodeiam não são movidas pelo desejo permanente de mentir, de explorar, de enganar. Isso é mais evidente ainda no que diz respeito àqueles e àquelas cuja amizade, benevolência e honestidade podemos constatar. O inferno não são os outros; é a suspeita que nos corrói sem razão, a despeito da razão.

Pessoalmente, recuso-me a aceitar a ideia de desconfiar de forma sistemática de todos aqueles que interagem comigo e de supor que tramam maquinações maquiavélicas pelas costas. Por respeito a essas pessoas, devemos rememorar as inúmeras vezes em que nos trataram com probidade e sinceridade e comparar esses momentos com todas as outras vezes em que injustamente suspeitamos que tivessem más intenções. "Se quiser saber qual é a verdadeira intenção das pessoas, imagine sempre o pior; pois é isso que quase sempre ocorre", foram as palavras de um psicanalista citado por um de meus amigos. Essa atitude me parece lastimável. Você não vai aumentar as próprias dificuldades se transformar em desconfiança a sua fragilidade causada pelos problemas que já atravessou e pela precariedade da sua saúde? A benevolência incondicional que existe em você é capaz de dissipar as nuvens de suspeita que se formam na superfície da sua consciência.

Se for correto afirmar que certas pessoas nos enganam e não são dignas de nossa confiança (a gente falsa a que você se refere constitui uma exceção, não é mesmo?), sempre é tempo de mantê-las à distância, com firmeza e lucidez, mas sem animosidade.

Não resta dúvida de que a evolução nos equipou com um cérebro capaz de identificar com rapidez um perigo potencial, porém, se a máquina de fabricar preocupações não parar de ligar à toa, se o leve suspiro de um anjo ativar a sirene de alerta, se um estresse permanente se somar a uma desconfiança crônica e se instalar na mente, as nossas relações humanas estarão envenenadas. E tudo, infelizmente, sem nenhuma razão plausível. O que mostra até que ponto subestimamos o poder da mente de criar mundos imaginários em contradição com a realidade.

O que me surpreende e me comove às vezes é o contraste entre o modo como você se sente, com frequência, despreparado diante de suas dúvidas, e a lucidez penetrante com que compreende quase simultaneamente como elas são infundadas. Muita gente que sempre alimenta suspeitas infundadas persevera nesse tipo de erro. No seu caso, quando a tempestade passa, você reconhece melhor do que ninguém, com perspicácia e humor, a incoerência das dúvidas que o assolavam.

Quando o ego exige segurança, solidez e permanência, não se deve aplaudi-lo (ele pode se revoltar com isso), mas sim deixá-lo se dissolver na presença desperta, como a geada sob os raios do sol matinal. Como fazer isso na prática? Imagine que, em vez de ser carregado pelas águas turvas de um rio turbulento, você pudesse boiar na superfície e começar a perceber o próprio fluxo do rio. E depois de escapar da correnteza, sentar-se na beira do rio e contemplar o redemoinho das águas. Quando a angústia nos assola, somos carregados por seus redemoinhos turbulentos. Sugiro de agora em diante olhar o rio da angústia a partir da margem da presença desperta. O ponto crucial é este: quem tem consciência da angústia não se sente angustiado; está apenas consciente. Essa perspectiva permite criar uma "zona de segurança" e deixar a angústia se atenuar gradualmente no campo da atenção plena.

Sem dúvida alguma, isso é mais fácil de falar do que de fazer.

No seu caso, o fato de ter sido confrontado com tantas circunstâncias difíceis, de na infância ter sido separado tantas vezes de sua família, prejudicou a confiança que você poderia sentir nas pessoas que o rodeiam. Temos tanta necessidade de uma afeição inabalável!

Se em algum momento você duvidar de si mesmo, imagine que a natureza de Buda que habita em seu interior é uma forma de pura bondade que faz você se tratar com mais benevolência e menos severidade. Como nosso querido Christophe escreveu em um dos seus livros: "Por que acrescentar a si mesmo nos sofrimentos que a vida já nos traz? A compaixão é querer o bem de todos, o seu inclusive".

E, por último, as diferentes modalidades da confiança se unem na "visão pura" – maneira de ver o mundo e todos os seres quando já nos libertamos das distorções que a confusão mental projeta na realidade. Mesmo que isso pareça difícil de conceber em nossa situação atual, podemos nos inspirar nesse ideal e prosseguir com alegria no caminho que conduz à sua realização.

É nesse sentido que o encorajo, com muita humildade, a perseverar, não mais em um simples "curso de recuperação", mas na via majestosa da liberdade interior, com a forte convicção de que você é perfeitamente capaz disso.

Aguente firme, Alex, meu amigo de todas as horas, e prossiga com coragem essa apaixonante travessia!

Matthieu

PARTE III

OS ESFORÇOS PARA A LIBERTAÇÃO

MATTHIEU: Uma vez que se avaliou a importância da liberdade interior e se identificaram as condições favoráveis bem como os obstáculos para alcançá-la, chega a hora de fazer os esforços para isso. Ninguém vai realizar o trabalho em nosso lugar. É preciso se preparar o melhor possível, como faz o navegador que verifica cuidadosamente o estado de sua embarcação, desde o casco até as velas, e se assegura de ter a bordo tudo o que precisará para uma longa travessia. Depois disso, o que importa é perseverar com constância. Isso é verdade em qualquer aprendizagem, seja de um instrumento musical, de um esporte, da dança ou do jogo de xadrez. As promessas sedutoras de um segredo de felicidade num estalar de dedos não passam de ilusão. Não existe segredo: é preciso dedicar tempo a essa tarefa e isso nem sempre é fácil. Mas vale muito a pena!

CHRISTOPHE: E como são sedutoras essas promessas de que você fala! E para muitos de nós, há algo de paradoxal na associação dessas duas palavras – esforço e liberdade. Ficaríamos muito mais à vontade em equiparar a liberdade com a espontaneidade, com a facilidade! Buscar a liberdade, mas restringi-la a determinado número de esforços é um desvio contraintuitivo: é como no caso de uma caminhada, quando temos de desconsiderar a direção que a bússola indica porque o único caminho existente nos obriga a fazer um desvio.

MATTHIEU: Fazer esforços para ser livre é uma restrição ou uma necessidade? Vamos imaginar um homem inocente colocado na prisão por um ditador: ele precisa de inteligência, disciplina e perseverança para conseguir escapar. Se ficar sentado resignado dentro da cela, corre o risco de apodrecer ali. A liberdade se ganha com o suor do rosto! Sabemos muito bem que num Estado totalitário a democracia é conquistada a força de determinação e de coragem, depois de um imenso trabalho que visa o bem comum e vai muito além dos interesses imediatos de cada um. Assumimos riscos, mas no fim do caminho a recompensa nos espera, com a condição de que o entusiasmo continue sempre o mesmo; se vivermos esse combate como um castigo depois da aula, acabaremos exaustos. O esforço deve vir junto com a alegria. Com a alegria nascida da certeza de avançar na direção certa. É também nessa hora que a motivação intervém: Aonde vamos? Por quê? Para quem? Nesse caso, o que nos une é o desejo de se tornar um ser humano melhor, de desenvolver a força da alma, a resiliência e a benevolência por nós mesmos e pela totalidade dos seres. Essa inspiração nos permitirá perseverar através de todos os altos e baixos do caminho rumo à liberdade.

"Ficaríamos muito
mais à vontade
em equiparar a
liberdade com a
espontaneidade!
Buscar a liberdade,
mas restringi-la
a determinado
número de esforços
é um desvio
contraintuitivo."

“Uma de minhas amigas da Rádio France, que também é docente na escola de jornalismo, me revelou um dia que, dentre seus alunos, preferia aqueles que qualificava de “diligentes” e “esforçados”. Quando lhe perguntei a razão, explicou que, na sua opinião, isso era a garantia de que no futuro eles se tornariam melhores profissionais: o hábito de se esforçar fazia deles pessoas mais prudentes, mais pacientes que seus colegas mais bem-dotados, que corriam mais risco por serem tentados pela facilidade e pela rapidez. “Meu objetivo”, dizia ela, “é formar bons jornalistas, comprometidos com a verdade, e não cronistas brilhantes preocupados apenas em causar impacto”.”

Christophe

10

O HORIZONTE DOS ESFORÇOS

PARA QUE EMPREENDER ESFORÇOS?

CHRISTOPHE: Se existe esforço é porque existe dificuldade! Sem dificuldades, não há necessidade de fazer esforços... Esforço é um conjunto de ações ou de pensamentos que realizamos para enfrentar, superar, resolver as dificuldades, sejam exteriores (obstáculos, adversidades), sejam interiores (preguiça, negligência, pessimismo, preocupações paralisantes etc.).

Para empreender esforços, é preciso ter tido antes boas motivações. E para perseverar neles é necessário que sejam recompensados, que produzam efeitos e que nos conduzam a um horizonte importante para nós.

MATTHIEU: É preciso ter um objetivo, é claro, mas que seja examinado com discernimento. Podemos ambicionar ser ricos, poderosos e célebres e, vinte anos depois, nos sentirmos bem decepcionados, pois nada disso nos trouxe o menor sentimento de plenitude. De fato, se procurarmos realizar nossa ambição sem refletir sobre ela, correremos o risco de nos tornar prisioneiros de objetivos pouco dignos de nossos esforços. Como lembra o budismo, "O resultado depende da motivação". É importante perguntar a si mesmo: Será que faço esses esforços por mim mesmo, de modo totalmente egoísta? Ou com os outros? Para os outros? Ou em detrimento dos outros? Esses esforços valem a pena? Vão me proporcionar uma satisfação profunda? Se realizo o bem a outro, é para apenas alguns ou para o maior número possível de pessoas? A curto ou a longo prazo? A intenção determina a direção e a magnitude de nosso entusiasmo.

ALEXANDRE: Na *Carta sobre a felicidade (a Meneceu)*[1], Epicuro adverte todo mundo, tanto os velhos como os jovens. Ele aconselha: "Que ninguém hesite em se dedicar à filosofia enquanto jovem, nem se canse de fazê-lo

1. Epicuro (341 a.C.-270 a.C.). *Carta sobre a felicidade (a Meneceu).* Edição bilíngue grego/português. Tradução Álvaro Lorencini e Enzo Del Carratore. São Paulo: Unesp, 2002. [N. Ts.]

depois de velho, porque ninguém nunca é jovem demais nem velho demais para alcançar a saúde da alma". Por que decidimos nos dedicar à prática espiritual? Não seria um meio de fugir de um cotidiano sufocante e penoso? Será que não nos obstinamos inutilmente em escapar de nossa condição? Desejamos desenvolver de verdade as imensas capacidades que existem no coração humano? Chogyam Trungpa combate com firmeza o incessante perigo de se apropriar da espiritualidade para fazer dela um seguro de vida. Ele ensina que a existência não é uma agência de viagens, que cada um deve escolher seu caminho sem ficar sonhando com outro lugar. Para nos despertar, ele não hesita em fazer provocações: "Ninguém jamais abandonou a esperança de alcançar a Iluminação. Ninguém jamais abandonou a esperança de fugir do sofrimento. Esse é nosso problema espiritual fundamental". Portanto, aja de acordo com ele. Deixe de ficar obcecado com a ideia de alcançar um despertar, uma gratificação, alguma coisa superior a tudo! Trata-se de praticar sem mais nem porquê, sem querer investir no futuro.

O essencial é consagrar nossos esforços, é oferecer nossa prática espiritual ao maior número de gente possível, aos outros, ao bem comum. Libertar-se de si mesmo é uma tarefa que ultrapassa de longe o âmbito restrito dos nossos projetos pessoais. O ideal do bodisatva, mesmo que nunca estejamos à altura dele, pode iluminar nossa jornada, dar sentido às recaídas, às travessias do deserto.

Dedico minhas dificuldades e minha alegria ao bem de todos. Se me mantenho remando, é para oferecer apoio a todos esses milhões de companheiros que embarcaram na mesma galera...

CHRISTOPHE: Sim, toda vida humana pressupõe esforços. Às vezes, percebo certo esnobismo do não esforço, coisa que me incomoda profundamente. Muitas pessoas preferem ser consideradas mais talentosas e inteligentes do que aplicadas. Às vezes, chegam até mesmo a mascarar seus esforços! Como se esforço fosse o oposto de talento, ou como se o talento tornasse inútil qualquer esforço. De fato, todo talento pode ser estéril e enganador se não for acompanhado de esforço.

Quem de nós não conhece crianças e adolescentes talentosos que sempre têm êxito na escola, que não anotam muita coisa nos cadernos, pois confiam em sua facilidade de aprender e conseguem sempre passar de ano até chegar à universidade. Em geral é aí que as coisas se complicam, porque eles serão confrontados com matérias que também exigem esforços e com outros estudantes tão ou mais talentosos, porém mais habituados a fazer esforços. Aliás, todos os criadores, artistas e cientistas repetem de bom grado que o que lhes permite avançar é a aliança entre talento e esforço. É o que costumo chamar de "dificuldades fecundas": às vezes a necessidade de esforços diante da adversidade, ou simplesmente em face das coisas complicadas, traz consequências inéditas e agradáveis que nunca teríamos visto nascer na simples facilidade.

ALEXANDRE: Para não se esgotar no meio da estrada, pode ser bom ouvir o que Epicteto tem a dizer. Ele recomenda distinguir muito bem o que depende de nós do que não depende nem um pouco. Conselho salvador para não acabar sem nada nem correr o risco permanente de fracassar. Quais são a grandes questões da vida? Onde se encontram nossos verdadeiros recursos? Atravessar os altos e baixos da vida todos os dias exige um trabalho danado.

Daí a necessidade de saber encontrar recursos, de descansar, de se recriar e de evitar ser vítima do desencorajamento, do amargor. Aliás, uma coisa que me toca profundamente são esses homens e mulheres, verdadeiros heróis do dia a dia, que sofrem de doenças durante toda a vida sem ceder à amargura. Em minha opinião, são pessoas assim que merecem todo o respeito e admiração, muito mais do que o atleta que atravessa o canal da Mancha a nado ou que escala uma montanha atrás da outra.

A MOTIVAÇÃO

ALEXANDRE: Na encosta por vezes escorregadia de um caminho espiritual, talvez seja bom se perguntar: Quem quer se exercitar? Quem quer progredir, se libertar? Será que realmente deixamos de obedecer ao ego quando nos dedicamos à prática espiritual, mesmo com toda a sinceridade do mundo? Querer ser perfeito na meditação não é também a ambição de uma mente fechada em si mesma? O princípio zen "sem intenção nem desejo de recompensa" é uma verdadeira bússola para abandonar qualquer tipo de atração pelo ganho, qualquer desejo de se mostrar excepcional e de ser recompensado por isso.

Certa vez, em um retiro jesuíta, um padre me deu recomendações bem esclarecedoras, resumidas em algumas simples questões: Que hábitos saudáveis você gostaria de instituir na sua vida? Que tendências, que imperfeições você desejaria livrar do seu cotidiano? Palavras que soavam como um convite para descobrir os espaços da vida em que reinam o egoísmo, a dependência, a acrasia, esses milhares de vielas sem saída onde podemos nos perder. Aristóteles, com seu célebre enunciado "É forjando o ferro que o ferreiro aprende a forjar", é o estímulo de que precisamos. Quase sempre acreditamos que só realizaremos atos de bravura quando formos corajosos. O que o filósofo nos mostra, porém, é que é o contrário que acontece. É tendo confiança, é praticando atos de bravura que pouco a pouco se adquirem as virtudes. Encorajamentos salutares para não ficar de braços cruzados sem por isso se esgotar no caminho...

De onde vem nossa motivação? O que nos impele a mergulhar de cabeça? Seria a aspiração sã, profunda e viva de alcançar a sabedoria? Assim como no caso do burro, a atração pela cenoura e o medo do chicote ainda nos dominam? Perguntar quais são os recursos que nos fazem crescer é certamente arriar nossa montaria e ter uma visão da estrada inteira.

Jean-Paul Sartre denuncia a má-fé. E o que dizer desse monte de papéis que somos levados a desempenhar e que nos obrigam, talvez, a *bancar os espirituais* do mesmo jeito que fingimos ser bonzinhos para agradar, para não decepcionar, a fim de compensar...

MATTHIEU: É preciso encontrar um equilíbrio entre a tensão e o relaxamento. O Buda contava a história de um de seus discípulos que não conseguia dosar seus esforços. O homem dizia: "Há momentos em que não tenho absolutamente nenhuma motivação, fico tão relaxado que nada acontece. Em outros, fico tão tenso que não consigo meditar". Ele era tocador de vina, uma espécie de cítara. "Como você afina seu instrumento para tirar dele o mais belo som?", perguntou o Buda. E o músico respondeu: "Faço com que as cordas não fiquem nem muito tensas nem muito relaxadas". "O mesmo acontece na meditação", concluiu o Buda. O relaxamento pode tornar a mente confusa, e o esforço excessivo a cansa e a agita. Esses dois extremos são muito contraproducentes.

Na psicologia contemporânea, fala-se muito do ambiente adequado, necessário para entrar no estado de "fluxo", definido pelo psicólogo Mihaly Csikszentmihalyi[2], como uma profunda absorção na ação. As ações, os movimentos e os pensamentos se encadeiam com fluidez; não se sente o tempo passar, a fadiga e a consciência de si se atenuam. Para entrar no fluxo é preciso que a tarefa não seja nem muito difícil, senão a tensão se instala, nem fácil demais, senão é o tédio que nos aflige. A continuidade do fluxo é sentida como uma experiência muito satisfatória que valoriza intensamente o momento presente. Podemos entrar no fluxo também sem o suporte de uma atividade exterior. A contemplação da presença desperta, da natureza da mente, por exemplo, é uma experiência profunda e fértil que se assemelha ao fluxo. Nesse caso também, a anulação do eu é total, o que é uma fonte de paz interior e de abertura para os outros.

---

2. Mihaly Csikszentmihalyi (1934). Psicólogo húngaro, criador do conceito psicológico de fluxo, importantíssimo para as dinâmicas mentais. Notabilizou-se por seus estudos sobre a felicidade e a criatividade. [N. Ts.]

Aos 80 anos, o psicólogo Mihaly Csikszentmihalyi, que encontrei em diversas ocasiões, emana uma gentileza natural e serena. Ele coloca em prática tudo o que ensina, o que é encorajador.

Por isso, precisamos encontrar o justo equilíbrio entre o esforço e o relaxamento que nos permitirá progredir melhor. Artistas e artesãos sabem muito bem que o "excesso de esforço" e a superexcitação podem sabotar sua obra. Como diz o provérbio, "A paciência leva ao sucesso, muita pressa não leva a nada". Recordo-me de um piquenique no campo após um retiro de verão de 45 dias em nosso monastério no Nepal. Os monges mais jovens haviam organizado uma corrida. Eu tinha trinta anos a mais do que eles. Achei que teria meu momento de glória; corri como um alucinado durante os dez primeiros metros gritando "yupiii!". É claro que todo mundo me alcançou e me ultrapassou. No fim da corrida, fui o melhor último colocado!

A PSICOLOGIA DO ESFORÇO

CHRISTOPHE: Posso até imaginar a cena, você fazendo um *sprint* com seu hábito de monge! Adoraria ter estado lá para ver isso! Essa noção de ambiente adequado para o esforço é bem importante. Sua corrida evidencia um equívoco clássico no emprego dos nossos esforços: errar na dose, passar dos limites, depois perder o fôlego e se esgotar. Os esforços quase sempre necessitam de um planejamento: na corrida a pé, isso é chamado de treinamento – uma sucessão de pequenos esforços acessíveis e repetidos para produzir um efeito paulatino. Se você quiser ganhar sua próxima corrida, caro Matthieu, e impressionar todo mundo lá no monastério, você tem de trabalhar todo dia, treinar para correr e depois para fazer *sprint*. Mas acredito que você não dá a mínima para ganhar nem para impressionar ninguém!

Outro ponto importante quanto à psicologia dos esforços é que, às vezes, eles têm um efeito diferente. Na educação, por exemplo, os esforços para ensinar determinados valores aos nossos filhos (a benevolência, a perseverança, a honestidade) parecem não ter resultados imediatos: eles continuam a brigar, a largar as tarefas em caso de dificuldade, a nos contar lorotas quando lhes convêm. Dizemos, então, que nossos esforços educativos não servem para grande coisa, que estamos fazendo tudo errado, e que não sabemos muito bem dar exemplos; todas essas coisas são possíveis e é preciso refletir sobre elas. Mas, com muita frequência, quanto mais os filhos crescem e vão para longe de nós, mais temos a grata surpresa de vê-los usar essas qualidades, adotar esses valores na vida, o que não faziam enquanto ficávamos no pé deles; talvez também porque simplesmente não tinham maturidade para isso. O efeito foi retardado!

Mesmo sem resultados imediatos, é quando são crianças que precisamos fazer os esforços educativos, e não esperar até que sejam adolescentes ou adultos.

O que às vezes é doloroso é que nem todo mundo é igual diante da necessidade de esforço: alguns se desmotivam porque têm o sentimento de que seus esforços são inúteis ou de que não são reconhecidos o suficiente. Acreditam que sua velocidade de progresso é medíocre e que todo mundo se sai melhor. O ideal não seria nos perguntar se nossos objetivos são bons e se estamos no lugar certo? Existem condições de inferioridade que é melhor aceitar tranquilamente (como correr menos rápido que os outros, ou não ter uma memória tão boa). Ou, se for uma área em que desejamos progredir, observar se não estamos em constante comparação com os outros, travados pelos venenos da inveja e da decepção, e concentrar-se nos próprios progressos individuais.

MATTHIEU: Alguns têm mais facilidade do que os outros, mas essas aptidões naturais não devem se traduzir em complacência. No mundo tibetano, os mestres preferem um estudante perseverante a um estudante brilhante mas indolente. Sempre existe margem de manobra. No início, certas pessoas podem ser pouco inclinadas à benevolência, mas ao longo da vida acabam desenvolvendo qualidades humanas reais. No melhor dos casos, essa transformação procede de uma intenção deliberada, refletida e consciente. A experiência mostra que, para os que escolhem essa trajetória, a diferença no fim será considerável, mesmo que nem o ponto de partida nem o ponto de chegada tenham sido os mesmos para todos. O treinamento *sempre* produz frutos, pois todos temos a capacidade de mudar e o cérebro dispõe de uma surpreendente plasticidade.

É vital ter consciência desse potencial de transformação. Insisto mais uma vez que todo treinamento conduz a um resultado, isso está na natureza das coisas. Em seguida, o que importa é contemplar os benefícios de nossos esforços e saber para que direção queremos orientá-los. É preciso ser claro: queremos aprender a jogar tênis, a tocar piano ou a cultivar a paz interior e o altruísmo? Escolher um objetivo inspirador gera entusiasmo. Como já ressaltamos, cada passo é uma alegria em forma de esforço.

CHRISTOPHE: Uma coisa que sempre me surpreendeu ao observar os esforços realizados por meus pacientes, meus familiares e até por mim mesmo, é que eles são uma forma de autorrevelação. Aprender a se conhecer não depende unicamente da introspecção, mas também da ação e de tudo o que os resultados dos esforços vão nos ensinar.

Esforçar-se é se confrontar com o real e extrair dele as informações: sobre nós mesmos, sobre os outros, sobre tudo o que enfrentamos na vida... Isso fica claro em particular nos pacientes fóbicos e esquivos: por medo, eles evitam criteriosamente se confrontar com tudo o que temem. Mas, ao fazerem isso, não conseguem compreender que o perigo não é assim tão grande (com frequência, é quase sempre inexistente), e que eles têm os recursos para enfrentá-los. Nossas ações transformam ao mesmo tempo o real e a nós próprios.

Já não me lembro mais em que passagem de *Propos sur le bonheur* [Proposições sobre a felicidade] o filósofo Alain[3] cita os esforços do lenhador que, com seus golpes de machado, derruba as árvores e, ao mesmo tempo, desenvolve a musculatura: um esforço e dois efeitos. E foi nos *Diários* de André Gide[4] que li (e copiei!) a seguinte passagem: "Não existe doutrina mais funesta do que a do mínimo esforço, essa espécie de ideal que convida os objetos a virem até nós em vez de nós irmos até os objetos".

ALEXANDRE: Em *O cuidado de si*[5], Michel Foucault cita Sêneca para mostrar a necessidade de um trabalho consigo mesmo: "Os que desejam se salvar, devem viver cuidando de si mesmos incessantemente". Isso porque o homem não saiu pronto do ventre de sua mãe. O autor vai buscar na tradição antiga os múltiplos verbos que designam os exercícios espirituais: "esvaziar-se de si mesmo", "fazer-se a si mesmo", "transformar a si mesmo", "retornar a si mesmo". Se existe um olhar narcísico que faz a pessoa se perder numa introspecção ilusória, também existe, sem dúvida, um meio de se livrar das paixões tristes, de desligar o piloto automático. Adoro a ideia de alguém se esvaziar de si mesmo, se esvaziar do supérfluo, do excesso, e receber a vida tal como se apresenta. Mas, decididamente, nada é resolvido de antemão! Num terreno como esse, como esperar o justo equilibro entre uma intensificação feroz dos esforços e o relaxamento total, o desistir de tudo?

Esforçar-se e desistir

CHRISTOPHE: Sem dúvida, algumas pessoas cometem o erro de desistir antes mesmo de ter começado alguma coisa!

MATTHIEU: Retomando a imagem da corrida, não se pode desistir antes mesmo de atravessar a linha de partida. A gente até pode desistir desde que tenha dado o melhor de si, sem lamentar nem se apegar.

---

3. Pseudônimo literário de Émile-Auguste Chartier (1868-1951), jornalista, ensaísta e filósofo francês. Ver Alain. *Propos sur le bonheur*. Paris: Gallimard, 1928. [N. Ts.]
4. André Paul Guillaume Gide (1869-1951). Fundador da Editora Gallimard e da revista *Nouvelle Revue Française*. [N. Ts.]
5. Michel Foucault (1926-1984). *História da Sexualidade III. O cuidado de si*. Tradução de Maria Thereza da Costa Albuquerque. Rio de Janeiro: Graal, 1986. [N. Ts.]

CHRISTOPHE: De fato, desistir de algo não tem sentido, a menos que seja uma alternativa inteligente para esforços que parecem inúteis, infrutíferos, ou mais custosos do que os benefícios. É depois de ter trabalhado em vão para resolver uma equação complexa, que o cientista larga o trabalho, sai para um passeio na natureza e, de repente, encontra a solução; o mesmo acontece com o artista, com o estudante ou com qualquer um! Imagens de Épinal[6]? De modo algum! Dados recentes sobre o funcionamento cerebral da "rede padrão", aquelas áreas do cérebro que se ativam e dialogam quando não fazemos nada, confirmam que momentos de repouso como esses, nos quais se dá livre vazão à mente, são preciosos principalmente para nossa criatividade; nesses instantes a mente recicla todas as informações sobre o que vivemos e realizamos e faz a conexão entre elas. Mas para que a rede padrão possa resolver alguma coisa, precisamos antes de mais nada ter completado nosso estoque de experiências, de ideias, de emoções, para depois desistir dele. É essa alternância entre o tempo de esforço e o tempo de repouso que é a mais fecunda de todas.

MATTHIEU: Sabe-se que o quociente intelectual é muito estável e que o treinamento para esse tipo específico de inteligência não o muda em nada. Algumas pessoas podem não ter um QI elevado, mas em compensação possuem uma criatividade e uma inteligência emocional fora do comum e acabam se dando muito melhor na vida. Em seu tempo de escola, o psicólogo norte-americano Scott Barry Kaufman era discriminado por suas notas baixas. Felizmente, percebeu que era muito criativo. Com muita perseverança, tornou-se neurocientista, um especialista em processos de criatividade. Seus dois livros, *Ungifted. Intelligence redefined* [Não dotado. A inteligência redefinida] e *Wired to create* [Plugado para criar], explicam que, quando alguém é criativo, as zonas do cérebro ativadas durante os processos de criação prevalecem sobre as zonas da atenção focalizada. Ou seja, um estado no qual a mente fica relaxada, sem tensão, sem se fixar em um ponto ou assunto determinado – estado em que podemos nos encontrar pela manhã ao despertar ou durante um passeio na natureza –, favorece muito mais a formação de novas ideias do que a hiperconcentração, pois a atenção está presente, mas não está focalizada. Sabe-se que as soluções quase sempre surgem de maneira inesperada, quando a mente não está intensamente concentrada no problema a resolver. O matemático Henri Poincaré revelou ter refletido durante meses sobre um problema matemático complexo sem encontrar a solução. Foi quando descia

6. As gravuras de Épinal eram vendidas na França durante o século XIX. Suas estampas de cores fortes e brilhantes representavam temas populares e ingênuos. No decorrer do tempo, a expressão "imagens de Épinal" adquiriu um sentido pejorativo, uma visão enfática, tradicional e ingênua que revela apenas o lado bom das coisas e, por isso, um sinônimo de clichê. [N. Ts.]

"Toda vida humana pressupõe esforços. Às vezes, percebo certo esnobismo do não esforço, coisa que me incomoda profundamente."

de um ônibus que, com a rapidez de um raio, tudo se desvendou em sua mente. Todos conhecemos esses momentos nos quais procuramos ter uma ideia ou tomar uma decisão, sem conseguir... Saímos para uma caminhada na natureza e, de súbito, encontramos a solução!

Em 2009, durante uma Reunião da Cúpula da Paz, em Vancouver, fiz parte de uma mesa-redonda sobre criatividade com o Dalai Lama, *sir* Ken Robinson (especialista em educação criativa), Eckhart Tolle, Pierre Omidyar (fundador do e-Bay) e o Prêmio Nobel de Física Murray Gell-Mann. Na ocasião, Eckhart Tolle mencionou um estudo que mostrava que, no momento do pênalti, os jogadores de futebol que chutavam a bola direto, assim que o juiz apitava, marcavam gol menos vezes do que os que fechavam os olhos por dez segundos antes de chutar. Eles criavam um momento de pausa, se concentravam e deixavam a inspiração vir por si mesma – forma elementar do processo criativo. Ken Robinson, com seu humor britânico, exagerou a cena e comentou: "Já estou até vendo Eckhart Tolle meditando durante cinco anos diante da rede... e perdendo o pênalti". Dito de outra forma, sem milhares de horas de treinamento, esse desistir criativo será inútil tanto no futebol como na matemática!

O físico Murray Gell-Mann explicou que, na Física, resolver problemas não é o mais difícil nem o mais importante. A verdadeira criatividade consiste em fazer as perguntas certas, bem como formular novas perguntas.

CHRISTOPHE: É o que acontece com o Prêmio Nobel: toda vez que é concedido a uma descoberta e, portanto, a problemas resolvidos, o comitê de acadêmicos ressalta que a descoberta premiada "transformou sua área de conhecimento", ou que "abriu novas e inesperadas perspectivas". Ou seja, que a descoberta em questão gerou novas questões que vão além das respostas apresentadas. Lembro-me de uma história a respeito do neurobiologista Alan Hodgkin, Prêmio Nobel de Medicina de 1963, por suas pesquisas sobre os potenciais elétricos celulares e suas hipóteses sobre a existência de canais iônicos, que não foram demonstradas senão dez anos mais tarde. Seus alunos contam que todos os dias ele fazia uma incursão pelo laboratório e falava com todos os estudantes e pesquisadores. Quando alguém lhe mostrava dados da experiência do dia anterior que correspondiam aos resultados esperados, ele aquiescia com a cabeça e continuava seu caminho. O único meio de reter sua atenção era apresentar um resultado inesperado; só então ele se sentava, acendia seu cachimbo e refletia sobre o que era possível deduzir daquilo. Como todo bom pesquisador, Hodgkin se sentia muito mais atraído pelos esforços e problemas a resolver do que pelas questões resolvidas ou em vias de confirmação.

MATTHIEU: Isso me faz lembrar de François Jacob[7], meu chefe no Instituto Pasteur. Quando eu lhe mostrava um resultado inesperado, ele também costumava se sentar e acender o cachimbo. Senão, simplesmente prosseguia sua ronda deixando um "Muito bom...", bem lacônico.

CHRISTOPHE: Muitos campos da pesquisa contemporânea se apoiam enormemente nos computadores e na inteligência artificial, o que permite eliminar certo número de esforços repetitivos relativos a procedimentos já conhecidos. Graças a essa ajuda os pesquisadores podem realizar outros esforços.

CAMINHAMOS PARA UM MUNDO "SEM ESFORÇOS"?

CHRISTOPHE: Em nosso modesto diário, podemos nos questionar: vivemos uma época que multiplica as ferramentas para nos livrar de certo número de esforços. Globalmente é uma coisa boa não ter mais de caminhar 5 quilômetros para encontrar água potável, ter acesso a uma infinidade de dados pela internet sem ter de atravessar toda a cidade ou o país para chegar a uma biblioteca universitária, tudo isso é maravilhoso. Mas até que ponto? Até que ponto o que aumenta o conforto e poupa esforços é de fato favorável à felicidade e à liberdade de alguém? Vamos tomar o exemplo do GPS nos automóveis. Se o usamos sistematicamente, não faremos mais esforço para memorizar os lugares pelos quais passamos, os diferentes caminhos que podemos tomar. Será que isso aumenta nossa liberdade? Claro que não, só aumenta mais nossa necessidade, nossa dependência desse aparelho! E o dia em que ele quebrar, ficaremos num mato sem cachorro, menos livres do que nunca, mais estressados e mais perdidos. Nossa liberdade deveria depender mais do uso do cérebro e menos do uso do aparelho.

Em um discurso feito para estudantes do ensino médio, Paul Valéry declarou: "A vida moderna tende a nos poupar do esforço intelectual, assim como faz com o esforço físico. Ela nos oferece todas as facilidades, todos os meios rápidos de chegar ao objetivo sem ter feito o caminho. O que é excelente. Mas perigoso demais". E isso foi em 1932! O que teria dito hoje? Logo compreendemos que não poderíamos suprimir de vez os esforços do corpo, por isso inventamos o exercício físico, que restaura o corpo de outra maneira, escolhida mais livremente. Sem dúvida, o mesmo acontece com o esforço intelectual! A multiplicidade de próteses que ajudam nossa cultura, nossa atenção e nossa

7. François Jacob (1920-2013). Nobel de Medicina de 1965. Membro da Academia Francesa de Letras. Desenvolveu importantes pesquisas sobre a regulação genética das bactérias. Ver *A lógica da vida*: uma história da hereditariedade. Tradução de Ângela Loureiro Souza. Rio de Janeiro: Graal, 2001. [N. Ts.]

memória não é um instrumento de libertação interior, a não ser que os esforços de que nos poupam sejam substituídos por esforços de categoria superior, e não pelo consumo de lazer.

MATTHIEU: Antes da invenção do GPS, os motoristas de táxi londrinos, para obter sua licença, deviam aprender de cor a localização de 12 mil ruas! Há pouco tempo, tomei um táxi parisiense que, privado de seu GPS, não tinha a menor ideia da localização de uma rua bem conhecida de Paris. A facilidade pode empobrecer nossa capacidade de aprendizagem. Alguns leitores ficam surpresos quando menciono que durante cinco anos fiz sozinho o trabalho de pesquisa para o livro *A revolução do altruísmo*[8], que contém cerca de 1.600 referências. Eles supunham que eu pudesse ter recorrido aos serviços de pesquisadores. Na verdade, foram esses esforços que me permitiram adquirir um bom conhecimento do conjunto desses estudos e descobrir as ligações e as correspondências entre os temas que abordei no livro. Esse esforço foi muito proveitoso e ainda hoje a maior parte das ideias e dos trabalhos dessa pesquisa continuam claros em minha mente.

ALEXANDRE: Voltando ao GPS, durante uma cerimônia fúnebre, ouvi o padre dizer que na vida não estamos equipados com um GPS que indique um caminho pré-traçado, que ofereça informações claras e precisas como "vire à esquerda; continue por 100 metros...", mas que no fundo do nosso coração existe uma bússola fiável. A ascese consiste exatamente em apurar o ouvido e escutar essa voz que vem do mais íntimo do nosso ser, esse apelo ao altruísmo, à liberdade e à dádiva de si.

CHRISTOPHE: Na parte anterior de nossa discussão, dedicada à ecologia da mudança, refletíamos sobre o fato de saber se é possível fazer progressos sem esforços. Em determinadas condições, sim, quando temos a chance de encontrar ambientes favoráveis, cercados de pessoas benevolentes, inspiradoras, motivadoras, e onde predominam a calma, o altruísmo, a confiança e a solidariedade.

Por outro lado, constato que muitas vezes precisamos fazer esforços sem obter progressos! Por exemplo, se somos portadores de deficiências físicas, emocionais, motivacionais ligadas ao nosso temperamento ou a uma doença. Nesse caso, nossos esforços serão de manutenção, para não piorar ainda mais.

8. Matthieu Ricard. *A revolução do altruísmo*. Tradução de Inês Polegato. São Paulo: Palas Athena, 2015.

"Artistas e artesãos sabem muito bem que o 'excesso de esforço' e a superexcitação podem sabotar sua obra."

Escovar os dentes não deixa os dentes mais brancos, mas impede as cáries. As injeções de insulina não curam o diabetes, mas impedem danos devastadores em nosso corpo. Em nossas vidas quase sempre existem fragilidades permanentes que implicam esforços constantes tão só para nos manter em equilíbrio.

Onde está então nossa liberdade, se temos de fazer tanto esforço só para permanecer vivos? Será que esforços "obrigatórios" não são também algemas? Parece que não; parece que são como todos os esforços – um pré-requisito que nos ajuda a ir em busca de outras liberdades. É como fazer um contrato de aluguel, que depois nos permite desfrutar tranquilamente de nossa casa.

ALEXANDRE: Adorei a ideia do contrato de aluguel... Falando em escovar os dentes, Cioran, com seu bom humor de sempre, nos relembra a tentação do desespero, do "para quê?", da resignação: "Essa manhã depois de ter ouvido um astrônomo falar da existência de bilhões de sóis, desisti da minha higiene pessoal: para que tomar banho outra vez?".

Conviver com uma deficiência, lidar com uma doença crônica, com um problema psíquico ou com um ferimento que resiste a qualquer tratamento, exige certamente uma arte de viver e das mais resilientes. O que talvez ajude o aspirante é a ideia da grande saúde. Em *A gaia ciência,* Nietzsche evoca esse conhecimento, essa capacidade de aceitar os altos e os baixos da vida. Às vezes, quando saio do médico e sei que não há absolutamente nada a fazer para me sentir melhor, digo a mim mesmo que é bem aí que começa o desafio. A grande saúde deixa muita gente de fora. Diante da impotência, para não desistir de tudo para sempre, é vital criar uma dinâmica para a vida. O que posso fazer? Que atitudes posso tomar aqui e agora para que o mal não triunfe, para que minha vida continue a fluir da mais bela maneira possível? Todos os dias, o primeiro pensamento que me vem à mente é um penoso "Estou cheio!". Estou farto desse estado de fadiga permanente, das dificuldades que não vão necessariamente se arranjar, das zombarias que terei de aguentar. Será que existe uma brecha de liberdade possível no meio desse caos? Para começar, não adicionar a esses estados mais um item, o de estar cheio de estar cheio, e experimentar uma arte de viver que permite, a cada instante, fazer bem as coisas e manter a alegria.

• CAIXA DE FERRAMENTAS •

Para o horizonte dos esforços

◈

ALEXANDRE

- *A prática espiritual ultrapassa o contexto estreito da ambição pessoal*: Em certo sentido, quando nos livramos da amargura, da fadiga, do egoísmo, a humanidade inteira progride junto com a gente. Realizar esforços não é especular nem esperar um retorno dos investimentos, mas se doar inteiramente à existência.

- *Fazer uma pausa*: Quem está habituado a lutar e a combater a adversidade talvez ache penoso desfrutar do céu azul, ficar relaxado na praia sem fazer nada. Para mim, o que simboliza o repouso? Uma espécie de morte, uma existência de zumbi? O que me regenera, me recarrega, e que no fundo me recria?

- *Encontrar na ascese um prazer intrínseco*: Os filósofos antigos comparavam o aspirante que avança na vida espiritual a um atleta, a um esportista. Podem imaginar como é dura e penosa uma corrida para um maratonista que não ama correr? Existe algum tipo de alegria singela em escovar os dentes, em meditar, em levantar da cama pela manhã e até mesmo em lutar ferrenhamente contra uma adicção?

- *O tensiômetro*: Tenho um amigo que às vezes me lembra que eu poderia passar pela vida sem esse excesso de angústias, de ruminações, sem essa perpétua agitação, que, afinal de contas, não muda nem as coisas nem as circunstâncias que preciso viver para progredir. Desde então, em caso de pânico, no meio dos tormentos e dessa hiperatividade, sempre tento recorrer a uma prática: consultar minha bússola interior, uma espécie de medidor de tensão interno que indica quando o excesso de esforço me atinge para que eu jamais caia na armadilha. Ferramenta salutar para não se esgotar no meio da estrada e viajar um pouco mais leve.

MATTHIEU

- *Fazer esforços regulares e perseverantes*: Gota a gota acabamos enchendo uma grande vasilha.
- *Ter uma relação benevolente consigo mesmo.* Não se revoltar contra as próprias limitações, não se condenar por não ter feito mais do que era possível e manter a coragem quando uma tentativa não der certo.
- *Não subestimar o potencial de transformação da mente,* permanecer sempre aberto para a profusão de alternativas existentes, ter a flexibilidade de mudar de direção sempre que necessário, encontrar a serenidade dentro de si quando fracassar. Ninguém pode nos privar da liberdade de sentir paz interior.
- *Cultivar o amor altruísta,* que coloca em perspectiva os imprevistos da nossa própria existência.

CHRISTOPHE

- *Nenhum esforço é vergonhoso.* Se você for como eu, um tipo mais laborioso do que superdotado, nunca tenha vergonha de se esforçar e não se compare com aqueles e aquelas que parecem fazer muito menos para obter os mesmos resultados. O trabalho serve para isto: para compensar as desigualdades. E desigualdade não significa inferioridade; a pessoa que corre mais rápido do que você não é superior a você, só é mais rápida, só isso. O mesmo acontece com quem é (ou lhe pareça) mais culto que você e assim por diante.
- *Uma regra importante*: Em termos de esforços, não se compare com ninguém a não ser com você mesmo! Nada é mais gostoso e satisfatório do que sentir o próprio progresso de um ano para o outro. E que esse progresso se deve aos próprios esforços!
- *Às vezes, a facilidade e a ausência de esforços são uma armadilha*: Lembre-se do GPS! Nossa liberdade se fortalece muito mais com nossos esforços do que com as nossas facilidades. Assim como os esforços físicos fazem bem ao corpo, os esforços psicológicos criam músculos no cérebro. Uma das chaves para um envelhecimento saudável é permanecer um eterno aprendiz: manter sempre a curiosidade e fazer esforços para progredir.

- *Resultados sim, mas não tão depressa*: alguns esforços são decepcionantes (não têm efeitos imediatos nem recompensas gratificantes). Isso porque existem esforços de efeito retardado, como acontece na educação ou na regulação das emoções. E existem esforços para manter o equilíbrio, como escovar os dentes ou cuidar da higiene, algo vital no caso das doenças crônicas. Tudo isso torna ainda mais necessário um último tipo de esforços: os esforços para ser feliz! A felicidade é um dos grandes combustíveis para realizar todos os esforços que uma vida humana exige.

“Quando eu era menino, adorava as aulas de história: nossos professores e professoras costumavam desenrolar e pendurar grandes cartazes nas paredes, ilustrando um episódio histórico famoso ou uma cena com algum personagem célebre. Lembro-me de uma imagem que me fascinava: representava Colbert, o ministro de Luís XIV, entrando em seu escritório de manhã bem cedo e esfregando as mãos de prazer diante da ideia do trabalho que o esperava. A perspectiva de que esforços a realizar podiam causar alegria me surpreendia e, ao mesmo tempo, me atraía. Será que já tinha a intuição de que o trabalho era uma das chaves para se tornar um adulto contente com sua sorte?

Mais tarde, quando me tornei pai, lembro-me de ter feito o melhor que podia para que minhas três filhas gostassem de estudar. Todos os verões, por exemplo, eu comprava para elas os “Cadernos de férias”, e sempre me preocupava em demonstrar alegria e bom humor para encorajá-las ou ajudá-las a preenchê-los.”

CHRISTOPHE

11

Esforços difíceis, esforços agradáveis

Uma certa depreciação do esforço

CHRISTOPHE: É provável que a maioria de nós associe espontaneamente a ideia de esforço a alguma coisa mais desagradável, até mesmo penosa. Como se isso fosse uma violência contra si mesmo, como se a felicidade e o conforto significassem uma ausência de esforços. É claro que, por definição, um esforço não é nem espontâneo nem fácil. Visamos um objetivo e encontramos certa resistência, no interior ou no exterior. Mas podemos alcançar nossos ideais sem fazer nada?

Tenho a impressão de que vivemos em uma época na qual o esforço é depreciado. Na escola, por exemplo, são muitos os que acreditam que não é necessário pressionar os alunos: uma boa pedagogia não deveria exigir esforços das crianças, deveria ser *sempre* lúdica e leve. Como se os esforços implicassem dois pecados capitais: eles fazem sofrer (e nossa época sonha em erradicar todo sofrimento) e são suspeitos de serem contraproducentes (a via do prazer seria mais rápida). Pergunto-me se, ao contrário, a boa aprendizagem não seria aquela que alterna exercícios que exigem esforços com exercícios mais lúdicos (como quando eu admirava as grandes imagens de Colbert, Clóvis ou Joana d'Arc)? Quando os pais dos alunos reclamam por que seus filhotes "se entediam" na sala de aula, o que essa realidade encobre? Será que isso se refere a todos os alunos da classe? Ou será que, mesmo sendo inteligente, essa criança é incapaz de fazer o esforço de escutar tranquilamente ou de pensar em outra coisa e respeitar o ritmo de seus colegas, talvez diferente do seu em determinadas matérias. O que significa uma educação em que se abandona o aprendizado de esforços, tais como o respeito ao outro ou a atenção constante?

MATTHIEU: Desconsiderar o esforço é atitude de criança mimada. Um dia, o Dalai Lama me disse: "Quando se alcança o estado de Buda, então, repouso total! Mas até lá os esforços precisam ser constantes". E acrescentou, em tom bem-humorado: "Alguns praticantes gostariam que o caminho da Iluminação fosse fácil, rápido e, se possível, barato".

Milarepa[1], o grande eremita tibetano do século XII, realizou sua prática espiritual durante doze anos em retiro dentro de cavernas e em outros lugares selvagens. Depois disso, teve inúmeros discípulos. Quando Gampopa, seu discípulo mais próximo, se preparava para partir, pediu ao mestre um último ensinamento. Milarepa se levantou, virou de costas, suspendeu a longa túnica e mostrou suas nádegas consteladas de calosidades, formadas à custa de ficar sentado no chão duro das grutas. A lição era simples: "Não relaxe jamais seus esforços".

CHRISTOPHE: Mensagem bem clara! Em minha opinião, o esforço tem outra virtude: ele é pró-democrático, é um compensador de desigualdades. Por que admiramos mais as pessoas bem-dotadas do que as laboriosas? Mais a inspiração do que a transpiração? É o esforço que permite aos menos dotados pela natureza, ou pelo acaso, recuperar parte de seu atraso. Isso também me faz lembrar as aulas de História e de um grande cartaz que mostrava Carlos Magno (que, segundo a lenda republicana, inventou a escola) em visita a uma escola medieval, parabenizando os bons alunos, que estavam separados dos maus. Os maus alunos estavam ricamente vestidos – decerto crianças da nobreza – enquanto os bons alunos, dignos de mérito, eram crianças simples do povo. Esse gênero de cena, sem dúvida, representa mais uma lenda do que a realidade, mas pelo menos sugere um ideal: compensar com os próprios esforços as desigualdades de nascença...

MATTHIEU: Na Finlândia, não existem provas nas escolas e não se dá nota aos estudantes por suas *performances*. O que se faz é encorajar seu entusiasmo e sua diligência de maneira criativa. Nos Estados Unidos, ao contrário, a educação é muito competitiva, e como acreditam que não se deve ferir a autoestima narcísica inculcada nas crianças, algumas escolas dão aos bons perdedores de uma competição, porque não fizeram o mínimo esforço, um prêmio de "excelente participação".

CHRISTOPHE: Por isso, desenvolvi uma ligeira alergia por todas essas mensagens que encorajam a lei do mínimo esforço. De um lado, porque isso é perigoso: implica que outros farão os esforços em nosso lugar e que, de uma maneira ou de outra, teremos de pagar por isso, com dinheiro ou com nossa subserviência (como acontece na internet: o que se oferece como gratuito é

1. Jetsun Milarepa (1040-1123). Uma das maiores figuras do budismo Vajrayana. [N. Ts.]

pago quase sempre de maneira indireta, com a superexposição às publicidades, com as informações pessoais etc.). De outro lado, porque me parece antidemocrático: se os esforços nem sempre garantem que as deficiências sociais, culturais e físicas sejam compensadas, a falta de esforços, por sua vez, é a garantia perfeita de que não haverá nenhuma compensação mesmo, de que cada um seguirá seu caminho sem levantar o traseiro da cadeira, sem perceber as oportunidades e as adversidades.

Não falo aqui dos esforços de sobrevivência – sei que existem muitas vidas miseráveis nas quais cada instante e cada gesto significam apenas o esforço para sobreviver à fome e à miséria –, mas sim dos esforços para progredir e melhorar a própria condição. Como alguém pode mudar, progredir e aprender sem fazer esforço?

MATTHIEU: Essa tendência para a facilidade transparece em determinadas técnicas de meditação contemporâneas: "Concentrem-se em si mesmos gentilmente, com doçura...". Ou seja: "Sobretudo, não faça esforço". É uma conclusão um tanto rápida demais. Depois de ganhar uma corrida de *ski* alpino com uma facilidade desconcertante, uma esquiadora olímpica declarou: "Me sentia como um rio". Mas para chegar a esse ponto foi preciso muito trabalho!

ALEXANDRE: Apreciando suas palavras, Christophe, me lembrei dos dizeres de um Padre do Deserto: "O trabalho é uma coisa boa. Por isso, é bom deixar um pouco para amanhã...". A cada dia basta sua pena, seu esforço, sua alegria, sua beleza talvez... Em certo período da minha vida, tentando progredir de verdade como monge, eu percorria os monastérios para tentar encontrar algum repouso, uma trégua para a angústia, um bálsamo para o coração. Um dia, bem no início do retiro, pedi com insistência a um velho monge que me ensinasse uma prática bem austera, capaz de me libertar definitivamente dos tormentos da carne, do medo de morrer, nada menos que isso... queria um tratamento de choque. O velhinho me olhou em silêncio e, com seu olhar maroto, tocou meu coração: "Meu amigo, você já sabe relaxar e se sentir bem? Vá bem devagar, prepare primeiro sua montaria! A arte de viver já é se sentir bem consigo mesmo. Não queira pular etapas!".

Entre uma disciplina feroz que nos faz cerrar os dentes e o laxismo, existe decididamente um abismo, uma brecha, onde pode se introduzir com valentia nossa liberdade. Como criar uma ascese *sob medida*? Como avançar rumo ao progresso sem odiar a si mesmo? Quando contemplo os seres que admiro, os sábios, os heróis do cotidiano, percebo muito bem que sua alegria, sua paz, sua imensa sabedoria não caíram do céu.

“Milarepa costumava dizer: ‘No início, nada vem; no meio, nada fica; no fim, nada vai’.”

MATTHIEU: Meus mestres espirituais, Kangyur Rinpoche e Dilgo Khyentse Rinpoche, viveram trinta anos em retiro contemplativo. E não porque não fossem bem-dotados. Quando se pergunta ao Dalai Lama por que tantas pessoas vêm ao seu encontro para ouvi-lo falar, ele sempre responde que não sabe de nada. Mas se insistirmos um pouco, às vezes acrescenta que talvez seja porque já faz sessenta anos que todos os dias, antes do amanhecer, medita durante três ou quatro horas sobre o amor altruísta e a compaixão. Nem é preciso dizer que, no nosso caso, faríamos bem melhor se não descansássemos sobre os louros conquistados!

Difíceis começos

MATTHIEU: Quando se começa a prática espiritual, os esforços são incontornáveis. Logo depois, à medida que se adquire certo domínio, a prática se torna mais natural. Milarepa costumava dizer: "No início, nada vem; no meio, nada fica; no fim, nada vai". Quando se começa, se tem a impressão de que nada avança. Por isso, é preciso evitar o desencorajamento. No meio, se alcançam progressos, mas eles são instáveis. O importante então é perseverar. No fim, na fase da maestria, tudo é feito sem esforço. Nesse estágio, a prática espiritual impregna todos os nossos pensamentos, palavras e ações.

ALEXANDRE: Nietzsche fala do *grande estilo*, da desenvoltura do artista, do criador. Quando um bailarino entra em cena e executa graciosos *entrechats*, ele não deixa transparecer nada de seu trabalho, de sua disciplina, dos desencorajamentos, das quedas que lhe geraram essa leveza. Aprender um instrumento, aperfeiçoar uma técnica, chegar ao virtuosismo implica necessariamente quebrar a cara no meio do jogo, experimentar a derrota e o desânimo. Como encontrar a alegria no próprio exercício, como inserir sua vida numa dinâmica? Nada é mais desesperador do que o imobilismo...

Se entrevemos a cada manhã a possibilidade de um progresso, o dia inteiro fica iluminado. Mas o que fazer quando se erguem muralhas por toda parte? Para aprender a nadar, podemos encher uma biblioteca de obras sobre hidrodinâmica e sobre a arte de flutuar, mas chega um momento em que é preciso mergulhar de fato, dominar o medo e constatar que, mesmo sem fazer nada, não afundamos.

Certa vez fui a uma piscina que tinha 1,70 m de profundidade. Tenho 1,73 m de altura, pensei bestamente, e fiquei tão feliz que nem pensei em mais nada. Mergulhei todo alegre e, quando me dei conta, a água batia na minha testa. Foi minha filha que precisou me livrar dessa roubada. Bem que eu podia ter a inteligência de um gato, que, caindo na correnteza, sai ileso. Eu queria controlar a situação, sair da água a qualquer custo, quando o que talvez precisasse fazer era relaxar e boiar naturalmente...

MATTHIEU: A água é ao mesmo tempo o perigo e o suporte que possibilita nadar e se safar da situação. Se ela não nos permitisse boiar, afundaríamos no mesmo instante.

ALEXANDRE: Seguindo a metáfora do nado, imaginem um náufrago em alto-mar. Se não parar de se debater, afundará direto por causa da exaustão. Não sou salva-vidas, mas em uma situação como essa pressinto que precisaria alternar momentos de ação e de trégua, de repouso, de pausas. O desafio é primeiro boiar de costas e depois alternar com o nado livre, uma coisa de cada vez! O mesmo acontece na vida diária – a dose precisa ser justa. Não pregar a ideologia do "sou como sou e depois de mim o dilúvio" sem se odiar por isso.

Aristóteles fala do ser humano virtuoso, aquele que encontra prazer no exercício da coragem, da temperança, da justiça, da generosidade... Para alcançar esse estado, é preciso adquirir hábitos saudáveis. Em tudo na vida, o que vale mesmo é a prática. Pouco importa a rapidez do nosso progresso; o essencial é nunca desistir.

CHRISTOPHE: A filósofa Simone Weil[2], que, aliás, adoro e com quem aprendo muito, com frequência critica ferozmente certos tipos de esforços, principalmente os esforços para ser virtuoso que, segundo ela, não procedem da verdadeira virtude. Ninguém deveria ter de escolher entre o bem e o mal, entre os esforços para se aproximar de um e os esforços para se livrar do outro: só se é virtuoso de verdade no dia em que não se faz mais nenhum esforço para sê-lo. O filósofo Gustave Thibon resume muito bem seu pensamento: "Ir na direção do bem como a abelha vai à flor", e depois: "Que o bem que realizo fora de mim seja a tradução exata de minha necessidade interior".

MATTHIEU: A verdadeira virtude é plenamente realizada quando é parte integrante do ser. Talvez seja esse o sentido das palavras de Simone Weil. Quando se cultiva a benevolência, por exemplo, no começo ela não vem fácil. Mas com a prática, torna-se uma segunda natureza e manifesta-se de maneira espontânea. Antes de chegar a esse ponto, é necessário passar por múltiplas etapas.

O esforço não é uma obrigação ingrata, mas o ingrediente essencial para nos tornar uma pessoa realizada. Nunca diga a uma criança empenhada em praticar escalas no piano: "Não precisa se cansar demais, queridinho; para ser um grande virtuose, basta apenas desejar".

2. Simone Weil (1906-1943). Escritora, mística, filósofa. [N. Ts.]

ALEXANDRE: Qual é o combustível da nossa vontade? O que a alimenta dia após dia? Toda ação fundada no ego está destinada ao fracasso. Assim como Simone Weil, Aristóteles felizmente desmascara essa virtude de fachada que não cria raízes profundas dentro de nós. E com muita frequência cede diante da primeira tentação... No meu caso, praticar a virtude e, mais concretamente, não responder à maldade, não me deixar dominar pela fascinação, tudo isso é trabalho quase de tempo integral. Tenho a impressão de que nos momentos de alegria, longe das tentações e das armadilhas, é muito mais fácil progredir. É o que impulsiona minha vida...

A ALEGRIA CONDUZ À LIBERDADE

ALEXANDRE: Insistir na necessidade e no valor do esforço não é necessariamente fazer apologia da calamitosa expressão inglesa "*No pain, no gain*" – "Sem sofrimento, não há progresso". Um refrão que pode se revelar totalmente desastroso. Por que diabos alguém tem de se consumir até a exaustão para se desenvolver, crescer, conquistar a grande saúde e a sabedoria? Decididamente, Spinoza me liberta e jamais deixo de citar suas palavras na *Ética*: "E como a potência humana para refrear os afetos consiste exclusivamente no intelecto, ninguém desfruta, pois, dessa Beatitude porque refreou os seus afetos, mas, em vez disso, o poder de refrear os apetites lúbricos é que provém da própria Beatitude". O filósofo acrescenta ainda que essa via é tão árdua quanto rara, razão da necessidade de perseverar. Razão também do alerta de Sêneca: ninguém pode se curar se trocar a toda hora de tratamento e de remédios. Quais são então os pilares de nossa ascese e como se empenhar nas próprias práticas?

CHRISTOPHE: Sim; estes dois pontos são muito importantes: em primeiro lugar, os esforços só têm sentido se forem regulares, constantes, se tiverem uma lógica, uma visão global, o que implica mais uma vez a questão dos objetivos que fixamos. Em segundo lugar, há também a luta a ser travada contra o erro de que o esforço não possa ser agradável ou prazeroso. Todos temos a experiência de esforços agradáveis, pelo menos em certos momentos, no esporte, no estudo ou na prática de um instrumento musical. Quando saímos para uma trilha, levantamos cedo, enfrentamos dificuldades, mas se tivermos um objetivo preciso – chegar ao topo da montanha, ver belas paisagens – o esforço é extremamente gratificante...

MATTHIEU: No budismo, a perfeição da diligência é definida como um esforço divertido para alcançar a virtude. Fala-se também da alegria entusiástica do bodisatva que se empenha de todos os meios possíveis em libertar os seres do sofrimento. Para isso, o aspirante espiritual treina primeiro para desejar que um familiar, depois uma pessoa conhecida e por fim alguém que considere inimigo sejam libertados do sofrimento. A alegria inerente a esse desejo e a sua realização recai também sobre nós mesmos, pois está em coerência com nossa natureza profunda.

Além disso, é preciso reconhecer que muitas vezes a ideia, a representação mental, que se tem do esforço a fazer é mais penosa do que o esforço em si. Assim que partimos para a ação, com toda a sua gama de satisfações e de dificuldades, percebemos que nós e o esforço somos uma coisa só, e que não é mais hora de cogitações. Retomando o exemplo do esporte, o treinamento dos atletas pode ser duro fisicamente, mas eles sentem alegria em progredir, em superar a si mesmos, em manter o ritmo, em mostrar uma boa *performance.* A despeito da fadiga, também experimentamos certo júbilo ao completar uma longa caminhada.

CHRISTOPHE: Além disso, os esforços envolvidos em uma escalada, por exemplo, são múltiplos e de naturezas diferentes. O esforço de se levantar muito cedo, às 2 ou 3 horas da manhã – horário necessário para escalar bem alto e depois descer antes que o excesso de neve provoque avalanches –, é às vezes doloroso! Mas, se encontramos um bom ritmo, o esforço progressivo da escalada no meio da noite logo é automatizado, regular, menos custoso e revela-se quase gratificante, dada a sua qualidade hipnótica. E ainda ligado ao que Paul Valéry[3] descreve como: "O esforço que estimula o esforço. Essa atividade é de suma importância para todas as coisas. *Sudare jucunde*". *Transpirar com prazer* é a surpreendente realidade dos esforços físicos. Depois aparecem as primeiras recompensas: o dia desponta e pouco a pouco as magníficas paisagens se descortinam, os esforços começam a fazer sentido. A chegada ao cume é a gratificação suprema: o sentimento inebriante de liberdade é ainda mais agradável porque resulta de esforços importantes, porque o prazer faz parte de um corpo que ainda sente todas as dores escolhidas livremente na escalada. Os turistas milionários que pousam de helicóptero nos cumes das montanhas jamais experimentarão a mesma intensidade, a mesma qualidade da alegria de quem fez longos e apaixonantes esforços. Por fim, chega a hora dos esforços da decida e do retorno, reforçados pela satisfação do objetivo atingido, mas nem por isso menos necessários, já que a vigilância sobre os corpos esgotados e o perigo dos passos em falso deve ser redobrada.

MATTHIEU: Quando o esforço é feito na medida certa, ele permite viver a experiência do fluxo, que mencionei anteriormente. Quando entramos no

3. Paul Valéry. *Oeuvres Complètes.* Paris: Gallimard, 1957. p. 394.

fluxo, a própria noção de esforço é esquecida. Se quisermos mudar nossos hábitos, é inútil querer fazer isso a ferro e fogo. Devemos gerar pensamento após pensamento, emoção após emoção, com inteligência e habilidade: pouco a pouco, nossos humores, nossos traços de caráter vão mudar. Nossas tendências se enfraquecerão. Não teremos mais de controlar a raiva, pois ela perderá a força e só emergirá raras vezes. Essa realização assinala um grau superior de liberdade interior.

CHRISTOPHE: Existem estudos bem interessantes a respeito do estado mental de quem realiza esforços. Gosto muito da frase de Christian Bobin: "Tudo o que se faz reclamando perde o significado". Isso foi uma revelação para mim e se tornou uma espécie de mantra que repito toda vez que tenho a tentação de reclamar de alguma coisa. Não arruinar o momento presente bufando, reclamando, e dizer a si mesmo: "Não importa o que você está passando nesse instante, você está vivo! Você preferiria não existir?".

As palavras de Bobin não são apenas belas, mas são cientificamente justas: o mesmo esforço encarado como dever e realizado de má vontade será mais doloroso, dará menos prazer e será menos fértil. É uma influência do que se denomina *mindset* – estado mental –, revelado principalmente em um estudo realizado com cerca de oitenta mulheres empregadas como camareiras de grandes hotéis. Os pesquisadores separaram essas mulheres em dois grupos comparáveis e escolhidos ao acaso e informaram-nas de que o objetivo da pesquisa era estudar o impacto do trabalho na saúde delas. Para o grupo que desejavam avaliar, foi apresentada outra mensagem: "Acreditamos que sua ocupação é benéfica para a saúde porque permite fazer exercícios físicos na dose recomendada pelos estudos científicos (o que não deixa de ser verdade, desde que o ritmo imposto não seja infernal...). Depois de quatro semanas de experiência, constatou-se que as mulheres que haviam recebido a mensagem educativa apresentaram uma pequena melhora de seu estado de saúde: perderam peso e sua pressão arterial baixou. Encarar os esforços que tinham a fazer como algo benéfico para a saúde lhes fez muito bem.

MATTHIEU: Um estudo coordenado por Richard Davidson e Jon Kabat-Zinn demonstrou que pessoas vacinadas, como requisito para um programa de oito semanas de Redução do Estresse Baseada na Atenção Plena (MBSR)[4], produziam 30% a mais de anticorpos, como resposta à inoculação de uma vacina

4. O Mindfulness-Based Stress Reduction (Redução do Estresse Baseada na Atenção Plena) foi criado no fim da década de 1970 por Jon Kabat-Zinn (1944), médico e especialista em meditação zen. O programa de oito semanas foi estruturado para tornar os conceitos e práticas de *mindfulness*, atenção plena, acessíveis a qualquer pessoa. [N. Ts.]

antigripal, do que outro grupo de controle que não havia participado do programa. Quando a mente se tranquiliza, o estresse diminui e isso se traduz num sistema imunológico mais resistente.

CHRISTOPHE: Isso é verdade, embora meditar exija esforços! Mas também traz benefícios perceptíveis aos meditadores, como diminuição do nível de estresse e aumento das emoções agradáveis; outros são invisíveis, como as consequências biológicas da prática meditativa que você acaba de mencionar. Para ressaltar o aspecto lúdico, interessante, estimulante desses esforços, sempre digo aos meus pacientes que estão aprendendo a meditar: "Tenho uma má notícia para vocês: meditar é trabalhar! E uma boa: esse trabalho é bem interessante, pois observar o funcionamento da própria mente é verdadeiramente apaixonante!".

MATTHIEU: Um dia alguém me confessou: "Evito olhar dentro da minha mente, pois tenho medo do que vou encontrar ali". Comentei esse caso com o Dalai Lama, que me respondeu: "Mas é bem mais interessante do que ir ao cinema, pois em nossa mente se passam muitas coisas!".

Os esforços não são uma ortopedia mental

ALEXANDRE: Outro perigo espreita quem busca a sabedoria e a liberdade: querer transformar o caminho espiritual em clínica de correção ortopédica mental. Ora, é o acolhimento incondicional de nossas dores que conduz ao desprendimento, como se alguém que nos levasse pela mão. Para subir uma escada, é sempre útil prestar atenção nos degraus, recuperar o fôlego, se apoiar no real. Cada aspirante espiritual avança com seus recursos, suas fragilidades, com a bagagem e a provisão necessárias à viagem.

No meu caso, foi a prática da terapia KakaoTalk. KakaoTalk é um aplicativo similar ao WeChat e ao WhatsApp, que permite registrar mensagens de voz com até cinco minutos de duração. A ascese aqui é simplesmente, no fim da tarde, tentar fazer um balanço, abrir-se com um bom amigo sobre os instantes do dia em que vacilamos, descobrir o que nos desviou do caminho, avançar, progredir sempre. Para não cair no pântano da culpa e do narcisismo, somos convidados a confiar as dificuldades do dia a dia a um ouvido benevolente. Sem isso, podemos cair na autoilusão, sucumbir ao desencorajamento, nos perder nos becos sem saída interiores. É também um jeito de olhar de um pouco mais longe, de um pouco mais do alto, o personagem que se agita, divaga e falha. Sonho com uma sabedoria divertida, de sábios bem-humorados que nos encorajem a renunciar ao pequeno "eu" com alegria.

"É o esforço
que permite aos
menos dotados
pela natureza,
ou pelo acaso,
recuperar parte
de seu atraso."

A terapia do KakaoTalk convida também a abdicar, a largar, a se desembaraçar de tudo... Os ensinamentos são formais: nós somos a natureza de Buda. Por isso, não há necessidade de acrescentar mais nada, nenhuma camada sequer, mas sim de desobstruir, de esvaziar, de mudar... Do mesmo modo, se pode fabricar o silêncio. Ele está sempre ali, presente, inclusive nas agitações e nos tumultos.

O que me levaria ao desespero, se não fossem tantos braços estendidos, seria a força da inércia, os hábitos, as emoções tenazes, que surgem dia e noite no meio do caminho. Se olhar apenas meu passado, estarei perdido. Precisamente, progredir é ousar dar um passo depois do outro, é se abrir para o inédito, para o novo. E nada impede de elevar os olhos para os sábios, para os heróis do cotidiano, que testemunham a possibilidade da paz, um modo de vida alegre e sereno.

MATTHIEU: Permitam-me fazer um comentário sobre o que Alexandre dizia a respeito da natureza de Buda, sempre presente como o silêncio, ao qual não se tem nada a acrescentar. De fato, o budismo explica que não se pode "fabricar" a perfeição da natureza de Buda. Ela só pode ser revelada, realizada. Quando se contempla a consciência com profundidade, encontra-se essa presença desperta, essa consciência pura, inalterada pelo conteúdo dos pensamentos, que poderia se chamar "bondade original", outra maneira de expressar a noção da natureza de Buda. O ódio, a inveja ou qualquer outro acontecimento mental não podem alterar essa consciência pura. Essa "bondade original" transcende as distinções entre "bem" e "mal", mas, apesar disso, no plano relativo, pode-se falar de bondade pelo fato de esse estado fundamental da consciência não ser afetado pela ignorância nem desnaturalizado pelas toxinas mentais.

Se não possuíssemos essa natureza de Buda, nossos esforços não serviriam para nada. É possível extrair o ouro da ganga, mas será perda de tempo lavar um pedaço de carvão durante anos na expectativa de que um dia ele brilhará como ouro. A via do budismo não consiste em fabricar essa natureza de Buda, mas em eliminar tudo o que mascara essa perfeição em nós. Nesse sentido, não se endireita, não se fabrica, só se eliminam os véus. Mas isso não se faz com uma varinha mágica!

ALEXANDRE: Não resisto à tentação de citar Mulá Nasrudin, um sábio divertido e irreverente que viveu no século XIII. Dizem que um dia, ele cruzava a mesquita quando se encontrou com um imã muito erudito que lançava vibrantes preces aos céus: "Dê-nos a fé, dê-nos a força e a humildade...". Nosso bondoso sábio tomou então a palavra para pedir ao Altíssimo que lhe concedesse montanhas de dinheiro, uma bela casa, uma mulher encantadora e muitas *baklavas* de pistache. Indignado, o homem devoto chamou Nasrudin de blasfemador, porém, este respondeu que ambos pediam a mesma coisa: o que não tinham... E nós, o que esperamos da prática espiritual? Por que o esforço nos cansa tanto? Corremos atrás de um ideal para arrancar de nós o desprezo que sentimos por nós mesmos? E o que procuramos para compensar? Inevitavelmente, retornamos à questão da motivação. O que inspira uma pessoa a se lançar na ascese com alegria? Pensemos nesses aspirantes zen que passam horas cuidando de um jardim para que fique perfeito sem deixar de aplicar o preceito: fazer tudo de modo impecável e se desapegar do resultado. Uma borrasca, algumas folhas que caem, e é preciso recomeçar tudo.

Com a deficiência física, o esforço é constante e, às vezes, atroz. Tem dias que levantar da cama, abrir um tubo de pasta dental retorcido, entrar numa banheira, é como uma corrida de obstáculos. Daí vem a necessidade de não se impor uma exigência a mais, de não se afundar num stakhanovismo[5] interior.

A meu ver, o esforço, a arte de viver, o itinerário interior consistem muito mais em inventar meios de flutuar no ritmo da vida sem mergulhar na amargura, em criar condições que ajudem a manter o rumo, a progredir sem naufragar. Esse itinerário é uma pista de decolagem, um trampolim e não um tormento, um fardo.

O PRIMEIRO PASSO

ALEXANDRE: Para mergulhar de cabeça e passar à ação, por onde começar? O primeiro passo, de importância capital, é tentar fazer um diagnóstico lúcido e bem factual. Epicteto, que se apresentava como um escravo em vias de libertação, nos ajuda a olhar *sem hesitação* os *inimigos interiores*, os campos de batalhas, ou melhor, os pontos de vigilância, as grandes questões da existência, sem se esquecer de todas as regiões acrásicas de nosso ser. Para essa aventura existe um recurso: uma paciência infinita, uma perseverança alegre e despretensiosa e uma benevolência sem limites.

Sobrepujar a agitação diária e prestar atenção na bússola interior nos imuniza contra muitos perigos. Reconhecer logo que sou vulnerável, influenciável, identificar as situações em que posso quebrar a cara, isso já é de grande ajuda. Ignorar a existência de relações tóxicas, de comportamentos que nos empurram para baixo, é viver na escravidão.

5. Referência ao movimento iniciado na Ucrânia, na década de 1930, pelo mineiro de carvão Alexei Stakhanov. Sob o sistema soviético, as minas de carvão eram controladas pelo Estado, que estabelecia metas de produção mensais. Na época, a mina onde Stakhanov trabalhava tinha uma das piores *performances* da região. Extremamente competitivo, para agilizar o processo, ele instituiu a linha de produção e, em vez da tradicional picareta, introduziu a broca perfuratriz. A produção da mina ultrapassou catorze vezes a meta. Para infelicidade dos mineiros, que tiveram de trabalhar muito mais, o Método Stakhanov foi instituído por Stalin em toda a União Soviética, granjeando para Stakhanov, durante algum tempo, muitas viagens e uma vida mais confortável. [N. Ts.]

CHRISTOPHE: De fato, quando se fala de "primeiro passo", isso pressupõe que logo depois existirão muitos outros a executar. Não estamos falando aqui das pequenas mudanças pontuais (embora também sejam necessárias e às vezes seguidas até mesmo de efeitos importantes), mas das grandes viradas existenciais: mudar de trabalho, de casa, mudar hábitos mentais e comportamentais... O importante é começar logo e seguir na direção certa e não apenas responder a um impulso.

MATTHIEU: Sim; o primeiro passo contém potencialmente todos os passos seguintes. Se começo a praticar a meditação, considero a possibilidade de me aprofundar nessa prática durante anos. Se compro um piano, é com a intenção de me dedicar certo número de horas por dia, e não de guardá-lo na garagem. Se me ofereço como voluntário em uma causa humanitária, antevejo consagrar a ela parte da minha vida. Se decido fazer uma volta ao mundo, tenho de dar o primeiro passo para começar essa grande viagem. Pouco importa se o trajeto é longo se tivermos determinação, entusiasmo e o sentimento de que estamos na direção certa.

CHRISTOPHE: Mas acontece também, e com bastante frequência, que nossos primeiros passos não levem a lugar nenhum. Tentamos uma vez, a coisa não funciona, largamos tudo, recomeçamos em outro lugar, de outra forma... Tenho a impressão de que na vida é preciso estar pronto para dar uma porção de primeiros passos perdidos, e que é assim que aprendemos a viver: conhecendo a si mesmo, aprendendo a aceitar as derrotas e o fato de se perder no caminho. É claro que isso não dispensa ninguém de refletir antes de agir, mas quando essa reflexão não traz nenhuma compreensão, quando nossa intuição está adormecida, quando os conselhos que recebemos indicam várias direções, o que fazer? A mim me parece que, nesse caso, vale mais entrar em ação, mesmo sem garantias, do que permanecer na inação.

MATTHIEU: De fato, o otimista está sempre pronto a dar uma variedade de primeiros passos, confiante de que um deles levará a um destino gratificante, mesmo que a maior parte desses passos não leve a lugar nenhum. O pessimista, ao contrário, diz a si mesmo: "Para que vou dar um passo? Há grandes riscos de eu falhar...".

CHRISTOPHE: Em mim isso é uma deformação profissional: como tenho a impressão de que para a maior parte dos meus pacientes as inibições (refletir demais sem tentar fazer coisa alguma) provocam mais prejuízos do que os impulsos (fazer algo sem refletir), tenho a tendência de preferir um fracasso a um evitamento. Pelo menos o fracasso nos ensina alguma coisa sobre nós, sobre os outros, sobre o mundo. Como na frase de Nelson Mandela: "Nunca perco. Ou ganho ou aprendo".

As microescolhas

ALEXANDRE: Não sei com vocês, amigos, mas sofro quase que todo dia da "síndrome do amendoim". Basta comer um, e logo preciso de outro, e o pacote inteiro não dura muito tempo... Bastaria não tocar nele para evitar esse comportamento adictivo. Como manter certa vigilância para evitar cair nessas engrenagens e identificar os perigos e as tentações logo no começo? Muito mais do que as grandes resoluções, talvez o que nos liberte sejam esses micropassos, essa atenção ao que desencadeia os velhos hábitos. Na minha opinião, o esforço consiste em subir de novo a montanha, sair dos círculos viciosos, acabar com as forças da inércia, escapar da resignação. Pois é a ação que ajuda a renunciar, a abandonar tudo. Se eu perder um trem, em vez de desperdiçar um quarto de hora reclamando contra a SNCF [Sociedade Nacional de Estradas de Ferro] ou contra quem quer que seja, a verdadeira questão, o exercício espiritual, o gesto que ajuda a entrar na fluidez da vida é encontrar um meio de tomar o próximo trem, é interromper o blá-blá-blá neuronal e a rádio Mental FM, que nunca resolvem nada.

MATTHIEU: Isso é verdade; é sempre bom estar o mais consciente possível do que acontece em nossa paisagem mental e utilizar os antídotos certos na hora certa, evitando assim as derrapagens emocionais. Uma das tarefas da vigilância consiste em tomar consciência dos micropensamentos no exato momento em que surgem, ou seja, enquanto forem facilmente controláveis, se os pegarmos a tempo. Senão, as reações se desencadeiam e corre-se o risco de resvalar no abismo das paixões, como quando damos um passo em falso ao escalar uma montanha.

CHRISTOPHE: Muitas coisas importantes na vida acontecem em instantes irrelevantes como esses. Se passei a vida inteira me estressando com medo de perder o trem, se fiquei indignado toda vez que eles atrasaram, no fim das contas desperdicei um considerável número de horas da minha existência ocupado em inocular em mim e na minha família o veneno do estresse. Inutilmente.

Nesse caso, se de fato não consigo identificar o problema (minha tendência à preocupação e à lamentação), se não tiver fixado um objetivo (libertar-me), posso ficar girando em círculos, achar que o mundo é uma droga, quando na verdade é minha visão de mundo que é uma droga: viver é se adaptar à adversidade quando não se pode mudá-la. E também fazer isso do modo mais leve e alegre possível. São microesforços, microescolhas, mas com macroconsequências existenciais!

MATTHIEU: O jeito pelo qual a mente traduz as circunstâncias exteriores em bem-estar ou mal-estar influencia consideravelmente nossa qualidade de vida. Mas sempre é possível educar e transformar essa "tradução".

ALEXANDRE: Eu estava me lembrando agora há pouco da dificuldade de sair do médico sem nenhuma resposta, sem a mínima esperança de progresso. Como manter o rumo se rodamos em círculo, se continuamos a patinar e a bater a cara contra todas as paredes? Onde encontrar força para perseverar sem se esgotar? Sempre tenho a impressão de que é imperativo inserir a vida numa dinâmica. O que me ajuda é transformar a impotência, a fatalidade, em suma, tudo o que nos opõe resistência, em exercício espiritual. De modo bastante concreto, quando me despeço de um médico, me pergunto quase que imediatamente: "O que pode se abrir para mim aqui e agora?", "Que passo posso dar em busca da grande saúde?". Muitas vezes tenho a impressão de que a medicina nos deixa na mão e que a cronicidade de um mal amedronta, desencoraja, esgota... Como você dizia, Christophe, em todos os casos, devemos fazer alguma coisa. Isso é vital.

CHRISTOPHE: Sim, quando somos terapeutas, o que mais tememos em relação aos nossos pacientes é que o sentimento de impotência e de desespero tome conta deles. Nosso trabalho é sempre encorajar a esperança, já que nunca sabemos com antecedência o que poderá acontecer, nunca! A evolução de uma doença pode ser imprevisível; mesmo as doenças degenerativas, por exemplo, seguem ritmos muito diferentes: podem ser fulminantes ou bem lentas. O célebre astrofísico Stephen Hawking, que sofria de ELA (esclerose lateral amiotrófica), poderia ter sido condenado ainda bem jovem, pois, em média a doença não dá mais que quatro anos de sobrevivência. Então não passaria dos 26 anos. Mas só veio a morrer aos 76 anos, depois de uma vida incrivelmente plena e, sem dúvida alguma, dificílima.

É muito importante lembrar isso a nossos pacientes e acompanhá-los no cotidiano, sugerindo-lhes atividades diárias concretas para retardar os efeitos da doença: com gestos, atividades, modos de se alimentar, de respirar, de meditar, ajudando-os a focalizar seu interesse na vida e na felicidade, e não apenas na doença e no medo... Buscar sempre mais alívio, mais autocontrole e mais ação toda vez que o sofrimento e o desencorajamento perturbar sua mente. Eles são confrontados o tempo todo com estas microescolhas: desistir ou continuar a batalha...

ALEXANDRE: Que ninguém espere nada de excepcional nos micropassos nem na ascese diária! O que importa é deixar de ser o centro de tudo, é voltar ao essencial e abrir, romper as barreiras da individualidade. Assim, existe coisa melhor do que telefonar para alguém em desespero, não para se assegurar de que existe gente em pior estado que nós, mas para fazer a vida circular, praticar a generosidade e simplesmente se doar ao outro? No sofrimento, existe uma espécie de reflexo que faz a gente se curvar, se fechar, se retrair em si mesma. O exercício espiritual e a libertação servem para nos ampliar.

CHRISTOPHE: Quando sofremos, temos necessidade de nos conectar com os outros. Seja para receber conforto, seja para nos esquecer de nós mesmos e de nosso grande sofrimento. É um esforço difícil porque o sofrimento é uma força centrípeta que nos atrai sem cessar para nós mesmos. E não para o nosso bem! Não se trata de fugir do sofrimento, mas de ampliar a consciência para que ele não ocupe todo o espaço: quando não se pode reduzir a dor, é preciso aumentar o espaço em torno dela.

Em minha vida, quando saía do consultório de meus colegas médicos com más notícias sobre minha saúde, lembro que sempre me sentava em um banco no pátio do hospital. Ali dava um tempo para respirar, para ouvir os pássaros, os ruídos da cidade e da vida ao meu redor; esforçava-me para sorrir e repetia para mim mesmo: "Você já viveu até agora uma vida cheia de coisas boas e talvez lhe restem algumas para viver ainda; tente sorrir o mais que puder, por gratidão, por esperança e porque sorrir faz bem à saúde!". Com o tempo, percebi que isso era o melhor que podia fazer naqueles momentos e que agi muito bem em praticar esses pequenos esforços imediatamente, em vez de começar a me preocupar ou a me queixar.

ALEXANDRE: Meu maior sonho é ter essa serenidade... Tiro o chapéu para você, meu amigo! A imensa gratidão que existe no fundo do seu coração é prova de uma bondade excepcional. Acredito que a confiança, a paz, a alegria não são fruto de uma ortopedia psíquica, que pode se transformar perigosamente em maus tratos, mas sim de uma prática reiterada todo dia. Um passo de cada vez, cada um pode, com os meios de que dispõe, se abrir para dizer sim à plenitude e à dádiva de si.

MATTHIEU: Dar uma caixa de ferramentas a um artesão, ou uma terra cultivável a um agricultor, é estimulá-los a se esforçarem, fornecendo a eles os meios de ter êxito na empreitada. Não dá para dizer apenas: "Se virem, cavem a terra com as próprias unhas". O treinamento da mente utiliza ferramentas interiores com as quais podemos cultivar qualidades latentes.

• CAIXA DE FERRAMENTAS •

Para ter alegria com o esforço

◈

MATTHIEU

- *Para que o esforço perdure a longo prazo, deve estar associado ao entusiasmo* e incluir um sentimento de alegria, que nasce do sentido que se dá ao esforço; o esforço não é nem punição nem obrigação, tampouco inútil. Ele representa a forma mais construtiva de realizar aquilo que realmente vem do coração.
- *O "superesforço" é inútil*: Uma vez atravessado o oceano, para que carregar o barco nas costas?
- *Permanecer sereno diante do resultado dos seus esforços.* Alegrar-se com o que foi alcançado, dedicar tudo ao bem de todos, abrir mão do que está além de nossa capacidade ou que é irrealizável em razão de circunstâncias adversas.

ALEXANDRE

- *O bem-aventurado Buda Shakyamuni, um médico genial, fala do "esforço justo"*: Antes mesmo de iniciar meu caminho, para me proteger do esgotamento, não seria bom me perguntar o que motiva minha prática, de onde tiro forças para avançar e como alimento meu esforço para que ele não seja em vão?
- *Sentir satisfação na ascese*: O que precipita alguém no abismo das paixões enganosas é, sem dúvida, a incapacidade de se fazer o bem, de realmente se encantar. No *Sutra da Liberdade Inconcebível*, Vimalakirti[6] enaltece o prazer do praticante. Sim, existe uma alegria em se dedicar à virtude, em se desligar dos objetos atraentes, em esquecer os rancores, em abolir as emoções negativas. Vamos mergulhar nessas voluptuosidades... sem moderação!

6. Contemporâneo do Buda Gautama (séculos VI-V a.C.), Vimalakirti é a figura central do *Vimalakirti Sutra* e é apresentado como o praticante espiritual ideal. [N. Ts.]

- *Apresse-se gentilmente em repousar*: Fazer esforços, mantê-los sempre, correr a maratona da existência, exige a audácia inconcebível de parar, de se conceder pausas, de tentar a não luta, isso se não quiser acabar exaurido. Se quiser começar uma ascese, é bom fazer a pergunta libertadora: O que de verdade nos acalma? Como relaxar nossas tensões?
- *Procurar a companhia dos bons amigos*: A trajetória é repleta de combates que nos desolam, nos esgotam e nos deixam exangues. Sozinhos, somos invadidos pelo desencorajamento, incapazes de sair da situação. Compartilhar as dificuldades com o outro, confessar suas recaídas, se abrir com toda a transparência e preencher juntos a caixa de ferramentas é um poderoso antídoto para o desespero e para a severidade com a qual, às vezes, nos julgamos.

CHRISTOPHE

- *A sociedade encoraja de bom grado a lei do mínimo esforço*, pelo menos em termos da vida pessoal, das ações rotineiras, do estilo de vida. Desconfie disso, pois "nossa época" é, entre outras coisas, a da sociedade do superconsumo. A principal consequência da ausência de esforços é nos fazer passar do *status* de atores ao de consumidores.
- *A noção de esforço divertido não é uma piada!* Pelo menos em determinados momentos, é uma realidade com várias condições: aceitar o próprio princípio de que viver é fazer esforços (não o tempo todo, mas quase sempre!); escolher os objetivos que façam sentido para nós; dosar bem os esforços, pois, em geral, o que é desagradável no esforço é quando é mal dosado, muito fácil ou muito difícil...
- *Às vezes fazemos esforços que não levam a nada, esforços perdidos.* Como quando procuramos nosso caminho dando voltas e mais voltas porque não existem setas indicativas. O que forçosamente não configura um drama ou um erro, mas certos momentos da vida são assim mesmo. Às vezes, no meio do caminho, temos a chance de fazer uma descoberta (sobre nós, sobre os outros, sobre o mundo, sobre a vida) que jamais teríamos imaginado se tivéssemos seguido o caminho dos esforços fáceis e sinalizados.
- Em certos momentos, o esforço mais adequado consiste em não fazer esforço algum, em desistir!

“Em pleno verão, alegremente reunidos ao redor de uma mesa com amigos e minha família, celebrávamos a vida, repensávamos o mundo, saboreando os felizes minutos dos quais fala Baudelaire. Adoro essas longas noitadas e gostaria que não terminassem nunca. De repente, uma terrível angústia se apossou de mim. Tive medo de perder minha família, apavorado com a morte, com a doença. Em minha alma começaram a desfilar imagens sombrias, quase macabras, rostos de defuntos, faces desoladoras. Meu coração ficou apertado sem que eu pudesse entrever uma razão para esse mal-estar. Depois de uma pausa no banheiro, percebi que meus convidados usavam o mesmo perfume que meu amigo Joaquim, que trabalhava num necrotério. Aquele inofensivo odor de rosas despertou em minha alma a lembrança dos corpos que eu havia visto, das famílias enlutadas com as quais havia cruzado. Toda a minha experiência relativa a funerais se insinuou entre nós como uma sombra.

Esse fato foi muito libertador. Hoje para mim ele é um exercício, uma prática: tentar identificar o que telecomanda meus estados de alma, constatar as inumeráveis influências que interferem em meu humor, procurar descobrir os traumas, as lembranças, as determinações exteriores e tudo aquilo que não depende de mim...

O famoso 'eu' se assemelha a um iceberg. *Decididamente, dele só conhecemos a ponta consciente. Treinar a mente é parar de funcionar no piloto automático, sair um pouco da bolha para viver no mundo, encontrar seres de carne e osso, amar o real tal como ele se apresenta.”*

ALEXANDRE

12
O TREINAMENTO DA MENTE

CHRISTOPHE: Falando em perfume de rosas, você realizou uma investigação psicológica que me faz pensar no célebre episódio da *madeleine* no livro *Em busca do tempo perdido*, de Marcel Proust: o narrador sente que algo acontece no recôndito de sua memória no momento em que degusta um bolo e usa o tempo para realizar um longo e apaixonante exercício de introspecção para rememorar uma deliciosa lembrança da infância. No seu caso, o esforço para elucidar a angústia crescente permitiu aliviar o efeito que ela exercia sobre você: o interesse do treinamento da mente é poder nos ajudar rápida e eficazmente diante dos acontecimentos da vida, ampliar nossa liberdade interior (para Proust, a liberdade de vagar na própria memória; para você, a liberdade de dissolver sua ansiedade).

O QUE É TREINAMENTO DA MENTE?

CHRISTOPHE: O que significa "melhorar" a mente? Quem nunca sonhou em ter uma memória melhor, uma atenção mais estável e resistente às distrações, em ser capaz de compreender suas emoções e fazer melhor uso delas, em ter mais força de vontade e discernimento, em ser mais generoso e altruísta? Mas que fazer para desenvolver essas qualidades? É isso o que se chama de "treinamento da mente"?

Foi de você, Matthieu, que ouvi pela primeira vez essa expressão, muito tempo atrás. Você falava do *body-building*, do fisioculturismo, de todas essas pessoas que passam horas esculpindo seus corpos, e se perguntava por que elas não se aplicavam igualmente no *mind-bulding*, por que não dedicavam a mesma energia para melhorar o funcionamento da mente? A princípio achei graça nessa imagem, mas depois isso me fez refletir.

MATTHIEU: É claro que se trata de uma imagem imperfeita, pois a ideia de desenvolver a "musculatura" do cérebro é um pouco simplista e reducionista. Mas essa imagem mostra que, assim como os músculos, nossas qualidades e defeitos não são inalteráveis. O treinamento da mente permite cultivar inúmeras qualidades que fazem de nós, seres humanos, melhores. Seria estranho e contraditório zombar dessa estratégia, já que reconhecemos a necessidade de aprender a ler e escrever, de aprender a tocar um instrumento musical, de adquirir conhecimentos. Por que mistério seria diferente com as qualidades humanas? Elas se revelam tão maleáveis quanto qualquer outra capacidade suscetível de ser melhorada pela prática.

CHRISTOPHE: Durante anos, eu achava bom ser psiquiatra, ser um médico do cérebro; os objetivos do trabalho que eu propunha para meus pacientes visavam a conseguir um alívio de seus sofrimentos, mas não tanto um desenvolvimento de suas capacidades mentais. Hoje compreendemos afinal que a psicoterapia também tinha interesse em ser considerada uma disciplina de treinamento da mente: treinamento para sofrer menos, para fazer sofrer menos, bem como para cultivar melhor todas as suas qualidades; esse segundo objetivo poderia claramente melhorar o primeiro, já que boa parte dos nossos sofrimentos reside em nossas incapacidades ou desconhecimentos no que se refere ao funcionamento da mente. Quanto mais ignoramos as leis de funcionamento da mente e das emoções, em geral bastante simples, mais a angústia e a depressão, a raiva e o desencorajamento nos dominam.

A regra mais importante da mudança psicológica foi prescrita por Aristóteles: "A excelência é uma arte que só se atinge pelo exercício constante. Somos o que fazemos a cada dia. Por isso, a excelência não é uma ação, mas um hábito". Nós, psicoterapeutas, não visamos à excelência, mas à mudança; se substituirmos as palavras na frase de Aristóteles, teremos a mensagem: qualquer mudança psicológica não depende de uma simples decisão ou de um estalo, mas de uma prática regular.

ALEXANDRE: No meu entender, a prática espiritual, a meditação, o treinamento da mente procedem de uma mudança interior: é o mesmo que passar por um ou por vários estágios para atingir o cerne do nosso ser, longe da agitação, das angústias habituais. Em síntese, treinar a mente é desprogramá-la, descondicioná-la, é empenhar-se com benevolência em descobrir sua lógica maluca – em geral uma grande paranoica e uma tirana maldita – para nos expandir e para abandonar pouco a pouco nossos preconceitos. Na superfície, onde reside o famoso ego, reinam a ganância, o temor, as projeções e uma insatisfação das mais obstinadas. No mais profundo do nosso ser, reside a natureza de Buda, a calma, a paz e uma inconcebível liberdade.

Para começar a praticar a ascese, temos de olhar o diagnóstico de frente, reconhecer que quase sempre são nossos medos, nossos complexos e delírios que manipulam os cordéis. Um passo em falso e, pronto, viramos simples marionetes, fantoches, títeres, até mesmo robôs esquisitos. Felizmente, a prática está aí para nos ensinar a dançar no caos, sem adicionar mais nada. Longe de ser uma obrigação, ela parece quase um jogo: rastrear o blá-blá-blá interior da Mental FM, observar a inconstância dos desejos mais persistentes, dissolver as ilusões que nos apartam do mundo e da liberdade.

CHRISTOPHE: Para muitos, as transformações da mente obedecem às mesmas regras que as do corpo. Não se pode levantar pela manhã e decretar: "A partir de hoje, vou ter mais fôlego, ser mais flexível e mais musculoso!". Mas podemos dizer: "A partir de hoje, vou correr regularmente para ter mais fôlego, praticar ioga para ser mais flexível e também um pouco de ginástica para ficar mais musculoso!". Do mesmo jeito que não dá para anunciar: "A partir de hoje vou me estressar menos, ser mais feliz e mais generoso", pois isso não funciona nem dura muito tempo. O que é eficaz é treinar todo dia para atingir essa meta. Esse é o princípio do treinamento da mente: para resistir ao tempo que passa, às oscilações da motivação e às desestabilizações da adversidade (não é nada fácil não se estressar ao lado de gente estressante!, não é nada fácil ser generoso quando atravessamos momentos de carência pessoal!), toda mudança deve virar um hábito enraizado e, por isso, resistente ao desaparecimento.

Não resta dúvida de que a maior parte dos nossos comportamentos e emoções depende dos objetivos que fixamos, dos valores que nos inspiram, da força de vontade, mas também de um trabalho modesto e humilde, de uma prática regular que não tem efeitos imediatos, mas que, como qualquer aprendizado, produz um impacto significativo a longo prazo.

Existem dois grandes erros a respeito desses esforços. De um lado, muita gente pensa que não se pode mudar psicologicamente, que as tendências naturais sempre voltam com força. Elas se enganam quando acham que o temperamento tem um lado inelutável: "Sou assim mesmo", ou então, "Essa é minha natureza...". Por outro lado, numa visão oposta, supervalorizam sua força de vontade: "Querer é poder". Querem progredir, decidem isso, mas fracassam porque pensam que tomar a decisão e dar um clique já basta. Mas a vida por si só já é bem complicada: ninguém pode decretar a mobilização geral da vontade a cada momento do dia, diante de uma preocupação, de um arroubo de emoção, de uma situação complicada. Temos necessidade de automatismos facilitadores, de "bons reflexos", que podemos seguir ou não dependendo da necessidade. Penso que esse é o desafio do treinamento da mente.

MATTHIEU: Será que não é possível viver e experimentar o mundo de uma maneira mais justa e feliz, se comparada ao nosso dia a dia? Será que não vale a pena melhorar nada em nossa vida? Será verdade que as imperfeições e as emoções conflituosas são indispensáveis à riqueza da vida e fazem de nós a pessoa única em seu gênero à qual somos tão apegados? Será que não somos vítimas da "síndrome de Estocolmo", já que nos afeiçoamos a estados mentais que nos mantêm reféns e nos privam da liberdade interior? Ficar livre dos automatismos e condicionamentos habituais não tira nada da riqueza da existência, muito pelo contrário. Essa liberdade amplia os horizontes, revela potencialidades negligenciadas, abre-nos para o outro, pois somos menos dominados por nossa vulnerabilidade e pelo sentimento exacerbado de nossa própria importância.

Assim como as neurociências, as práticas contemplativas ensinam que podemos nos transformar e que o cérebro muda à medida que cultivamos novas aptidões. Podemos aprender malabarismo, mas também a ser mais benevolentes e mais livres interiormente. A semente não é o broto, que, por sua vez, ainda não é a flor nem o fruto. Ora, temos ainda muito que aprender com nossas emoções que, por um nada, soltam a fagulha que incendeia primeiro um monte de folhas secas e depois a floresta inteira.

Aliás, a grande maioria de nós tem pouca familiaridade com o aspecto fundamental da consciência que podemos ocultar sob o véu dos pensamentos. Quando se fala com alguém sobre a "natureza da mente", quase sempre essa noção não sugere grande coisa. O importante é se familiarizar com a presença desperta, com a consciência pura, isenta de construções mentais, que está no cerne da nossa experiência. É bem no âmago dessa presença desperta que nos tornamos capazes de controlar as emoções no exato momento em que afloram.

O que isso tem a ver com liberdade? Se quisermos nos libertar das diversas causas do sofrimento, é importante ter discernimento sobre os aspectos mais sutis da lei de causa e efeito, do que convém fazer ou evitar. Para isso, é bom controlar a mente do mesmo modo que o marinheiro controla seu navio, e o cavaleiro, sua montaria.

Poderíamos argumentar que a vida já nos ensina coisas suficientes e que não é necessário se infligir o trabalho de um treinamento da mente. Durante uma viagem à Coreia, conversei com o abade e os monges de um monastério zen-budista. Nessa conversa, o abade me disse: "Você fala em cultivar o amor altruísta e a compaixão. Mas as pessoas já têm tanta coisa a fazer! Você só iria aumentar seu estresse. O que é preciso é esvaziar a mente de todo conceito". Tomei a licença de sugerir que era bem possível que a benevolência reduzisse o estresse em vez de aumentá-lo.

ALEXANDRE: A urgência, o imenso desafio, é expurgar da mente essa vontade de poder que, inconscientemente, podemos exercer sobre os outros. A esse respeito, Anthony de Mello[1], em seu livro *Quando a consciência desperta*, critica de forma enfática o que considera caricaturas da caridade. Ele denuncia todas as BA, essas boas ações realizadas em prol do próprio conforto pessoal, para evitar os incômodos de uma consciência pesada. Nada a ver com a compaixão autêntica, que é isenta de qualquer narcisismo, de qualquer expectativa de retorno sobre o investimento.

A prática zen nos encoraja a passar pela Grande Morte, a renunciar a tudo, a ousar o completo abandono para renascer e se tornar criança de novo. É claro que esse batismo de fogo é meio desesperador. No entanto, essa delicada passagem, que em caso de equívoco pode levar ao fanatismo, e até mesmo a uma indiferença implacável, se abre para a liberdade, para um coração inocente e puro que vai em direção ao outro sem esperar nada em troca.

MATTHIEU: No budismo, para que uma virtude – como a generosidade, a paciência, a perseverança – contribua para o progresso rumo à liberdade interior, à Iluminação, é importante que esteja isenta de apego às noções de "sujeito" ("eu", o "generoso"), de "objeto" (o "outro" que recebe minha dádiva e que deveria mostrar reconhecimento) e de "ação" (estar hiperconsciente de que estou "doando"). A dádiva deve ser movida por um sentimento de amor desinteressado, realizada com a fluidez de uma mente livre de qualquer forma de apropriação. Do mesmo modo, a paciência não deve emanar de uma virtude rígida, que se martiriza sendo paciente, mas sim de uma invulnerabilidade sorridente e leve que surge de uma verdadeira liberdade interior.

CHRISTOPHE: Assim como o treinamento do corpo permite correr por mais tempo sem ter de se esforçar demais ou, como se diz na linguagem esportiva, sem "ficar com os bofes de fora", o treinamento da mente permite atuar no cotidiano de forma mais serena e livre, sem ser absorvido pelo esforço nem ter de se concentrar na dificuldade: embora seja um paradoxo, nossa liberdade interior precisa de automatismos e de bons reflexos para ser exercida com plenitude.

Se o treinamento da mente não depende apenas da vontade de mudar, depende menos ainda de uma atividade intelectual: refletir sobre os próprios limites e objetivos não basta. Por isso acredito que esteja muito ligado à descoberta da meditação de atenção plena. Quanto mais medito, mais percebo com clareza a diferença entre *refletir* sobre alguma coisa – intenções, resoluções – e

1. Anthony de Mello (1931-1987). Padre jesuíta e psicoterapeuta notabilizado por seus escritos em que articula a doutrina judaico-cristã ao budismo. *Quand la conscience s'éveille*. Paris: Albin Michel, 2002. [N. Ts.]

expor-se a elas num espaço de consciência aberto e fluido que conseguimos criar quando estamos sob o registro da atenção plena. A partir de um funcionamento bastante específico do cérebro, obtido pela prática da atenção plena, me torno mais receptivo, mais maleável e aberto, e acredito que seja um processo de mudança pessoal que completa o que já foi obtido pelo trabalho da vontade, da reflexão: existe algo que pertence muito mais à ordem da receptividade, da renúncia, da profundidade dos níveis atingidos. Isso não ocorre apenas no nível do córtex, da inteligência, do pensamento racional: quando alguém medita, tenta fazer também com que essas coisas penetrem em seu ser, em seu corpo, nas zonas corticais profundas do cérebro emocional. Então essa impregnação facilita a prática repetida dos comportamentos adaptados.

MATTHIEU: Aristóteles costumava dizer que esse equilíbrio é respeitado quando se expressa a emoção adequada – adaptada a uma situação particular – com a intensidade justa, nem a mais nem a menos. Podemos domesticar nossas emoções com paciência e carinho, como se faria com um animal selvagem.

A emergência da coerência interior

CHRISTOPHE: É importante compreender também que tanto a sabedoria quanto a liberdade interior, que andam juntas, são competências e capacidades "emergentes", ou seja, são fenômenos que não se desencadeiam por uma decisão da vontade, mas cuja aparição pode ser facilitada (podem emergir da própria mente) desde que se reúnam certas condições. É como acontece no sono: não podemos decidir que vamos dormir, mas podemos reunir as condições para que o sono chegue (um dia bem movimentado, uma noite tranquila, sem telas de computador ou televisão pelo menos uma ou duas horas antes de deitar, imaginar cenas agradáveis ou momentos sutis de felicidade antes de adormecer, num quarto escuro e não muito aquecido etc.).

MATTHIEU: As novas qualidades de um fenômeno emergente são muito mais do que a soma dos componentes que o fizeram emergir: o todo é mais do que a soma das partes. Se considerarmos, por exemplo, a fluidez da água e suas outras qualidades, não poderemos deduzir nada sobre elas sem examinar as qualidades das moléculas de água, H_2O, consideradas individualmente. Da mesma forma, a consciência é muito mais do que a simples soma das propriedades dos neurônios do cérebro, das células do corpo e dos elementos do ambiente, embora estes sirvam de suporte à expressão da consciência. Já as qualidades humanas emergem de um conjunto de componentes que podem ser cultivados individualmente. O sentimento de plenitude propiciado por uma felicidade autêntica, por exemplo, é mais do que a simples soma do equilíbrio emocional, da resiliência, da benevolência, da serenidade etc.

CHRISTOPHE: Concordo, mas é necessário cultivar regularmente esses componentes para que o fenômeno "emerja", ou seja, para que surja de nós mesmos. Não se fala aqui de qualidades que "caíram do céu"! Os componentes que facilitam o aparecimento da liberdade interior são múltiplos: calma e equilíbrio emocional, recolhimento em si mesmo, compreensão adequada da dinâmica das emoções associada a uma prática também adequada de sua regulação, o hábito adquirido de observar atentamente os próprios pensamentos, sobretudo quando se apresentam na forma de certezas e convicções. "A partir do momento em que pensamos alguma coisa, buscar em que sentido o contrário é verdadeiro", sugere Simone Weil. Esse é um bom exemplo de como treinar a mente se o assunto é o recolhimento em si mesmo, a busca da sutileza e até mesmo da própria verdade.

Não se pode cultivar o bom funcionamento da mente como se ela fosse uma espécie de entidade global, mas vamos trabalhar cada um de seus componentes. Fixamos objetivos específicos, mas que esbocem a paisagem mental e emocional em que sonhamos habitar.

MATTHIEU: A superposição das cores do arco-íris gera uma luz branca. O mesmo acontece quando criamos uma coerência entre compaixão, controle da mente, liberdade interior, discernimento e alegria de viver – as variedades de cores dessas qualidades geram a luz branca da sabedoria. A sabedoria não é a simples soma dessas qualidades, mas sim o que emerge delas.

ALEXANDRE: Por que é tão crucial se empenhar no treinamento da mente? Primeiro porque ela é a grande intérprete, a que traduz, organiza e encena as experiências e circunstâncias de nosso dia a dia. Se ela parar, se equivocar, ou se compreender tudo errado, estaremos realmente em maus lençóis! Epicteto já dizia: "O que perturba os homens não são as coisas, mas as opiniões que têm delas". Sêneca já é mais categórico: se não conseguimos nos tornar amigos de nós mesmos, se vivemos nessa *ociosidade infeliz*, é impossível encontrar qualquer felicidade. Com muita frequência, somos nossos próprios carrascos, ficamos o dia inteiro inventando preocupações e um monte de aborrecimentos. É como se existissem duas camadas de sofrimento: primeiro, o lado trágico da existência, os terremotos, as catástrofes naturais, as doenças, a morte...; segundo, a tonelada de psicodramas, de mal-estares criados pela mente, pelas comparações e pela ilusão.

A boa nova é precisamente o fato de que não deixamos de ter algum poder sobre esses tormentos autogerados. Daí a necessidade de transformar a mente, de não considerar como atividade acessória algo que talvez possa nos ajudar a arruinar menos a vida. Por isso, é urgente nos entregar de corpo e alma a essa meta, sem nos perder nas questões do dia a dia. É possível que, junto com o amor, esse seja o desafio mais importante do mundo? Como alcançar a paz, a alegria, o equilíbrio se a máquina de decifrar o mundo sair completamente dos trilhos? Ajustar-se, afastar ilusões e preconceitos, refinar o olhar sobre o mundo não tem nada de triste, muito pelo contrário. Como revela Spinoza, se libertar do erro e das paixões tristes abre espaço para uma imensa alegria. Por que se privar disso?

O TREINAMENTO PERMANENTE DA MENTE, APESAR DE NÓS... E ÀS VEZES CONTRA NÓS

ALEXANDRE: Em certo sentido, a existência é tragicômica. Parece absurdo que hoje eu esteja aqui indicando ferramentas para vocês e tenha a ousadia de aconselhar alguém a se lançar a fundo na aventura do treinamento da mente! Em uma época da minha vida, não tão distante assim no tempo, eu estava em queda livre. Tinha perdido o controle. Por isso a necessidade de permanecer vigilante, de olhos bem abertos, mas sem deixar subir o nível da tensão. Praticar a ascese é se contrapor às forças da inércia, é quebrar resistências e talvez desobedecer a uma parte de si mesmo. Sem dúvida, Cioran não é um caso tão isolado. Ele confessa: "Ninguém mais do que eu cultivou seus defeitos com tanta minúcia e determinação".

CHRISTOPHE: Quando se fala em treinamento da mente, pensa-se numa ação voluntária e consciente, o que não deixa de ser verdade. Mas não é só isso. Já vimos que os ambientes em que vivemos podem nos influenciar e nos modelar por impregnação cultural (viver em uma cultura da violência nos instiga mais facilmente a recorrer à violência, sem que façamos nenhum esforço nem que tenhamos consciência disso). Quando uma cultura nos leva a praticar certos comportamentos com frequência, a desenvolver regularmente certos hábitos e automatismos de pensamento, isso também constitui um treinamento da mente. Mas de natureza diferente.

As pesquisas em neurociências mostram que aprendemos sem cessar: cada momento, cada ação, cada interação são ocasiões para nosso cérebro se desenvolver de um modo específico, de traçar "vias neurais", caminhos mentais que, se forem periodicamente usados e praticados, se transformarão em autoestradas para nossos pensamentos e emoções. Uma importante questão se apresenta: que tipo de alimentos diários damos ao cérebro por meio de todas as nossas atividades? A mente treina sozinha, o tempo todo, independentemente da nossa vontade, e se nutre do que lhe oferecemos por meio dos objetos aos quais prestamos atenção, do ambiente no qual a imergimos.

MATTHIEU: Suas ideias desmascaram o engodo da educação "neutra". O treinamento da mente e da meditação não são atividades artificiais: treinamos a mente o tempo todo, em toda sorte de coisas, por exemplo, assistindo televisão – o que forçosamente não atualiza o melhor de nós mesmos! O treinamento sob a forma mais poética se denomina "educação". Em sua forma mais prosaica, é um "condicionamento". Os dois (a educação e o condicionamento) se originam do mesmo processo de neuroplasticidade. Hesita-se em introduzir na escola o aprendizado de valores éticos, mas de algum modo as crianças acabarão inventando uma moral. Seria melhor que ela fosse fundada em valores universais, como a benevolência, a honestidade e a justiça do que formada no contato com os *reality shows* e com videogames de uma violência assustadora. A vontade de provocar, de disseminar a guerra pelos cinco continentes, como foi o caso de inúmeros presidentes norte-americanos, resulta de cinquenta anos de treinamento da mente, mais ou menos consciente, para a arrogância, a pulsão da onipotência e a indiferença diante dos sofrimentos dos outros.

Quando escrevi meu livro sobre altruísmo, fiquei abismado ao descobrir os tipos de treinamentos que durante um tempo foram impostos aos soldados americanos para superar sua repugnância em matar. O exército norte-americano percebeu que, durante a Segunda Guerra Mundial e a Guerra da Coreia, apenas 15% dos soldados atiravam no "inimigo" na linha de frente, não por covardia, mas por repugnância natural em matar outro ser humano: os soldados ou fingiam atirar ou atiravam para o lado. Por isso, antes da Guerra do Vietnã, os instrutores militares treinaram os soldados para que eles suprimissem qualquer sentimento de empatia e matassem sem hesitar. Durante os percursos, deviam gritar a cada passo "*kill*" ("mate"). Eles treinavam atirar em alvos humanos que apareciam por breves segundos, obrigando os recrutas a atirar sem refletir. Se errassem, o alvo desaparecia. Caso fosse atingido, o alvo se contorcia todo e jorrava sangue artificial. A finalidade explícita era dessensibilizar os recrutas. Os resultados foram espetaculares: no Vietnã, 80% dos soldados atiraram no inimigo. Mas esses mesmos 80% logo apresentaram síndromes pós-traumáticas bem graves. Tinham sido forçados a agir contra sua natureza. Ao cabo de alguns anos, foram repatriados e liberados para viver em sociedade sem nenhum ou quase nenhum acompanhamento. Muitos deles se tornaram depressivos, alcoólatras e drogados.

Hoje, o exército norte-americano contabiliza mais mortos por suicídio do que no *front* de guerra. Depois de ter se dado conta dessa lamentável situação, o Estado americano tem gasto fortunas para, na medida do possível, ajudar as vítimas de seu próprio sistema. O mesmo acontece em certas regiões da África com os meninos-soldados, que são insensibilizados sendo forçados a matar qualquer pessoa que conheçam. Em ambos os casos, o treinamento da mente também envolve a neuroplasticidade.

Seria melhor atualizar nosso potencial de bondade, vocês não acham? Isso não implica uma cirurgia estética da mente, mas sim encontrar uma maneira ideal de ser. Ninguém pode deixar seu potencial se deteriorar antes mesmo de ter desabrochado.

CHRISTOPHE: Esse treinamento da mente pode nos permitir escolher, dentre todas as capacidades humanas existentes no cérebro, aquelas que queremos ver desenvolver. Como mamíferos humanos, temos o potencial para a agressão, o egoísmo, a raiva etc. Mas também para a cooperação, o altruísmo, a alegria. Se quero ter liberdade de escolha, é melhor não deixar que meu cérebro seja alimentado exclusivamente pelo ambiente cultural ou pelas circunstâncias, mas escolher educar a mim mesmo e conduzi-lo para boas direções!

MATTHIEU: Quando se aprende piano, o professor nos corrige e indica a posição correta dos dedos no teclado; treinamos e progredimos. No caso que nos interessa, o trabalho se aplica à nossa própria mente. Como proceder? Estamos todos de acordo neste ponto: se quisermos nos libertar de certos componentes emocionais deletérios, é preciso primeiro identificá-los e fazer um diagnóstico. Por exemplo, tomar consciência de que somos irascíveis, de que nos falta entusiasmo, ou de que sofremos de ciúme crônico. Não dá para mudar tudo de uma vez. É preciso identificar os aspectos dos estados mentais que produzem os tormentos e usar os antídotos apropriados. O treinamento consiste igualmente em favorecer o florescimento de certas qualidades, depois reforçá-las – a compaixão e a força interior, por exemplo. Um coração pequeno transforma-se num grande coração e acabamos – como dizia minha mãe quando se referia a uma pessoa extremamente bondosa – “com um coração em cada mão”.

INTELIGÊNCIA EMOCIONAL E TREINAMENTO DA MENTE

CHRISTOPHE: No que diz respeito à inteligência emocional, o treinamento da mente consiste em criar novos hábitos e respostas às situações que ativam nossas emoções. Em geral, as dificuldades são provenientes ou de emoções muito intensas (como nas raivas explosivas, nos ataques de pânico, nas crises de desespero), ou de emoções prolongadas por ruminações (ruminar ideias sombrias, preocupações ou ressentimentos).

Para começar, é preciso compreender muito bem que nenhuma de nossas atividades mentais é inócua: toda vez que retomamos nossas preocupações, fortalecemos nossa capacidade de criar preocupação; toda vez que realimentamos o rancor, revigoramos a capacidade de senti-lo; toda vez que deixamos a mente ser levada por uma distração, fortalecemos nossa capacidade de nos distrair etc. São treinamentos da mente involuntários, porém eficazes. Por isso mesmo, cada explosão de raiva, cada crise de pânico prepara o caminho para o próximo, quando formos confrontados com circunstâncias mais ou menos parecidas.

O mais importante de tudo é não deixar "rodar esses programas" no cérebro. Assim que percebermos as ruminações, parar no mesmo instante: dedicar-se, por exemplo, a uma atividade antagônica como andar, falar com alguém, ou até mesmo pegar um papel, escrever sobre elas, esclarecê-las e depois se livrar delas pode ser uma boa estratégia. Em caso de escalada da crise de raiva, se afastar rapidamente e proceder da mesma forma. A coisa fica mais complicada nos ataques de pânico e, com frequência, é preciso buscar ajuda de um terapeuta, que vai se incumbir de explicar como controlar sozinho essas crises, respirando devagar, ficando atento ao mundo exterior em vez de se autocentrar e começar a fazer interpretações angustiantes de seu estado. Primeira etapa, então, impedir o funcionamento desses programas, perturbar esse treinamento "selvagem" da mente que mantém nossos sofrimentos emocionais.

Segunda etapa, testar novos programas "a sério". Em terapia comportamental, por exemplo, confrontar-se com situações que desencadeiam os medos, mas sem obedecer ao medo: se temos medo de altura, enfrentar a altura respirando calmamente, mas sem fugir. A cada novo confronto bem-sucedido da situação (sem fuga), o programa de treinamento escolhido (enfrentar) ganha pontos positivos em relação ao programa de treinamento imposto (fugir). É por isso que o processo leva tempo: se durante a vida tive quarenta crises de pânico, preciso de pelo menos quarenta enfrentamentos bem-sucedidos diante de situações "panicogênicas" para que os programas antipânico e pró-pânico fiquem em pé de igualdade e que, pouco a pouco, meus reflexos sejam muito mais de permanecer calmo e respirar melhor do que de me apavorar. Ocorre o mesmo com a raiva: quanto mais eu tiver me confrontado com situações irritantes sem me irritar, mais meu programa de regulação emocional – "isso me irrita, mas sei ficar sereno e dizer calmamente que isso me irrita" – será resistente, funcional e se ativará antes mesmo do programa "se isso continuar, vou acabar com tudo!".

"Treinar a mente
é desprogramá-la,
é empenhar-se com
benevolência em
descobrir sua lógica
para nos expandir
e abandonar pouco
a pouco nossos
preconceitos."

O princípio da psicologia positiva é o mesmo: desenvolver o otimismo e a capacidade para a gratidão requer que se observe primeiro a que tipo de treinamento espontâneo, não identificado, nossa mente foi submetida; no caso do otimismo, não teríamos a tendência de jamais nos regozijar com nada apenas por precaução? Não é fato que somos muito bem treinados para conter qualquer forma de entusiasmo, para sempre interpor barreiras do tipo "não se alegre muito rápido, nunca se sabe..."? Ou, no caso da gratidão, será que não damos atenção suficiente ao bem que vem dos outros?

Após fazer essas descobertas, é necessário rodar os programas Otimismo e Gratidão com bastante frequência. Por exemplo, toda noite, relembrar três acontecimentos que mereceram gratidão, se possível escrevê-los num papel e, melhor ainda, expressá-los em voz alta. Quanto mais os exercícios forem incorporados, quanto mais as emoções forem verdadeiramente sentidas e acompanhadas de atos concretos (escrever, falar ou telefonar para expressar a gratidão), mais as vias neurais serão ativadas e fortalecidas. Ocorre o mesmo com a memória: a repetição mental ajuda, mas também a repetição em voz alta, o hábito de escrever, de falar para o outro (por exemplo, no caso das piadas, o melhor meio de se lembrar delas é contá-las várias vezes) etc.

É claro que no treinamento da mente existe um substrato biológico estreitamente ligado à neuroplasticidade, ou seja, à capacidade do cérebro de se reconfigurar, de remodelar as vias sinápticas em função das redes cerebrais, que serão regularmente ativadas pelos acontecimentos mentais, pelos atos, pelas emoções, pelas experiências de vida, e tudo de forma repetida.

Guardadas as devidas proporções, é o que acontece no esporte: treinamentos de todo tipo são repetidos incansavelmente. No rúgbi, por exemplo, tudo começa com a preparação das combinações, que em seguida se encadeiam em jogadas corpo a corpo, em ataques, contra-ataques etc. Depois essas combinações são testadas em jogos entre times titulares e reservas, ou com outros times em jogos amistosos fora do campeonato: dá para perceber que fica um pouco mais complicado, mas permite fazer pequenos ajustes suplementares e aperfeiçoar ainda mais as combinações. No dia do jogo, mesmo em situação de estresse diante do verdadeiro time adversário, tudo correrá bem. No caso da mudança psicológica, é semelhante: é indispensável treinar a calma, em seguida, testá-la de verdade, na própria vida, perante a oposição real!

ALEXANDRE: E se virássemos jogadores de rúgbi no treinamento da mente agindo com imparcialidade e solidariedade no campo da vida interior? Para mim, um dos grandes desafios do trabalho de si é desativar as bombas de efeito retardado legadas pelo passado: traumas, mágoas, expectativas jamais atingidas, carências afetivas, traições, decepções... Um mergulho em si mesmo permite rever com novo olhar a infinidade de incidentes banais, esquecidos, os tesouros e os fantasmas do passado para descobrir seus impactos subterrâneos, suas influências hoje em nosso estado de alma, em nossa maneira de ser no mundo. Até quando suportaremos esse torvelinho de emoções reavivado por uma simples lembrança? Quando o zen-budismo fala da Grande Morte, nos encoraja a recomeçar, renovados, a simplesmente renascer. Podemos também nos divertir em descobrir as incontáveis ladainhas da mente: "Você está feliz, vai pagar caro por isso", "Cedo ou tarde você vai se danar, prepare-se para degringolar!", "Queira sempre mais, consuma!", "Me dê de comer, estou faminto!". São muitas as armadilhas que nos desenraízam do presente, nos tentam, nos perseguem". O exercício é manter o rumo sem deixar a peteca cair.

Todos parecidos?

CHRISTOPHE: O argumento que quase sempre se opõe ao treinamento da mente é o receio de uma formatação, o medo de acabarmos todos parecidos. Isso causa estranheza, já que o mesmo tipo de ensino na escola, por exemplo, não produz o mesmo efeito e os mesmos resultados, dependendo da personalidade dos alunos. Será que o receio de uma uniformização tem outras raízes? Será que temos o sentimento de que talvez sejam nossos defeitos que nos ajudem a ser nós mesmos? As pessoas teriam a impressão de se distinguir melhor umas das outras graças a seu egoísmo, sua raiva, suas mesquinharias, suas manias, seus defeitos?

MATTHIEU: Em síntese, valeria mais a pena se distinguir pelo individualismo do que se parecer pelo altruísmo? Bastante curioso, não é mesmo?

CHRISTOPHE: Muito estranho! Mas temos desculpas para pensar assim. Esse é um tema recorrente da cultura ocidental. Conhecemos o célebre *incipit*[2] do romance de Liev Tolstoi, *Anna Kariênina*[3]: "Todas as famílias felizes se parecem, mas cada família infeliz é infeliz à sua maneira".

MATTHIEU: Não foi Goethe que escreveu que "três dias de felicidade ininterrupta seriam insuportáveis porque seriam sempre a mesma coisa"? Para alguns, o sofrimento é excitante, rico em peripécias, dá sal à vida e afugenta o tédio. Nossos defeitos seriam como uma miríade de animaizinhos fascinantes que proliferam na mente, enquanto as virtudes se assemelhariam a pomposas

2. Primeiras palavras de um texto literário ou notas de uma partitura musical. [N. Ts.]
3. Liev Tolstoi. (1828-1910) *Anna Kariênina*. Tradução de Rubens Figueiredo. São Paulo: Companhia das Letras, 2017. [N. Ts.]

senhoritas elegantemente vestidas. Essa tendência não resultaria do fato de que é mais fácil depreciar com ironia essas qualidades do que desenvolver os esforços necessários para adquiri-las?

ALEXANDRE: O medo do inédito, a tenacidade dos hábitos, as forças da inércia, são tantos obstáculos para a mudança, sem falar da necessidade do sensacional, do extraordinário, do apimentado. Usando suas palavras, Matthieu, entre o fanatismo terapêutico e a total indiferença, o cotidiano oferece infinitas oportunidades de progresso interior. A alma tem suas sazonalidades. Levantamos de manhã em plena forma e dali a pouco, lá estamos nós, dominados pela melancolia, angústia e conflitos.

E se a mente tivesse a necessidade de sempre roer um osso, de afiar os dentes, de se sentir viva lutando contra a adversidade, de encontrar um inimigo, interior ou exterior, para justificar sua existência? E se começássemos a praticar a arte do repouso, da recreação, da não luta, sem precisar dessas montanhas-russas interiores para sentir a vibração da vida? É no mínimo absurdo pensar que em certos dias acabamos preferindo a agitação à calma e à placidez...

Domesticar o tédio não é tarefa fácil, ainda mais numa época em que a hiperestimulação vem de toda parte. Sempre permanecem essas duas categorias de sofrimento que, decididamente, dão muita dor de cabeça: o lado trágico da existência, as catástrofes, as doenças, e essa tortura interior, os psicodramas, os problemas fabricados pelo ego. Sonho com uma vida sem esse imenso fardo.

CHRISTOPHE: Diante disso, existe a ideia de que a felicidade nivelaria mais as pessoas do que a infelicidade, e que seríamos mais criativos na expressão de nossos defeitos do que de nossas qualidades. Esse tema não foi muito estudado, mas o pouco que existe não confirma essa ideia. As emoções agradáveis estão mais associadas a uma abertura da atenção e a uma flexibilidade psicológica maiores: o que não significa reações estereotipadas! Além disso, é notável como a diversidade de emoções agradáveis experimentadas (existe uma "emodiversidade" assim como uma biodiversidade) está associada a uma saúde melhor.

Afinal de contas, podemos ser diferentes uns dos outros na maneira de ser gentil, generoso, otimista! Alguns expressam sua gentileza mais abertamente, outros expressam pouco e com discrição e fazem suas pequenas gentilezas em segredo. Outros só podem ser otimistas em certas áreas, ou na presença de certas pessoas etc.

MATTHIEU: Não tenham dúvida de que mesmo os grandes mestres espirituais manifestam sua infalível bondade de diversas maneiras. O fato de terem adquirido uma grande sabedoria e de serem perfeitamente livres no interior não impede que tenham personalidades e maneiras de ensinar diferentes. Alguns são pouco loquazes, outros mais inclinados à conversação. Alguns são eremitas e só podem ser encontrados em retiros distantes, e outros, como o Dalai Lama, sempre compartilham sua visão da compaixão no contato com um número incalculável de semelhantes.

CHRISTOPHE: É bem isso! Quando você fala desses mestres, parece que estamos em outro planeta: eles estão tão próximos da perfeição que todas as suas qualidades se assemelham e se alinham num só ideal, não é assim?

MATTHIEU: Sim, a semelhança entre eles está nas coisas essenciais – sabedoria, compaixão, contentamento, controle de si... –, e não nas aparências, nos aspectos mais periféricos da personalidade. É curioso, pois nas pessoas que ainda mal começaram o caminho espiritual, a amplitude das diferenças revela a infinita variedade de defeitos possíveis, enquanto as qualidades da sabedoria e da benevolência tendem a se assemelhar por sua adequação com a realidade. Por falta de experiência, alguns imaginam, sem qualquer razão, que, se todos os seres vivos fossem generosos, pacientes, livres da inveja, tudo seria muito chato: em um paraíso insípido e monótono todo mundo viveria entediado. A paz interior parece tão distante... Sempre achei esquisito associar a serenidade, a calma e o silêncio ao tédio. No entanto, a paz interior caminha junto com a alegria de viver, com o entusiasmo, com a abertura aos outros, com a força interior. Ela faz aflorar à superfície o melhor de nós mesmos. Não existe enfado em tudo isso!

O MODO PADRÃO

MATTHIEU: Os neurocientistas falam de rede cerebral padrão para designar o modo de atividade do cérebro quando não se faz nada de especial e não se coloca a atenção em nenhum objeto particular. No plano psicológico, esse é o estado mental predominante na maior parte do tempo se não estivermos engajados em nenhuma atividade mental ou física específica. Isso pode significar um estado de serenidade, liberdade e calma interior, como também de tristeza, tédio ou agitação mental.

ALEXANDRE: Meu modo padrão seria muito mais essas ladainhas que sempre dão um jeito de se reciclar. "Perdido por perdido...", "Não tem mais jeito mesmo". "Pau que nasce torto morre torto"... Uma das melhores atividades para o treinamento da mente é contemplar, observar as *forças em ação* e identificar nosso modo padrão.

Será que, nesse caso, a sugestão de Pascal não seria atacar o mal pela raiz e fazer uma introspecção? De qualquer modo, ele é um mestre que nos guia para além dos fascínios e das expectativas, para além dos papéis e das ambições inúteis. Seu diagnóstico é claro e libertador: "Toda infelicidade dos homens provém de uma única coisa: de não saber ficar quieto num quarto". Considero isso um exercício, uma ferramenta e talvez o primeiro passo do treinamento da mente. O que pode desabar em cima de mim quando estou sozinho no meu quarto?

Denomino "ponto morto" o estado habitual da minha alma, o que sinto interiormente quando não estou mais absorvido nas tarefas, quando as distrações e as ocupações cessaram, a partir do momento em que me encontro só, sem atividade, sem livro nem televisão, sem possibilidade de fuga. O que percebo em mim nesse momento: angústia, medo, tédio mortal, paz, confiança? Identificar seu próprio "ponto morto" é um avanço considerável. Como não instrumentalizar os outros, como não acusar o mundo, como não fugir constantemente se bem no fundo de nós experimentamos a carência, os conflitos, o mal-estar existencial?

Em medicina, existe uma distinção entre alostasia e homeostasia. Poderíamos dizer que homeostático é quem encontra seu equilíbrio interior em si mesmo. Em contrapartida, o alostático precisa de uma substância, do outro, de divertimento para suportar a pressão. Identificar o modo padrão, o clima interior no qual vivo habitualmente, descobrir sem julgar se minha tendência é mais para o lado da alostasia já é motivo de felicidade. O treinamento da mente tem a ver com brincadeira, não com uma obrigação imposta. Descobrir que basta um perfume de rosas totalmente inofensivo para minha alma sucumbir numa imensa tristeza já é com certeza adotar uma atitude contemplativa.

Além disso, um passo decisivo consiste em compreender que o cérebro tem o costume de se distrair, e não de meditar. Basicamente, a serenidade não é seu ponto forte. Ele é programado para julgar, condenar, comparar, se preocupar, se refugiar no passado, antecipar, em síntese, para delirar e divagar. Mingyur Rinpoche sugere uma prática peculiar: fazer uma pausa dez vezes por dia e observar: "Olha só! 'Não medito' a fundo. Estava completamente distraído". Perceber que estamos distraídos já é por si só um poderoso exercício de vigilância. É por aí que a liberdade começa! Noite e dia as engrenagens da mente nos fazem a exagerar tudo. Com tranquilidade, do modo mais sereno possível, posso olhar para essa imensa profusão de emoções, de julgamentos precipitados, e quase me divertir com isso: "Veja só! Essa é a minha concepção da vida", "Aí está essa ideiazinha absurda que me estragou o dia". Treinar a mente é ousar, sem nenhum narcisismo, examinar o próprio cérebro, esse grande intérprete de infinitos poderes.

A meditação oferece uma via privilegiada que permite olhar o fluxo das ideias e paixões com um olhar lúcido, benevolente, e acabar de uma vez por todas com as ilusões. Sem absolutizar nenhuma prática, é bom lembrar também que, quando estamos mergulhados até o pescoço nas paixões tristes, nem sempre a meditação pode estar ao nosso alcance. Precisamos também de mãos estendidas, precisamos de ajuda.

INTELIGÊNCIA ARTIFICIAL, TRANSUMANISMO OU TREINAMENTO DA MENTE?

CHRISTOPHE: Enquanto ouvia vocês, meus amigos, me dizia que esse treinamento da mente de que falamos é uma espécie de transumanismo saudável! O transumanismo é uma corrente de pensamento que pretende produzir um "ser humano melhorado"– mais inteligente, com uma memória infalível etc. – com a ajuda da ciência e da tecnologia e, do mesmo modo, resolver todos os problemas da sociedade e da humanidade. Essa pretensão também diz respeito às nossas capacidades físicas, ao aumento indefinido da longevidade e outros sonhos de imortalidade. E quanto ao cérebro e ao treinamento da mente? Matthieu, de nós três, você é sem dúvida quem conhece melhor o assunto...

MATTHIEU: Vamos então começar pela questão da inteligência artificial (IA) e dos algoritmos. Algoritmo é um conjunto de regras que permite calcular e determinar o encadeamento das ações necessárias ao cumprimento de determinada tarefa. Os algoritmos são o motor da IA. Desenvolvimentos recentes no campo da IA permitem não apenas resolver tarefas complexas, compor música parecida com as de J. S. Bach ou vencer Gary Kasparov no jogo de xadrez, mas também aprender a jogar outros jogos a partir de regras fornecidas ao sistema. Há pouco tempo, um programa de IA aprendeu em três dias a dominar completamente a estratégia do jogo chinês denominado go[4] e derrotou 100% das vezes um outro computador que já havia vencido o campeão do mundo de go. Este último não aprendia, mas tinha memorizado de antemão milhares de partidas do jogo e dispunha de uma fenomenal capacidade de cálculo.

Em casos complexos de câncer, por exemplo, a IA hoje em dia é capaz de fazer diagnósticos médicos mais exatos e precisos do que os melhores especialistas. É bastante provável que num futuro próximo a IA nos substitua na execução de inúmeras tarefas que hoje necessitam da intervenção da inteligência humana. Em compensação, esse tipo de "inteligência" não tem muita coisa a ver

4. Go é um jogo muito popular no leste da Ásia. Sua origem remonta à China antiga, há cerca de 2.500 anos. É um jogo puramente estratégico cujo objetivo não é capturar as pedras do adversário, mas sim cercar a maior quantidade possível de território com suas próprias pedras. [N. Ts.]

com a consciência. A IA não "perde" nem "ganha", não fica alegre nem triste, tampouco se maravilha com a música de Bach, que executa sem saber. Ela não tem nada a ver com um ser consciente capaz de observar a natureza essencial de sua mente, de se livrar do ódio e da ambição, de buscar a liberdade interior ou de desfrutar do sentimento de plenitude. Em outras palavras, a IA não é um ser, mas um modo de cálculo. Com bastante frequência, confundimos as duas coisas.

Todo mundo pode facilmente confundir o "penso, logo existo" de Descartes com o "reflito, logo existo", mas da perspectiva que nos interessa seria melhor dizer "sou consciente, logo existo". A rigor, do ponto de vista da consciência, a inteligência artificial não é nada, absolutamente nada. Do ponto de vista fenomenológico, ela não pode ter a experiência viva do que quer que seja. Mais do que nunca, o advento da IA enfatiza a diferença fundamental entre "inteligência" e "consciência".

Por outro lado, a IA é baseada na utilização de uma massa colossal de dados – chamada "*big data*" – que não podem ser acumulados por um cérebro humano, apesar de sua extraordinária sofisticação. Como vimos, o *big data* dos conhecimentos médicos e do conjunto dos trabalhos de pesquisas e ensaios publicados até o momento é o que permite realizar diagnósticos bastante precisos. No entanto, o paradoxo reside no fato de que ter em tempo real todas as informações que se poderia desejar sobre a construção das pirâmides ou sobre as doenças não torna ninguém mais sábio, mais generoso nem mais equilibrado. O advento do *big data* acentuou mais do que nunca a diferença entre informações e sabedoria. Afirmar que vamos nos transformar em seres humanos melhores com a introdução de um *chip* eletrônico em determinada área do cérebro é algo absolutamente patético.

CHRISTOPHE: Patético e arriscado! Existe no transumanismo uma impaciência muito contemporânea, um desejo de ir rápido e sem esforço: preferimos usar o elevador a subir escadas. Mas é subindo escadas que fortalecemos os músculos, o fôlego, os ossos etc. Em seu trajeto, o elevador do transumanismo vai esquecer muitos benefícios adquiridos nas mudanças progressivas iniciadas pelos próprios humanos... Além disso, o que se visa são muito mais as *performances* físicas e intelectuais do que as virtudes morais. Claro que aumentar as *performances* em detrimento das virtudes é arriscado.

Por outro lado, o que é apresentado como um progresso possível pode também se revelar catastrófico, como no caso da agricultura, em que os progressos técnicos (substâncias químicas e máquinas altamente eficientes) foram devastadores para o ecossistema. Qual efeito os *chips* cerebrais teriam sobre os mecanismos sutis das trocas neuronais feitas em cada sinapse, das retroações químicas extremamente complexas, cujos mecanismos estamos longe de compreender?

Em vez de recorrer à técnica para ajudar os cérebros humanos a progredir por meio de modificações genéticas, de *chips* eletrônicos e de outros materiais sintéticos, não seria melhor se nossas sociedades se empenhassem seriamente no treinamento da mente?

MATTHIEU: Do ponto de vista do treinamento da mente, o transumanismo é como uma flor de plástico colocada ao lado de uma rosa de verdade que acabou de desabrochar. Em vez de querer tornar o ser humano melhor cultivando suas qualidades fundamentais, como a benevolência e a sabedoria, trabalhando em prol de uma justiça social maior, cuidando do destino das futuras gerações, o transumanismo pretende "melhorar" o ser humano aumentando algumas de suas capacidades, não para fazer dele uma pessoa melhor, mas sim para melhorar suas *performances* por meios técnicos. Por si só, esse critério falseia a noção de "melhoria", pois não se refere às qualidades ligadas à nossa maneira de ser, mas às nossas capacidades – inteligência discursiva, poder de cálculo, capacidade de memorizar informações, beleza e força físicas, longevidade etc. Os meios utilizados aliam uma hibridação dos dispositivos tecnológicos ou informáticos a uma intervenção no nível do genoma humano.

Na verdade, não existe razão para se opor à reparação de genes defeituosos, responsáveis por doenças graves e deficiências físicas e mentais. Do ponto de vista da patologia médica, essa tecnologia pode ser muito benéfica. Mas a manipulação mais do que duvidosa do genoma com o objetivo de melhorar qualidades definidas a partir de critérios egocêntricos e hedônicos parece decorrer muito mais de uma epidemia de narcisismo do que de um desejo em prol de um mundo melhor. Quando se constatam as monstruosidades provocadas pelo uso desenfreado da cirurgia estética, só podemos nos preocupar com o resultado de manipulações muito mais profundas da condição humana. Em desacordo com as aparências, o transumanismo decorre de uma visão reducionista do ser humano e não de uma verdadeira melhoria do que faz de nós seres capazes de refinar os níveis de consciência da mente. Reducionista porque identifica a mente humana com o funcionamento de um computador e de um conjunto de algoritmos matemáticos. É difícil conceber o modo de relação que poderia existir entre a experiência em estado puro, a consciência que observa sua própria natureza na ausência de cogitações mentais, e os algoritmos. Um computador calcula muito melhor do que nós, mas não é um ser, não pensa e é totalmente destituído de experiência subjetiva.

CHRISTOPHE: Mesmo nos casos das doenças psíquicas, pelas quais o transumanismo começará sem dúvida – para aliviar os sofrimentos e incapacidades –, qual será o resultado? Se você, por exemplo, for alexitímico (ou seja, não consegue decodificar as emoções dos outros), pronto, tudo está resolvido! É só implantar um *software* cerebral que vai enviar um sinal de alerta para o seu córtex pré-frontal. Quando Matthieu Ricard começar a falar com você e o *software* detectar um ar de tristeza, ele enviará um alerta: "Bip! Atenção, atenção, o interlocutor está triste. Mostre também um ar de preocupação, sorria amavelmente e escute melhor o Matthieu...".

MATTHIEU: Esse tipo de intervenção já é praticado nos casos graves de epilepsia. Na epilepsia ocorre uma espécie de curto-circuito entre certas regiões do cérebro que faz com que elas funcionem de maneira autônoma, o que desencadeia a crise. Para ajudar epiléticos sujeitos a crises muito frequentes, os clínicos perfuram a calota craniana e implantam eletrodos em lugares muito precisos do cérebro, cuja ativação neutraliza as crises. Para realizar esse procedimento, eles devem ir tateando até encontrar o local desejado. Pode ocorrer que a implantação de um eletrodo numa região vizinha produza efeitos inesperados. Às vezes, o paciente, que fica totalmente acordado durante o procedimento, sente-se *instantaneamente* deprimido, a ponto de dizer: "Não tenho nenhuma razão de estar no mundo; quero parar de viver". Retira-se o eletrodo e pronto! Ele volta à completa normalidade. Coloca-se o eletrodo em outro lugar e ele subitamente sente uma felicidade inimaginável. Retira-se o eletrodo e tudo desaparece. É claro que essas estimulações não poderiam substituir o treinamento da mente, assim como o *doping* também não pode substituir o treinamento de um atleta que aspira a ser campeão olímpico dos 100 metros. Mas com certeza é possível imaginar modos de estimulações menos invasivos que produziriam no indivíduo uma beatitude perfeita –apenas durante o tempo da estimulação.

CHRISTOPHE: Amigos meus que trabalham há tempos nesses programas de estimulação cerebral no Hospital Pitié-Salpêtrière, em Paris, me explicaram que, antes de propor esses programas aos pacientes que sofrem de casos severos de TOC – transtorno obsessivo compulsivo –, eles verificam antes se todo o resto foi corretamente tentado: medicamentos e também psicoterapias comportamentais aplicadas por vários terapeutas diferentes. Mesmo sendo especialistas em estimulação cerebral, consideram que é melhor começar pela terapia – que é um treinamento da mente cujo objetivo específico é a patologia –, sobretudo nos casos de TOC, quando os exercícios para se contrapor aos rituais também devem ser incessantemente repetidos!

Há um último ponto a comentar sobre essas ligações entre progressos tecnológicos e treinamento da mente: tenho quase sempre a impressão de que os espetaculares progressos tecnológicos das últimas décadas não foram acompanhados de progressos psicológicos equivalentes na parte humana. Soubemos produzir riquezas consideráveis (que aliás não foram necessariamente bem repartidas, mas isso é outra história), mas não aprendemos a fazer bom uso delas ao mesmo tempo: o aumento colossal de nossa riqueza de informações e distrações, por meio de telas digitais, aumentou mais o estresse do que a cultura geral das pessoas, aumentou mais as adicções do que a alegria de viver etc.

E se, antes de implantar esses progressos técnicos no cérebro, cultivássemos uma maneira de fazer a mente progredir para ser mais bem usada e, em certos casos, para ter melhor controle sobre todos os progressos tecnológicos? E se refletíssemos sobre os meios de aumentar nossa liberdade em relação a todas essas riquezas das quais, pouco a pouco, nos tornamos "dependentes": é sempre bom se lembrar da "síndrome do GPS"! De tanto recorrer às máquinas para nos guiar, não olhamos mais ao redor... Parece que é mais complicado olhar ao redor de si do que olhar o telefone; é mais complicado prestar atenção no cérebro do que na tela do computador!

MATTHIEU: É muito melhor conservar um "humanismo genuíno", "sem adereços", que consiste em se tornar, pouco a pouco, por meio do treinamento da mente e da reflexão profunda, alguém mais sábio, altruísta, sereno e livre de todas as quimeras inúteis do ser humano melhorado por artefatos que não têm grande coisa a ver com a vida. Uma atitude cuja tendência seria buscar um estado ideal para si e uma preocupação ativa com o bem-estar de todas as espécies, humanas e não humanas, e com a qualidade de nosso ambiente.

ALEXANDRE: Tem dias em que sonho poder entrar no chuveiro sem fazer nenhum esforço, em dedilhar o teclado do computador sem que meus dedos se movam para todo lado sem controle, em passear pela rua sem cruzar com olhares fixos que esquadrinham meu corpo dos pés à cabeça... Quando ouço qualquer alusão à humanidade melhorada, ao transumanismo, penso imediatamente na frase de Nietzsche: "Eu vos anuncio o Super-Homem. O homem deve ser superável. O que fizeram para superá-lo?". Não; não sou o centro do mundo nem o alfa nem o ômega da Criação. O universo não gira à minha volta e, como todos, sou tentado a superar os limites de minha individualidade, a sair da minha zona de conforto e a ousar avançar na imensidão da vida. O ser humano deve ser superado... A questão essencial é: pelo quê? Por qual modo de vida e como? O elogio da força, da *performance* é no mínimo perigoso; exclui muita gente sem tornar verdadeiramente feliz quem quer que seja.

Em nossas conversas, tentamos enfatizar a necessidade, a beleza da solidariedade, lembrando de passagem que o desafio ecológico consiste em habitar nossa casa comum sem competir uns com os outros. Nos dias atuais, tudo indica que o individualismo vem ganhando cada vez mais terreno. Mesmo nossa visão de felicidade tende a definhar e a se confinar nos estreitos limites de um bem-estar totalmente pessoal. Onde foram parar as grandes mobilizações coletivas, o engajamento em prol de uma sociedade mais justa, mais equitativa, na qual todo mundo tem seu lugar?

A tecnologia nos acua sobre a nossa finitude e vulnerabilidade. Vamos todos sucumbir e, alguns, em completo isolamento. Enquanto permanecermos na lógica individualista, no reino do "primeiro eu", mesmo se vivermos 100 mil anos, o cotidiano sempre conterá a tragédia, o conflito, até mesmo o inferno. Afinal de contas, o eu é um grande conservador, não suporta a ideia de que o mundo possa continuar sem ele e por isso se apega demais a tudo. Daí o sofrimento, a insatisfação, o medo, que poderão se prolongar para sempre numa imitação de vida que jamais terminará.

Recentemente, eu estava em Veneza com minha filha Celeste. No barco, no meio de uma multidão de turistas, notamos que havia uma mãe de família com uma deficiência física. Ela não tinha os braços – era como se suas mãos saíssem direto dos ombros. Nisso, Celeste cochichou em meu ouvido: "Esta senhora não tem sorte!". Será que minha filha pressentia as zombarias, as dificuldades, a discriminação que podem se abater sobre uma vida?

"Esta senhora não tem sorte!" Essas palavras me perseguiram por vários dias. Evidentemente, me remetiam à deficiência, à diferença. Como já afirmei, em minha vida a questão da saúde permanece crucial. Eu não saberia o que responder se um neurologista me propusesse um tratamento que me curasse, já que minha identidade e personalidade foram completamente moldadas, tanto para o melhor, quanto para o pior, por essa singularidade inscrita de maneira indelével nas entranhas do meu corpo. No fundo, meu trabalho de tempo integral é aceitar as coisas como são, sem um pingo de resignação.

Falar de uma humanidade melhorada reflete o drama de uma gritante injustiça: alguns têm menos sorte do que outros. Antigamente, eu fazia a apologia da fraqueza. Hoje sou mais prudente, desconfio de discursos que, mal compreendidos, justificariam e banalizariam as adversidades. O que engrandece não é o sofrimento, mas sim o que se faz com ele. Nessa alquimia, que pode eventualmente transformar a dor em oportunidade de progresso, a solidariedade é essencial. Sem ela, o combate será em vão.

Mas vamos voltar ao transumanismo... Para um defeituoso como eu, o que acalma não é a esperança de uma receita milagrosa, mas a grande pacificação aqui e agora. Heidegger já alertava contra o abuso da técnica. É absurdo como a aquisição de um objeto tão banal como um *smartphone* pode mudar nossa relação com o mundo, os vínculos com os outros, nosso emprego do tempo, nossos os lazeres e nossa maneira de ser. Quando estamos em zonas de montanha, sem rede de internet, temos a impressão de estar nus, e o sentimento é de um imenso vazio. A experiência da alegria, de uma vida ancorada num caminho espiritual não pode ser desviada pelo cenário, pelos dispositivos eletrônicos, e, no entanto, é isso que está acontecendo.

Mais do que nunca, é necessário reabilitar o humano, os laços, o coletivo, a solidariedade. O que encontramos não são apenas outros consumidores nem mesmo organismos vivos, mas seres de carne e osso. O ser humano não é um robô. Ele tem uma história, um percurso, tem falhas e profundas aspirações, tem desejo de progredir, tem sentimentos, compaixão; não é fechado em si mesmo. A vida se dá, se recebe, se compartilha. Não seria um erro de ponto de vista querer construir a felicidade e a saúde a partir de fora, querer fabricar pela tecnologia uma liberdade, um ser? É sempre grande a tentação de meter a mão em coisas que jamais poderemos controlar, felizmente.

A mulher que encontramos em Veneza, os deficientes físicos, os doentes, as pessoas em geral precisam de uma imensa solidariedade. É prioritário agir para que a existência de todos seja aliviada dos fardos, do esgotamento, do cansaço de existir. Por isso, a urgência é dobrada: lutar contra a doença, o sofrimento, a desigualdade e se engajar ativamente em prol de uma sociedade mais justa, a fim de que a frase "esta senhora não tem sorte" não seja uma fatalidade, para que possamos viver com uma diferença, qualquer que seja, sem vergonha do que somos nem de nossa aparência. Mais do que a imortalidade de um eu paralisado por complexos, o que pretendo é uma humanidade na qual deixemos de viver sozinhos num canto, na qual a sede de *performance* não provoque mais devastações, na qual o homem não seja mais alijado do mundo, dos outros e de sua própria essência. Nesse contexto, tentar se superar não é nada surpreendente. Trata-se de colocar o pé na estrada, com os meios de que dispomos, e extirpar o mal pela raiz, embora na visão do transumanismo o mal só vá perpetuar, prolongar as condições de vida inaceitáveis, isso sem falar daqueles em cujas mãos cair a missão de nos transumanizar. Ultimamente somos convidados a nos questionar sobre nosso lugar no mundo. Não existe certa beleza em se considerar como passageiros efêmeros, como o lugar de um milagre permanente cujo mistério nos escapa integralmente?

MATTHIEU: Isso mesmo! Até que enfim um pouco de ar fresco! Caminhar no orvalho matinal, meditar sobre a natureza luminosa da mente, maravilhar-se com uma paisagem sublime, emocionar-se com o olhar inocente de uma criança, chorar copiosamente, amar, dar, receber, compartilhar, ajudar os que sofrem, viver com dignidade... Pobre IA que não conhece nada disso! Que maravilha a consciência humana, tão cheia de riquezas e profundidade. E depois... que uma boa morte seja o coroamento de uma bela vida!

• CAIXA DE FERRAMENTAS •

Para treinar a mente

◈

CHRISTOPHE

- *Cuidar de si não é apenas cuidar do corpo, mas também da mente*: Treiná-la para cultivar suas qualidades, nutri-la com boas experiências etc. Além do cuidado do corpo e da mente, existe também o cuidado da alma, sem dúvida, mas veremos isso mais adiante...

- *Elogio da repetição*: Para mim, se existisse uma única regra para ser lembrada quanto ao funcionamento da mente, seria a seguinte: numerosas pequenas repetições concretas nos transformam mais do que uma única grande decisão abstrata.

- *Achar que é impossível mudar de fato é um erro*: É confundir o que é difícil com o que é impossível. Não se diz: "Não adianta querer expulsar a natureza, que ela volta a galope"? Mas a natureza não tem de vir necessariamente a galope como o cavalo se tirarmos um tempo para ensiná-la a marchar! O que se pretende não é "dominá-la", mas sim domesticá-la.

- *Atenção aos treinamentos invisíveis da mente*: Expor-se regularmente a ambientes ou contextos sociais materialistas e egoístas pode ser um treinamento eficaz para o materialismo e para o egoísmo. Reclamar sempre, se queixar, ver sempre o lado negativo das coisas, se lamentar, isso nos converte em campeões dos queixumes, do negativismo e da lamentação. Mas isso também é um treinamento da mente.

- *A chave da liberdade*: As imensas evoluções tecnológicas em curso requerem que façamos progressos psicológicos equivalentes para controlá-las e fazer bom uso delas, em vez de nos tornar seus escravos. O treinamento da mente é uma das chaves de nossa futura liberdade.

ALEXANDRE

- *Sobre o bom uso das representações*: Como nos lembram os antigos filósofos, o modo como julgamos, como interpretamos o mundo é o espaço em que podemos exercer nossa liberdade. Daí a necessidade de uma ascese: sair no encalço de nossos preconceitos, tentar se ater aos fatos quando a imaginação exagerar, identificar o pacote de projeções que jogamos em cima da realidade.

- *Existem inúmeras maneiras de "se desenvolver" na solidão do próprio quarto...* Voltar a si mesmo, ir mais fundo além da superfície, implica, às vezes, vivenciar o tédio, os medos, a tirania dos desejos, o monte de expectativas que se agitam no fundo do coração e talvez a solidão. Descobrir o "ponto morto", nossa atitude mental *básica*, é perceber a bagagem pesada que arrastamos conosco por toda parte: medos, carências, fantasmas e, se desfazer de tudo o que impede um encontro sadio consigo mesmo e com os outros.

- *Não é nenhum defeito ser um pouco alostásico.* Por isso mesmo, posso me questionar sem forçar nada: de que realmente tenho necessidade para ser alegre e viver uma existência generosa? A que estou preso? Para onde me arrastam as carências do meu coração e os preconceitos do meu cérebro?

- *Retornar ao estado de antes dos julgamentos*: Observar uma flor, contemplar uma paisagem, se maravilhar diante da beleza de um rosto sem reduzir essas experiências extraordinárias, sempre tão ricas e densas, sem enquadrá-las em categorias, sem classificá-las, sem compará-las com o que já foi vivido e conhecido. Deixar a vida acontecer a nós sem querer moldá-la à força com nossas ideias. Em suma, recuperar a capacidade de maravilhamento de uma criança inocente.

- *Treinar a mente não é um curso relâmpago de espiritualidade.* Não é nenhuma necessidade de acumular conhecimentos. Basta se libertar dos reflexos, dos clichês, dos mecanismos de defesa, dos autoenganos. Por que não aproveitar o adágio socrático e avançar na direção do progresso: sei que nada sei, sei que não sei descansar, perdoar, apreciar a vida, passar uma hora sem bancar o idiota. São muitos não saberes que convidam ao progresso.

MATTHIEU

- *Fascinação superficial* versus *satisfação permanente*: À primeira vista, a preguiça, o conforto do aconchego e os divertimentos são fascinantes, mas logo se dissipam por causa do tédio. O treinamento da mente não é tão atraente logo no começo, mas quanto mais praticamos, mais traz satisfações profundas e permanentes.
- *Evitar confundir prazer com felicidade, hedonismo com eudemonismo.* "O prazer é a felicidade dos loucos; a felicidade é o prazer dos sábios", escreveu o romancista Barbey d'Aurevilly.
- *O treinamento da mente não é uma sucessão de fogos de artifício*, mas o lento crescimento de um poderoso carvalho, que se enraíza na natureza da mente e desenvolve sua arborescência na floresta da existência.
- *Uma colheita benéfica para todos*: Esse treinamento nos oferece ferramentas para gerir com destreza as atribulações da vida, para aliar uma imensa paz interior a uma imensa abertura para o outro. Menos vulneráveis, nos tornamos mais disponíveis para o outro.

“Em 1970, quando eu estava num monastério em Darjeeling, vimos chegar um sujeito grandalhão, de terno e gravata, com sua pasta de executivo e um sotaque característico do sul da França. Entrou sem cerimônia, dirigiu-se a nosso mestre espiritual, Kangyur Rinpoche, e foi direto ao assunto: “Estou diante de uma muralha! Não sei para onde ir; preciso que alguma coisa aconteça!”. À medida que se explicava, o mestre, a esposa e toda a sua família sorriam gentilmente, porém ele continuava a falar com toda a seriedade. Serviram-lhe um bom almoço e, assim que ele pareceu mais relaxado, Kangyur Rinpoche começou a lhe ensinar os rudimentos da meditação, de uma visão da existência e de um caminho espiritual que iriam inspirá-lo pelo resto de seus dias.

Depois disso, esse homem realizou retiros contemplativos durante nove anos. Como era engenheiro de profissão, se encarregou da construção de diversos monastérios na Índia e no Nepal. Desde essa época, é um dos meus amigos mais próximos. É uma pessoa firme, jovial, de muito bom senso, bem ancorado na vida. Para ele, a meditação integrada ao caminho espiritual como um todo fez toda a diferença.

Pouco tempo atrás, enquanto estava no Nepal, a casinha que possuía na região da Dordonha pegou fogo e foi totalmente destruída junto com alguns de seus pertences. Ele não pareceu nem um pouco perturbado com isso e comentou: “De qualquer modo, vou encontrar um lugar para me sentar tranquilo!”. Esse é o gênero de fruto que uma vida consagrada à busca da liberdade pode fazer amadurecer...”

Matthieu

13
A MEDITAÇÃO

O QUE É MEDITAÇÃO?

MATTHIEU: Segundo a etimologia da palavra, em sânscrito e em tibetano, *meditar* significa "cultivar" (associada à ideia de treinamento mental) e também "familiarizar-se com". Por isso, existem tantas formas de meditação quantas maneiras de treinar a mente. Todas têm em comum a presença da mente, a atenção, a clareza e a estabilidade. Se uma pessoa cultiva a atenção e a benevolência, vai se familiarizar com essas qualidades. Existe, portanto, uma dimensão intencional e um processo de treinamento cumulativo (ela fica cada vem mais atenta e benevolente). Pode também se habituar a uma nova maneira de ser, de gerar seus pensamentos e de apreender o mundo. E, por fim, pode familiarizar-se com a natureza de sua mente, algo que costuma nos escapar, pois essa natureza se encontra recoberta pelas nuvens das construções mentais, pela rádio Mental FM, tão cara ao Alexandre. A pessoa se habituará a perceber a presença desperta por trás das cascatas de pensamentos e a repousar na natureza da consciência pura. Nesse caso, não se trata de um treinamento ativo, mas de uma experiência direta. A prática não consistirá em um "condicionamento físico da mente", mas em dissolver as nuvens da confusão e contemplar o céu da natureza mental.

A introspecção budista recorre a dois métodos: um analítico e outro contemplativo. A meditação analítica consiste em ir até o fundo das coisas. As coisas são permanentes ou impermanentes? Existem de maneira autônoma ou em condição de interdependência? Quais são as causas imediatas e últimas do sofrimento? O eu, o ego, existe como entidade independente dotada de existência própria? Ou não passa de uma ilusão cômoda que só existe por convenção? Uma vez que se tenha chegado a uma conclusão irrefutável, a meditação contemplativa consiste em deixar a mente repousar de uma maneira não discursiva nessa nova compreensão, de tal maneira que uma se integre na outra assim como a água penetra na terra.

CHRISTOPHE: Como terapeuta e praticante de meditação menos experiente do que você, eu acrescentaria de bom grado uma terceira dimensão, intrínseca ao que você acaba de descrever, que me parece bastante preciosa: a quietude.

MATTHIEU: É isso mesmo; uma mente calma, clara e estável é condição indispensável para qualquer tipo de meditação. Não se pode cultivar nada se a ferramenta da mente se mostrar perpetuamente distraída, confusa e agitada como uma criança mimada.

CHRISTOPHE: Essa etapa inicial de pacificação da mente também é quase iniciática! É quando nossos pacientes aprendem que meditar não é nem cochilar nem refletir de olhos fechados! Para meditar bem é preciso estar bem acordado. Se tivermos dormido mal, se tivermos tomado muitos psicotrópicos, os exercícios meditativos não darão certo. É importante compreender que a meditação muda o registro psicológico: a pessoa não para de refletir, de mostrar sua inteligência, mas faz isso de outra maneira, por outro caminho. Sempre começamos fazendo uma espécie de inventário: observamos os pensamentos, sua essência, sua natureza, sua influência sobre nós. Empregamos esse artifício para melhor entrar em contado com eles; usamos o que você designa de "meditação analítica" caracterizada, entre outras coisas, por um funcionamento da mente tranquilo, estabilizado, nutrido pela quietude e pelo recolhimento.

Existe outro processo, que também pode provocar uma reviravolta na prática da meditação: quando meditamos com atenção plena, nos retiramos do mundo por um instante, mas sem abandoná-lo, simplesmente observando a própria experiência. Christian Bobin tem uma frase de que gosto muito: "Por um instante, me contento em escutar o ruído que o mundo faz quando não estou nele". Esse distanciamento é apenas transitório, voltaremos ao mundo, mas lidaremos com ele de maneira diferente, mais lúcida, mais serena, mais tranquila, mais inteligente e mais determinada também.

MATTHIEU: Gostaria de dar um exemplo similar ao de Bobin: dizem que na meditação, em vez de sermos carregados pela corrente, ficamos sentados na beira do rio olhando a água correr. Podemos escolher também navegar pelo rio e controlar nosso barco com toda a maestria.

CHRISTOPHE: Isso mesmo e, continuando a comparação, se escolhermos navegar de volta pelo rio, teremos tido tempo de recuperar e retomar as forças, mas também de conhecer as correntes (compreender o mundo exterior), de identificar nossos medos e incoerências quanto ao modo de navegar (compreender o funcionamento da própria mente nessas circunstâncias). De qualquer modo, teremos nos reabastecido plenamente de lucidez e energia!

A contemplação é uma prática preciosa para facilitar a ação, se a ação for necessária. Nesse caso, estamos bem longe de uma visão puramente contemplativa da meditação, voltada apenas para o interior e para o recolhimento do mundo. Porém retiros espirituais regulares são preciosos, não importa como seja nossa vida – ativa ou contemplativa.

ALEXANDRE: Escutar os ruídos do mundo... Christian Bobin dá uma pista e tanto a fim de parar de viver a vida como uma bola de bilhar, que corre em todas as direções, e tentar estabelecer outro tipo de relação com o próprio ser. O que me conduziu à prática da meditação foi um estado de angústia profunda, foi a impossibilidade de encontrar o menor repouso, uma condição de escravidão quase permanente, para usar a expressão de Swami Prajnanpad. E essa alienação pode invadir todas as áreas da vida. Acabamos presos ao passado, aos traumas, às fascinações, aos preconceitos.

Meditar é abrir-se para uma experiência contemplativa, é atender ao convite das tradições espirituais de considerar o mundo real sem querer apossar-se dele, sem retê-lo, sem recusar nada. Os místicos cristãos nos tomam pela mão para nos conduzir além do ter, da possessão, da apropriação, da rejeição. Uma experiência singular... o eu habitual se eclipsa e outra relação com o mundo desponta. Na companhia dos budistas, somos encorajados a nos doar ao mundo sem deixar que o ego se intrometa eternamente onde não foi chamado. Quando a insatisfação nos atormenta, é difícil não considerar o outro, a natureza e até mesmo a própria vida como um instrumento, uma muleta, um grande negócio... A prática espiritual amplia, expande o horizonte.

Como acabar com a ganância da mente? Schopenhauer fala desse querer viver, cego e voraz, que é *mais forte* do que nós. Lançar-se na aventura espiritual talvez seja abandonar lentamente esse apetite insaciável, esse estado de carência. É insano como o interesse, o desejo, as expectativas nos afastam da beleza, da leveza, da gratuidade de cada instante. Se estou morrendo de fome, como andar por uma rua, mesmo a mais bela do mundo, sem salivar diante dos restaurantes, dos *fast-foods*, da primeira pizzaria da esquina, desatento a todo o resto? Desse jeito é impossível encontrar a plenitude, o repouso, a paz.

Meditar também é tentar construir outra relação consigo mesmo, com os outros, com o cotidiano; é revelar uma qualidade de ser, um gosto, uma disponibilidade interior.

Depois de Mestre Eckhart, Henry Bergson[1] distingue o eu superficial, o eu social, poderíamos dizer, do âmago do ser humano. Meditar, rezar, é penetrar progressivamente nesse âmago, é abandonar os automatismos, dizer adeus ao personagem que se interpreta e parar de se identificar com ele.

---

1. Henry Bergson (1849-1951). [N. Ts.]

Os cristãos falam de combate espiritual. Isso significa que o ego, as tentações, as ilusões e a capacidade do ser humano de enganar a si mesmo são obstinados, são ossos duros de roer...

Concretamente, temos aqui algumas pistas, uma espécie de *kit* de sobrevivência que tenho usado há tempos na prática de treinamento da mente. Primeiro de tudo, para atenuar a barulheira da Mental FM, é preciso escutar os ruídos do mundo com precisão, apurar o ouvido para as buzinas dos automóveis, o riso de uma criança, o silêncio, enfim para tudo o que nos rodeia, a fim de sair do cinema interior e de se abrir para o universo inteiro. Há uma tradição que diz que Avalokiteshvara[2], o Buda da Compaixão (Kannon para os japoneses, e representado sob a forma feminina na China), alcançou a Iluminação quando começou a ficar atento aos outros, quando começou a se abrir aos pedidos de socorro, aos gritos, ao desespero dos seres. Dar valor aos sentidos e à percepção é fazer cessar a ação da mente que só analisa, compara e julga. Em um segundo momento, somos encorajados a visualizar cada parte do corpo e a relaxá-la, a olhar as próprias mãos, os pés, as pernas, os braços, esse veículo que, por mais estropiado que seja, nos conduz à Iluminação. Ocasião especial para deixar de considerá-lo um peso, um ídolo, uma carga, um fardo... Em seguida, sem julgar, sem rejeitar nem reter, vamos observar o fluxo intenso de pensamentos, de sentimentos e de emoções que nos invadem. Finalmente, em uma quarta etapa, tão essencial quanto as anteriores, oferecer a prática e oferecê-la a algo muito maior do que nós mesmos, enviando *metta* – amor, bondade e benevolência a todos os seres do universo!

Meditar, se livrar das emoções negativas, renunciar a si mesmo é sobretudo trabalhar para o bem de todos. Sentar-se numa almofada, manter a postura ereta e se concentrar não é se afastar do mundo, mas sim se doar a ele.

MATTHIEU: No budismo tibetano, Avalokiteshvara às vezes é representado com mil braços e um olho na palma de cada mão, simbolizando a compaixão que vê todos os seres, está atenta a seu destino e sempre pronta a aliviar seus sofrimentos. A palavra *metta* na língua páli[3], *maitri* em sânscrito, significa "bondade amorosa" e consiste em pedir que todos os seres encontrem a felicidade e as causas da felicidade. Já o termo *karuna* (a contraparte de *metta*) designa "compaixão", o pedido para que todos os seres sejam libertados do sofrimento e de suas causas. A bondade amorosa abraça todos os seres, não importa em que condições estejam e, quando é confrontada com o sofrimento, se transforma em compaixão.

---

2. No Tibete, Avalokiteshvara – "aquele que enxerga os clamores do mundo" – é o bodisatva que representa a suprema compaixão de todos os Budas. [N. Ts.]
3. Derivada do sânscrito, o páli é uma língua litúrgica, próxima da língua falada pelo Buda Gautama, e utilizada na escola Theravada do budismo. [N. Ts.]

ALEXANDRE: Treinar a mente para expelir as toxinas do intelecto, extinguir os parasitas, expulsar as idolatrias, é aguçar o ouvido interior e, para o devoto, é se tornar disponível para uma transcendência. É ver a imensa solidariedade que nos une a todos e a tudo. Essa oportunidade, essa abertura, pode rapidamente fazer parte do dia a dia e se prolongar no entusiasmo em relação ao outro, na alegria de compartilhar e de estar sempre pronto a escutar.

Em *Humano, demasiado humano*, Nietzsche nos oferece uma fabulosa ferramenta: a melhor maneira de começar o dia é se perguntar se nesse dia podemos agradar alguém.

Qual é o contrário da meditação?

MATTHIEU: A consciência distraída ou adormecida em relaxamento excessivo é o contrário da meditação. A mente distraída assemelha-se à vegetação selvagem que, do alto de um desfiladeiro, se agita e se verga em todos os sentidos, sempre ao sabor dos ventos. Ela nem mesmo sabe que está distraída. A consciência adormecida pode ser comparada a uma superfície de água durante a noite: embora seja naturalmente transparente, na escuridão noturna torna-se opaca. Em contrapartida, se surgirem muitos pensamentos e se a pessoa estiver plenamente consciente do que se passa, ela não estará distraída. Querer parar o fluxo dos pensamentos é uma fantasia inútil. Quem acredita que uma "boa" meditação deva ser desprovida de pensamentos, já começou com o pé errado. O importante é permanecer lúcido e consciente do nosso estado no momento presente: estamos calmos, agitados, lúcidos, tensos ou relaxados? Estamos conscientes de que estamos tristes? Alegres? Cheios de entusiasmo ou de tédio? A distração nos faz perder essa consciência do momento presente e dez minutos depois percebemos que nossa mente vagabundeou pelo mundo inteiro e que esquecemos completamente o objeto de nossa meditação. A meta não é fazer com que tudo seja perfeito como um céu azul sempiterno, mas de não se esquecer jamais da presença desperta.

CHRISTOPHE: A verborragia da mente, a dispersão, a distração sempre são os primeiros obstáculos da prática meditativa, mas tudo isso é normal: a mente funciona assim mesmo, o cérebro produz pensamentos do mesmo modo que o pulmão produz a inspiração e a expiração. Todos os nossos órgãos fazem seu trabalho à sua maneira! Cabe a nós ir além permitindo que esses pensamentos estejam ali, mas sem alimentá-los nem se aprofundar neles! Como você mesmo reiterou, Matthieu, distração não significa ter uma porção de pensamentos na mente, mas sim dar ouvidos a eles, segui-los, se agarrar a eles e se perder neles...

Na meditação da atenção plena, o trabalho consiste em observar nossos pensamentos e nossas reações a esses pensamentos: como atraem nossa atenção, como influenciam nosso corpo, fazem nascer impulsos, imagens, se encadeiam uns nos outros. Todos os momentos em que tomamos consciência da distração e da dispersão são preciosos: são tantos treinamentos a considerar, e num tempo tão rápido, que nossa mente vai longe.

Mas a dispersão em si não é motivo de preocupação se aceitarmos sua presença. Dispersão é como perder o fôlego no meio de uma corrida – é normal, mas não se desiste de correr por causa disso; é preciso simplesmente se adaptar ao ritmo, pois com o tempo e o treinamento adequado a falta de fôlego será cada vez menor e menos incômoda. A dispersão e a distração não devem nos dissuadir de meditar, mas devem ser um incentivo para praticarmos exercícios simples, primeiro centrados em reconhecer onde estamos e em retomar a todo momento a consciência da respiração, por exemplo.

MATTHIEU: Podemos usar a imagem do pastor que cuida de suas ovelhas: ele não as impede de vagabundear de um lado para o outro, mas fica o tempo todo de olho nelas.

ALEXANDRE: Os textos do budismo afirmam que adotar um olhar contemplativo é abraçar a vida como um pai de família que observa da janela os filhos brincando: dois grupos se confrontam, os cowboys e os índios. Ele ouve a gritaria das crianças. O espetáculo não passa de uma brincadeira, ele enxerga isso perfeitamente, sempre atento ao que se passa.

CHRISTOPHE: Uma coisa bem específica da meditação é que depois de termos tomado consciência da dispersão mental, começamos a observá-la bem demoradamente. Não ficamos absortos em reflexões do tipo "nunca chegarei lá", "para mim isso é impossível, é preciso ter um cérebro especial" etc. Porém, continuamos ali observando com atenção plena, com consciência total, de que se compõe exatamente essa experiência da distração: mais uma vez, parece evidente que meditar não é refletir, como fazemos de hábito, mas viver a própria experiência profunda, plena e atentamente, até mesmo as experiências incômodas como a distração e o tédio.

MATTHIEU: Reitero que, no começo, o esforço é direcionado, estudado, um pouco forçado. Depois, a presença desperta se torna uma segunda natureza – não meditamos mais intencionalmente e, por isso, jamais nos distraímos. É uma espécie de atenção plena contínua, uma maneira de ser que é fruto maduro do treinamento.

POR QUE MEDITAR?

MATTHIEU: Alguns podem se perguntar: "Por que me daria ao trabalho de meditar? Tenho muitas outras coisas a fazer". Ou então, como já vimos no capítulo dos esforços: "A vida já me ensina tantas coisas, para que acrescentar mais?". Mas podemos substituir essas questões pela seguinte pergunta: "Será que estou funcionando da maneira ideal?". Seria pretencioso e desonesto de nossa parte afirmar que nossa maneira de ser e de pensar é a melhor de todas. Somos uma mistura de sombra e luz. Como treinamento específico da mente, a meditação é praticada há milênios e as neurociências confirmaram sua eficácia. Por que não tentar? Como já dissemos, ninguém medita para deixar as meninges musculosas, mas sim para lidar com a mente dia e noite, já que esta se encontra quase sempre bem perturbada.

CHRISTOPHE: E já que meditar regularmente exige esforço, é legítimo responder à questão: por que meditar? Alguns mestres condenam a busca rigorosa de um ideal: a meditação, para ser meditação, não deve ter objetivos, não deve estar ligada a expectativas específicas. Meditamos por meditar e pronto! Mas a maior parte de nós não procura a meditação por pura curiosidade ou em busca de exotismo. Chegamos a ela porque precisamos dela, porque sofremos, porque estamos doentes, porque percebemos até que ponto nosso funcionamento mental, emocional, comportamental se distanciou de nossos ideais de conduta. Como você acabou de salientar, Matthieu, sabemos que não estamos funcionando de maneira ideal e temos vontade de progredir, só isso. Quando nos sentimos assim, estamos prontos para empenhar nossos esforços na prática meditativa, com todas as suas etapas...

MATTHIEU: Hoje reconhece-se universalmente que fazer exercícios físicos é bom para a saúde. Ninguém vai acusá-lo de perder tempo se dedicar vinte minutos por dia a isso. Ainda que os benefícios da meditação para a saúde sejam às vezes superestimados, centenas de estudos confirmam seus efeitos benéficos sobre a saúde física e mental (na prevenção de recaídas em casos de depressão, por exemplo). Por isso, se 20 minutos por dia de meditação melhoram a qualidade das 23 horas e 40 minutos restantes, incluindo o sono, as relações humanas, a capacidade de prevenir o esgotamento (*burnout*) etc., isso me parece um ótimo investimento! Com frequência, o argumento contrário é: "Sim, mas não tenho tempo". É como se você fosse ao médico e ele lhe dissesse: "Francamente, você não está nada bem. Precisa fazer um tratamento", e você lhe respondesse: "Ouça, doutor, não posso seguir esse tratamento porque não me sinto bem e, além do mais, não tenho tempo. Então farei o que for preciso quando melhorar e quando me aposentar".

É preciso arrumar tempo para aprender a melhorar a qualidade de vida. Para dar um exemplo instrutivo do mundo dos negócios – nada a ver com a meditação –, o grande magnata americano J. P. Morgan, do fim do século XIX, costumava dizer: "Posso fazer o que faço em dez meses, mas não poderia fazê-lo em doze". Ele dedicava dois meses por ano para recuperar as forças no meio da natureza, para restaurar a saúde física e mental necessária para realizar todos os seus empreendimentos.

EM QUE E COMO A MEDITAÇÃO NOS LIBERTA?

MATTHIEU: No começo, a mente é muito turbulenta e é bem difícil praticar a mediação analítica até o fim, cultivar a compaixão e mais ainda observar a natureza da consciência: simplesmente porque temos de lidar com um turbilhão de pensamentos. Como já vimos, a primeira etapa é adquirir certa calma. Não significa atordoar a mente, como se nocauteia alguém com um porrete, mas permitir que ela se torne um pouco mais clara, um pouco mais estável. É por isso que a maioria das meditações começa com a observação da respiração. Trata-se de um jeito ao mesmo tempo prático (a respiração está sempre lá), simples (com um movimento permanente de vai e vem) e sutil (a respiração é invisível e, se não se prestar atenção nela, desaparece instantaneamente do campo da percepção). É, portanto, um excelente objeto para afinar nossas próprias faculdades de atenção. Esse treinamento simples não é assim tão fácil. No começo, podemos nos sentir desencorajados e constatar: "Tenho mais pensamentos agora do que antes; não fui feito para a meditação". Não que haja mais pensamentos, mas a pessoa começa a perceber o que está acontecendo, a avaliar a extensão dos estragos. Com o tempo, tal como acontece com uma queda-d'água na montanha que vai se transformando em cachoeira, depois em rio e finalmente vira um lago de águas claras, nossa mente se acalma.

Após algumas semanas, ou alguns meses, posso passar para a etapa seguinte: "Agora que minha mente é mais flexível e disponível, posso conduzi-la como um cavalo bem treinado e dizer: 'Dedique-se à compaixão'". Essa progressão deve ser respeitada, não adianta queimar etapas: se quisermos meditar sobre a compaixão enquanto a mente não está tranquila, não vamos cultivar a compaixão, vamos simplesmente ficar distraídos.

Posso também me perguntar: "Afinal, quem medita? O eu? A consciência?". E posso analisar a natureza de tudo isso.

De maneira mais contemplativa e direta, posso ainda aprofundar minha busca: "O que existe por trás de todos esses pensamentos? Seria essa presença desperta, esse aspecto da atenção plena que é a origem de todo acontecimento mental?". A partir de então, começo a entrever aquilo que, subjacente a todo pensamento, está sempre ali presente, como o céu imutável por trás das nuvens. Em seguida, posso deixar a mente repousar nessa presença desperta.

CHRISTOPHE: De fato, a etapa de apaziguamento, primeiro objetivo da meditação da atenção plena, assemelha-se ao aquecimento do esportista, ou às escalas para o pianista – uma forma de manter a condição física ideal para depois realizar outros gestos. Como sempre explico aos meus pacientes, para quem medita, esse é um trabalho não específico, cujo objetivo é colocar a mente nos trilhos.

É por isso que temos a necessidade de exercitar regularmente a atenção plena, primeiro por razões culturais – porque nosso ambiente é dispersivo –, depois por razões naturais – porque, do jeito que a atenção funciona em nosso cérebro, ela facilita a distração, mecanismo ancestral de vigiar o ambiente. Na verdade, a distração é uma capacidade útil, pois permite reagir instantaneamente quando um novo evento surge no ambiente. Se fôssemos animais e esse evento representasse uma ameaça, o fato de nos "distrair" do que estamos fazendo – comer ou repousar – nos salvaria a vida. Mas, como somos seres humanos do século XXI, nossa distração com frequência é um toque de telefone, uma mensagem publicitária numa página da internet, e isso não nos salva a vida, muito pelo contrário.

ALEXANDRE: A mente pré-fabrica uma visão do mundo, da vida, do amor, de si, da alegria, do prazer. Ela tem uma opinião sobre tudo. Com sua bagagem de preconceitos, nos priva da experiência imediata e nua. Praticar a ascese talvez seja descobrir o que pertence à esfera do ego: a amargura, as preocupações, os conflitos, o desejo de agradar, a insatisfação, e encontrar a bondade primordial da existência, que, apesar dos medos e expectativas, atua sem cessar na plenitude do instante. Mas como acalmar a *besta*? Em plena balbúrdia, precisei improvisar um exercício vital: anotar os pensamentos, as emoções, os medos, atribuindo a eles uma nota de 1 a 10. Nessa escala sismográfica interior, o número 1 corresponde a uma ideia neutra, tranquila, que tanto faz como tanto fez. Quando a nota é 10, é hora de correr para o telefone a fim de evitar cometer o irreparável... Mesmo sendo bem básica, essa técnica tem o mérito de fazer com que me desligue um pouco dos pensamentos: "Ah, veja só, um 3!", "Aqui temos um 4!", "Ah, estou diante de um 6...".

Para nossa infelicidade, acreditamos ser duros como ferro diante de tudo o que surge na mente: convicções, fantasias, fobias, fantasmas, delírios... Às vezes, desobedecer a esses comandos, correr o risco de deixar tudo passar sem agir pode ser um dos procedimentos mais eficazes. A perversidade da mente quer que o carrasco acabe se instalando dentro de nós para sempre. Rei do pedaço, ele não sai mais dali e quer ser obedecido num piscar de olhos, daí a guerrilha infindável.

MATTHIEU: Enquanto nossa mente for presa da agitação mental, continuamos escravos de nossos próprios pensamentos. O domínio da mente significa liberdade. O marinheiro dono de seu navio navega rumo à destinação de sua escolha. Um navio acossado pelos ventos e pelas correntes corre o grande risco de se chocar contra um rochedo e naufragar.

Uma pessoa sujeita à distração reagirá a cada pensamento como um cachorro que corre atrás de qualquer graveto que alguém lança. A mente sem controle tem a tendência de amplificar os pensamentos e de deixá-los proliferar. Sobrevém um pensamento – tenho vontade de tomar uma xícara de chá, de ir comprar alguma coisa no mercado, de telefonar para alguém etc. –, o corpo segue e executa. A mente calma se concentra no objeto escolhido ou repousa numa simplicidade vasta e transparente.

CHRISTOPHE: O que a meditação traz para nossa liberdade interior é algo muito importante: primeiro, a estabilidade da atenção e das emoções, elementos-chave para o discernimento. Depois, a ampliação da consciência: meditar é abrir-se voluntária e calmamente para os outros e para o mundo (diferente da distração involuntária), é compreender a importância deles bem como os pertencimentos e as interdependências que nos conectam a eles. É olhar para o mundo com um olhar de certa forma exterior a si, é libertar-se de si mesmo.

MATTHIEU: Vamos considerar o exemplo de um indivíduo prisioneiro de suas reações. Se alguém o insulta, ele pode se sentir ofendido, pode explodir de raiva ou ficar deprimido. Ele está longe de ser livre. Pode até mesmo ser alvo vulnerável da crítica e da lisonja, do ganho e da perda e de outras opiniões comuns. Acreditem, é perfeitamente possível não "subir pelas paredes" quando alguém nos critica nem ser arrogante e vaidoso quando nos elogiam. Se compreendermos que o ego não é um alvo tão sólido quanto parece, que de fato é transparente por natureza, e que todas as flechas do mundo não podem mais lhe fazer mal, encontramos a liberdade. Quando ampliamos e aprofundamos essa liberdade, as perturbações passam pela mente e se desfazem na mesma medida em que aparecem.

ALEXANDRE: É incrível e magnífico se considerar como transparente, perceber *a própria* natureza como um céu no qual traumas, acidentes de percurso, provações não deixam nenhum rastro remanescente...

Uma das vocações da meditação é revelar o que *dentro de nós* pensa, deseja, quer, reage, criando em nosso ser vários mecanismos de defesa, de desejos fortuitos, de fantasias. Estamos bem longe da transparência. Treinar a mente significa precisamente retornar à própria casa, se livrar de todas as armaduras. E dizer que todo o tempo o ego luta com unhas e dentes para conservar suas prerrogativas, fazer valer seus direitos, defender suas ideias. Daí vem o risco de um esgotamento geral e completo.

Ramana Maharshi dizia que havia alcançado a Iluminação depois de ter se dedicado de corpo e alma à questão: "Quem sou eu?". Essa foi a estrada principal que o conduziu à *outra margem*, fazendo explodir na passagem todos os obstáculos para alcançar essa profundidade, para ultrapassar as barreiras da individualidade.

O zen fala do estado original, de um espaço, de um coração imensamente vasto, aberto. Todos nós fomos crianças e não tínhamos esse monte de preconceitos, complexos, papéis sociais, essa necessidade de compensar tudo. Em nós ainda subsiste uma parte intacta, intocada, sagrada, pura.

Meditar é atravessar essas camadas e se reconectar com nossa verdadeira essência. É entrar em contato íntimo com nossa verdadeira natureza.

CHRISTOPHE: Essa é a distinção pedagógica que nós, terapeutas, estabelecemos entre reagir e responder. A reação é imediata e impulsiva; a resposta é ponderada e refletida. Na vida precisamos das duas: às vezes reagir rápido, às vezes responder com ponderação. Mas tanto reagir, que não demanda esforços, pois é instintivo (reagir a um golpe com outro golpe, por exemplo), quanto responder, principalmente quando as emoções estão envolvidas, exigem aprendizado.

Ainda nesse caso, a meditação da atenção plena oferece aos nossos esforços uma série de exercícios e de experiências insubstituíveis. Por exemplo, quando meditamos junto com nossos pacientes, explicamos que, se sentirem uma coceira no nariz ou se der uma câimbra na perna, podem se coçar e se movimentar. Mas também pedimos que não se comportem como de costume: antes de se mexerem, que tomem um tempo para observar o que se passa, para explorar a experiência. Respirar, perceber onde se situa exatamente a coceira ou a câimbra, qual é sua intensidade, que pensamentos desencadeiam ("não estou aguentando, tenho de fazer alguma coisa"), quais são os impulsos do corpo (o braço já está estendido para coçar?; já começou a se mexer para mudar de posição?)... Depois observar se após alguns instantes a necessidade de se coçar ou de se mexer continua, se mudou, se desapareceu. Tentar primeiro responder em vez de reagir imediatamente. É surpreendente para os pacientes constatar que nesse intervalo de tempo de atenção plena, antes de obedecer ao impulso, às vezes a situação (coceira ou câimbra) ou mesmo a necessidade psicológica ("devo fazer alguma coisa") mudam sozinhas.

Esse é um bom treinamento, a partir de situações simples, para aprender a enfrentar situações mais complexas, principalmente diante de impulsos ligados à ativação emocional, como o medo e a raiva, por exemplo.

A meditação ensina a não ser escravo dos impulsos e dos automatismos mentais. Se tenho uma coceira, eu me coço sem parar; se tenho algo a fazer, vou e faço sem pensar, se tenho uma preocupação no horizonte, fico ruminando, remoendo o assunto e, quando estou estressado, se alguém me contraria, ou reajo com uma explosão, ou então fico deprimido. A diferença está sempre entre reagir e responder! Meditar regularmente é conceder a si mesmo um espaço de liberdade que oferece a possibilidade de escolher entre os dois. Esse espaço de liberdade consiste em estar presente, em observar o que se passa, mas sempre dando tempo ao tempo para não fazer nada com urgência (e discernir melhor o que é importante naquele instante).

MATTHIEU: Um amigo meu, o Doutor Frédéric Leboyer[4], com quem morei em Darjeeling, nos anos 1960, costumava dizer: "A meditação é não fazer nada, mas com método". Para Jon Kabat-Zinn, trata-se de "não fazer nada, mas bem feito".

CHRISTOPHE: E, segundo André Comte-Sponville, "é não fazer nada, mas com profundidade"! No nível neuropsicológico, por meio da prática dessa presença no mundo não ativa e não reativa, a meditação pode nos ajudar a inibir certos programas automáticos, comportamentais, emocionais ou cognitivos (pensamentos automáticos). Para os pacientes, a meditação é extremamente preciosa, pois ela consegue frear o desencadeamento de ruminações e de comportamentos inadequados, sem ser uma repressão absoluta. Não se usa o modo "não faça isso", mas sim o "observe a experiência que consiste em ter vontade de fazer isso e continue observando antes de passar ou não à ação". A câimbra durante a postura, ou a vontade de coçar o nariz durante a meditação, é algo bem bobo, mas para a maioria das pessoas é uma descoberta fenomenológica: elas compreendem que podem escolher fazer ou não fazer alguma coisa que no início parecia irrefreável.

MATTHIEU: Quando aprendi a navegar com meu tio Jacques-Yves Le Toumelin, que fez a volta ao mundo sozinho em um veleiro sem motor, ele me levou para velejar pelas costas bretãs em um dia de forte instabilidade. Quando uma onda muito grande vem de lado e se choca contra o casco, o barco desvia de sua trajetória. A tendência, então, é girar o leme com muita força para manter a direção. Feito isso, tenta-se virar o leme energicamente no sentido oposto. Mas meu tio me advertiu: "Pare de ficar mexendo! Mantenha o leme firme no

---

4. Frédérick Leboyer (1918-2017). Médico e obstetra francês, autor do livro *Nascer sorrindo*, que introduziu o parto sem violência, ou Parto Leboyer. Foi responsável pela divulgação da Shantala, arte milenar de massagear bebês. [N. Ts.]

centro". O barco pode pender um pouco a estibordo, depois um pouco a bombordo, e assim por diante, mas na média seguirá na direção certa. Será inútil se esgotar em reagir. Na vida, segurar o leme é ter plena consciência, sem passar o tempo atraindo ou rejeitando experiências.

CHRISTOPHE: É importante compreender esse mecanismo de atração--repulsão. Somos atraídos pelo que nos parece bom: meditar não vai nos tornar indiferentes, mas vai nos ajudar a desfrutar disso sem nos apegar (sem temer que a qualquer instante vá acabar). Meditar também vai nos permitir verificar se desfrutar do que nos atrai é de verdade uma boa ideia (pois pode tratar-se de alguma coisa tóxica e adictiva: açúcar, álcool, cigarro etc.).

Aliás, a tendência de todo mundo é rejeitar o que parece desagradável: meditar vai ajudar a aceitar melhor o fato de que as experiências desagradáveis existem (em vez de sonhar em jamais ter de enfrentá-las) e a passar melhor por elas, sem forçosamente evitá-las (às vezes elas podem ser úteis para nós). De qualquer modo, trata-se de sofrer menos, ou sofrer "melhor", sem se deixar abater pelo sofrimento nem ser subjugado muito tempo por ele.

ALEXANDRE: O zen fala da mente cotidiana. A liberdade, a paz, a alegria, o desapego podem ser sentidos até mesmo no tumulto do caos. Por que não considerar a raiva, a impaciência, as inclinações, tudo o que gostaríamos de arrancar do nosso coração como oportunidades de praticar a sabedoria, de exercer a virtude, de crescer?

Em *Além do bem e do mal*[5], Nietzsche evoca o granito, um *fatum* espiritual, um destino irrevogável que resiste a qualquer mudança. No fundo de cada um de nós é bem possível que subsistam preconceitos, mas também sequelas, memórias, traumas obsessivos que sabotam o progresso, a mudança. A gente pode quebrar a cara a vida inteira nesses pequenos e grandes reveses que nos fazem sucumbir no desencorajamento. Essa leitura binária do mundo, atração -repulsão, por exemplo, é verdadeiramente tenaz, tirânica. É como o granito...

Para caminhar rumo à liberdade, talvez seja conveniente descobrir a raiz disso, esse granito...

MATTHIEU: Durante o inverno, o frio congela os lagos e riachos, a água fica tão sólida que pode sustentar pessoas, carroças e animais atrelados. Quando chega a primavera, vem o degelo. O gelo é duro e cortante; a água é suave e fluida. A água e o gelo não são nem idênticos nem diferentes, já que gelo é água solidificada, e água é gelo derretido. O mesmo acontece com a

5. Friedrich Nietzsche. *Além do Bem e do mal*: prelúdio de uma filosofia do futuro. Tradução de Paulo César de Souza. São Paulo: Companhia de Bolso, 2005.

mente congelada, principalmente quando ela sobrepõe à realidade atributos que esta não tem – amigo, inimigo, atrativo, repulsivo etc. – e fica atormentada pela atração e pela repulsão. A meditação permite transformar o gelo das construções mentais na água viva da liberdade interior.

Quando tudo na mente parece se solidificar, quando temos a impressão de não conseguir nos livrar de jeito nenhum de certas tendências e angústias, é compreensível a ideia de que exista um "granito", um núcleo duro indevassável. Essa crença está ligada a certas experiências, memórias e traumas pelos quais passamos. Mas na realidade não existe nenhuma pedra de dureza perene no fundo do ser.

À medida que se aprende a repousar na natureza fundamental da mente, parece inconcebível sucumbir à ansiedade profunda, ao ódio e à inveja. Esses estados mentais parecem muito estranhos num espaço de presença desperta. O que em nós sente ódio não é a natureza de Buda. Isso não significa que não corramos mais riscos de recaída, já que estamos longe de ter chegado ao fim do caminho.

ALEXANDRE: Usando as palavras do mestre Shunryu Suzuki[6], o que nos exila da vastidão da mente, de sua natureza fundamental? Os traumas, o sofrimento, o medo de sofrer, certo desejo de poder, tudo concorre para corromper o caminho da liberdade. Ao ouvir você, caro Matthieu, tenho consciência de que a meditação não é para corrigir ninguém, mas muito mais para nos ajudar a encontrar a verdadeira alegria no fundo de nós mesmos. Todos deveriam se dedicar à meditação com a mesma alegria do prisioneiro que quer ver a porta de sua cela se escancarar.

MATTHIEU: É verdade que a meditação não tem o objetivo de corrigir ninguém, no sentido "escolar" do termo, mas sim de permitir aprofundar os níveis de consciência até alcançar a plenitude dessa presença desperta, que não é nosso núcleo duro, mas a transparência natural da mente. Cito com frequência o exemplo de quando as pessoas têm uma explosão de raiva e depois dizem "Eu estava fora de mim", "Não era eu".

ALEXANDRE: Existem muitas maneiras de ficar "fora de si": a fúria, húbris que nos arrebata e nos aliena, e a dádiva de si, a generosidade, o amor, a compaixão, *karuna*. De um lado as devastações das paixões, de outro o esquecimento de si. Meditar é abandonar o ego e mergulhar no fundo do próprio ser.

6. Shunryu Suzuki (1904-1971). Fundador do primeiro centro zen-budista fora do continente asiático, em São Francisco, Califórnia. Seu livro de ensinamentos *Mente zen, mente de principiante* é um dos mais populares sobre zen-budismo no Ocidente. Ver Shunryu Suzuki, *Mente zen, mente de principiante*. São Paulo: Palas Athena, 1994. [N. Ts.]

MATTHIEU: Então, podemos dizer que a raiva nos faz sair da nossa natureza profunda, enquanto o amor nos permite sair do ego.

ALEXANDRE: Exatamente.

CHRISTOPHE: Simone Weil evoca a seguinte imagem: "Perceber cada ser humano como uma prisão, onde habita um prisioneiro com todo o universo em volta". Ficar encolerizado é como quebrar tudo dentro da própria cela; acalmar a raiva, sem por isso renunciar a agir sobre o que nos provocou essa raiva, é sair da cela para ver um pouco o que se passa em torno. Repito mais uma vez: meditar não é, ou não é apenas, se afastar do mundo, mas sim, sempre, se abrir para ele e retornar para ele...

MATTHIEU: Meu mestre Kangyur Rinpoche sempre dizia que pelo fato de sermos prisioneiros de nossas construções mentais e deformarmos tanto a realidade, parecemos uma abelha presa no interior de uma garrafa que sobe e desce incansavelmente pelo vidro sem conseguir escapar. A liberdade interior não consiste em quebrar a garrafa, mas em compreender que nossos apegos não são tão sólidos como parecem, e que o vidro da garrafa não passa de ilusão. A abelha então alcança a vastidão do céu...

ANTES E DEPOIS DA MEDITAÇÃO

MATTHIEU: A meditação não deve cessar quando nos levantamos da almofada, senão, de que serviria meditar? É como ir ao banho turco: ao sair do espaço protetor do vapor quente, o ar lá fora é gelado e não temos mais condições de nos defender do frio. Pior do que isso, corremos o risco de pegar um resfriado. Depois da meditação – fala-se de pós-meditação – é preciso garantir que certas qualidades perdurem como o aroma de um perfume e permitam agir mantendo, pelo menos em parte, o controle mental adquirido durante a meditação. É um exercício difícil, mas indispensável. Senão, ficamos como o cavaleiro que não tem dificuldade de se manter na sela durante uma prova de equitação, mas que, se deixado na floresta, cai do cavalo no primeiro obstáculo. Quanto mais controlamos a mente, menos seremos vulneráveis aos imprevistos da vida diária. O grau em que a meditação e a pós-meditação estão interligadas é um bom indicador de progresso espiritual. Dizem que no fim do caminho, no mais elevado nível dos bodisatvas, não existe mais nenhuma diferença entre a meditação e a pós-meditação. Mas isso não se consegue em cinco minutos.

Entretanto, mesmo entre os iniciantes que desfrutaram de períodos de meditação diária, alguma coisa permanece, como uma paisagem da qual se lembram de olhos fechados. No meio de um congestionamento ou de uma situação conflituosa, é possível reposicionar a mente e viver essa experiência de modo diferente. Essa reconexão serena a mente; ela fica menos suscetível de entrar em ebulição no calor das circunstâncias adversas.

Se repetirmos essa prática cada vez com mais frequência, ao cabo de certo tempo as qualidades da meditação formam como se fosse um filete de água, fino, mas contínuo. Pouco a pouco esse filete se transforma em riacho e o fluxo da presença desperta não corre mais o risco de ser interrompido.

CHRISTOPHE: É exatamente isso que se faz na pedagogia da atenção plena – distinguem-se bem três categorias de práticas: os exercícios formais prolongados (sentar e meditar vinte minutos toda manhã); os intervalos de atenção plena ao longo do dia, durante alguns minutos estar presente a si mesmo e ao mundo (numa sala de espera, no transporte público, indo de um lugar a outro, nos intervalos de trabalho) ou estar presente nas emoções (se forem agradáveis, para desfrutar melhor, se desagradáveis, para melhor passar por elas); por fim, estar inteiramente atento nas atividades (cozinhar, arrumar a casa, trabalhar com atenção plena; comer, andar, observar o céu, a natureza, escutar o outro com atenção plena etc.).

Devagar adquire-se a compreensão de que não existem, de um lado, os momentos de meditação em que buscamos a calma e o discernimento, e de outro, momentos em que vivemos estressados, nervosos, dispersos! A meditação não se resume apenas a uma compensação, a uma reparação, mas deve ser a base de uma transformação da nossa maneira de viver.

ALEXANDRE: Trata-se de praticar aqui e agora com o que temos à mão, sem obsessão por algum resultado. Os mestres zen não cessam de martelar na mesma tecla: "nada de especial". Como você acabou de dizer, caro Christophe, é na vida diária que devemos nos entregar às atividades com atenção plena: cozinhar, arrumar a casa, suportar um olhar de escárnio, perder o ônibus, se irritar com um computador travado...

Na vida espiritual pairam muitos perigos do materialismo espiritual: sem pensar, corremos em busca de gratificações, de estados alterados de consciência, de algum lucro; a saudade de um paraíso perdido, a corrida desenfreada rumo a uma terra prometida... Um pai me disse um dia que o caminho consistia em ser perfeitamente imperfeito. Às vezes, por causa do mal-estar que sentimos, sonhamos com um tratamento de choque, um remédio em dose cavalar, mas é milímetro por milímetro que progredimos. O espaço do dia a dia oferece inumeráveis ferramentas para se abrir ao mundo e dançar alegremente em meio à tragédia. Por que não se dedicar então a uma prática tão simples: contemplar, observar a

“Enquanto nossa mente for presa da agitação mental, continuamos escravos de nossos próprios pensamentos. O domínio da mente significa liberdade.”

própria agitação e seguir em frente: "Ah! Vejam só! Estou estressado", "Ai, ai, ai! Lá estou eu na versão pânico"? Que eu saiba, não há nada de extraordinário na ascese: breves momentos de recolhimento interior, pequenos momentos de atenção plena que nos levam pouco a pouco de volta ao lar, à serenidade, à paz.

MATTHIEU: Por falar em pequenos exercícios regulares, certo dia, eu estava na companhia do Dalai Lama, do neurocientista Richard Davidson e de um grupo de praticantes de meditação, quando Chade Meng, ex-engenheiro do Google, propôs o seguinte exercício: "Vou ensinar a vocês um grande segredo: dez segundos de meditação de hora em hora!". A princípio, todos nós pensamos: "Isso é bem coisa do Vale do Silício, o top da superficialidade". Mas assim que explicou a ideia, começamos a mudar de opinião. Todo mundo pode fazer uma pausa de dez segundos, olhar ao redor, ou pela janela, e durante dez segundos ter um desejo altruísta, uma benevolência incondicional em relação a todos os que estão presentes no seu campo de atenção. No metrô, no trabalho, na rua, durante dez segundos, desejar intensamente: "Que todos os seres possam conhecer a felicidade, florescer nessa existência, se libertar das dificuldades, dos venenos mentais; e que todos esses obstáculos possam desaparecer". Dez segundos. Fazer isso, nem que seja seis vezes por dia, é melhor do que nada.

A virtude dessa prática tão simples é que seu efeito perdura bem além dos dez segundos. Se abrirmos um frasco de perfume durante dez segundos, a fragrância permanecerá mesmo se ele for fechado. Se esses votos de benevolência forem suficientemente próximos uns dos outros, gerarão uma continuidade, como a do perfume no ambiente. Além do mais, depois de ter desejado muitas coisas boas para o mundo inteiro, é pequeno o risco de esbofetearmos o vizinho logo em seguida.

Afinal, a prática de Chade Meng não está muito longe dos ensinamentos tradicionais sobre meditação: curtos períodos repetidos em intervalos regulares valem muito mais do que grandes esforços espaçados demais no tempo. Aliás, as neurociências demonstraram que para mudar o cérebro é preferível repetir pequenos esforços todos os dias a fazer um grande esforço a cada quinze dias: neste último caso, o processo de transformação do cérebro é brevemente ativado e não se mantém.

CHRISTOPHE: Isso me faz lembrar de um pequeno exercício que costumo propor aos meus pacientes (principalmente às mulheres...) para fazer todo fim de tarde, depois do trabalho: "Quando chegar em casa, a primeira coisa que você vai fazer é se sentar no sofá da sala e se conceder dez minutos para se situar, se recentrar, respirar... Inevitavelmente, você será invadido por pensamentos do tipo: "Estou vendo que esse móvel está cheio de poeira; preciso fazer a faxina, o jantar, responder meus *e-mails* etc.". Normal! Não obedeça a nenhum deles. Observe-os, observe como pressionam você, como exigem que você obedeça, instilando em seu corpo e em sua mente o desconforto, a culpa, o sentimento de que é preciso se mexer, agir. Não se esqueça de que você está fazendo algo muito importante que ninguém pode fazer em seu lugar: cuidar de si mesmo. Qualquer um poderá ajudá-lo a fazer a faxina, a cozinhar e todo o resto. Mas cuidar de si mesmo é uma decisão sua, e só você pode decidir e fazer isso. E durante cinco a dez minutos esses pacientes vivem a experiência estoica de não fazer nada! E de compreender que é possível, que é uma opção existencial plausível, preciosa e agradável.

AS VERDADEIRAS MUDANÇAS SE FAZEM DE MODO IMPERCEPTÍVEL A LONGO PRAZO

CHRISTOPHE: Outro grande mal-entendido sobre a meditação é que muita gente acredita que meditar vai transformar sua maneira de ser, que vai ficar mais "zen", mais isso, mais aquilo. Quando percebem que não ficaram mais zen, ou que não conseguem se sentir assim o tempo todo, têm a impressão de que fracassaram. Então lhes digo: "A meditação não vai transformar de imediato sua maneira de ser, mas vai enriquecer seu modo de responder à vida. Você vai continuar a sentir raiva, poderá se sentir triste, inquieto e até distraído, mas talvez isso aconteça com menos frequência, menos violência ou com mais discernimento. E também pode haver momentos em que você consiga não se sentir assim. O objetivo da meditação, pelo menos o da meditação terapêutica, não é se tornar um sábio em tempo integral, mas treinar para adotar outras maneiras de reagir, de ser um sábio por meio período! Melhor do que dizer "Antes eu fazia de um jeito, hoje faço de outro radicalmente diferente", é afirmar: "Antes eu fazia de um jeito, continuarei a fazer assim de tempos em tempos, talvez com mais discernimento, mas também vou desenvolver outros modos de fazer e de escolher"... Isso é muito mais um enriquecimento, uma expansão de nossa maneira de viver do que uma transformação radical.

MATTHIEU: É um pouco o que acontece nos centros budistas. Se constatamos que alguém se comporta de modo pouco amável, ficamos indignados e pensamos: "Como alguém pode agir assim? Isso não deveria acontecer em lugares como este...". Mas, se essas pessoas foram até ali para receber os ensinamentos, é precisamente porque, sendo imperfeitas, mostram o louvável desejo de progredir. Não seria razoável exigir que manifestassem logo de início todas as marcas da perfeição! No caso da meditação, o objetivo é progredir no decorrer de meses e de anos. Na prática espiritual é melhor se acreditar em progressos lentos e confiáveis do que tentar dar saltos rápidos. Se olharmos fixamente os ponteiros de um relógio, eles parecem imóveis, mas, se olharmos de tempos em tempos, constataremos que eles se moveram. Por isso, devemos ser diligentes sem ser impacientes. A precipitação combina mal com a meditação, pois toda transformação verdadeira exige tempo. Pouco importa se o caminho é longo, o essencial é ter o sentimento de caminhar na direção certa. De qualquer modo, essa não é uma situação de "tudo ou nada". Cada etapa contribui para nosso desenvolvimento interior e traz sua parcela de satisfações.

CHRISTOPHE: Sim, de fato, pelo menos em terapia, não se fixa como objetivo imediato uma mudança radical. Em um primeiro tempo, o que se propõe aos pacientes é que encontrem outras maneiras de responder inteligentemente a certas circunstâncias existenciais, de testá-las, e observar se desejam se apropriar delas. Na sala de espera do dentista ou do médico, é melhor respirar com atenção plena, jogar videogame ou folhear revistas? Tudo é bom, mas o mais importante é tentar e praticar a fim de descobrir o que é útil fazer de acordo com o momento e com nossas necessidades!

ALEXANDRE: Numa sala de espera, num ponto de ônibus, quando fico irritado, sempre posso recorrer à ascese: "Ah! Olha só! Vou mudar meu modo de agir". O que tem me ajudado muito a tranquilizar a *máquina infernal* é um exercício de Anthony de Mello. Ele sugere precisamente uma via que usa a imaginação para, em certo sentido, dar um curto-circuito na própria mente. Em seu livro *Sadhana, um aminho para Deus*[7], ele oferece uma série de exercícios para nos ajudar a rezar, a apreciar o valor da existência, a acolher a vida como ela é. Um deles, por sinal bem divertido, tem o nome de "seus funerais". Trata-se nada mais nada menos do que imaginar seu corpo em um caixão e assistir ao seu próprio enterro, observar a fisionomia das pessoas ali reunidas para a ocasião, ouvir o que o padre fala na cerimônia, prestar atenção nas palavras dele e perceber o que afinal é essencial na nossa vida, no coração dos nossos familiares, nas relações que cultivamos ao longo do caminho. Não tem nada melhor do que isso para mudar de perspectiva, se afastar dos conflitos ou, como se diz, relativizar. Vivenciada a fundo, essa experiência nos traz de volta à vida, a nossas mãos, pernas, pés, a este corpo, aos seres que nos foram confiados, ao dia de hoje que se apresenta a nós. Diante desse milagre, o que importam os conflitos e as contrariedades?

No fundo, meditar é desfrutar de cada instante sem especular sobre o futuro, é sair da mente calculadora para simplesmente estar no mundo.

---

7. Anthony de Mello. *Sadhana, um caminho para Deus*. Tradução de Marta Coelho. São Paulo: Edições Paulinas, 1980. [N. Ts.]

MATTHIEU: Certo dia, fiquei muito tempo sentado numa sala de espera junto com dois amigos, um deles praticante de meditação de longa data. O outro amigo ali sentado acabou dizendo: "Estou desolado por você ter de ficar esperando tanto tempo". O amigo que meditava replicou: "Mas não estou esperando nada". Ele queria dizer que não estava frustrado pela longa espera, pois sua mente já havia se desligado da expectativa de algo que não acontecia.

ALEXANDRE: Mas como se livrar dessa mente de economista e dessa incapacidade de se sentir bem no aqui e agora?

MATTHIEU: É preciso saber estar em paz no frescor do momento presente, no qual não existe expectativa. Mas existe outra forma de expectativa, de tom mais grave, que consiste não apenas em dissolver a densidade do aborrecimento, mas em se preparar concretamente para o anúncio de uma notícia boa ou má, no caso de um exame médico, por exemplo.

CHRISTOPHE: Temos de fazer o esforço de mergulhar na experiência da expectativa, dar-se conta de que, de um lado, há o fato de ficar na expectativa de um acontecimento que está por vir, e de outro, o fato de estar em um estado mental particular. Se eu disser a mim mesmo: "Estou perdendo tempo, as horas passam, o que será que estão aprontando?", a vivência da expectativa não será a mesma se eu pensar: "Ok! Vejo que esses pensamentos e essa impaciência estão tentando assumir o controle da minha maneira de perceber este instante; posso também vivê-lo de modo diferente; posso aproveitar essa expectativa para me sentir vivo, estar presente em mim mesmo e no mundo, posso aproveitá-la para me situar, respirar, observar, sorrir...". As consequências serão diferentes: no segundo caso, a pessoa não terá "perdido tempo", mas terá vivenciado esse tempo.

MATTHIEU: Se não entrarmos no círculo vicioso da expectativa, qual é o problema? A maioria reclama que não tem tempo para meditar. Vamos aproveitar esses vinte minutos de tranquilidade!

ALEXANDRE: O eu está programado para ter expectativas, especular, investir. Ele não para de fazer planos quiméricos com seus critérios limitados, mesquinhos, deturpados, daí vem essa insatisfação crônica, essa incapacidade de se sentir bem "em casa". Ele não para de fabricar desejos em função de como está no momento. Quem garante que daqui a dois anos *vou querer* as mesmas coisas que quero hoje? Um dia, meu filho me confessou: "Quando crescer, meu sonho é construir um chalé, mas tenho medo de que quando for grande já não queira mais fazer o chalé". Essa é sempre a minha situação normal, meu clima interior, minhas necessidades, meus interesses que projeto para o futuro. Quando faço isso, perco a fluidez da existência, a extraordinária inovação do que está por vir. O ego é um grande conservador teimoso que insiste em se agarrar ao que vai acontecer, a suas carências, a seus desejos. Meus sonhos de criança já passaram, pelo menos boa parte... No fim, os caprichos do meu ego de hoje como os de amanhã não me dizem respeito. O eu que semeia não é o mesmo que colhe...

Para mim, durante muito tempo, a prática espiritual foi uma luta, uma verdadeira arte marcial. Eu precisava acabar com a ansiedade, os preconceitos, as tendências, dar um fim ao caos das paixões, às ilusões, em resumo, ter um objetivo... Mas, um granito espiritual, retomando as palavras de Nietzsche, um pacote de resistências e de condicionamentos me jogaram em um estado de fadiga, de esgotamento, de desencorajamento. Quando todos os nossos esforços se chocam com a barreira dos hábitos, das forças da inércia, como não se desesperar e desistir de tudo para sempre? E para coroar tudo, ainda houve uma espécie de gincana emocional, de dependência brutal.

Só Deus sabe se a meditação liberta, mas em caso de crise aguda, outras vias complementares, alternativas, se mostram bem úteis: o apoio dos bons amigos, a ação adequada, os encontros que salvam... Aí está a utilidade de distinguir o tratamento a longo prazo e a *gestão* da crise. O que propor a um adicto, a um homem, a uma mulher em crise de ansiedade, em plena depressão? Longe de mim menosprezar a prática zen, que encoraja justamente a não absolutizar nada, a não se agarrar nem à pratica nem ao que quer que seja...

Perseverar, curar-se da própria ideia de curar, esse é o principal desafio!

Para usar no caminho, para o tratamento a longo prazo, lembro-me de um dos primeiros livros que li sobre meditação: *Cent clés pour comprendre le zen*[8] [Cem chaves para compreender o zen], de Claude Durix. Nele descobri o mestre Dogen, que oferece um precioso socorro, uma arte de viver que cura todas as pestes e nos livra pouco a pouco dos comportamentos nocivos, das emoções perturbadoras. O *Shobogenzo*[9], um magnífico companheiro de viagem, menciona "As oito diretivas da filosofia prática dos Grandes Mestres para alcançar a Iluminação, que é a liberdade total". Por trás da seriedade desse título, ocultam-se orientações de vida que ajudam a instituir na rotina diária algumas referências, algumas pistas, bem como uma porção de indícios de como avançar no caminho. Não importa qual seja nossa prática espiritual, esses conselhos podem ser esclarecedores. Em todo caso, no meio da tormenta, eles me ajudaram de fato a não perder a direção!

---

8. Claude Durix (1921-2012). *Cent clés pour comprendre le Zen*. Paris: Courier du Livre, 1988.
9. *Tesouro do olho do Dharma*, escrito pelo mestre zen japonês Dogen, entre 1231 e 1253, contém uma série de preceitos para alcançar a Iluminação. [N. Ts.]

Logo de início, ele nos recomenda a *alimentar poucos desejos*, pois rastejar para a glória, babar por um carro novo, querer o corpo do outro não podem nos saciar. A segunda prática leva precisamente a aceitar a própria condição, a aprender a *nos satisfazer com o que nos foi dado*, e assim encontrar a sobriedade feliz.

Mestre Dogen também aconselha o praticante a *amar a solidão*. Retornamos ao quarto de Pascal[10], ao ponto morto e ao tédio que podem nos forçar a atravessar oceanos para fugir dele. Para sair do individualismo, fonte de tantos males, esse hábil conhecedor do ser humano lança um vibrante apelo para *se dedicar*, para realizar ações altruístas, com a única finalidade de se desligar um pouco de si.

O sábio parece bem convencido de que, para a grande aventura da existência, é preciso *nutrir a força de vontade*, a determinação para justamente não se dobrar diante do primeiro obstáculo. Não se trata aqui de um querer selvagem e egoísta, mas, ao contrário, de um desejo de progredir quaisquer que sejam as circunstâncias.

Sua recomendação final é *serenar a mente*, daí a necessidade de praticar a meditação de *corpo e alma*. Ele encoraja concretamente o praticante a *fugir das discussões inúteis* e a *buscar a sabedoria* muito mais que acumular teorias.

O ponto crucial, sem sombra de dúvida, é vivenciar a ascese no cotidiano, a autodisciplina, essa sabedoria zen, que também está no Evangelho, que faz com que a prática aconteça até mesmo em meio ao caos. Como construir uma arte de viver que permita atravessar os momentos de crise? Como praticar exercícios espirituais no meio da tormenta? São tantas as dúvidas que surgem...

Quando eu tentava me desembaraçar da dependência, procurando um jeito de escapar, tentando seguir os grandes precursores espirituais, sonhava com um guichê interior, uma policlínica da alma, um posto de saúde aberto para todos, onde todos seriam acolhidos sem nenhum julgamento, onde todos poderiam se recuperar juntos.

A ATENÇÃO PLENA SE TRADUZ NECESSARIAMENTE EM MAIS ALTRUÍSMO?

CHRISTOPHE: Atualmente existem pelo menos três estudos demonstrando que a simples prática da meditação da atenção plena, mesmo sem o ensino da benevolência, aumenta a capacidade de empatia e de comportamentos altruístas. Por exemplo, um breve exercício de atenção plena encoraja com

10. Referência à frase de Blaise Pascal (1623-1662): "Toda infelicidade dos homens provém de uma única coisa: de não saber ficar quieto num quarto". Blaise Pascal. *Pensamentos*. Tradução de Hélio Laranjeira. São Paulo: Martins Fontes, 2005. [N. Ts.]

"Trata-se de
praticar aqui e
agora com o que
temos à mão,
sem obsessão por
algum resultado.
Os mestres zen não
cessam de martelar
na mesma tecla:
'nada de especial'."

mais frequência a pessoa a ceder sua cadeira a alguém que entra na sala de espera de muletas (na verdade, um parceiro dos pesquisadores) do que pessoas que não fizeram esse exercício. Após breves exercícios de meditação da atenção plena, os resultados na escala de sensibilidade de empatia se elevaram significativamente.

A hipótese é de que a aquietação emocional, a ampliação da atenção e a renúncia em relação a si mesmo abrem naturalmente a porta da benevolência – ficamos mais atentos ao que acontece à nossa volta, e nossas inclinações naturais para a empatia e a benevolência em relação ao outro são naturalmente favorecidas porque nos livramos de eventuais emoções dolorosas e de preocupações autocentradas.

MATTHIEU: De fato, é razoável pensar que os praticantes assíduos da atenção plena sejam naturalmente mais abertos às necessidades e aspirações do outro. Em geral, se a meditação for bem ensinada e bem praticada, a benevolência surge de forma natural. Mas é preciso não se fiar na ideia de que essa benevolência vá chegar automaticamente, "por acréscimo", como efeito secundário garantido pela meditação. É melhor colocá-la no centro de nossas prioridades desde o início.

É o que parece confirmar o único estudo longitudinal sério (isto é, de longa duração) realizado nos dias de hoje sobre os efeitos dos diferentes tipos de meditação. No Instituto Max Planck, de Leipzig, a neurocientista Tania Singer e sua equipe, de cerca de trinta pesquisadores, acompanharam 150 voluntários durante nove meses. Esses indivíduos praticaram três meses de meditação da atenção plena, três meses na prática de levar em conta a perspectiva do outro, e três meses de meditação de *metta* (meditação da bondade e benevolência). As práticas eram realizadas durante trinta minutos todos os dias, cinco dias por semana, e mais duas horas com um instrutor todos os sábados. Esses voluntários foram divididos em três grupos que praticaram esses três tipos de meditação em ordens diferentes a fim de verificar se a ordem em que praticavam tinha influência ou não sobre os resultados (o que não foi o caso). Outro grupo de voluntários serviu de grupo de controle participando de um programa de treinamento da memória durante os nove meses. O grupo de controle passou pelos mesmos testes que os três grupos de meditação. Todos os tipos de avaliação foram aplicados a todos os grupos (testes comportamentais, questionários, avaliações fisiológicas e imunológicas, exames de imagem, ressonância magnética do cérebro etc.).

Os resultados demonstraram que os três meses de meditação da atenção plena melhoram bem o funcionamento da consciência – a atenção, a presença etc. –, mas não aumentam em nada os comportamentos pró-sociais (comportamentos de ajuda, de compartilhamento, de cooperação e de reconforto realizados voluntariamente para o outro). A prática de levar em conta a perspectiva do outro melhora a faculdade de compreender o que o outro pensa e sente, mas aumenta muito pouco os comportamentos pró-sociais. Em contrapartida, após três meses consagrados à meditação sobre a benevolência, sobre o amor altruísta, os comportamentos pró-sociais aumentaram consideravelmente. Além disso, as mudanças estruturais observadas no cérebro foram diferentes nos três tipos de meditação. Fica claro então que, se quisermos ampliar nossa benevolência, é sobre ela mesmo que precisamos trabalhar, o que me parece lógico.

ALEXANDRE: Se a meditação não nos torna mais generosos, então de que vale uma hora de sacrifício... Mergulhar na própria interioridade é descobrir que um laço indestrutível nos une uns aos outros. Prova disso é o impacto que as pessoas ao nosso redor exercem sobre nossa felicidade, nossa paz. A mais devoradora das paixões também comprova que, apesar da rigidez do ego, somos seres de comunicação, abertos, interessados e dedicados aos outros.

Meditar é descobrir também o pacote de projeções, de acusações, de ressentimentos que parasitam a ligação com o outro. Nesse sentido, o que se poderia dizer é que o treinamento mental lubrifica as relações humanas e arranca um a um os espinhos que crescem entre os indivíduos. Mergulhar em si mesmo é ousar ficar nu, se desembaraçar das couraças, arrancar toda a roupa e se doar sem esperar nada. É descobrir também que não existe território próprio nem parte do ego a ser preservada. Por que diabos associar a compaixão aos Ursinhos Carinhosos quando essa força depende de uma hiperlucidez, de um hiper-realismo? Pertencemos à grande família humana. Cada um é livre para explodir as rígidas muralhas entre o exterior e o interior, entre o eu e o outro.

MATTHIEU: Se de fato a meditação consiste apenas em fazer pausas, em ficar com o olhar perdido no vazio envolto nas espirais de fumaça do incenso, em se contentar em relaxar como num spa, passados dez anos, corremos o sério risco de continuar os mesmos enfurecidos atormentados de sempre, incapazes de controlar as próprias emoções. Nesse caso, o tempo foi completamente perdido.

No começo, a meditação corre o risco de ser muito autocentrada. Lembro-me da intervenção de Ajahn Amaro, um monge inglês da tradição budista Theravada, no decorrer de um *workshop* sobre atenção plena na Califórnia. Ele descreveu um pai de família que decidiu começar a praticar meditação: ele tomava seu café da manhã bem devagar, saboreando cada colherada de seu cereal, enquanto os filhos se agitavam em volta dele tentando chamar sua atenção. Ele os ignorava. Tudo o que ele queria era se fechar em uma pequena bolha de tranquilidade egótica.

CHRISTOPHE: A verdade é que atualmente vivemos um momento decisivo em termos de meditação. Essa iniciativa, que encorajamos tanto nas pessoas, tem adquirido uma visibilidade e uma popularidade impressionantes. Mas ainda resta muito a fazer! No plano científico, devemos continuar trabalhando para compreender melhor como atuam os diferentes tipos de práticas meditativas (como acabamos de comentar a respeito da atenção plena e das meditações de compaixão e de altruísmo) e a quem as recomendar, e em que ordem etc.

No campo da difusão, temos de relembrar incansavelmente que a meditação é apenas um elemento dentre um conjunto de mudanças de atitude, de maneiras de pensar e de se comportar que vão contribuir com a evolução favorável do nosso mundo. Por exemplo, no hospital, meditar só tem sentido se os terapeutas modificarem sua maneira de cuidar dos pacientes (mais presença, mais escuta, mais compaixão) e os pacientes sua maneira de cuidar de si mesmos (não esperar passar mal para começar dar atenção à saúde e ser generosos com o corpo). E essas mudanças, tanto nos terapeutas como nos pacientes, devem inspirar os legisladores a tomar decisões políticas para que os espaços terapêuticos sejam lugares em que se possa ter tempo de escutar, de reconfortar, de meditar, e não de acelerar o trabalho o máximo possível!

Mesma coisa na empresa ou na escola: a meditação individual traz grandes benefícios à pessoa e a todos ao seu redor, mas também deve fazer parte de uma ampla mudança de pontos de vista e de práticas educativas e empresariais.

Estou convencido de que a prática individual facilita as mudanças e as decisões relativas à coletividade: um diretor que medita administra sua empresa de modo diferente, um terapeuta que medita cuida de seus pacientes de modo diferente, um professor que medita ensina seu aluno de modo diferente, um pai que medita educa seu filho de modo diferente... Razão pela qual ver o interesse de dirigentes políticos pela meditação me deixa feliz: recentemente iniciamos um pequeno grupo de deputados e senadores na prática da meditação da atenção plena e o fato de terem vivenciado e praticado interiormente vai exercer, espero, algum impacto na maneira de cumprirem sua missão.

Perigos e desvios da meditação

MATTHIEU: Acredito que os perigos e os desvios sobrevêm quando o tipo de meditação praticada não está de acordo com nossas disposições mentais e nossas capacidades. Não é recomendável, sobretudo aos principiantes, meditar muito intensamente em ambientes muito isolados sem ter pontos de referência para saber como remediar as deficiências ou lidar com as experiências que podem surgir e principalmente sem estar acompanhados de um guia experiente. Sem respeitar essas condições, corre-se o sério risco de agir como um cavalo desembestado ou como um carro cujo motorista perdeu a direção. Os riscos são semelhantes aos da automedicação: é como se, em vez de tomar um comprimido, engolíssemos a caixa inteira do remédio. A falta de referência vem do fato de que, no Ocidente, muita gente medita sem ser guiada por um instrutor mais experiente do que elas ou por uma comunidade de praticantes familiarizados com o processo de meditação. Num contexto tradicional, o estudante é guiado passo a passo e, quando precisa, pode contar com algum sábio mais experiente e se abrir com ele: "Veja o tipo de experiência que tive enquanto praticava meditação nessas últimas semanas. O que acha disso?". O instrutor qualificado compreenderá imediatamente que a pessoa tentou cortar caminho. Ele vai reorientá-la, ajustar as coisas ou dizer: "Preste atenção, você está muito tenso", ou então "Você está se deixando levar pelas sensações ou pela imaginação". Nesse contexto, o mestre é como o médico que ajusta o tratamento e pode aconselhar outro estilo de meditação.

Na ausência dessas precauções, se a pessoa for frágil, ler um livro sobre meditação e se atirar de cabeça em uma prática intensa, pode ser uma porta aberta para que as construções mentais assumam o controle e arrastem o novo praticante a um turbilhão de experiências desconcertantes provocadas por esforços um tanto anárquicos. Existem coisas que às vezes nos deixam enlouquecidos! A mente inclinada à ruminação vai dar muito mais atenção a suas ruminações e vai piorar a situação. Tudo é uma questão de ter a ferramenta apropriada no momento certo e com a potência adequada. Se a prática não dá certo, não é culpa da meditação, mas da pessoa que utilizou mal a ferramenta.

CHRISTOPHE: Isso é verdade. Como em todo aprendizado, a prática da meditação tem diversas etapas. A primeira é a etapa da descoberta: nos deparamos com um artigo, um livro, um CD ou um aplicativo, e isso nos permite testar a iniciativa, ver se nos convém, se nos atrai, se nos faz bem. Se a pessoa quiser ir mais longe, é melhor não ficar sozinha no seu canto: se for guiada por mestres e compartilhar sua experiência com outros meditantes, evitará erros; por isso, na segunda etapa, participar de um grupo é importante para aprender certo, continuar a praticar e se beneficiar disso na vida diária. A terceira etapa é a do aprofundamento, que envolve menor número de pessoas; nesse estado, é verdadeiramente muito importante escolher com prudência e paciência o caminho certo, o método certo e os mestres certos, pelo menos "certo" para você, para suas aspirações, suas capacidades, suas necessidades...

ALEXANDRE: Será que acontece na meditação o mesmo que no amor? Depois do amor à primeira vista, da paixão, vem a rotina cotidiana. Na prática da meditação também somos convidados a reacender a chama, a reavivar as brasas, a se desencarcerar da rotina a fim de morrer e renascer a cada instante. Haveria perigo de overdose?

Seja como for, o mestre Shunryu Suzuki nos vacina contra o perigo de buscar experiências extraordinárias na prática zen. Não se trata de levantar voo, mas, ao contrário, de fincar raízes no chão. Ele chega até mesmo a comparar o sentar na almofada com o simples ato de ir ao banheiro. Praticar zazen[11], por exemplo, é se purgar de ideias que podem se tornar nocivas. Ele afirma que é se desobstruir, se esvaziar e voltar ao nosso estado original, à nossa natureza de Buda. A vida se incumbe de jogar um monte de imundices no nosso poço interior. Deixar sair esses parasitas, essa poluição interna, os preconceitos, as infinitas tensões, é como ir ao banheiro. E o sábio bem-humorado ainda acrescenta que devemos recorrer a essa prática por toda a vida. Gosto muito desse lado básico da prática: para se elevar, para se edificar, nada melhor do que se apoiar no real.

CHRISTOPHE: Temos também as vozes de certos "guardiões do templo", que às vezes se elevam para denunciar a instrumentalização da meditação: a meditação na empresa, a meditação na escola, a meditação para casais, a meditação no hospital, a meditação para enfrentar o câncer etc. Isso é uma coisa boa ou só uma forma de desvirtuar a iniciativa? Os argumentos deles se baseiam na ideia de que limitar a meditação a um uso específico é reduzi-la ao nível de simples ferramenta a serviço do bem-estar do indivíduo, utilizada para reduzir o estresse ou a ansiedade ou para dar acesso simples e rápido a uma paz interior de baixo custo. Na sua opinião, Matthieu, essa concepção utilitarista da meditação, com objetivos precisos e concretos destinados a melhorar nosso dia a dia, seria uma primeira etapa legítima?

MATTHIEU: Aquele que realiza grandes coisas não hesita diante das menores. Nem todo mundo tem inclinação para enveredar pelo caminho espiritual. Os que o fazem são antes uma exceção. Com a condição de não considerar a técnica da meditação da atenção plena (*mindfulness*) como o apogeu da meditação, acredito que ela possa ser benéfica em vários contextos. Em contrapartida, seria inconveniente e enganoso apresentar técnicas muito simplificadas como sendo a essência da meditação e dos ensinamentos do Buda. Em suma, se considerarmos a via do budismo na sua totalidade, faltam dois pontos essenciais na meditação da atenção plena na forma como é comumente ensinada hoje em dia: a motivação e a Visão Perfeita[12]. A maioria das pessoas não pratica a meditação da atenção plena a fim de alcançar a Iluminação e libertar os seres do sofrimento. Também não procuram necessariamente compreender a Visão

11. Na prática zen-budista, o zazen é a principal forma de meditação. [N. Ts.]
12. Visão Perfeita é a visão daquele que alcançou a Iluminação, daquele que vê tudo com sabedoria e compaixão. A Visão Perfeita é a Visão do Buda. [N. Ts.]

Perfeita tal como o budismo a define, ou seja, o fato de que o eu da pessoa e os fenômenos aparecem, mas não têm existência própria. O que chamamos de vacuidade.

Não há mais nada a dizer sobre isso, já que o objetivo da meditação da atenção plena é diferente do objetivo do budismo. Para o ansioso, para o doente que sofre no hospital, para aquele que tem dificuldade em lidar com suas dores, com sua quimioterapia, com suas angústias, com seu esgotamento (*burnout*), o MBSR (Redução do Estresse Baseada na Atenção Plena, programa criado por Jon Kabat-Zinn) é altamente benéfico. Quem adota esse programa não espera alcançar a Iluminação nem a libertação; aspira tão só a enfrentar a doença e o sofrimento. Se a meditação ajudá-lo a se sentir melhor, mais sereno e benevolente em sua vida de todo dia, só podemos felicitá-lo por isso.

CHRISTOPHE: No Hospital Sainte-Anne, onde conduzimos grupos de pacientes que apresentam recaídas depressivas, nosso discurso é o mais claro possível. Aos que começam o programa, dizemos basicamente o seguinte: "A meditação é um vasto universo, uma porta aberta para uma grande variedade de práticas. No caso de vocês, existe uma necessidade – a diminuição dos sofrimentos e um melhor equilíbrio emocional. Esse é um objetivo absolutamente legítimo, uma primeira etapa. Para isso, vamos propor que vocês aprendam a meditar seguindo uma abordagem bem simples, mas muito importante: a meditação da atenção plena, que consiste em estar presente em todas as experiências da vida, agradáveis ou desagradáveis". Depois, no fim do programa, nosso discurso é o seguinte: "Vejam, vocês receberam um treinamento de meditação que poderão usar no dia a dia. Se tiverem interesse, poderão ir mais longe, mas não aqui com a gente – somos terapeutas, não mestres desta ou daquela tradição de meditação, laica ou religiosa...".

O mesmo acontece na escola – se a atenção plena ajuda as crianças a estabilizar sua atenção e a acalmar suas emoções, isso é benéfico, mesmo que seja uma simplificação de tudo o que a meditação permite fazer.

MATTHIEU: Estar atento aos outros, encontrar um melhor equilíbrio emocional, reforçar os comportamentos pró-sociais são pontos essenciais. É claro que ninguém vai dar um curso de budismo para crianças, ou para quem quer que seja, sem ter sido solicitado.

ALEXANDRE: Para acabar de vez com o risco de instrumentalização e elucidar os desejos e a motivação que conduzem à prática, que fazem recorrer à meditação, por que não focalizar no que se espera da transformação de si? Sem os expedientes eficazes, temos medo de sofrer, de fracassar? Corremos atrás de um tipo de boia salva-vidas? Podemos introduzir nesse desejo uma visão altruísta? Acredito que a primeira coisa a fazer é renunciar a qualquer receita milagrosa, a qualquer varinha de condão e, mais uma vez, se curar da ideia de curar...

Precisamos denunciar também os casos de apropriação indébita da meditação, como fazem essas empresas japonesas que oferecem aos empregados que trabalham sob pressão um curso breve de prática de zazen para que aguentem o estresse. É grande o risco de se colocar gesso numa perna de pau, de esquecer o jogo dos interesses políticos – no caso, as condições de trabalho – e colocar nos ombros dos assalariados um peso a mais. A meditação é uma via de libertação, não um meio de aumentar a *performance*, de impor a servidão voluntária.

MATTHIEU: De fato, nesse caso existe um risco. No Fórum Econômico Mundial, em Davos, achei encorajador que, já há quatro anos, a primeira atividade do dia proposta pela agenda do fórum seja uma sessão de meditação, que vai das 8h às 8h30. Em geral, uma centena de pessoas participa, entre as quais já vi um ministro japonês, grandes economistas, um campeão de natação e muitos outros. Quando me convidaram para conduzir essa sessão de meditação, eu disse: "Vocês vieram meditar com atenção plena, e proponho que pratiquem a atenção plena benevolente". Se propusermos esse componente de benevolência desde o princípio, pelo menos evitamos o pior dos inconvenientes: a utilização da meditação para fins egoístas.

Para compreender os riscos envolvidos em não cultivar especificamente a benevolência, vamos dar dois exemplos caricaturais, mas reveladores: o assassino profissional e o psicopata. Se nos contentarmos com a definição técnica da atenção plena – "manter a atenção fixa no momento presente, na experiência que se desdobra instante após instante, sem fazer nenhum julgamento" –, então o assassino profissional, cuja missão é matar alguém, deve permanecer no momento presente sem se distrair nem se perturbar com suas emoções. Ele não faz julgamento nem se pergunta se é bom ou não matar alguém. Um psicopata, por sua vez, também pode estar concentrado no momento presente, sem fazer julgamento a fim de instrumentalizar os outros sem misericórdia. Todavia, não existem nem assassinos profissionais nem psicopatas benevolentes. Por isso, quando se fala de "atenção plena benevolente", não é querer complicar as coisas, mas sim evitar o uso e a exploração da meditação para fins puramente utilitários e até mesmo negativos.

Quando se fala em meditação na empresa, a ideia não é transformar os empregados em limões espremidos para extrair deles mais horas de trabalho sem que sucumbam ao *burnout*. Na verdade, esse não me parece ser o caso nos programas implementados. Encontrei muitos chefes de empresa que não fizeram da meditação um mero instrumento de exploração dos assalariados, mas que a utilizam para fins construtivos e benéficos. Penso principalmente no diretor de recursos humanos da Sodexo[13], que me confessou que a meditação tinha melhorado de modo considerável as relações em sua empresa. Sébastien Henry, empresário e pioneiro da meditação no trabalho, interrogou um grande número de chefes de empresa: no início, o maior temor deles era que, meditando, os empregados ficassem mais lentos e que aquilo fosse uma perda de tempo... O que constataram, pouco a pouco, foi que esse temor não só era infundado como eles mesmos e seus empregados desenvolveram uma capacidade melhor de julgamento, pois passaram a ver as coisas em um contexto mais amplo, mais equilibrado, e, sobretudo, que as relações humanas melhoraram claramente. No início, não esperavam isso, mas foi o que observaram.

ALEXANDRE: Não tenho muita certeza se com a ajuda do fórceps alguém consegue a serenidade, a grande reconciliação, a alegria de dizer sim à existência. Tem um provérbio zen que diz que não adianta puxar uma folha de grama para fazê-la crescer! O caminho espiritual é feito de passos em falso, de recaídas, de tateios. Confesso a vocês que precisei de muito tempo para retornar à meditação e para não ver nessa prática senão uma camisa de força, uma tentativa inútil de endireitar o que nasceu torto. Para seguir esse caminho caótico que nos leva de volta para casa, longe do medo e dos tormentos, fui fazer um retiro de três meses, como já contei antes. Corri para entrar na escola de um mestre espiritual um pouco como quem entra num hospital psiquiátrico com uma exigência sobre-humana: "Quero ficar curado em três meses!". Nem preciso dizer que a coisa começou mal! E o que se seguiu não me aproximou nem um instante sequer da paz e da alegria. Para dizer a verdade, a coisa virou um pesadelo e, por medo de confessar francamente que lugares como aquele talvez não fossem para mim, fiz tudo o que podia para acabar num hospital.

Lembro-me daquelas tardes em que eu perambulava à beira de uma estrada rural, tentando colocar meu pé debaixo de algum caminhão que passasse para que meus ossos se quebrassem e eu pudesse escapar dali para sempre. Tentei de tudo, cheguei até mesmo a pegar uma pedra e me bater cem vezes no pulso. Nada funcionou. O corpo é resistente. No último dia, um discípulo do mestre simplesmente me disse que, se eu fosse embora do retiro, isso significaria que eu estava possuído pelo demônio. Em cinco segundos, tomei um táxi e acabei com minha carreira zen. Hoje em dia, quando ouço falar de mestre espiritual, de discípulo, não posso deixar de pensar nos desvios. Mesmo com a melhor boa

---

13. Considerada uma das maiores empresa multinacionais de serviços de alimentação e gestão de facilidades, sediada em Issy-les-Moulineaux, na França. [N. Ts.]

vontade do mundo, é difícil aceitar o granito espiritual sem recorrer obstinadamente a todo um arsenal terapêutico.

MATTHIEU: Será que você não se sentiu encurralado em um sistema rígido demais para você, do estilo "ou vai ou racha"?

ALEXANDRE: A terrível profecia "Se você for embora daqui, é porque está possuído pelo demônio" perseguiu-me durante muito tempo e eu acreditava que no fundo era realmente um viciado, um perverso, um maldito. Acho que junto com a meditação, existe outro remédio imprescindível – o amor incondicional. É preciso aceitar as recaídas, os passos em falso, cultivar uma paciência infinita em relação a tudo o que não pode ser controlado, a tudo o que resiste. Por isso, sonho com toda a força do meu ser com sábios divertidos, mestres engraçados que dispensam seus ensinamentos com uma imensa gargalhada e sempre muito à vontade.

MATTHIEU: Como já evoquei anteriormente, o budismo tibetano recomenda que se examine o mestre espiritual durante anos antes de se entregar a ele, a fim de não se arrepender mais tarde. No budismo existem tratados inteiros a respeito de falsos mestres espirituais. Não se trata de ser cínico ou negativo, mas sim prudente: um compromisso espiritual tem consequências importantes para nossa vida. Dentre todos os mestres que conheci, nenhum deles procurava atrair ou segurar seus discípulos. Sengdrak Rinpoche, um mestre eremita que vivia na fronteira do Tibete, foi um deles. Duzentos ou trezentos aspirantes espirituais viviam na região. Ele costumava dizer: "Eles vêm e vão quando querem; se pedem para receber um ensinamento, eu dou, mas são inteiramente livres para ficar ou ir embora".

• CAIXA DE FERRAMENTAS •

Para a meditação

◈

CHRISTOPHE

- *Uma forma de treinamento da mente.* A meditação não é apenas uma prática religiosa ou espiritual; é também uma forma de treinar a mente. Ela pode nos ajudar a cultivar atenção, recolhimento, discernimento, equilíbrio emocional. E também a aprofundar virtudes humanas fundamentais que de outra forma podem permanecer dormentes dentro de nós sem se expressar: bondade, compaixão, generosidade...

- *Meditar é simples.* Basta parar regularmente e observar a natureza de sua própria experiência: sua respiração, suas sensações, suas emoções, seus pensamentos... tudo começa aí.

- A partir desse primeiro gênero de exercícios bem simples, como os propostos na meditação da atenção plena (utilizada nas áreas da saúde e da educação), existem diversas tradições meditativas muito mais exigentes e complexas. Assim como no estudo de piano, podemos aprender bem rápido a tocar melodias simples e agradáveis e depois cultivar o virtuosismo de maneira crescente ao longo da vida.

ALEXANDRE

- *Seguir em frente.* Se eu tivesse de resumir a prática espiritual em poucas palavras, eu optaria sem hesitar pela expressão "seguir em frente"... Em pleno caos, no meio dos campos de batalha internos, tentar experimentar o não controle, o esquecimento de si. A coisa pode virar uma zona, mas não tem problema!... Diferente de desistir, de resignar-se com a situação, seguir em frente, não se entregar, é saber distinguir os psicodramas, os problemas criados pela mente, do que é realmente a tragédia da existência, que precisa de solidariedade, engajamento e perseverança.

- *Durante o trajeto.* Na opinião de Shunryu Suzuki, querer alcançar a Iluminação para se dar bem, para aproveitar a existência, é se arriscar a ficar longe do essencial. É como se fosse absolutamente necessário ganhar na loteria para relaxar e apreciar a vida... Esse mestre fala da iluminação antes da Iluminação. É como dizer que os frutos da meditação vêm por acréscimo. O que não impede que, durante o trajeto, se aprecie a paisagem.
- *A casa do presente.* Às vezes, quando as preocupações e o medo do futuro me atacam, tento voltar à casa do presente, tento me abrir para o aqui e o agora, constatar e desfrutar o fato de que naquele minuto não sou vítima de uma parada cardíaca, de que nem tudo está perdido, de que uma imensa possibilidade de progresso sempre se oferece para nós...
- *Meditar é se despojar, é ousar ficar nu para poder se doar:* Contribuir para o bem do mundo, sustentar, apoiar. E se visualizássemos o dia que se apresenta não como uma grande loja onde comprar coisas, mas como uma policlínica, um posto de saúde da alma onde todos juntos nos revigoramos e avançamos?

MATTHIEU

- *As múltiplas formas*: O treinamento da mente abrange grande número de práticas, cujas modalidades e objetivos são diferentes em função das necessidades, das aspirações e das visões de mundo de cada um.
- *A meditação exige assiduidade*, que deve ser motivada pelo entusiasmo, pela "alegria da virtude", pela busca da paz interior, pela benevolência e pelo sentimento de ter uma direção clara na existência.
- *A presença desperta*: A meditação em seu estado puro visa a compreender a presença desperta, sempre existente por trás do burburinho dos pensamentos, mas quase sempre esquecida por distração.
- *A meditação em si não tem efeitos nefastos.* Não é contraindicada, exceto se for mal compreendida e mal utilizada, se for praticada em péssimas condições, num péssimo momento. Queiramos ou não, temos de lidar dia e noite com nossa mente. Quem não gostaria que essa mente funcionasse de maneira perfeita e nos trouxesse a liberdade interior, em vez de nos fazer passar por momentos de sufoco?

“Quando a associação Karuna-Shechen criou uma clínica móvel em Bihar, na Índia, os camponeses ficaram desconfiados. É preciso dizer que, durante muito tempo, eles haviam sido explorados por grandes proprietários de terra e estavam decepcionados com a desonestidade dos políticos. Pensavam que iríamos recolher muitos fundos para lhes repassar um pouco... e embolsar o resto. Aceitavam os medicamentos e os cuidados, mas não eram muito receptivos.

Um dia em que chovia bastante, atolamos antes de chegar à aldeia. Todos os habitantes vieram em nossa direção. E o que fizeram? Pediram grana para nos ajudar a tirar o veículo do atoleiro. Queriam que lhes pagássemos para chegar logo à aldeia a fim de ajudá-los!

Rabjam Rinpoche, o abade do monastério, fez a seguinte observação: “É preciso ser um bodisatva de verdade!”. Porque, no fundo, tínhamos um único objetivo: cuidar deles sem nos importar com a maneira que nos tratavam. Nesse caso, um mínimo de liberdade interior nos permitiu não reagir com ressentimento, não ficar irritados, rir da situação e, principalmente, não esquecer a finalidade benevolente que tínhamos em vista.”

MATTHIEU

14

DA TRANSFORMAÇÃO DE SI À TRANSFORMAÇÃO DO MUNDO

A LIBERDADE INTERIOR É UM PRÉ-REQUISITO INDISPENSÁVEL PARA A AÇÃO?

MATTHIEU: Se quiser agir no mundo de maneira justa, com discernimento e benevolência, é indispensável se preparar interiormente. Nós, da associação Karuna-Shechen, estamos engajados há quase vinte anos em projetos humanitários voltados para a educação, saúde e serviços sociais, auxiliando mais de 250 mil pessoas por ano. Fazemos intervenções em regiões complicadas na Índia, no Nepal, no Tibete e acompanhamos diversas ONGs, pequenas e grandes. Constatamos quase sempre que, de acordo com suas intenções, essas organizações se empenham em fazer o bem, mas no meio do trajeto muitas delas se desviam do propósito – apenas uma pequena porcentagem da ajuda recolhida chega às mãos de destino, e isso por uma série de razões: porque as organizações são vítimas de conflitos entre egos ou, pior do que isso, porque seus membros estão sob o jugo da cobiça e da corrupção, ou ainda porque impõem soluções que não correspondem às necessidades e aspirações das populações. De acordo com um especialista, a vida média de uma ONG é de dez anos. Elas desaparecem não por falta de recursos ou de missões a cumprir, mas porque implodem, corroídas por mal-entendidos e gestões incompetentes.

Além das competências em gestão de projetos e de organizações, em contabilidade etc., o melhor estágio que os candidatos à ação humanitária poderiam fazer seria um retiro meditativo de alguns meses para desenvolver a benevolência e a força interior, para aprender a não reagir diante da menor provocação daqueles a quem ajudam ou de seus próprios colaboradores, e para cultivar uma flexibilidade interior que lhes permita não se desestabilizar diante do primeiro obstáculo. Ninguém deveria integrar uma ONG para fazer carreira, mas sim para se colocar a serviço do outro. Para isso, é importante saber administrar suas emoções tóxicas.

Em síntese, antes de mudar o mundo, é aconselhável desenvolver qualidades humanas associadas à liberdade interior. Isso permite que a pessoa respeite seus propósitos originais e fique menos vulnerável diante das inevitáveis dificuldades que se apresentarão. Trata-se não apenas de uma garantia de serenidade, de saber e poder se recuperar, como também um sinal de que tudo vai dar certo, pois, se nossos pensamentos estiverem monopolizados pelo estresse, pela dúvida, pela animosidade ou pelo desespero, nossa energia e nossa mente não estarão disponíveis para as tarefas a cumprir. É verdade que quem ajuda os outros faz bem a si mesmo, mas se formos demasiado frágeis interiormente, correremos o grande o risco de a tarefa estar além da nossa capacidade atual.

CHRISTOPHE: A ideia de que é necessário mudar a si mesmo para mudar o mundo não é tão evidente. Será que o poder de mudança está reservado só para quem já realizou todo esse trabalho de libertação interior? Será que as pessoas que não se sentem bem na própria pele também não poderiam fazer sua parte? Podemos trabalhar para melhorar a humanidade mesmo sem necessariamente estar muito bem. Todos nós já pudemos viver essa experiência no plano individual: mesmo em dias em que não estamos em forma, em que estamos tristes, estressados, irritados, podemos assim mesmo fazer algo de útil para o outro, reconfortar, ajudar etc. Será que os dirigentes políticos devem forçosamente estar bem para promover mudanças favoráveis no mundo? Quando nos debruçamos sobre a biografia de pessoas admiráveis como Martin Luther King, Gandhi e Einstein, descobrimos igualmente seu lado sombrio: infidelidade, violências verbais conjugais etc. O que não lhes retira sua projeção pública nem seu mérito, mas relembra que são seres humanos, e não ícones.

ALEXANDRE: A gente precisa de pré-requisitos para a ação altruísta e para a prática da solidariedade? Se precisarmos ser impecáveis para estender a mão, jamais teremos a audácia de empreender a aventura solidária. Nesse terreno somos sempre seres em evolução e, como você disse, caro Christophe, mesmo a biografia desses gigantes contém sua parte sombria. O essencial é avançar, é escutar a melhor parte de si sem sonhar com uma perfeição ilusória nem sucumbir num fatalismo do tipo "depois de mim, o dilúvio!". Um delicado e magnífico exercício de equilibrismo.

Em *As paixões da alma*, René Descartes indica uma fantástica direção. Para ele, ser generoso é saber usar bem sua liberdade. Então, entre em ação!

Construir e oferecer sua liberdade no meio deste mundo insólito, eis o grande desafio! O trabalho de si e o amor verdadeiro pelo próximo caminham de mãos dadas. Olhar de frente nossas fraquezas, falhas, contradições e ambivalências sem nos reduzir a elas é pôr o pé na estrada.

"Construir e oferecer sua liberdade no meio deste mundo insólito, eis o grande desafio! O trabalho de si e o amor verdadeiro pelo próximo caminham de mãos dadas."

Bendito Mandeville! Em *A fábula das abelhas*[1], ele chega até mesmo a dizer que, se todos os seres humanos praticassem as virtudes e os comportamentos valorizados pela sociedade – tais como lealdade, honestidade, desinteresse... –, daria para apostar que todos precisariam "se alimentar de bolotas"[2]. Para a riqueza de uma nação, para o bem comum, assegura ele, a sede do lucro, o acúmulo de riquezas, a ambição, o orgulho são desejáveis. Como sobreviveria Mandeville numa comunidade constituída unicamente por avaros, ambiciosos e egoístas? Com gente assim, ela não se transformaria num verdadeiro inferno sobre a terra? Qual seria o lugar dos desfavorecidos numa sociedade como essa? Não resta dúvida de que a humanidade deve muito a alguns cientistas que só atuaram para alimentar seu egocentrismo. Mas será um argumento contra o altruísmo, contra o trabalho de si, a generosidade?

Por hora, o que precisamos mesmo é chegar ao cerne dos paradoxos, dos conflitos e das irresoluções. Se formos esperar acabar com todos os traumas, trucidar o mínimo traço de ego para daí arregaçar as mangas e ousar ser solidários, corremos o risco de esperar muito tempo...

CHRISTOPHE: Exatamente! Mas, mesmo se isso tudo for verdade, no caso desses seres humanos influentes sobre seus semelhantes, fica a pergunta: se esses seres humanos tivessem sido mais equilibrados e mais bem intencionados, não teriam feito mais bem ainda ao mundo? Como esses grandes criadores, que mesmo afetados por patologias foram geniais apesar de seus sofrimentos (e não graças a eles). Quem pode garantir que um Van Gogh feliz não teria sido ainda mais deslumbrante? De resto, as cartas escritas por esses artistas e os estudos disponíveis mostram que esses gênios criaram mais nos períodos em que estavam mais felizes ou motivados pela busca da felicidade, ou quando emergiam de um doloroso sofrimento. Muito mais do que o próprio sofrimento, talvez seja a experiência do sofrimento, uma vez afastada, que nos torne mais criativos.

MATTHIEU: Meu pai[3] escreveu que o alcoólatra não bebe porque sofre, mas sofre porque bebe. Dizia ainda que, no caso dele, a escrita era uma tábua

---

1. Bernard de Mandeville (1670-1733). Com sua veia satírica, Mandeville sustentava que a cadeia de vícios é o que fazia o mundo girar economicamente. Afirmava que o egoísmo, a guerra, o roubo, a prostituição, o álcool, as drogas, a ambição desmedida contribuíam para a prosperidade da sociedade civil. Um libertino age por vício, mas sua prodigalidade cria trabalho para alfaiates, empregados, perfumistas, cozinheiros, mulheres da vida, que por sua vez usam os serviços dos padeiros, dos carpinteiros etc. Para ele, os pobres deviam ser sacrificados penando e trabalhando para permitir que os ricos gastassem seu dinheiro. Ver *A fábula das abelhas ou Vícios privados, benefícios públicos*. Tradução de Bruno Costa Simões. São Paulo: Universidade Estadual Paulista, 2018. [N. Ts.]
2. Bolotas são os frutos do carvalho que no passado eram usados exclusivamente como ração de porcos. [N. Ts.]
3. Referência de Matthieu Ricard a seu pai, Jean-François Revel (1924-2006), jornalista, filósofo e membro da Academia Francesa. A partir de um diálogo entre os dois, num encontro realizado no Nepal, em 1996, foi publicado um importante livro. Jean-François Revel e Matthieu Ricard.

de salvação para se afastar da dependência e do sofrimento, que nunca tinham sido sua fonte de inspiração, mas sim um obstáculo à sua criatividade.

CHRISTOPHE: Talvez aconteça o mesmo com os comportamentos benevolentes e altruístas: podemos dar prova deles a qualquer momento e em todas as circunstâncias, mesmo quando sofremos. Mas para praticá-los continuamente, de maneira "convincente" e motivadora, sem dúvida é melhor estar bem o maior tempo possível.

MATTHIEU: É verdade que não é indispensável esperar estar perfeitamente bem para se colocar a serviço dos outros, desde que você tenha consciência das próprias fraquezas e dificuldades e de que elas não interfiram na maneira mais apropriada de ajudar o outro. Além disso, se você estiver muito focado em si mesmo, fazer alguma coisa pelo outro poderá ajudá-lo a se sentir melhor. Aristóteles não dizia que nos tornamos virtuosos praticando a virtude? Lembro-me de uma mulher no Nepal que, em suas frequentes visitas, me confiava detalhes intermináveis e minuciosos de como se sentia de manhã, de tarde e de noite. Nada mais parecia ter importância para ela. Com a maior diplomacia possível, propus que, durante quinze dias, fizesse algum tipo de trabalho voluntário em nossos projetos humanitários, sugerindo que isso a faria se sentir melhor, o que de fato aconteceu. Sem dúvida, podemos ajudar o outro mesmo se não estivermos muito bem, e isso é bom. Fizemos também experiências em casos extremos de voluntários que se sentiam muito infelizes e que se engajavam desesperadamente nas causas humanitárias para esquecer seus próprios problemas. Muitos deles sofriam de patologias reais. Algumas vezes isso funcionou, pelo menos durante um tempo, mas com frequência essas pessoas surtavam. O que vem confirmar que, na vida diária, estando bem ou mal, é sempre bom ser altruísta. Todo mundo ganha – o altruísmo continua sendo a melhor maneira de realizar simultaneamente o bem do outro e o nosso.

COMO A MUDANÇA INTERIOR E A MUDANÇA EXTERIOR SE ARTICULAM

CHRISTOPHE: Podemos também nos questionar sobre a ligação entre a mudança de si e a mudança do mundo e sobre os mecanismos que as vinculam. Para simplificar, na minha opinião, existem três níveis: o dos pensamentos e das palavras, o dos atos (pelo poder de transformação) e o do exemplo (pelo poder inspirador).

O monge e o filósofo: o budismo hoje. Tradução de Joana Angélica d'Ávila Mello. São Paulo: Mandarim, 1998. [N. Ts.]

Tudo começa com nossos pensamentos e palavras. O que temos sempre na cabeça – pensamentos recorrentes, mesmo irrelevantes (pequenas observações pessimistas ou otimistas, palavras críticas ou encorajadoras) –, tudo isso tem um peso sobre nós (é o princípio do Método Coué[4], simplista, mas funcional: o que repetimos regularmente nos influencia), mas também sobre os outros. É muito importante identificar tudo aquilo que fazemos sem prestar atenção: essas pequenas observações espontâneas que compõem a narrativa cotidiana que, por sua vez, inundam nosso cérebro e o de todos ao nosso redor. Essa é a primeira maneira de mudar o mundo: por meio de nossas palavras.

Depois vêm nossos atos, gestos concretos que realizamos ou não e que pesam sobre nosso ambiente: jogar um papel na lixeira ou na calçada, ajudar um desconhecido a carregar um pacote pesado ou ignorá-lo, militar numa associação ou se ocupar apenas de seus familiares... Essas coisas não têm o mesmo impacto, é claro. Mudar o mundo não é necessariamente uma tarefa gigantesca, pois podemos influenciar de maneira favorável nosso "mundinho", nossa família, nosso lugar de trabalho. Isso começa com pequenos gestos. Inútil se pressionar demais. Podemos nos animar com a fábula do colibri que Pierre Rabhi tanto aprecia: o passarinho que traz algumas gotas de água no bico para ajudar a apagar o incêndio na floresta também faz sua parte. Cada um no seu nível, todo mundo pode fazer sua parte. E isso contribui para mudar o mundo. Até mesmo criar um sindicato de colibris pode ser uma boa ideia!

Por fim, há nosso próprio exemplo, aquilo que encarnamos. Claro que essa dimensão se baseia em nossas palavras e atos. Mas há algo além disso. Sempre se pode mentir ou fingir. É fácil usar palavras mentirosas: dizer coisas em que não acreditamos, dar conselhos que nós mesmos não seguimos. Pode-se também mentir nas ações: fazer coisas "para manter as aparências", para ser bem visto pelos outros. Isso será sempre uma mentira, mas talvez menos grave, pois pode produzir um efeito: ser gentil porque todo mundo ao redor é gentil, e não quero passar por malvado, já significa alguma coisa para os outros; e talvez isso me faça provar da felicidade de ser gentil! Mas é mais complicado disfarçar nossa maneira de ser: a longo prazo, sempre deixamos transparecer alguma coisa de nós, de nossa sinceridade, de nossa autenticidade, de nossa presença. Isso fica bastante nítido na medicina e nas profissões da saúde. Na minha carreira de médico, lembro-me de ter observado diferenças flagrantes entre enfermeiras e enfermeiros com quem trabalhava: alguns tinham um talento especial para acalmar pacientes ansiosos, agressivos, agitados. Isso tinha a ver

4. Émile Coué (1857-1926) foi criador de um método psicoterapêutico que consistia na repetição de palavras ou imagens como forma de autossugestão enviada à mente subconsciente, o que possibilitaria a um indivíduo condicioná-la e, quando necessário, produzir um comando autogênico. Após sua morte, esse método foi praticamente desconsiderado pelas várias correntes da psicoterapia. [N. Ts.]

"Se formos esperar acabar com todos os traumas, trucidar o mínimo traço de ego para daí arregaçar as mangas e ousar ser solidários, corremos o risco de esperar muito tempo..."

com sua maneira de ser e também com as boas palavras e gestos que usavam: no fundo, eram pessoas calmas, benevolentes, respeitosas, confiantes tanto na inteligência como na humanidade dos pacientes inquietos diante deles. Os pacientes sentiam isso e as coisas corriam melhor. Para treinar outras pessoas a aceitar nossos valores, devemos antes de mais nada incorporá-los, não apenas recomendá-los ou professá-los.

A educação é um bom modelo para compreender esse processo: claro que transformamos nossos filhos com o que lhes dizemos para fazer, com a maneira como os educamos, mas também pelo que lhes mostramos com nosso exemplo. Sobretudo quando achamos que não estão olhando em nossa direção! E, bem, quando não estamos preocupados em dar o exemplo! Nesses momentos, transmitimos a eles o que somos. Ocorre o mesmo com nossos familiares, com nossos colegas, com os desconhecidos com os quais cruzamos etc.

MATTHIEU: O mundo começa com sua família e seu vizinho. O risco é dizer: "Não tenho nenhum problema em ser benevolente com toda a humanidade. Mas nem venha me falar do vizinho!". Nesse caso, a questão é: o que realmente significa "ser benevolente com toda a humanidade"? Uma vaga solicitude por todos aqueles que não conheço e com quem não tenho nada a ver? Uma comiseração virtuosa que aplaca minha consciência e me mantém a uma considerável distância dos meus semelhantes? Certa dose de bondade abstrata, diluída entre a infinidade de seres humanos?

ALEXANDRE: Creio que me lembro de um dos personagens de Dostoievski que confessava ter mais dificuldade de tolerar um vizinho que tinha mau hálito do que de se sacrificar pela humanidade inteira. O amor abstrato, os bons sentimentos não bastam quando se trata de colocar a mão na massa, de se engajar, de ajudar concretamente.

Christophe, você nos dá uma magnífica ferramenta quando fala da verborragia em que nosso cérebro patina dia após dia. E se nos divertíssemos identificando as ladainhas mentais que nos massacram dia e noite? A esse respeito, os filósofos antigos relembravam incansavelmente aos iniciantes da necessidade de controlar o discurso interior, as representações. O que a Mental FM nos oferece o dia inteiro? Em que frequência estamos permanentemente sintonizados? Será que é a Egoísta FM que está transmitindo na potência máxima?

Entre a tagarelice neuronal e as tensões do corpo, só nos resta seguir o apelo da liberdade. Não somos coisas pensantes. Milhares de influências podem nos desviar do nosso ideal. O essencial é vivenciar as intensas aspirações que habitam o coração como estímulos que esclarecem, guiam e encorajam cada um a ultrapassar a si mesmo.

O desafio maior consiste em *investir* com carinho e infinita benevolência contra o granito da acrasia, contra os conflitos que nos paralisam e que deixam um gosto amargo em quem não consegue ser absolutamente fiel ao melhor de si mesmo. Como sempre, temos a constatação de Ovídio, que antes mesmo de São Paulo, grita em *As metamorfoses*[5]: "Vejo e aprovo o melhor, mas faço o pior". Quantas emboscadas, quantos obstáculos a derrubar e viver livremente! Spinoza chama de "servidão a impotência humana de controlar e reprimir os afetos". O escravo, aquele que é tiranizado pelas paixões tristes, acaba por não mais "depender de si mesmo, mas das circunstâncias, da própria sorte".

O primeiro passo talvez seja reconhecer humildemente as próprias contradições, tentar manter a transparência e, sobretudo, seguir o caminho com entusiasmo sempre renovado em busca da alegria, da paz e do amor desinteressado.

CHRISTOPHE: Às vezes essa ideia de que, de algum modo, somos responsáveis pelo futuro do mundo pode parecer opressora. De onde tirar energia para fazer sempre o melhor possível? Acho que poderíamos nos inspirar na frase de Spinoza: "Fazer o melhor e se manter alegre", mas, ao contrário: "Manter-se alegre para fazer o melhor". Cuidar de si, vivenciar com a maior frequência possível os momentos de alegria, de prazer, de felicidade, de admiração, de gratidão, não constituem apenas uma fonte de bem-estar, mas também de energia e de abertura para o mundo.

MATTHIEU: E com esse mesmo espírito, Alain já dizia em seu livro *Propos sur le bonheur* [Proposições sobre a felicidade]: "É bem verdade que devemos pensar na felicidade do outro; mas não nos dizemos com bastante frequência que o que podemos fazer de melhor para aqueles que nos amam é *ser feliz*". A ressonância afetiva, a força do exemplo e a qualidade da relação com o outro são realçadas na presença de uma pessoa equilibrada e serena.

ALEXANDRE: *Minha* felicidade, *sua* felicidade, *nossa* felicidade... E se retirássemos esse pequeno pronome possessivo para propor um desafio comum, capaz de envolver a todos com os meios de que dispomos: *fazer o bem, se manter alegre e avançar rumo à liberdade*?

---

5. Ovídio (43 a.C.-18 a.C.). *As metamorfoses*. Edição bilíngue. Tradução de Domingos de Lucas Dias. Rio de Janeiro, Editora 34, 2017. [N. Ts.]

• CAIXA DE FERRAMENTAS •

Para se transformar e transformar o mundo

◈

CHRISTOPHE

- *A transformação de si, o aperfeiçoamento do que somos como pessoas* pode ajudar e contribuir na transformação do mundo. É como num coral: é sempre possível que alguns não cantem como deveriam, mas se ninguém cantar, nada vai acontecer! E se nenhum ser humano fizer esforços, o mundo não mudará! Por isso, assim como num coral, em que cantar juntos faz bem, também é agradável agir juntos, constatar que não estamos sozinhos trabalhando sobre nós mesmos para que o mundo seja confortável.
- *Mudar a si mesmo para mudar o mundo não é algo que se faz por interesse* nem esperando reconhecimento ou efeitos imediatos. Fazemos isso por princípio, por generosidade, por inteligência.
- Mesmo que não seja grande coisa, mesmo que não seja o tempo todo, mesmo que seja imperfeito, *todos os nossos esforços contam.* Todos!
- *Podemos pensar como quisermos*: Transformar a si para transformar o mundo (atitudes interligadas com uma perspectiva global de ecologia humana), ou transformar a si e transformar o mundo (iniciativas dissociadas do ponto de vista psicológico e político); a transformação de si sempre facilita ou enriquece a transformação do mundo.

MATTHIEU

- *Qualquer ação realizada sinceramente para o bem do outro* merece nosso apoio e nossa admiração.
- No que nos diz respeito, vamos começar realizando ações benevolentes que exigem apenas que saiamos da nossa zona de conforto. Depois, *vamos aumentar pouco a pouco a frequência e a amplitude* dessas ações. Vamos pôr em movimento um processo de transformação.

- *Ajudaremos os outros cada vez melhor (e cada vez mais) à medida que cultivarmos qualidades "virtuosas"*, entre as quais a benevolência, o discernimento, a liberdade interior e a nobreza de caráter.

- Com o tempo, *essa transformação de si* irá se traduzir espontaneamente numa *transformação do mundo.*

ALEXANDRE

- O egoísmo, o orgulho, os guetos da mente são um golpe terrível contra todas as pontes e passarelas que tentamos construir dia após dia. Desligar-se do mundo, afastar-se da sociedade, colocar-se à parte é algo completamente destrutivo, suicida. *Progredir interiormente para se doar aos outros*, isso sim é revolucionário. Como é suave essa revolução pacífica que nos faz desaprender a desconfiança, a ambição e principalmente o eu... Como diria Epicteto, nessa aventura o jeito é cada um desempenhar seu papel simples, alegre e generosamente. Que isso demore dois dias, cinco ou 120 anos, o essencial é cumprir bem seu papel de ser humano e colocar sua singularidade a serviço de todos sem fazer alarde, sem reservas.

- Restaurar-se, dedicar-se a exercícios espirituais, iniciar uma ascese, não vale a pena se não nos tornarmos operários fervorosos da paz, artesãos entusiastas da liberdade. *Ficar mais leves* para que nossa presença se torne um presente, aliviar a vida dos outros, talvez seja a vocação desses instantes áridos em que lutamos contra a força dos hábitos sombrios. A contemplação conduz à ação. Praticar é sempre e acima de tudo avançar em ligação profunda com todos os seres, aqueles que sofrem, aqueles que amamos e aqueles que não podemos ver nem pintados de ouro. *Sentir essa comunhão rompe o isolamento*, reduz a pó a dualidade que compartimenta tudo: minha felicidade, sua felicidade, minha alegria, sua alegria, minha prática, sua prática... Por que sempre compartimentalizar o real?

- Levantar-se de manhã com um único objetivo na cabeça – agradar e obedecer à máquina de desejos impregnada em nossa individualidade – é bater a cabeça na parede; é entrar num estado de insatisfação crônica e acabar completamente exangue, fatigado, neurótico. *E se embarcássemos numa aventura que ultrapassa de longe as fronteiras estreitas de nosso interesse para abraçar um projeto maior, mais impessoal e, por que não dizer, mais vasto*? Trabalhar em prol da alegria de todos, nos mobilizar contra a desigualdade, aliviar os sofrimentos, fazer de tudo para que cada um encontre seu lugar, seu equilíbrio no meio desse grande "nós".

- Como bom estoico, Marco Aurélio propõe que todos se considerem membros de um grande corpo, partes de um imenso todo. Já logo de manhã bem cedo, quando essa mentalidade de contabilista só pensa em consumir, em enriquecer, eu poderia me perguntar: Que gesto posso fazer, com os meios de que disponho, para me engajar, para *me inserir ativa e generosamente nesse grande todo que me mantém vivo*? Aqui e agora, qual é a minha alegre participação? Que tijolo posso levar à construção, que dádiva posso legar à grande família humana?

CORRESPONDÊNCIA

MATTHIEU E CHRISTOPHE

Katmandu, 15 de março de 2018

Caro Christophe,

Já há algum tempo gostaria de compartilhar com você uma dúvida que quase sempre me vem ao pensamento e pedir um conselho, dada sua experiência pessoal.

Há cinquenta anos, quando viajei para a Índia e, alguns anos depois, quando decidi morar lá, meu único objetivo era viver perto dos meus mestres espirituais, receber seus ensinamentos e colocá-los em prática. Foi o que fiz serenamente durante 25 anos, vivendo de maneira simples, sustentado dia e noite pela presença dos meus mestres e por uma prática espiritual assídua.

Depois, em 1997, de uma maneira bastante imprevista, numa visita ao Nepal, meu pai, Jean-François Revel, e eu conversamos durante dez dias. O fruto desses encontros, o livro *O monge e o filósofo*, fez minha existência se transformar num turbilhão de atividades incessantes, acompanhadas da possibilidade de empreender centenas de projetos humanitários, junto com um grupo de amigos, por meio da associação Karuna-Shechen, que hoje ajuda mais de 300 mil pessoas todos os anos. Evidentemente, não poderia dizer que lamento tudo isso.

Entretanto, como meu mestre Dilgo Khyentse Rinpoche dizia, imaginar que as atividades do dia a dia acabarão por si mesmas é como esperar que as ondas deixem de quebrar na superfície do oceano. A única maneira de dar fim a essas tarefas, acrescentava ele, é abandoná-las.

Para ser franco, quando sento no terraço do eremitério em que vivo, diante do Himalaia, não tenho mais vontade de sair daqui.

Será que é um desejo egoísta? Se saio daqui, é pensando em nossos projetos humanitários e na possibilidade de encontrar pessoas inspiradoras com quem compartilhar ideias que foram importantes para mim e que podem ser úteis para os outros. Mas o caso é que minha vida se aproxima do fim e não tenho nenhuma vontade de morrer num aeroporto. Aspiro do fundo do coração a utilizar o tempo que me resta, seja quanto for, para retomar a vida que tinha quando saí de casa para viver junto dos meus mestres.

Você acha que é egoísta querer prosseguir numa prática espiritual cujo objetivo é erradicar o egoísmo? Que é egoísta cultivar a compaixão se, com a chegada da idade, terei menos oportunidades de colocá-la a serviço dos outros? É melhor continuar a correr como o mundo e encorajar os que nos escutam a praticar o altruísmo, a cooperação, a se tornarem seres humanos melhores? Será que é preciso ficar repetindo tudo isso sem parar a fim de ter um impacto, por menor que seja, em nossas sociedades e culturas? Já não chega o que falamos, escrevemos e como agimos?

Costuma-se dizer no budismo que um bodisatva que se dedica ao bem dos outros jamais deve manifestar a menor fadiga diante dessa tarefa infinita. Mas não será melhor começar já a perseverar numa prática que permitirá, nesta vida ou numa vida futura, se tornar um autêntico bodisatva do que continuar a bancar o palhaço, mesmo um palhaço cheio de boas intenções? Será que é preciso utilizar o máximo possível, e até o último suspiro, essa notoriedade artificial adquirida não em razão de qualidades fora do comum, mas por ter aparecido repetidamente nas colunas dos jornais e na televisão? Não será uma aspiração legítima querer acabar meus dias numa prática espiritual que não seja toda hora entrecortada pela distração?

Como terapeuta, escritor e conferencista, que faz muito bem às pessoas de quem cuida, às que o ouvem e leem seus livros, mas também como ser humano, cuja saúde é frágil, e que aspira a uma vida mais simples e serena, sei que você também se confronta com este dilema: "Até quando é preciso continuar?".

Caro Christophe, aí estão minhas reflexões e ficaria muito feliz em ouvir seus generosos conselhos sobre o assunto.

Com minha afetuosa amizade,

Matthieu

Paris, 30 de março de 2018

Caro Matthieu,

Fico feliz em poder discutir com você essa questão de "até quando continuar". Você sabe o quanto sua maneira de encarar as coisas é importante para mim: você é uma dessas pessoas que nunca perdem de vista o que é simples e fundamental em uma vida humana.

Até quando continuar a promover nossas ideias e as causas que nos são caras? Nosso "verdadeiro" lugar não é muito mais num monastério, no seu caso, e num hospital, no meu, do que nos programas de televisão e de rádio e nas páginas das revistas? Certas pessoas pensam e nos revelam isso de maneira amigável ou crítica. E nós também nos fazemos a mesma pergunta.

Em parte, nós dois somos reféns dos nossos trabalhos e atividades. Tanto um monge quanto um médico trabalham o melhor que podem para o bem da humanidade, ou pelo menos, para dizer de uma maneira menos pomposa, para fazer o bem aos outros seres humanos. Um médico faz isso na horizontalidade de suas relações com os pacientes; um monge, na verticalidade de suas preces. A propósito, você não é um monge como os outros – você é também um cruzado do altruísmo, um defensor radical da compaixão, como Alexandre e eu costumamos nos referir a você. A importância e o sucesso de tudo o que você faz fora do seu monastério, principalmente junto da associação Karuna-Shechen, que ajuda os desfavorecidos na Índia, no Tibete e no Nepal, tendem a afastá-lo da vida contemplativa. Assim como escrever livros rouba parte do tempo que dedico às minhas atividades de médico e terapeuta.

Em determinados aspectos, porém, essas atividades são um prolongamento de nossas vocações. Ao atuar concretamente no mundo, você faz o bem com suas ações e não apenas com suas preces: quando você menciona a quantidade de escolas, de postos de saúde e de pontes que a associação Karuna-Shechen financia, o número de ações na área da educação e da saúde que você acompanha, como não concordar de fato que seu lugar é também no mundo das ações concretas? De modo semelhante, quando escrevo meus livros, me esforço para ajudar à distância muito mais pessoas do que poderia tratar no contato direto; e sinto-me gratificado nessa atividade pelo número de cartas de leitoras e leitores que me contam o quanto meus livros os ajudam, e também pelas pesquisas que comprovam o interesse e a eficácia da biblioterapia, essa forma de "cuidado por meio dos livros".

Então, onde está o problema?

O primeiro é o problema das prioridades: onde somos mais úteis? A resposta mais simples seria dizer: nos dois domínios! E não resta dúvida de que essa será a nossa resposta, pois já faz trinta anos que você e eu tentamos atuar nas duas frentes, a de nossas vocações iniciais e a da difusão e aplicação de nossas ideias. Mas existe ainda outro problema, que é o das nossas capacidades – não somos mais "jovenzinhos", como se diz em Toulouse! Então, será que poderemos encarar por muito tempo todas essas atividades?

A primeira dessas questões – "onde somos mais úteis?" – diz respeito a muita gente e não apenas às nossas insignificantes pessoas.

Qualquer ser humano é levado a refletir sobre a utilidade daquilo que faz. E a resposta nem sempre é evidente. Lembro-me de uma das minhas pacientes que não trabalhava e, por causa disso, era muito complexada, principalmente nas festas onde, para quebrar o gelo, alguém perguntava o que ela fazia na vida. Confessar que era mãe de família parecia-lhe medíocre, quase depreciativo. Até o dia em que resolvemos refletir juntos sobre essa história. Ao comparar sua vida com a de um grande número de pessoas próximas, ela percebeu que, afinal de contas, havia feito bem a muita gente e continuava a fazê-lo: estava verdadeira e sinceramente disponível para os filhos, para os parentes, para os amigos. Por outro lado, muitas pessoas do seu convívio, que a deixavam complexada com seus "sucessos", tinham sacrificado tudo em nome da vida profissional em detrimento do tempo dedicado à família, causando em suas vidas muitos dos sofrimentos característicos de nossa época: conflitos conjugais e familiares, dificuldades com os filhos, estresse, fuga num modo de vida materialista (é preciso justificar os sacrifícios feitos para ganhar dinheiro). Enfim, se um importante critério para julgar uma vida "boa" é o do altruísmo e o da ajuda oferecida aos outros, o que seria melhor ter feito da sua existência? Ter sacrificado tudo pela carreira? Ou ter renunciado à carreira para se dedicar à família e aos outros? Ou ainda fazer um esforço para conciliar os dois?

Ainda resta a segunda pergunta – a das energias: "Será que você e eu ainda poderemos encarar todas essas atividades por muito tempo?".

Assim como você, eu gostaria de um pouco mais de isolamento, pois acabo de encerrar minhas atividades de médico, que exerci durante quase quarenta anos. Parece que retribuí à sociedade da melhor maneira possível tudo o que ela me deu, que foi a oportunidade de fazer cursos longos e gratuitos. Às vezes até faço um pequeno cálculo de cabeça: "vinte anos para aprender e receber; quarenta anos para cuidar e retribuir e, daqui para a frente, minha expectativa é ter mais alguns anos – uns vinte anos está bom! – um tempo para me ocupar de mim e do que me interessa, não mais como terapeuta, mas como ser humano. Em francês, isso se chama "aposentadoria". Para os espanhóis, o nome é "jubilação". Gosto muito dessa palavra também! Decidi então me colocar um pouco à parte, não para cortar os laços com o mundo, mas para me ocupar das coisas no meu ritmo, sem pressões, sem restrições, ou o menos possível. E esse retiro, por enquanto, me causa júbilo e satisfação.

Tenho certeza de que você fará o mesmo. No entanto, faço um pequeno pedido: o que você resolver fazer da vida no futuro importa a todos nós, já que tanto sua presença quanto suas palavras são um reconforto para muita gente, inclusive para o Alexandre e para mim. Espero, então, egoisticamente, que de tempos em tempos você saia do seu mosteiro no Himalaia e venha nos fazer uma visita para falar da sua nova vida, 90% contemplativa e 10% ativa. E para nos falar também de todas as inspirações que você recebeu durante as preces e meditações.

Com todo meu afeto e minha gratidão pelo que você me deu, ou melhor, que você deu a todos nós, a nós que tanto apreciamos seu ensinamento e seu exemplo.

Christophe

Parte IV

AS COLHEITAS DA LIBERDADE

MATTHIEU: Quais são as colheitas de uma liberdade que alcançou a maturidade? Como a sabedoria que acompanha essa liberdade transforma nossa atitude diante da vida e da morte, de nós mesmos e dos outros? Que impacto tem ela em nossa maneira de ser e de agir?

Um sábio deve ter se libertado do jugo da desorientação, da confusão, da animosidade, da dependência do desejo, da rivalidade e de muitos outros estados mentais que são fonte de tormentos. Uma vez livre, nada pode perturbá-lo interiormente, ele não pode ser dilacerado por conflitos internos incessantes nem destruído pela angústia existencial. Senão, de que adianta ser livre, a que serve ser sábio?

O sábio não ignora as alegrias e as dores, mas elas não são um problema para a liberdade e a paz que reinam nas profundezas de seu oceano interior. A sabedoria dá amplitude à mente e a liberta das causas do sofrimento; disponibiliza os recursos que permitem navegar com naturalidade e destreza através dos altos e baixos da existência. Livres, ficamos menos vulneráveis e podemos nos abrir generosamente aos outros. A sabedoria, isenta da confusão, deve fornecer também os pontos de referência necessários para tomarmos decisões que afetam nosso destino e o daqueles que nos rodeiam. Ela reflete uma visão justa da realidade, livre das distorções criadas pelas fabricações mentais.

Uma das colheitas mais preciosas da sabedoria é a liberdade interior. Essa liberdade é fonte de paz.

“*Alguns anos atrás, durante umas férias na Inglaterra, na região da Cornualha, eu passeava sozinho por uma vereda beirando a costa, quando deparei com um pequeno banco no alto de uma colina de frente para o mar. O sol se punha e o lugar era de uma beleza extraordinária. O banco exibia uma pequena placa com as iniciais R.I.P. (*Rest In Peace*, em inglês, "Descanse em paz") e mencionava que um senhor da região, cujo nome não me lembro agora, adorava sentar-se ali todo dia, o que fez até o fim da vida.*

Sentei-me ali, como ele, e me senti incrivelmente bem. Era como se estivesse conectado a um imenso reservatório de paz interior. O ambiente era favorável, sem dúvida, mas tive o estranho sentimento de que seu papel foi o de ter despertado em mim essa capacidade de paz, paz que provinha do meu interior. Passei algum tempo observando o que estava acontecendo comigo: aquele sentimento de paz vinha acompanhado de modificações em todos os domínios; sentia-me tranquilo, mas também pleno de benevolência, de serenidade, de recolhimento, de lucidez a respeito do que verdadeiramente importa na vida e do que não passa de espuma fugaz. Eu tinha a impressão de desfrutar de uma leveza e de uma liberdade enraizadas, ancoradas no real da vida e da morte. E não de sensações ilusórias como as que os estados de euforia e de excitação podem nos causar. Nesse estado de paz interior, não me sentia separado do mundo nem dos seres humanos, mas muito mais ligado a eles. Pensei então naquele senhor, cujo nome estava gravado no banco, agradeci a ele e lhe dediquei aquele momento...”

Christophe

15
A PACIFICAÇÃO INTERIOR

CHRISTOPHE: A paz é a ausência de guerra, sem dúvida, mas não de conflitos nem de tensões. A guerra pressupõe a mobilização de todas as forças (de um país, de uma pessoa) contra um ou diversos adversários. Às vezes é necessária, mas sempre problemática. Não sei qual político dizia: "As duas primeiras vítimas, em caso de guerra, são a Liberdade e a Verdade". Pois toda guerra implica, de um lado, as leis de exceção, que restringem muitas liberdades, e de outro, uma censura que restringe a expressão de grande número de verdades. Na mente acontece o mesmo: estar quase sempre em guerra nos aprisiona e nos cega. Certos combates são necessários na vida, mas viver permanentemente em estado de guerra?

A PAZ INTERIOR, UMA ENERGIA CALMA

Estar conectado à paz interior não é renunciar aos conflitos, mas se esforçar para não viver em estado de luta permanente, não se curvar diante do real. É identificar quando é preciso fazer a guerra e quando é preciso estabelecer a paz, mesmo que imperfeita; é se empenhar em utilizar a força e a firmeza sem raiva nem cegueira. Projeto inspirador!

O ideal não seria se fixar mais no processo de pacificação interior do que no próprio estado de paz, forçosamente instável e transitório? E efetuar regularmente em nós esse trabalho de pacificação das emoções tóxicas, do excesso de raiva ou de ressentimento que não nos impelem para as ações, mas sim para as agressões?

"Esse ideal de paz interior é o ponto de partida do engajamento; ele conduz à ação com economia de meios. É a ação sem a gesticulação."

A primeira questão que me vem à cabeça quando penso em você, Matthieu, é como um sábio pode não se sentir atormentado pelo menos de vez em quando? E acrescento: ele não deveria se sentir assim? Isso seria como um marcador de sua implicação neste mundo, onde nem tudo é agradável, longe disso.

MATTHIEU: O sábio é o primeiro a ser intimamente tocado pelo sofrimento dos seres. Dizem que ele é sensível ao sofrimento do outro como se tivesse um grão de poeira no olho, enquanto os seres comuns mal sentem um punhado dessa poeira na palma da mão. O hedonista autocentrado concede pouco lugar aos outros em seus pensamentos. O sábio não exclui ninguém de seu coração.

O Dalai Lama nos confessou que durante sua meditação diária, das 3h às 7h da manhã, não há praticamente um dia em que seus olhos não se encham de lágrimas ao pensar no sofrimento dos seres. São lágrimas de amor e de compaixão que não abalam sua paz interior. Paul Ekman[1], um dos grandes especialistas em emoções faciais, revelou que, de todas as pessoas que havia observado, o Dalai Lama era sem dúvida quem expressava suas emoções – alegria ou tristeza – da maneira mais transparente. Mas essas emoções provêm do âmago de uma sabedoria inabalável, que é uma compreensão clara da impermanência e da ausência de existência inerente dos fenômenos. O sábio percebe as necessidades dos outros com extrema acuidade e está sempre pronto a agir em benefício deles, sem que sua mente seja afetada pelo turbilhão de aflições. Em 2009, antes dos Jogos Olímpicos de Pequim, quando mais de duzentos tibetanos tinham sido assassinados pelo exército chinês e milhares tinham sido presos por terem participado de manifestações nas ruas, o Dalai Lama declarou que, desde a época em que precisou fugir da invasão de seu país, jamais tinha se sentido tão impotente em fazer alguma coisa de útil para o bem dos tibetanos como naquele momento. Entretanto, ao contrário do que havia vivido em 1959, ocasião das mais dramáticas, ele não havia perdido sua paz interior. A sabedoria e a maturidade espiritual conferem grande liberdade diante da influência de emoções perturbadoras.

ALEXANDRE: *Perinde ac cadaver*, "exatamente como um cadáver". Em *Constituições da Companhia de Jesus*[2], Santo Inácio de Loyola encoraja seus companheiros a reagir como cadáver. Com certeza, ele oferece um grande

1. Considerado um dos mais importantes psicólogos do século XX, Paul Ekman (1934) notabilizou-se pelo estudo da universalidade das emoções e das expressões faciais. [N. Ts.]
2. As *Constituições da Companhia de Jesus* foram elaboradas por Inácio de Loyola e outros fundadores da Ordem da Companhia de Jesus e publicadas em 1550. São textos que regulamentam a organização e as missões da Ordem Jesuíta. Em 1995 foram revistas e adaptadas, continuando a vigorar até os dias de hoje. [N. Ts.]

exercício para inspirar o nosso cotidiano: fingir-se de morto, não reagir com exagero, deixar para lá quando tudo é um convite para explodir. Ainda prestando atenção ao santo, não poderíamos acabar de uma vez com esse mal-entendido crônico, com essa caricatura grosseira que faz do sábio alguém quase em morte clínica? Pois, ao contrário do que se imagina, ele é uma pessoa extremamente viva. Nele, a existência floresce e se oferece em superabundância. O brilhante exemplo do Dalai Lama basta para rejeitar de imediato as mentes hostis que acreditam que o eletroencefalograma do sábio não registra atividade cerebral, que ele está definitivamente afastado do mundo, que leva uma vida descontraída e confortável, longe, bem longe das vicissitudes dos comuns dos mortais.

Buscar a liberdade talvez seja se aventurar numa arte de viver, tentar usar todos os antídotos possíveis contra o egoísmo e outras patologias de quem só olha o próprio umbigo. A sabedoria, essa liberdade interior, compreende duas grandes áreas: uma ciência da mente – uma ascese incessante reiterada para purgar nosso ser de todas as emoções perturbadoras – e a prática da generosidade – a via do coração, a vereda do altruísmo.

Quando eu batalhava contra a adicção, era sempre um grande reconforto saber que, em minha mesa de cabeceira, havia hábeis médicos sempre prontos a me ajudar. Três deles sobretudo me ajudaram a sair do buraco: Mestre Eckhart, um guia que nos conduz pela mão ao desapego de si e nos ensina a nos abandonar, a nos deixar levar; Nietzsche, esse grande pacificador que nos encoraja a dizer sim a tudo, inclusive ao gigantesco caos que tantas vezes ameaça nos devorar vivos; e Chogyam Trungpa, que destrói uma a uma as ilusões e tentações de se ancorar numa paz artificial, numa segurança fictícia. Esse mestre excepcional talvez nos ofereça uma explicação exata sobre o tema de que tratamos: "É preciso trabalhar duro para ajudar os outros diretamente, sem luvas de proteção nem mesmo para limpar os vômitos". Basta dizer que o sábio, o homem e a mulher plenamente libertos nunca abdicam. É no meio do caos, dos tormentos, que é a hora de frequentar a escola da sabedoria, de construir a liberdade e recolher milímetro por milímetro a messe que vem para aquele que avança no caminho. Que triste mal-entendido propaga a ideia de que trabalhar pela pacificação interior implica irremediavelmente perder toda a sensibilidade, tornar-se um fracote, uma alma já morta presa numa masmorra!

CHRISTOPHE: Como você acaba de dizer, a ciência mostra que a sabedoria não é a esterilização das paixões! Alguns estudos de que dispomos demonstram que as pessoas consideradas "sábias" (de acordo com questionários de avaliação, coisa certamente discutível, mas vamos deixar isso para lá) sentem tantas emoções, agradáveis ou desagradáveis, quanto os outros, às vezes até muito mais; no entanto, são menos escravas e menos teleguiadas por essas emoções. Esse é o aspecto interior da liberdade. Mas, e no caso do comportamento exterior de que tratamos no início? A mesma coisa! A paz interior conduz à calma exterior, mas não à inércia!

Entretanto, na opinião de muitos, a força vem da raiva e da agitação. Quando tentamos visualizar uma pessoa cheia de energia, não a imaginamos calma e ponderada. Nos clichês ocidentais, o engajamento no mundo é fonte de agitação e não de tranquilidade, é viver em pé de guerra e não em estado de paz.

Será possível usar a energia da raiva sem transmitir sua tendência para a agressividade? Inúmeros trabalhos de psicologia experimental demonstram que existe uma concordância entre corpo e mente. O que significaria dizer que a mente em paz não nos conduziria "naturalmente" a atos enérgicos. Mas talvez fosse preciso então reabilitar o que denomino de energia calma? Não podemos aprender a dissociar agitação de energia? Estou convencido de que é possível cultivar estados em que se tem muita energia sem por isso ficar agitado nem nervoso. E enquanto ouvia você falar, Matthieu, eu questionava esses clichês tão frequentes sobre a raiva necessária e as guerras justas. E mesmo que esteja convencido de que isso não existe, às vezes me faltam argumentos diante daqueles que afirmam que a paz interior nos desvia das preocupações do mundo e do estímulo de agir.

MATTHIEU: É claro que a raiva induz à ação. Ela apresenta aspectos de vivacidade, de vigor e de eficácia que em si mesmos podem ser úteis, desde que não estejam associados à animosidade. Porém, na maioria dos casos, a raiva degenera muito rápido. A irritação, a perda de controle e, por fim, o desejo de hostilizar predominam. A raiva torna-se tóxica. Um estudo sobre várias centenas de estudantes que se submeteram a um teste de personalidade em que se media o grau de raiva crônica e de hostilidade dos participantes demonstrou, 25 anos mais tarde, que os mais agressivos dentre eles tinham sofrido cinco vezes mais acidentes cardíacos do que os menos raivosos.

ALEXANDRE: ... daí vem a necessidade de se começar a trabalhar sem demora, para não acabar completamente ranzinza e amargo, e avançar na busca da grande saúde. Não vamos negligenciar tampouco a violência, que, quando se volta contra nós mesmos, causa enormes destruições. O desafio? Identificar decepções, traições, fracassos e traumas, todas essas bombas de efeito retardado. Para iniciar um trabalho de libertação por meio da ascese, precisamos de combustível, de ações repetidas diariamente, de alegria, de bons amigos. E para os irascíveis em geral, o genial Sêneca já pode fornecer a maleta de primeiros socorros. Ele nos prodigaliza seu tratamento contra a raiva: "Fazer exatamente o contrário de tudo o que os indícios da raiva revelam: relaxar o rosto, suavizar a voz, diminuir o passo; pouco a pouco o interior se modelará a partir do exterior".

Um de meus amigos, estoico até a raiz dos cabelos, me confessou que a cada vez que sentia brotar em si a recriminação, a fúria, ou quando surgia a mais simples ocasião de surgir a discórdia com sua parceira, ele se deitava no chão e deixava as faíscas desvanecerem, antes que o incêndio começasse... Gosto muito que a transformação de si se insira nos pequenos atos da vida diária. Libertar-se, sair da masmorra, tentar a evasão, exige engenhosidade, perseverança e uma boa dose de humor. De nada adianta declarar guerra contra as emoções; é muito melhor correr em passos largos em direção à paz!

MATTHIEU: Do ponto de vista da evolução e da sobrevivência da espécie, como ressaltou Charles Darwin em *A expressão das emoções no homem e nos animais*, todas as emoções têm sua utilidade. O ciúme contribui para manter a coesão do casal, pois induz o cônjuge a afastar seus rivais, aumentando com isso as chances de sobrevivência de sua prole. A raiva pode ajudar a ultrapassar rapidamente um obstáculo que impede a realização dos desejos ou que constitui uma ameaça. A cobiça induz a pessoa a se apropriar do que tem necessidade. Mas essas emoções se transformam em fonte de tormentos quando se amplificam a ponto de sair do controle e deixam de ser apropriadas diante de determinada situação.

Quando permitimos regularmente que nossas emoções se expressem sem controle, reforçamos nossas próprias tendências e seremos presa de novo dessas emoções assim que a carga emocional atingir seu limiar crítico. Além do que, se esse limiar se tornar mais baixo, seremos cada vez mais fácil e frequentemente dominados pela raiva. A liberdade consiste em estabelecer um diálogo inteligente com as próprias emoções e em aprender a deixar que se dissolvam por si mesmas à medida que surgirem. Isso não significa reprimir a raiva, mas evitar que ela se transforme em causa de sofrimento. Nesse caso, mais uma vez, sabedoria é sinônimo de liberdade.

Quanto à energia calma a que você se refere, Christophe, certo dia o Dalai Lama, com seu tom humorístico, deu o exemplo de alguém dominado por forte raiva que quer dar uma bengalada no objeto de seu ressentimento. Se ele estiver exaltado e golpeando para todo lado, corre o risco de dar uma bengalada em si mesmo enquanto tenta bater no outro. E, aliando o gesto à palavra, o Dalai Lama acrescentou em tom zombeteiro: "Se você estiver perfeitamente calmo, você pega a bengala e – pá! –, dá um golpe certeiro na ponta do nariz do outro". É totalmente possível agir de forma firme e determinada para neutralizar uma

“A liberdade consiste em estabelecer um diálogo inteligente com as próprias emoções e em aprender a deixar que se dissolvam por si mesmas à medida que surgirem.”

pessoa perigosa, sem ter o menor sentimento de ódio nem dar livre curso a uma violência imoderada e cruel.

CHRISTOPHE: No fim das contas, esse ideal de paz interior é o ponto de partida do engajamento; ele conduz à ação com economia de meios. É a ação sem a gesticulação.

MATTHIEU: Reparem em algum mestre de aikidô, como o mestre Morihei Ueshiba. Tem um filme no qual o vemos, com sua figura aparentemente frágil e sua longa barba branca, sendo atacado de todos os lados por praticantes bem mais jovens. Com uma calma inalterável e um mínimo de gestos, ele faz rodopiar seus agressores à direita e à esquerda. Como num passe de mágica, todos acabam estatelados no chão. Determinada ação executada com calma será sempre mais eficaz do que uma explosão de gestos e de palavras desordenadas. Em situações de urgência, quando é necessário tomar decisões vitais, não é preferível manter a calma? Em caso de falha técnica em um avião, se todo mundo na cabine de comando começar a gritar, há poucas chances de que se tome uma boa decisão. Um herói jamais fica histérico.

CHRISTOPHE: Para você, isso é evidente, mas para muita gente é difícil não reagir ao primeiro reflexo, que associa ação exterior com agitação interior. Isso faz toda a diferença entre a paz e a calma: é possível ser um homem de ação calmo. Mas como explicar que é possível agir sem sentir raiva e desconforto interior?

Paz interior = calma exterior

MATTHIEU: Creio que existem diferentes formas de desconforto. É bastante desejável se preocupar profundamente com o destino dos outros e considerar inaceitáveis os sofrimentos causados pela injustiça, discriminação, opressão e crueldade. Dependendo das circunstâncias, é preferível recorrer à diplomacia, ao diálogo e à conciliação ou, se necessário, a formas de intervenção mais enérgicas. Quando essa for a maneira mais hábil de proceder, um sábio poderá manifestar uma "raiva santa" permanecendo perfeitamente dono de si mesmo. Explosões de raiva obscurecem nossa capacidade de julgamento; sobrepomos nossas projeções em nosso adversário e o percebemos como alguém completamente odioso, embora a realidade seja sempre mais complexa. Podemos ver o que isso provoca em pessoas que, como Donald Trump, são incapazes de se controlar: de um dia para o outro passam do mais elogioso louvor à difamação mais impiedosa. Dizer qualquer coisa, insultar o outro, espumar de raiva, esbravejar de impaciência, em geral, levam a uma escalada de hostilidades.

A calma se exerce no calor da ação, enquanto a paz interior se constrói a longo prazo. Se seu barco naufragou e você perdeu tudo, o fato de encontrar seu equilíbrio e sua serenidade, em vez de se sentir devastado por meses a fio, é indicador da sua resiliência e da sua paz interior.

ALEXANDRE: Tanto a raiva como os sofrimentos do corpo nos põem com grande frequência em *flagrante delito* de acrasia. O desafio é identificar os sinais de alarme, tudo o que prenuncia o incêndio. É bom que se diga: a mente é uma verdadeira incendiária que faz de tudo para jogar mais lenha na fogueira e fica uma fera por qualquer coisinha. Eurípedes, pela boca de Medeia, explicita muito bem o divórcio que separa nossas mais elevadas aspirações de nossas ações e gestos do dia a dia: "Fui vencida pelo mal! Compreendo muito bem a gravidade do mal que vou fazer, mas a raiva é mais forte do que meu discernimento!"[3]. E se usássemos de astúcia, de engenhosidade para diminuir a raiva? Perseguindo, por exemplo, à maneira dos estoicos, os milhares de julgamentos que nos fazem perder as estribeiras. Um idiota qualquer zomba da minha deficiência e pronto, uma magnífica oportunidade de detectar sentimentos como "Que direito tem ele de me tratar assim?", "Nunca vão me deixar em paz!", "Será que ele já se olhou no espelho?", "Que injustiça julgar os outros pela aparência...".

CHRISTOPHE: Trabalhar regularmente para acalmar os pequenos acessos de raiva, os pequenos ressentimentos, nos prepara melhor para reagir em circunstâncias mais intensas. A ideia não é minar nossas forças de reação, mas criar o hábito de associá-las, tanto quanto possível, a um estado de calma interior. A calma seria, portanto, um dos benefícios comportamentais e psicológicos da paz interior.

MATTHIEU: Em outras palavras, a calma é uma expressão da paz de espírito que a liberdade interior nos confere. A pessoa sempre agitada por pensamentos ferozes desfruta de um grau de liberdade muito pequeno, pois age de forma precipitada assim que um impulso surge em sua mente. Quem é livre por dentro estará isento de pontos sensíveis que provocam a hiper-reatividade e das

3. Referência à tragédia *Medeia*, de Eurípedes, encenada pela primeira vez em 431 a.C. Preterida e banida de Corinto por seu marido Jasão, que a abandona para se casar com a filha do rei Creonte, Medeia mata sua rival, Creusa, enviando-lhe de presente de casamento um belo vestido embebido numa poção venenosa, e também o rei, que tentou socorrer a filha. Em um ato premeditado de fúria e de vingança, ela termina assassinando seus próprios filhos com Jasão e foge para Atenas. [N. Ts.]

feridas que fazem urrar de dor ao serem tocadas. O sábio não é nem amorfo nem indiferente – seu espaço mental é tão vasto que as perturbações não comprometem sua liberdade interior. Ele ignora as tempestades num copo d'água.

ALEXANDRE: Buda, Jesus, Spinoza, Epicteto e muitos outros nos abrem os caminhos rumo à liberdade. O objetivo é sempre se desvencilhar, sair das representações limitadas, se livrar da preocupação com o que os outros vão dizer por ousar nadar em mar aberto e retomar, se possível, as rédeas da própria existência. Que terrível mal-entendido foi esse que associou o trabalho de si, a escultura do interior, a uma obrigação! Sair da masmorra é uma aventura, um renascimento, um caminho de alegria, quase uma brincadeira. Aquele que está progredindo pratica para identificar os preconceitos, para se livrar dos apegos, para amar mais e melhor. A fim de escapar das tempestades emocionais e caminhar a passos largos para a ataraxia – essa ausência de problemas interiores tão cara às escolas da Antiguidade –, talvez seja preciso prestar atenção à questão prática formulada por Epicteto: "Se alguém entregar seu corpo ao primeiro que chegar, você ficará indignado; mas, se é você mesmo quem entrega sua própria alma ao primeiro que o insulta, deixando-a perturbada e agitada, disso você não tem vergonha?".

Viver no piloto automático talvez não seja uma fatalidade. Vamos nos livrar já da velha imagem ultrapassada do sábio de cara feia que se sente irritado e que não hesita em usar a palmatória à menor falta! Sim, podemos nos apressar na busca da sabedoria com alegria no coração, seguindo um itinerário de libertação por generosidade, por amor à vida e, por que não dizer, por gulodice!

A paz interior está fora de moda ou é bem atual?

CHRISTOPHE: Vocês se lembram daquela amiga que encontramos, que dizia que "a sabedoria, a paz interior, no fim das contas, são coisas maçantes"? Será que essas nossas reflexões não estão na contramão do que a época atual propõe? Movimento e mudanças permanentes, o fluxo contínuo de informações e distrações, o estímulo a reagir rapidamente em vez de refletir com calma, reflexões baseadas muito mais na imagem do que na escrita, interação constante com a família, com as mídias e até mesmo com desconhecidos... A paz interior pressupõe um afastamento relativo e regular de todas essas coisas. E a liberdade interior necessita de uma crítica regular do afluxo de coisas que nos são propostas: toda informação exerce uma influência, mascara uma eventual manipulação, nos induz a desejos, pensamentos, emoções que não nos tornam necessariamente mais livres, mas quase sempre mais dependentes, com menos distanciamento e discernimento... O que precisamos mesmo é de sabedoria para enxergar tudo isso mais claro! Não é de privação que estou falando; não se trata de renunciar à ação, às informações, às distrações, aos prazeres, mas de se questionar regularmente sobre a relação que temos com tudo isso, sobretudo no âmbito de nossas liberdades: somos capazes de passar sem essas coisas?

MATTHIEU: A qualidade do tempo que passa não depende de experiências intensas, excitantes, trepidantes, renovadas sem cessar. Segundo a expressão de Pascal Bruckner[4], não é necessário se tornar "um cruzado da incandescência", uma pessoa brilhante o tempo todo, sempre inusitada, forte, estimulante... O sábio se contenta em ver cair as folhas de uma árvore, um passarinho pousar por alguns instantes no galho... Para ele, não ter nada para ver é tão satisfatório quanto contemplar uma paisagem magnífica o tempo todo. Os pretensos "sucessos" da existência não acrescentam nada à sua serenidade, tampouco a ausência deles subtrai alguma coisa. A riqueza interior é suficiente a si mesma e se regenera à medida que é experimentada. Afinal, o esgotamento dos recursos internos resulta do fato de tentarmos tornar excitante o que parece monótono, de acelerar o que é tranquilo e de aproveitar a vida o máximo possível. Para a calma interior não existe necessidade de toda essa mesquinharia.

CHRISTOPHE: Como já dissemos, calma não significa inércia. Tampouco monotonia. Ela ajuda a apreciar as nuances e as sutilezas do mundo real sem necessidade de ornamentação, de maquiagem ou de toques de trombeta! A calma aguça nosso olhar sobre o mundo, nos torna menos dependentes dos desastres e do rufar dos tambores. Porém, exige esforços suplementares. É muito fácil se deixar comprar pela sociedade de consumo e por seus estímulos, que não passam de manipulações. A dificuldade é cultivar a calma para aumentar o próprio discernimento e a liberdade, da qual faz parte a liberdade de escolha, o que pode nos perturbar ou nos estimular!

Trata-se do mesmo gênero de escolha entre ir ao supermercado para preparar sua própria comida e comprar pratos prontos. A primeira opção toma muito mais tempo, mas hoje em dia percebemos que a segunda nos expõe a envenenamentos: os alimentos industrializados são muito ricos em sal, açúcar, realçadores de sabor etc. Acontece o mesmo com o que usamos para nutrir nossa vida e nossa felicidade: compramos ou fabricamos? Escolhemos a dependência ou a autonomia?

---

4. Pascal Bruckner (1948). Filósofo, romancista, crítico da organização social francesa e do ambiente cultural contemporâneo. Bruckner é fervoroso crítico do culto contemporâneo da felicidade. Ver especialmente *A euforia perpétua*. Tradução de Caio Meira. Rio de Janeiro: Bertrand Brasil, 2002. [N. Ts.]

ALEXANDRE: O ego está sempre interessado na luta, na busca do lucro, na caça do melhor. Mas como fazer uma alma perder o hábito de estar sempre de prontidão, paralisada por angústias e medos? Como aprender a deslizar pelo tobogã da existência quando temos a mentalidade de um grande banqueiro que especula dia e noite, sem falar dos conflitos internos que parecem resistir à maior boa vontade do mundo?

Sempre senti prazer em encontrar em Spinoza a *acquiescentia in se ipso* –"satisfação consigo mesmo". Já que a felicidade não bate à nossa porta, é grande a tentação de correr por toda parte, de instrumentalizar os outros, de fazer com que os outros sejam caixas eletrônicos de recompensas, de afeição. O autor de *Ética* parece nos guiar a fim de nos conduzir a esse amor por si que tem sua origem no fundo do nosso ser. Nada a ver com o narcisismo, que se limita apenas a amar uma imagem truncada de seu próprio ser.

O drama de Narciso, sua completa solidão, é que no fim ele nunca conseguiu encontrar a si mesmo. Ele se olha sem se reconhecer. O que vê são apenas representações de si mesmo. Na visão de Spinoza, a satisfação de si nasce do conhecimento intuitivo de Deus. E o que é mais genial de tudo: não desenvolvemos a autocompaixão sozinhos diante do espelho, mas entrando no mundo, nos doando aos outros, vivendo. Nesse caminho já é possível reconhecer que somos seres carentes, que acreditam encontrar no hiperconsumo um bálsamo para as feridas, para o vazio da existência. A carência e o sentimento de vazio nos fazem correr atrás de bens ilusórios, o que despende uma energia considerável. E lá estamos nós de novo usando rótulos, exauridos e, para dizer a verdade, não muito felizes. Como habitar este mundo simplesmente, deixando de lado a avidez de um ego ferido e reivindicador?

MATTHIEU: A simplicidade anda junto com uma economia de recursos emocionais: não é mais necessário esgotar-se administrando sem trégua os conflitos internos e externos, nem acreditar que o mundo inteiro está contra nós, que tudo deve ser consumido, utilizado e maximizado assim como se espreme um limão. O ego não tem mais vontade de ser paparicado e não se sente mais ameaçado por todos os reveses. Em consequência, economiza-se uma energia fenomenal. Ficamos livres para desfrutar da serenidade interior. É exatamente o contrário de um motorista que só anda em primeira, pisando fundo no acelerador e dando freadas bruscas, fazendo um ruído ensurdecedor e consumindo muita gasolina, e que não chegará ao fim da viagem, pois o motor ficará superaquecido o tempo todo.

CHRISTOPHE: A paz interior é fonte de economia de energia: nossas forças interiores são mobilizadas de modo mais inteligente, pois são menos desperdiçadas com gesticulações. Elas se esgotam menos, o que é importante, já que nossa quantidade diária de energia é limitada, quer para esforços físicos, quer para psicológicos. Como se diz muito bem, quando se ultrapassa certo limite, ficamos “esvaziados”! Outra vantagem da paz interior: não se polui os outros com reações impulsivas, nervosismos, exigências e mesquinharias.

Além disso, a paz interior é boa para a nossa ecologia mental: reduz não só as tensões entre as pessoas, mas também suas tensões internas. Assim, faz com que tomem boas decisões: consumir menos, ficar menos irritadas, refletir mais tempo sobre as verdadeiras necessidades, e não sobre as necessidades miméticas induzidas pela sociedade de consumo (se o outro tem algo, também quero ter).

O cuidado de si, a jardinagem tranquila e generosa de nossa vida interior (diante do aparecimento e do aumento regular de preocupações, ruminações, obsessões, servidões...), nos tomará cada vez menos tempo e energia e, no decorrer da vida, nos libertará para todo o resto, para tudo aquilo que não se refere a nós.

MATTHIEU: Trata-se de uma harmonia sustentável. Quando alguém está em harmonia consigo mesmo, também está em harmonia com os outros e com seu ambiente natural. Não existe mais hiperconsumo nem interior nem exterior.

ALEXANDRE: Essa conversão interior acaba ocorrendo com muita humildade. Não se trata de impor sobre si uma guinada de 180 graus, mas sim de realizar pequenas ações dia após dia. O que me deixa profundamente feliz? Como fazer a vida fluir?

• CAIXA DE FERRAMENTAS •

Para trabalhar pela paz interior

◈

CHRISTOPHE

- *"Que a força esteja com você".* A essa frase tão célebre, tantas vezes repetida no filme *Guerra nas estrelas*, poderíamos acrescentar: "e que a paz se instale em você, assim você utilizará muito melhor sua força".
- *A paz interior não gera passividade, mas ação calma.* Ela não culmina na monotonia, mas num olhar aguçado e sensível às nuances, invisíveis às pessoas agitadas.
- *A paz interior aumenta a liberdade*, torna a pessoa menos dependente dos estimulantes e excitantes da sociedade de consumo (publicidades, redes sociais, distrações fáceis e gratificantes...).
- *Mas continuamos imperfeitos.* Também não é o caso de nos censurar, de nos esterilizar, de nos privar de qualquer forma de loucura, de deslizes, de excessos ou de impulsividade. Tudo pode acontecer e, às vezes, esses deslizes podem ser agradáveis em alguns momentos (beber demais, gastar muito, ser maledicente...). Mas a arte e o hábito de trabalhar pela paz interior nos conduzirão mais rápido ao caminho de nossas verdadeiras escolhas existenciais e de nossos valores. Essas ocasiões serão apenas derrapagens e não uma saída da estrada ou um grave acidente...

ALEXANDRE

- *De onde vem essa necessidade obstinada de ter inimigos internos e externos?* Para sair das trincheiras e dos *bunkers* e alcançar a autêntica paz do coração, precisamos identificar os campos de batalha, aquilo contra o que guerreamos de manhã, de tarde e de noite: vamos depor as armas, jogar fora as couraças e as armaduras! Optemos deliberadamente pela doçura, pela ternura e pela não violência!
- *Ousar ser quem somos.* Em *Ser e tempo*[5], Martin Heidegger lança um vibrante apelo: "A resolução implicada na ousadia de ser si mesmo não elimina o *Dasein* – o 'ser-aí' – de seu mundo, não o isola para fazer

5. Martin Heidegger. *Ser e tempo*. Edição bilíngue alemão/português. Tradução de Fausto Castilho. Campinas: Unicamp; Petrópolis: Vozes, 2012.

dele um 'Eu' lançado no vácuo". Quantos medos e frustrações não resultam de uma existência vivida à margem de si mesmo, dissimulada pelas fantasias, pela ostentação, pelos devaneios, pelo inautêntico, numa fuga constante? Reconciliar-se com seu ser, buscar a serenidade, é assumir o risco de renunciar a todas as opiniões, é desejar a cada dia encontrar o equilíbrio, sem nunca se acomodar em fixações dolorosas nem em falsas seguranças. É também inserir a liberdade em nossa vida com este corpo que temos, com estes traumas, estas feridas e estes milhares de recursos. Em resumo, é fazer as pazes com tudo o que sou sem necessariamente sonhar em ser outra pessoa.

- *Aceitar a imperfeição*, a ambivalência que pode habitar um coração, as montanhas-russas interiores é aceitar o mundo. Quem disse que devemos liquidar com todos os nossos problemas para viver dias felizes? A paz e a alegria se constroem com o que se tem à mão. Evitemos os ideais esmagadores que nos consomem, desencorajam e solapam qualquer possibilidade de progresso!
- *Vamos descobrir o que nos acalma de verdade*, o que nos consola, nutre e traz repouso: um filme, um espetáculo, um encontro, uma ação que nos reconcilie com o cotidiano e crie uma dinâmica. Vamos prestar atenção ao que a nossa bússola interior percebe.

MATTHIEU

- *Ampliar nosso "espaço" interior* a fim de que as alegrias e as dores tenham total oportunidade de se mostrar sem serem ignoradas e sem perturbar a profundidade da nossa paz.
- *Adquirir um bom conhecimento das próprias emoções*. Como elas surgem? Como reconhecer sua utilidade sem ser absorvido por seus excessos? Como estabelecer um diálogo inteligente com elas sem que perturbem nossa mente além da conta? E, por último, como se tornar um *expert* na liberação das emoções perturbadoras a fim de que se dissipem no exato momento em que surgirem?
- *Saborear o frescor do momento presente*, a simplicidade natural da mente que está em paz.
- *Tornar-se menos vulnerável interiormente*. Isso permite se abrir para os outros sem receio.

“ *Há alguns meses, numa visita a Toulouse, ao me levantar da mesa, percebi que não podia andar. Uma ruptura do menisco havia imobilizado a articulação do joelho. Foi muito doloroso, mas, por sorte, graças a alguns amigos, consegui fazer uma ressonância magnética no mesmo dia e ser operado no dia seguinte. Para fazer isso, querendo ou não, tive de passar por uma anestesia geral e dormi por mais ou menos duas horas.*

Contrariamente às minhas expectativas, ao acordar vivi uma experiência muito enriquecedora. Tive a impressão de não estar ali de verdade. Meu estado de espírito era leve e radioso. Meus primeiros pensamentos me reconectaram aos meus mestres espirituais. Durante pelo menos uma hora, a presença deles iluminou minha paisagem mental. Meu estado era de pura felicidade, devoção e confiança. Sozinho no quarto, comecei a cantar baixinho os mantras e os versículos que invocam o mestre. Pensei também nos entes queridos.

Disse então a mim mesmo que, se as coisas acontecessem tão bem assim no momento da morte, até que não seria tão mal! A anestesia seria uma espécie de ensaio geral? Um momento como aquele seria revelador do que está presente nas profundezas da mente quando as cogitações que perturbam o campo da consciência ficam em silêncio? No fim das contas, acabei me sentindo feliz de ter passado por aquela anestesia.

Mais tarde, perguntei a mim mesmo se tais experiências podiam ser reveladoras de nossa natureza profunda. Aquele sentimento de leveza e de felicidade talvez fosse porque, ao acordar da anestesia, não reificamos imediatamente o mundo que nos rodeia. A mente ainda não foi deformada pelas miríades de construções conceituais. Esse estado é antípoda da ruminação – uma perfeita simplicidade. Eu me sentia como uma criancinha que descobre a beleza da vida com uma mente nova e transparente. ”

MATTHIEU

16

Nossa natureza profunda

Bem no fundo de cada um

CHRISTOPHE: Tive uma experiência da mesma natureza há cerca de dois anos, logo após uma complicada cirurgia: acordei da anestesia em um estado insólito, tomado por um profundo bem-estar – estava quase em euforia por me sentir vivo –, e por um sentimento de gratidão pelos cirurgiões, pelos enfermeiros e enfermeiras, pela medicina em geral. Isso não é habitual em alguém ansioso como eu, cuja mente sempre começa a olhar para o lado negativo e preocupante das situações. Eu poderia ter ficado alarmado com as dores, as sequelas operatórias, com todos aqueles tubos e cateteres ligados ao meu corpo, com as incertezas sobre minha saúde e meu futuro. Mas não! A serenidade e a gratidão ficaram em primeiro plano, sem nenhum esforço!

Conheço o trabalho sobre a gratidão; é um treinamento que faço regularmente e que aprecio, mas nunca tinha experimentado essa gratidão tão forte, tão física e, acima de tudo, tão fácil como naquele momento. No mesmo instante, pensei: "Caramba, você não está em seu estado normal! Será que não é a anestesia que provoca tudo isso?". Depois, simplesmente me entreguei. Esse estado durou bastante, uma hora pelo menos, o tempo que permaneci na sala de recuperação, um ambiente bem estressante. Já no quarto, esse estado de leveza se prolongou por toda a tarde. Sem dúvida, isso foi facilitado pela anestesia, pela ausência de dor e pelo alívio provocado pelos remédios. Mas então, Matthieu, me lembrei da experiência similar que você contou e me perguntei: afinal, por que seria isso apenas um fenômeno artificial induzido pela anestesia? Não se pode pensar também que a anestesia teve um efeito esclarecedor, revelador de um plano mais profundo, oculto sob as preocupações e passível de acontecer quando alguém acorda dela?

MATTHIEU: Como o vento que afasta as nuvens.

CHRISTOPHE: O que eu estava sentindo ali não me parecia ser um artifício, mas uma espécie de mergulho em uma eventual "natureza profunda", como a evocada pela tradição budista. A química da anestesia não teria criado aquele estado, mas sim facilitado, permitido, revelado.

MATTHIEU: Seria interessante conhecer a frequência desse gênero de experiência. No caso de pessoas habitualmente atormentadas, o que surgiria primeiro? Francisco Varela também me contou que, ao acordar de uma longa cirurgia de transplante de fígado, foi o pensamento de seu mestre, Tulku Orgyen Rinpoche, que prevaleceu com uma clareza inacreditável. Anos atrás, fiz companhia a um mestre tibetano, Nyoshul Khen Rinpoche, que fora operado de apendicite em Périgueux. Eu estava ao lado dele quando acordou. Ele pronunciou três vezes a palavra "*rigpa*" – "despertar, despertar, despertar". Essa palavra não se refere ao despertar do sono ou da anestesia, mas ao despertar da natureza fundamental da mente. Em seguida, me pediu para ler alguns versículos sublimes de grandes mestres do passado. Depois de alguns minutos, disse: "Está bem", e ficou em silêncio.

No budismo fala-se da "natureza de Buda", que é a verdadeira natureza da mente. Nesse caso, não se trata de uma simples visão otimista da natureza humana. Vamos definir o que se entende aqui por "natureza de Buda": é a natureza fundamental da mente, uma espécie de "bondade original" que se manifesta quando a mente está livre dos véus da confusão mental, da ignorância e das distorções da realidade.

CHRISTOPHE: Depois dessa experiência, fui procurar se existiam estudos sobre esse tema, mas não encontrei grande coisa. De fato, existem publicações médicas que mencionam estados de euforia após a utilização da lidocaína, por exemplo, mas são diferentes do estado que vivenciamos, diferentes desses sentimentos de paz e de clareza. Existem outras circunstâncias que podem despertar esses estados: em certas meditações, durante momentos existenciais intensos, quando estamos diante da natureza ou de um céu estrelado, e até em instantes corriqueiros, mas nos quais estamos inteiramente presentes e que fazem surgir em nós esses sentimentos todos. São momentos de grande serenidade que irrompem não apenas em razão das circunstâncias favoráveis, mas que emergem do mais profundo de nós mesmos.

ALEXANDRE: Miguel de Unamuno propõe um diagnóstico desconcertante: "Quase todos os homens vivem inconscientemente entediados. O tédio é o pano de fundo da vida. Foi o tédio que inventou as diversões, as distrações, os romances e o amor". O que existe no fundo do nosso ser? Uma enorme

"A verdadeira liberdade pressupõe abandonar o desejo de controlar e de possuir. Ela se origina de um desapego que pode parecer angustiante em certos momentos."

desesperança, uma angústia lancinante, uma insatisfação perene...? Qual é a nossa verdadeira natureza? Durante minha vida, em inúmeras ocasiões, tive o privilégio de acabar na mesa de cirurgia. Ao despertar, senti efetivamente uma extrema gratidão. Ali estava eu, deitado, completamente chapado, graças ao anestesista que não arredava o pé dali, graças ao urologista, graças às mãos que haviam preparado todo o equipamento que controlava aquela infinidade de tubos. E abria os olhos graças a uma central elétrica que havia funcionado muito bem. Em resumo, eu me abria para a plenitude, para a experiência incondicional da interdependência. O caráter milagroso da vida, esse imenso presente, me saltava aos olhos. Pensava também em todas as pessoas que tinham passado por aquela mesma mesa de cirurgia e que não tinham tido a sorte de sair dali e recuperar a saúde.

Essa alegria, esse desapego, seria devido ao medicamento Propofol e a seu efeito euforizante? Será que naquele momento consegui chegar ao fundo do meu ser e, por que não dizer, à minha natureza de Buda?

MATTHIEU: Nem precisa ir mais longe. Esse gênero de experiência, em que as nuvens das cogitações mentais são momentaneamente dissipadas, nos permite ter um vislumbre do céu da natureza da mente, sempre presente por trás das nuvens. Mas daí a concluir que acordar da anestesia nos permite reconhecer nossa natureza de Buda... seria fácil demais!

CHRISTOPHE: Nesse gênero de experiência médica, que nós três já vivenciamos, existe uma combinação explosiva: uma confrontação com a própria vulnerabilidade, um ambiente favorável, uma impotência provisória do corpo, uma intensa estimulação mental – e talvez também um empurrãozinho medicamentoso... De repente, lá estamos nós, imersos num estado mental intenso, incomum, e temos dificuldade de acreditar que isso não passa de uma ilusão!

ALEXANDRE: As grandes tradições espirituais não cessam de nos lembrar de que no âmago do ser humano existe uma plenitude, uma força inata e recursos prodigiosos. Entretanto, quando não somos solicitados pela ação nem apoiados pelos colegas, quando estamos em ponto morto, a tonalidade habitual do nosso ser pode ser desperdiçada pela tirania do desejo e pelo tédio, como dizia Unamuno. Será que existe uma espécie de divisória, uma parede que nos impede de acessar os tesouros que existem no fundo do coração? Como chegar até eles de verdade, encontrar a alegria, a paz, o céu imaculado da consciência infinita? É essa mudança interior que os sábios e os filósofos nos encorajam a fazer. Em que lugar escolhemos estabelecer domicílio? Na mente ou no lugar mais íntimo do ser, a partir de onde somos chamados a viver?

MATTHIEU: Acabo de me lembrar de uma mulher que me confessou: "Quando olho bem no fundo de mim mesma, só encontro tristeza". É desconcertante ouvir uma afirmação como essa. Não se pode duvidar do que a pessoa sente dentro de si. Seria cruel e inaceitável não levar essa constatação a sério e propor: "Ah, por favor, tente ser um pouco mais alegre". Isso é o que ela mais deseja no mundo, mas não sabe como chegar lá. Em outra ocasião, no Canadá, encontrei um jovem que me disse: "Apesar de olhar cada vez mais para dentro de mim, não encontro nenhuma razão para querer continuar a viver". Ficamos desorientados diante de uma afirmação assim tão trágica.

O que dizer? Podemos sugerir a essas pessoas que tentem observar se, subjacente à tristeza, a essa total ausência de sentido, não conseguem identificar o componente mais fundamental de sua experiência: a faculdade primordial de conhecer. Essa faculdade não é alterada nem pela tristeza nem por qualquer outro estado mental específico. Essa "presença desperta", ou "presença aberta", corresponde ao espaço de consciência no qual todos os acontecimentos mentais se produzem. Conectar-se com esse espaço torna possível não se identificar com a tristeza ou com qualquer outro estado mental aflitivo. É preciso sugerir essa nova abordagem com delicadeza e paciência, sem exigir demais de pessoas que não encontram nenhuma razão de viver. É possível que, apesar de tudo, essa abordagem entreabra uma porta para a liberdade àqueles que são prisioneiros de sua própria mente.

Quando conseguimos chegar à porta entreaberta, e de preferência sob orientação de um mestre espiritual autêntico, podemos nos familiarizar cada vez mais com essa presença desperta que habita a profundeza do nosso ser e aprender a nos libertar das projeções mentais.

CHRISTOPHE: Já falamos do modo padrão, esse funcionamento de base do nosso cérebro em repouso, "o que o nosso cérebro faz quando não fazemos nada". Ele provavelmente corresponde, pelo menos no plano emocional, às redes cerebrais ativadas com maior frequência. Mas não está associado aos mesmos conteúdos em todas as pessoas: o que se observa é um hiperfuncionamento desse modo padrão em pessoas que sofrem de esquizofrenia, depressão e autismo, patologias nas quais os pacientes são vítimas de manifestações automáticas de conteúdos mentais dolorosos que, de certa forma, os desviam do mundo exterior.

Daí a importância do treinamento para direcionar esse "funcionamento em ponto morto" da mente para uma visão mais aberta, justa e equilibrada, e não apenas autocentrada e tensionada sobre as nossas preocupações. Quanto mais nos esforçarmos para manter na mente certo tipo de olhar sobre o mundo – equilibrado, sereno, comprometido com a objetividade, com a verdade e com a liberdade –, mais teremos chances de que esse olhar surja espontaneamente quando não fizermos mais nenhum esforço mental, quando o cérebro atuar no "modo padrão".

MATTHIEU: Sim, as tendências habituais resultam do acúmulo de pensamentos e de emoções somados às nossas predisposições genéticas.

CHRISTOPHE: E se ficarmos gemendo, ruminando, nos atormentando, nos flagelando sem parar, é isso que vai ativar o "modo padrão" do nosso cérebro, sem precisar de nenhum esforço. Esses circuitos cerebrais agirão por conta própria. A longo prazo, nada do que deixamos acontecer em nossa mente é inócuo! A liberdade interior se exerce também nesses momentos: se lutarmos para que nossos sentimentos sombrios não assumam o controle total, se regularmente criarmos visões mais justas e serenas em nossa mente, pouco a pouco os esforços para alcançar a "tranquilidade da alma", de que tanto falam os filósofos estoicos, serão mais fáceis, mais espontâneos.

ALEXANDRE: A ascese, a libertação interior, esbarra aqui numa questão das mais espinhosas: será que temos alguma margem de manobra para influir no estado habitual do nosso humor? Podemos modificar o ponto morto ou ele está ajustado como um termostato emperrado que mantém a mesma temperatura com as janelas abertas ou fechadas? Para resumir, será possível mudar, se livrar de hábitos arraigados, renascer mais leves?

MAIS UMA VEZ, A NEUROPLASTICIDADE

MATTHIEU: O treinamento permite modificar a linha de base, o grau médio de bem-estar (ou de mal-estar) ao qual se retorna entre os altos e os baixos da existência. Quer reine uma calma plácida, quer se formem ondas de 15 metros de altura na superfície do oceano, a curto prazo, o nível médio de uma pessoa continua o mesmo. O treinamento da mente consegue modificar gradualmente o nível do oceano da nossa experiência vivida.

ALEXANDRE: Quem carrega o peso de uma natureza depressiva ou ansiosa pode vislumbrar ao menos uma simples luzinha no fim do túnel? Podemos contar com um ligeiro progresso, uma pequena melhora do nosso ponto morto? O modo padrão do cérebro parece coriáceo, estável, duro como granito...

MATTHIEU: É estável desde que não se faça nada a respeito. Se deixarmos que as tendências perdurem, elas não mudarão por conta própria. O psicólogo

Paul Ekman fala da “plataforma”, ou linha de base, sobre a qual nos mantemos durante a existência. Se nos esforçarmos para transformar nossa maneira de ser por meio do treinamento, continuaremos sentindo alegrias e sofrimentos, mas o nível da plataforma terá mudado. Isso leva tempo, exceto se grandes adversidades acontecerem em nossa vida.

CHRISTOPHE: Respondendo à sua pergunta, Alex, acredito que não seja preciso considerar o ajuste do termostato como algo rígido, “duro como granito”, que, como você disse, não pode ser modificado. Se você souber arrumar seu termostato, você mesmo vai mudar a regulagem. E o meio de chegar lá é conhecer bem o modelo, é dizer a si mesmo que, quanto mais você alimentar os pensamentos negativos, mais vai fortalecer o modo padrão negativo. Quando você não estiver mais agindo, se distraindo, assistindo filmes, esses circuitos começam a funcionar por conta própria no mau sentido. Felizmente, porém, eles são vivos, plásticos e moduláveis. Com a condição de que alguns requisitos sejam cumpridos.

A questão é sempre a da liberdade após a escravidão: se durante anos fomos escravos com modos de pensar dolorosos e negativos, a “liberdade”, no sentido de não fazer esforços, verá esses antigos ditadores reassumirem o poder. Para nós, a única liberdade fecunda que garanta o progresso será um tipo de liberdade vigiada e exigente, até que nossos antigos reflexos mentais e emocionais se desfaçam. Ou seja, o tempo para que nosso modo de funcionamento padrão tenha mudado.

MATTHIEU: Esse nível de base se modifica com o tempo, pensamento após pensamento, emoção após emoção, reação após reação, humor após humor. Um lampejo de raiva dura alguns segundos, um humor ácido, algumas horas, e um caráter ansioso, muito anos. Mas nada é definitivo. Pesquisas sobre a neuroplasticidade confirmam a possibilidade dessa transformação.

CHRISTOPHE: Creio que um dos grandes desafios da psicologia do futuro será ensinar os seres humanos a configurar eles mesmos seu funcionamento cerebral. Na psicologia positiva, por exemplo, isso se consegue treinando a pessoa a “ruminar” seus estados de espírito positivos, seus olhares positivos a respeito do mundo. Quase sempre o que fazemos é ruminar sobre o que não interessa, mas é importante ruminar também sobre o que é positivo – mas sem inventar histórias –, repensar nos bons momentos do dia, no bem que fizemos e no bem que fizeram a nós etc. Não apenas porque essa atitude proporciona experiências agradáveis, emoções agradáveis, o que é sempre bom vivenciar, mas também porque esse comportamento vai se instalar e ativar todo um circuito

"Somos como o
pobre que ignora
que existe um
tesouro enterrado
sob sua choupana.
Ele é ao mesmo
tempo rico, pois
o tesouro lhe
pertence, e pobre
porque não sabe
que o possui."

cerebral construtivo e realista. Não se trata aqui de mentir a si mesmo, de querer acreditar que a adversidade não existe, mas de expandir infatigavelmente o próprio olhar para reconhecer também o que vai bem, todos os progressos já conquistados e todas as coisas que representam fontes de esperança, de reconforto, de energia lúcida e inteligente. Quanto mais se multiplica esse tipo de experiência e de esforços, maiores são as chances de que o modo padrão seja reequilibrado para o lado positivo. É simplesmente um verdadeiro trabalho e muito demorado!

ALEXANDRE: A boa nova é que nada disso é definitivo, que nenhuma fatalidade pesa *ad vitam œternam* sobre nosso interior. Até mesmo o granito espiritual que nos constitui pode ser modelado. Paciência, tempo e meditação são mais eficazes do que a violência e a raiva... Passo a passo, o treinamento da mente abre para uma consciência que, independentemente dos estados psicológicos, vem acompanhada da paz, da alegria, e de uma *inatacável liberdade.* O desafio é chegar até ela em plena tempestade.

MATTHIEU: Na superfície a tempestade devasta, mas nas profundezas do oceano habita a calma. Quem vive apenas as experiências da superfície, não cessa de ser sacudido pelas ondas do sofrimento.

CHRISTOPHE: Claro, já que quando alguém é carregado por ondas gigantescas, quase sempre tem a tendência de se debater e tentar permanecer na superfície, e não de aceitar ir até o fundo por alguns momentos; todos temos muito medo de sucumbir nas águas!

MATTHIEU: Se criarmos o hábito de nos conectar com o mais fundo de nós, adquiriremos uma confiança e uma firmeza que permitem atravessar facilmente os imprevistos da existência. A faculdade de se reconectar com a presença desperta nos torna muito menos vulneráveis.

ALEXANDRE: Como em plena agitação, no meio do tormento, não se identificar com o pânico, com os conflitos, com as paixões?

MATTHIEU: É claro que, quando estamos presos no meio da tempestade, é bem difícil nos conectar com a presença desperta, que observa a tempestade sem ser atingida por ela. Aquilo que está consciente do pânico não é o pânico. Se é isso que se pretende alcançar a longo prazo, é desejável treinar para controlar os tormentos, os conflitos, as turbulências interiores, começando pelos estados mentais mais fáceis de tratar e ir, pouco a pouco, ganhando *expertise* sobre eles. Com isso, ficaremos mais bem equipados para enfrentar as intensas perturbações interiores, frequentemente ligadas a acontecimentos trágicos.

Em muitos casos, não se tem outra escolha senão trabalhar as emoções depois de se acalmarem. Com um pouco mais de experiência, é possível enfrentar as perturbações interiores antes que fiquem incontroláveis. Veremos essas perturbações surgirem e poderemos usar os antídotos apropriados. Para finalizar, um controle maior da mente permitirá tratar as emoções no momento em que se expressam, para que assim não causem nenhuma perturbação na mente.

Momentos de graça

CHRISTOPHE: Mas e as piores tempestades da vida? Um pai que perde um filho, por exemplo, não quer ir ao fundo do oceano e encontrar a paz de sua natureza profunda porque, se fizer isso, terá a impressão de que está abandonando o filho, mesmo que ele já esteja morto. O mesmo acontece com os pais desesperados que às vezes se agarram ao caixão do filhinho porque não querem que ele seja enterrado. Alguns "preferem" continuar no sofrimento. Porque o sofrimento do luto é, apesar de tudo, uma ligação...

MATTHIEU: Já contei a vocês a história daquela mulher em Hong Kong que encontrou o filho afogado na piscina. Durante a hora que se seguiu, ela pensou que deveria fazer uma escolha: ou deixar a morte do filho arruinar o resto de sua vida, pois não há nada pior do que perder um filho, ou decidir levar uma vida construtiva capaz de lhe trazer satisfações profundas, sem por isso diminuir o amor indestrutível que sentia por seu filho. Ela escolheu a segunda opção. Recordo também do depoimento de Andrew Solomon em seu livro *O demônio do meio-dia*[6]. No leito de morte, sua mãe o advertiu: "Não pense que deixar a tristeza devastar sua vida será uma homenagem para mim".

ALEXANDRE: O que será que encorajou a mãe enlutada de Hong Kong, confrontada com o pior dos mundos, a não se deixar arruinar, não se aniquilar pela tristeza?

CHRISTOPHE: Seria instrutivo e útil fazer uma investigação bem precisa, encontrar essa senhora e lhe perguntar como fez para lidar com suas emoções,

---

6. Nesse livro, Andrew Salomon (1963) constrói um retrato extraordinário da depressão. Descreve sua presença ao lado da família no suicídio assistido da mãe, após uma longa batalha contra um câncer, e sua subsequente depressão, o que acabou motivando seu pai, Howard Solomon, ex-presidente da Forest Laboratories, a garantir a aprovação e a comercialização do medicamento antidepressivo Citalopram nos Estados Unidos. Andrew Salomon. *O demônio do meio-dia*: uma anatomia da depressão. Tradução de Myriam Campello. São Paulo: Companhia das Letras, 2014. [N. Ts.]

com seus pensamentos, minuto a minuto. Em que momento e como pôde começar a visualizar essa solução. Será que teve uma experiência mental específica?

MATTHIEU: O que ocorreu foi uma espécie de revelação. Ela sem dúvida vislumbrou duas vias: uma repleta de tristeza inconsolável, a outra repleta de amor.

CHRISTOPHE: Não se trata apenas de uma visão intelectual. Para se impor, um pensamento precisa ser "motorizado" por uma emoção forte. Na psicoterapia cognitiva dizemos sempre: "Quanto mais forte a emoção, mais forte será a cognição" (o pensamento automático). Quando um pensamento surge em nossa mente com tanta evidência, é porque uma intuição, uma emoção incorporada, está impelindo por trás. Em todos esses estados de "revelação", frequentes em experiências místicas, por exemplo, sempre ocorre alguma coisa no nível corporal e emocional, assim como o vulcão que entra em erupção e leva a natureza profunda até a superfície na forma de lava e magma. E de repente essa erupção vem em nosso socorro.

MATTHIEU: Momentos de grande felicidade, de amor e de generosidade quase sempre trazem consigo uma abertura interior. É quando se diz: "Ah! Sinto que estou em total harmonia comigo mesmo". Para o budismo, são vislumbres da natureza de Buda, como a aurora antes de o sol nascer e brilhar com todo o seu esplendor.

CHRISTOPHE: O que se passou no cérebro daquela mulher naquele instante em que, no meio de uma tempestade emocional terrível, pôde de súbito enxergar clara e efetivamente que diante de si havia, como você disse, uma via de tristeza e uma via de amor, uma via de morte e uma via de vida? Se esses momentos fossem explorados por meio da neuroimagem, sem dúvida alguma seria possível identificar seus substratos cerebrais.

É claro que existem diversos caminhos para vivenciar esse sentimento de harmonia, pelos menos transitoriamente. Acabamos de evocar a via do tremor de terra existencial, a via do luto, ocasião em que o abalo emocional permite que, de repente, certas pessoas modifiquem radicalmente sua atitude. Existem, porém, algumas perturbações calmas e discretas. A manifestação dessa natureza profunda nem sempre está ligada ao que tentamos ensinar aos nossos pacientes quando lhes dizemos: "Estejam presentes nos pequenos instantes de graça, instantes em que vocês se sentem em harmonia consigo mesmos, com os outros, com a natureza. Esses momentos são muito preciosos. E toda vez que tiverem a chance de vivê-los, aproveitem! Abram a mente, desfrutem, estejam presentes...". Ao fazer isso, cria-se uma pequena ruptura de continuidade, uma ligeira porosidade entre, de um lado, nosso prosaico mundo habitual, onde tudo é lógico, previsível, explicável, e, de outro, o mistério que representa o fato de estar vivo e consciente num ambiente que acreditamos entender, mas que excede nossa capacidade de compreensão. No fundo, a repetição de todas essas práticas, estejam num contexto budista ou num contexto psicológico, criam momentos de porosidade com essa natureza profunda...

MATTHIEU: Minha mãe se refere a isso como uma luz que passa pelas rachaduras de um muro.

CHRISTOPHE: Sua mãe sempre tem esse jeito poético de falar de psicologia! Em todos os encontros que tive com ela, sempre saí com uma pequena frase para meditar! Falar de nossas fragilidades como luzes que nos iluminam é uma imagem que mostra o quanto nossas forças nunca estão muito longe de nossas fraquezas, nem nossos recursos muito longe dos nossos sofrimentos... E isso não é apenas uma metáfora reconfortante: essas pequenas frases que ela diz não são "ilusões complacentes", são verdades, cuja relevância exata não compreendemos senão com o passar do tempo...

Continuando nossa discussão sobre a natureza profunda, pergunto: como ir ao encontro dela? Simplesmente indo, deixando que ela nos toque. Talvez buscando inspiração na geotermia: quando se constrói uma casa, escava-se o terreno para aproveitar o calor do subsolo, oriundo das camadas profundas da Terra. É uma fonte infinita de calor, presente potencialmente sob nossos pés, mas só aqueles que se deram ao trabalho de escavar o solo podem se beneficiar dele... Às vezes, tenho o sentimento de que a meditação é para a mente o que a geotermia é para a casa (ou como poderia ser num mundo ecológico ideal!): uma perfuração para atingir os lugares mais profundos de nós mesmos que nos coloca em contato com recursos sempre presentes, mas ocultos e pouco acessíveis sem um mínimo de esforço da nossa parte.

MATTHIEU: Somos como o pobre que ignora que existe um tesouro enterrado sob sua choupana. Ele é ao mesmo tempo rico, pois o tesouro lhe pertence, e pobre porque não sabe que o possui.

ALEXANDRE: Em *Zadig*[7], Voltaire conta a história de um eremita que, na hora de partir, incendiou a casa de seu anfitrião como forma de lhe agradecer

---

7. Novela filosófica escrita em 1747, na qual Zadig, que em semítico significa "justo", ironiza o poder, a riqueza, a organização política, o orgulho, a inveja, as pretensões da burguesia. François-Marie Arouet, pseudônimo Voltaire (1694-1778). *Zadig ou o destino*: uma história oriental. Tradução de Antonio Geraldo da Silva. São Paulo: Escala, 2006. [N. Ts.]

pela hospedagem. Sob os escombros da casa, jazia um imenso tesouro. Ainda adolescente, quando me deparei com esse conto, senti uma espécie de minidespertar, uma revelação. Subjacente aos golpes do destino, à deficiência, às dificuldades cotidianas da minha vida, podia se ocultar – e era Voltaire que dizia – um ensinamento, uma riqueza, um presente inesperado. Magnífico convite para considerar a adversidade, as desventuras, os obstáculos como ocasiões propícias a desobstruir o terreno, dar adeus às ilusões e ir mais além, em busca do tesouro que habita no lugar mais profundo do nosso ser, sem cair no dolorismo de um condenado às galés.

CHRISTOPHE: O que nós, psicoterapeutas, devemos explorar melhor é o caminho da mudança psicológica. Entretanto, isso não é exatamente o que propõem muitas terapias tradicionais, que encorajam a escarafunchar, a ir ao fundo dos problemas examinando infatigavelmente seu passado e seu próprio umbigo – o que com frequência é interessante, mas nem sempre frutífero. No nosso caso, o propósito é investigar a fundo nossa própria condição humana, mas em um estado mental radicalmente diferente: abandonando qualquer pretensão de controle e domínio, deixando as coisas fluir e tendo confiança, deixando as próprias certezas e se esforçando para simplesmente observar e sentir.

Às vezes tenho a impressão de que, em momentos assim, é como se passássemos do nosso pequeno jardim para um espaço natural muito mais vasto: em nosso jardim podemos nos sentir muito bem, pois tudo está sob controle, ao nosso alcance; já no meio da natureza, os ingredientes são os mesmos, mas ilimitados – não temos nada para controlar, nada para possuir, nada para obter. O treinamento da mente se assemelha à prática da jardinagem: fazemos o melhor possível com o que vivemos, com o que somos. E de tempos em tempos se produz um deslocamento, porque se viveu uma situação muito forte, até mesmo sem nada ter acontecido. Esse deslocamento nos abre os olhos para o fato de que a natureza profunda da mente, do nosso ser, da nossa alma – nem sei qual é a melhor expressão –, por um instante se revela para nós. Saímos do nosso pequeno jardim para a vastidão do mundo, estamos ao mesmo tempo no alto da montanha, no coração da floresta e no meio das vastas pradarias...

Todos nos sentimos forçosamente mais livres na vastidão da natureza do que dentro de um pequeno jardim. Um espaço limitado pode inspirar certa liberdade e temos necessidade desse gênero de sensação no dia a dia. Mas a verdadeira liberdade vai além: pressupõe abandonar o desejo de controlar e de possuir; origina-se de um desapego que pode parecer angustiante em certos momentos. De onde vem nosso interesse por esses momentos particulares? Serão momentos nos quais descobrimos nossa natureza profunda?

• CAIXA DE FERRAMENTAS •

Para nos abrir à nossa natureza profunda

◈

MATTHIEU

- *Manter a mente aberta.* Viver os momentos-chave da existência com a mente aberta acolhendo o leque de possibilidades construtivas para si e para os outros.
- *Saber discernir.* Deixar emergir do fundo da consciência o que verdadeiramente conta.
- *Ter confiança.* Não importa o que aconteça, saberemos utilizar as circunstâncias adversas como catalisadores para avançar no caminho espiritual e manifestar mais benevolência para todos ao nosso redor.
- *O espaço da interdependência.* Situar os acontecimentos que nos afetam no contexto muito mais vasto da interdependência entre todos os seres, que, como nós, vivem incontáveis alegrias e sofrimentos.

ALEXANDRE

- *Contemplar o personagem insignificante que interpreto ao longo do dia,* reparar nas etiquetas, nas funções que uso para me definir, examinar a armadura completa, a roupa que visto de manhã até à noite e ousar ficar nu para ir ao encontro do ser mais profundo.
- *Tomar consciência do peso da educação,* da massa de preconceitos, da tonelada de ilusões que acabaram se interpondo entre nós e o mundo real. Tentar simplesmente identificar essa camada artificial para acolher o cotidiano tal como se apresenta, sem a intervenção do ego, dos conceitos e dos milhões de expectativas que configuram meu mundo.
- *Descobrir os desejos profundos, as aspirações íntimas que me habitam.* O que espero da vida? Atrás de que corro assim com tanta avidez?

- *Aceitar o fato de perder o controle, de se reposicionar.* O ego defende seu território com unhas e dentes, estabelece fronteiras, faz de tudo para delimitar o mundo. Com sua teimosia, ele nos isola, nos confina à solidão, ao afastamento. Abrir o coração, sair das fronteiras estreitas da própria individualidade, é ousar viver a experiência de mergulhar no vazio, de nadar em plena liberdade.

CHRISTOPHE

- *Descobrir os próprios recursos interiores.* Essa " natureza profunda" da qual acabamos de falar não é apenas um debate teórico, mas uma questão prática! Por favor, não nos esqueçamos jamais de todas as forças e recursos que temos. Não se trata de uma ilusão: do jeito que a mente é, quase sempre subestimamos nossas capacidades internas de enfrentar a adversidade. Além disso, existem também forças e recursos ao redor: a ajuda e a inspiração que os outros podem nos trazer. Somos muito mais bem equipados do que imaginamos... Mas para acessar esses recursos, externos e internos, o melhor é não se encolher em si mesmo, nos próprios medos e amarguras, nas próprias certezas positivas ou negativas.

- *E se nada acontecer?* E se nenhum sinal tangível da existência ou da emergência da nossa natureza profunda se manifestar? Bem, isso não é tão grave assim! Em todo caso, ela está ali. Não deixemos de viver, de agir, de amar, de trabalhar, de nos alegrar e de ajudar os outros da melhor forma possível. E continuemos a ser receptivos a essa parte profunda e universal que todas e todos trazemos dentro de nós.

“Matthieu: Conta-se que, certa vez, o grande sábio tibetano Drukpa Kunley, que viveu durante alguns anos no Reino do Butão, foi convidado a proferir votos de bom augúrio para os habitantes de uma casa. Diante de todos, ele afirmou: ‘Os avós morrem, os pais morrem, os filhos morrem’. Embora acolhida com respeitoso silêncio, a declaração causou certo incômodo. Após alguns instantes, o mestre explicou: ‘Bem, é claro que, se eles morrerem nessa ordem, não haverá nenhum drama na família’.

Alexandre: Então, o melhor que se pode desejar é: ‘O Matthieu morre, o Christophe morre, o Alexandre morre!’... E nessa quem se sai bem sou eu!

Matthieu: É claro que o Alexandre está brincando... Ele se sai melhor porque é o mais novo de nós três.”

Matthieu e Alexandre

17
DIANTE DA MORTE

CHRISTOPHE: Gosto muito dessa história, que mostra a morte como um fenômeno natural e lógico. É só quando ela irrompe de modo muito precoce, que isso parece anormal e doloroso: o que nos aflige não é a chegada da morte em si, mas o sentimento de que ela chega muito cedo em relação à nossa sede de viver, ao sentimento de que ainda nos resta muita coisa a fazer e viver. É por isso que sempre estamos procurando reconforto diante da morte. Arnaud Desjardins explicava que para o inconsciente ocidental a morte causa medo porque é considerada a negação da vida: associam-se morte e vida como um par antagônico. Mas em certas culturas, principalmente nas orientais, quando se fala de morte, o que se realça é seu inverso: o nascimento. Em vez de perceber a morte como o oposto da vida, ela é considerada o oposto do nascimento, ou algo que se contrapõe ao nascimento. O primeiro efeito positivo dessa visão é que somos levados a entrever a morte como uma passagem e não como um estado. Mesmo sem saber claramente para onde essa passagem conduz...

O LUGAR SUPREMO DA RENÚNCIA

MATTHIEU: Mesmo sem considerar a morte uma passagem, uma visão salutar dela nos leva a compreender, em nosso nível mais profundo, que é inevitável e que sua hora é imprevisível. Levar em conta essa evidência nos permite dar a cada instante que passa seu devido valor, mesmo que esse instante implique não fazer nada ou observar os volteios dos pássaros sobre uma árvore em flor. Essa tomada de consciência nada tem de mórbido, pois nos permite viver melhor e evitar desperdiçar o tempo tão precioso como o ouro. Sejamos inteligentes o suficiente para reconhecer o valor inestimável de cada momento da vida e decidir fazer o melhor uso possível dele, tendo em vista nosso bem e o dos outros. Sêneca afirmava: "Não é que tenhamos pouco tempo, mas sim que perdemos tempo demais". Vamos dissipar a ilusão de acreditar que temos "a vida inteira pela frente". Não fechemos os olhos diante do fato inelutável da proximidade da morte. Desde tempos imemoriais, jamais ouvimos falar de alguém que tenha escapado da morte. Se nos insurgirmos contra essa realidade, ou se fingirmos ignorá-la, estaremos mal.

Christophe falava do contraste com o nascimento. De fato, o nascimento é o primeiro sinal de que somos mortais. A partir do nascimento, cada instante que passa nos aproxima da morte. Costuma-se dizer que, dentre todos os ensinamentos do Buda, aqueles que enfatizam a impermanência de tudo se assemelham às pegadas do elefante na floresta: a maior de todas as pegadas. A reflexão sobre a morte e a impermanência é efetivamente a que nos leva com mais intensidade à prática espiritual e nos estimula a extrair a quintessência da existência, em vez de dilapidá-la com trivialidades.

Dilgo Khyentse Rinpoche contava também a história de um sábio que viveu no começo do século XX, um iogue casado com uma mulher chamada Apu, de quem era muito próximo. Ele às vezes dizia: "Se Apu desaparecer, não permanecerei muito tempo neste mundo". Um dia, em sua ausência, Apu faleceu. Assim que ele voltou, seus discípulos não ousaram contar-lhe a verdade. Finalmente, tomaram coragem e disseram ao mestre: "Temos uma péssima notícia para lhe dar: Apu morreu". O mestre olhou para eles por alguns instantes com uma espécie de comiseração e em seguida respondeu: "Por que vocês estão com esse ar consternado? Não compreenderam os ensinamentos sobre a impermanência e a fragilidade da vida humana que sempre transmiti a vocês?". Estar plenamente consciente da realidade é a melhor maneira de não ficar em estado de choque quando a morte chegar.

Eu tinha um amigo que trabalhava na Air India, no aeroporto de Nova Délhi. Era um *sikh*, de turbante e com uma linda barba branca, que eu havia encontrado por acaso no aeroporto. Cada vez que passava por ali, eu lhe telefonava e tomávamos um chá enquanto esperava meu voo. Quase sempre discutíamos filosofia e retomávamos a conversa de onde havíamos parado. Um dia, com um semblante muito sério, ele me disse: "O mundo é injusto e não consigo aceitá-lo. Meu pai, que era um homem particularmente bom, morreu. Não consigo compreender isso". Sem saber como ajudá-lo, pensei em lhe contar um episódio da vida do Buda. Certo dia, uma aldeã que acabava de perder o filho veio ao encontro do Buda e lhe pediu desesperada: "O senhor é o Iluminado; por favor, traga meu filho de volta à vida!". Depois de tê-la acolhido bondosamente, respondeu: "Para fazer isso, preciso de cinzas e grãos de mostarda provenientes de um lar da aldeia onde nunca ninguém tenha morrido". A mulher foi de casa em casa e, à noite, quando encontrou o Buda de novo, revelou: "Compreendi que ninguém escapa da morte e que ela faz parte da vida".

ALEXANDRE: Como ficar calmo com essa gigantesca espada de Dâmocles pendurada sobre nossa cabeça? Onde encontrar um minuto de descanso quando sabemos que de um instante para o outro o fio dos nossos dias pode ser bruscamente interrompido? Como nos conformar com a ideia de que vamos todos passar por isso e não cair direto no pessimismo, no desencorajamento e nos entregar de corpo e alma a essa vida esplêndida, trágica e efêmera? O medo de morrer, de perder alguém da família, de sofrer, é um assunto muito sério! Enquanto essa questão não for um pouco apaziguada, será como um estado de alerta permanente que nos atormenta. Lugar perfeito para o desapego, para a renúncia, para viver a pungente experiência de que, afinal, não controlamos nosso destino, não somos os comandantes de bordo; de que todos embarcamos num trem que, sem a existência de Deus, ruma para o nada e provoca calafrios. E se enfrentássemos esse medo silencioso cara a cara? É incrível tudo o que se pode fazer para fugir dessa evidência, para lutar contra o inelutável, para tentar construir uma muralha contra o que, cedo ou tarde, certamente advirá.

O desafio consiste em tentar olhar para tudo isso com uma jubilosa lucidez capaz de alegrar nosso coração e nos fazer amar essa vida efêmera e frágil. Mas o ego é persistente. Para ele, a própria ideia de morrer é insuportável. Ele se agarra à vida, resiste. Daí talvez o grande risco de esgotamento. O eu morre de medo diante da perspectiva de sua própria aniquilação, no entanto, como diz Nietzsche, essa seria a hora certa de se alegrar e aceitar sem reservas esse mundo, que inclui minha própria aniquilação. Filodemo[1] nos abre o horizonte: "Receber cada momento do tempo que chega reconhecendo todo o seu valor, como uma maravilhosa e incrível oportunidade". Aos que pediam a Santo Agostinho por milagres, por sinais, ele lembrava que o verdadeiro milagre estava no cotidiano: levantar pela manhã, abrir os olhos para um mundo extraordinário, fazer parte dessa imensa humanidade... Creio que, por trás do medo da morte, pode ocultar-se o temor de não se ter vivido o suficiente. "Ele morreu muito jovem..." Não seria o melhor antídoto aprender a abrir os braços, a acolher cada instante como uma dádiva, livres dessa voracidade e dessa mentalidade de banqueiro, que só quer entesourar e especular, que só deseja faturar, acumular, encher os cofres? Mas tudo parece se opor a essa liberdade interior: o medo, o instinto de conservação, o apego desenfreado a essa individualidade frágil, o estupor diante do vazio, do nada...

Um amigo meu, funcionário de uma funerária local, me ajudou muito a aceitar esse destino inevitável. Vê-lo tão generoso, tão bem-humorado em seu trabalho – o que não impede certa seriedade –, observá-lo a cuidar dos defuntos, me reconciliou um pouco com a perspectiva de que cedo ou tarde vamos todos bater as botas. Quando começo a me levar a sério demais, e até mesmo a desejar a imortalidade a qualquer custo, logo me lembro de uma fala do filme *super cult Testamento de um*

1. Filodemo de Gádara (110 a.C.-40 ou 35 a.C.). Filósofo e poeta epicurista. Suas obras incluem escritos sobre ética, filosofia, teologia, retórica, música e história das várias escolas filosóficas. [N. Ts.]

gângster[2]. Sua pertinência totalmente metafísica me acalma na hora: "Então, esse desgraçado ainda dorme? Bom, ele vai dormir ainda melhor quando levar isso na cara! Vai ouvir os anjos cantar, esse palhaço de Montauban[3]... Vou mandá-lo direto para o inferno... destino final dos presunçosos...".

PENSAR NA MORTE PARA AMAR A VIDA

MATTHIEU: O praticante budista deve perguntar-se toda noite: "O que chegará primeiro – a aurora ou minha morte? O grande sábio Nagarjuna afirmava que a cada expiração deveríamos nos maravilhar de poder inspirar de novo. Isso não significa que devemos bater no peito o dia inteiro e lamentar: "Vou morrer, vou morrer!". Basta simplesmente valorizar o tempo empregando-o para avançar na direção da libertação do sofrimento. Ninguém precisa ficar obcecado com a ideia de fazer o máximo de coisas em um mínimo de tempo. O que conta é viver plenamente cada momento da vida, inclusive quando não se faz nada. Se você só tiver alguns dias de vida, não vai nem pensar em cerzir as meias. Vai preferir passar o tempo com seus entes queridos, mostrar sua bondade a eles e se recolher no lugar mais profundo do seu ser. É um triste espetáculo ver pessoas à beira da morte que se indispõem com a família, semeiam a discórdia entre os herdeiros, se agarram às suas posses e deixam a vida na amargura e na avareza.

CHRISTOPHE: "O que chegará primeiro – a aurora ou minha morte?". Essa pergunta é extremamente relevante! Lembra que a morte não é programável, que pode ocorrer a qualquer instante. O objetivo não é relembrar algo angustiante de maneira gratuita apenas para nos entristecer ou causar medo, mas sim para nos estimular a viver melhor, sem ficar focalizados na ideia do nosso desaparecimento nem querer fugir dela. Numa de suas mais belas canções, "O testamento", Georges Brassens[4] diz a mesma coisa a seu modo: "Ainda está de pé o carvalho ou o pinheiro do meu caixão?". Com certeza, algum dia estarei morto. A árvore que vai fornecer a madeira do meu caixão já foi derrubada? Já está cortada em tábuas na marcenaria? Já me espera na casa funerária? É preciso conviver com essa ideia. E viver com alegria.

O que você diz sobre a aceitação da morte, Matthieu, é fundamental e universalmente verdadeiro, mas, quando se trata de reconforto, tenho a impressão

2. *Les Tontons flinguers*, título original do filme dirigido por Georges Lautner, de 1963. Recebido friamente pela crítica na época de seu lançamento, foi relançado em DVD e plataformas digitais com muito sucesso. [N. Ts.]
3. Montauban é uma comuna francesa da região da Occitânia, berço de um dos maiores pintores do século XIX, Jean-Auguste-Dominique Ingres. A cidade é mais conhecida como Cidade de Ingres. [N. Ts.]
4. Georges-Charles Brassens (1921-1981). Autor, compositor e cantor francês. [N. Ts.]

de que existem casos diferentes. Se a morte é um desfecho "normal" (como no caso do desaparecimento dos pais antes dos filhos), as mortes prematuras, ao contrário (como as dos filhos antes dos pais), parecem muito mais chocantes. Perder os pais nos leva à aceitação do que se denomina "o curso das coisas": o que é antigo desaparece antes do que é novo. Mas, quando a morte não obedece a esse curso das coisas, algo dentro de nós se revolta: não é apenas a tristeza que temos de suplantar e ultrapassar, mas também a raiva, a incompreensão. E me pergunto se podemos levar o mesmo reconforto a todas as pessoas que se confrontam com essas diferentes situações de luto, ou se é forçoso ajustar nossas palavras a cada uma delas.

MATTHIEU: Aceitar a inevitabilidade da morte só vai acentuar nosso apreço pela vida humana. A vida tem um imenso valor! É absolutamente legítimo fazer todo o possível para evitar uma morte prematura. Além do mais, não se oferecerá o mesmo tipo de consolo a uma pessoa que perdeu um parente centenário e a alguém que acaba de perder um filho. No primeiro caso, a consolação seria inspirar os que sobrevivem a celebrar as qualidades e as realizações daquela ou daquele que desapareceu e a evocar os bons momentos que viveram juntos. No caso de uma morte prematura, podemos prestar homenagem à memória do ente querido ampliando nossa benevolência, nossa compaixão e nossa aspiração no desejo de nos colocar a serviço dos outros. Uma amiga minha que perdeu um filho muito jovem, que era artista, fundou uma escola na qual os professores enfatizam a criatividade, a expressão artística e a relação harmoniosa com a natureza e com os animais.

No que nos diz respeito, é desejável que nos familiarizemos com a ideia da impermanência e da morte a fim de não ficarmos chocados quando ela chegar e poder vivenciá-la serenamente. Para isso, é importante compreender que, se a morte é certa, o momento em que virá é imprevisível: qualquer causa de vida pode transformar-se em causa de morte. A maior parte das atividades que realizamos diariamente – o trabalho, a alimentação, o esporte, as viagens, o lazer – podem malograr e causar nossa morte. O que importa então é não desvalorizar o tempo de que dispomos e extrair a quintessência da vida humana. Senão, pelo fato de esquecer que vamos morrer, esquecemos também que estamos vivos.

ALEXANDRE: E se a morte estivesse revestida de uma virtude pedagógica? A de nos ensinar a vida como ela é, e que entregar a alma, afinal, é abdicar de nossa individualidade, de nossas opiniões, talvez de nossas crenças, de nossas paixões tristes e ir desta para a melhor? E se, como ressalta Schopenhauer, a morte nos convidasse a reconhecer que a vida que levamos, que ultrapassa de longe as fronteiras do eu insignificante, continuará a se desenvolver de outra forma depois que tivermos exalado o último suspiro? Max Frisch[5] afasta qualquer tipo de moralidade preexistente, qualquer arrogância capaz de macular nosso assunto. Em seu livro *Questionnaires*[6] [Questionários], como quem não quer nada, ele faz uma pergunta a quem pensa na morte, a quem tem medo de esticar as canelas. Ele escreve: "Você já pensou em morrer? E o que lhe veio à mente? a) O que ficou para trás; b) A situação internacional; c) Uma paisagem; d) Que foi tudo em vão; e) Aquilo que jamais se realizará sem você; f) A desordem das gavetas". Por trás desse traço de humor, oculta-se um lúcido ensinamento: de onde vem meu medo de morrer? Qual é meu ponto de vista sobre a morte e quem vai morrer de verdade?

Se nos colocarmos na perspectiva do defunto, como mostrou Epicuro, não há nenhuma perda, nenhum sofrimento, zero remorso. O desaparecido não existe mais, ele não poderia lamentar uma vida interrompida prematuramente. É sempre o eu que se projeta, que visa à imortalidade, que estremece pelo morto que jamais será. No papel, o argumento parece invencível: a morte é a extinção das chamas da vida, que viram fumaça junto com o cadáver, o medo, as carências, a insatisfação e talvez toda a consciência de si. Por isso, nem a mais hábil razão dissipa o pavor de perder tudo. Posso imaginar um mundo sem mim? Como encontrar o justo equilíbrio: saborear a existência, doar-me sem me aferrar à perpetuação da minha modesta individualidade?

CHRISTOPHE: Para evitar a queda no vazio, um acrobata que se equilibra na corda bamba não deve nunca esquecer que corre perigo, tampouco focalizar apenas no risco de cair. Acontece o mesmo com os seres vivos: jamais esquecer de que a morte pode chegar a qualquer instante, tampouco focalizar exclusivamente nela... Outra questão que sempre me faz pensar diz respeito à educação e à familiaridade com a morte. Em nosso modo de vida ocidental, nada, absolutamente nada, nos prepara para enfrentar essa ideia. E como não estamos preparados, esse assunto é extremamente angustiante para muita gente. O problema não é a *morte* em si, pois se trata de um estado do qual ignoramos tudo, mas a *ideia da morte*, da passagem da vida à morte e mesmo da interrupção da vida. Esse é o ponto central: o medo de não viver mais, de perder tudo o que amamos, tudo a que estamos ligados pelo prazer, pela felicidade, pelo amor. De qualquer modo, uma separação dilacerante!

ALEXANDRE: Após o declínio das religiões, o ser humano se sente desprotegido diante da perspectiva de seu próprio fim. Sob a perspectiva do materialismo, a vida corre o grande risco de parecer mais um gigantesco supermercado

5. Max Frisch (1911-1991). Arquiteto e escritor do pós-guerra, influenciado pelo existencialismo de Jean-Paul Sartre e pelos escritos dramatúrgicos e poéticos de Bertold Brecht. [N. Ts.]
6. Max Frisch. *Questionnaires*. Paris: Cosaques Cent Pages, 1987. [N. Ts.]

que precisamos aproveitar a qualquer custo antes que a liquidação acabe. Mas quando as luzes estiverem prestes a se apagar, onde encontraremos consolação? Para que e para quem dirigir o olhar? É precisamente entre a negação e a obsessão que podemos construir uma relação mais livre, mais leve, com nossa mortalidade. Sem cair na paranoia, talvez valha mais a pena tomar algum remédio em doses homeopáticas.

Será que existem mesmo práticas, exercícios espirituais que aliviam a pessoa que tem medo de passar desta para a melhor? Por que não dar ouvidos aos estoicos, que recomendavam agir, falar, pensar como seres que podem morrer a qualquer hora? Aqui a seriedade nos convida a aproveitar, a sentir certa alegria sem nos perder na tristeza, nas acusações, na crítica. Já que todo mundo vai passar por isso, de que adianta alimentar uma rígida moralidade, um gosto pela vingança? Durante o punhado de dias que nos foi concedido, para que dar um tiro no próprio pé e dilapidar um tempo tão precioso com rancores, ressentimentos, ódio e raiva? Isso não é nada mais do que nos reconciliar com a ideia do próprio fim, do que nos familiarizar com a própria impotência.

E coube a Max Frisch nos submeter à seguinte questão: "Se por acaso você pudesse imaginar não ter nascido, essa ideia o perturbaria?". Claro que sim; houve um tempo em que não éramos sequer poeira de estrelas e chegará o dia em que seremos... não sei o quê. E se nossa finitude pudesse ajudar a nos livrar dos milhões de exigências que carregamos nos ombros? Não somos nem Deus nem o centro do mundo e é como passageiros de um mundo efêmero que devemos experimentar a alegria, a dádiva de si e a generosidade.

CHRISTOPHE: Desde o Buda e os filósofos estoicos até Max Frisch e os autores contemporâneos, não faltam textos escritos e reflexões para nos ajudar a nos familiarizar com o medo em relação à morte, e até mesmo a superá-lo. Como explicar, então, que nenhuma sociedade tenha decidido construir um projeto educacional que levasse em consideração a ideia de que vamos morrer, de que as pessoas que amamos vão morrer, com o intuito de aprender a amar melhor a vida?

ALEXANDRE: Em Seul, ouvi falar das "festas fúnebres". Parece que certas empresas organizam uma espécie de festa nas qual o cliente celebra seu próprio enterro. Deitado em um caixão, ele tem a alegria de ouvir a prece do oficiante e os discursos de seus familiares e com isso pode se acostumar com a ideia de que também terminará entre quatro tábuas. Segundo os organizadores, o exercício não tem nada de macabro. Seria um convite para relativizar as dificuldades, para sentir todo o amor que nos rodeia e considerar o que é relevante, o que tem realmente valor em uma existência. Não sei se essa prática vem do folclore, do marketing ou se se insere num itinerário espiritual.

CHRISTOPHE: Curioso, pois Carlos V, imperador da Áustria e rei da Espanha, fez o mesmo: quando abdicou do trono e se isolou num mosteiro para terminar seus dias em orações, organizou um ensaio geral de seus funerais: fez com que o colocassem em seu caixão e assistiu à cerimônia inteira. Queria estar pronto e deixar tudo em ordem antes de sua partida, tanto ao redor como dentro de si mesmo.

ALEXANDRE: A grande questão permanece em aberto: como integrar o trágico no dia a dia? Como viver a morte, se é que posso dizer assim, na solidariedade, em comunhão com os outros? Um amigo me contou que, quando um de seus amigos íntimos adoeceu de um mal incurável e não lhe restavam senão alguns meses de vida, ele reuniu todos os amigos e sua família num grande jantar de confraternização, pois queria imaginar como seriam as semanas subsequentes e, sobretudo, escutar e compartilhar as necessidades de cada um, externar os medos, as apreensões, sem tabu nem reservas. Se estivesse na mesma situação, gostaria de recorrer a essa fabulosa iniciativa, a esses *banquetes dos maus momentos*: poder nos reunir, nos congraçar, descobrir os recursos de cada um, expor as feridas, acabar com os não ditos e prosseguir todos juntos no presente. Mas, convenhamos, não é preciso estar à beira da morte para oferecer alguns jantares solidários, reforçar os laços uns com os outros e exortar a alegria.

CHRISTOPHE: Isso pode parecer chocante, mas é importante. Quando perdi meu melhor amigo, durante minha residência médica em Toulouse, depois de seu enterro, houve um grande jantar de confraternização na casa dos pais dele, com a família e os amigos. Todo mundo estava arrasado, mas lentamente a vida renasceu em nossos corações, graças à generosidade mútua e ao sentimento compartilhado da nossa fragilidade humana, fato tão evidente naquele dia. Todos tínhamos consciência de que, mesmo sabendo que um dia chegaria a nossa vez, deveríamos nos reconfortar, nos empenhar em viver sem nunca esquecer da morte. E essa refeição de luto, que a princípio me pareceu inoportuna, quase obscena, se mostrou necessária e tranquilizadora para que ninguém se sentisse isolado e fosse embora sozinho, desesperado e angustiado.

Essa coexistência entre a inelutabilidade da dor e a necessidade da felicidade me faz pensar também no grande mal-entendido que afeta a maneira como se percebe a psicologia positiva. Suas aspirações para tornar nossa vida mais bela não decorrem de uma lógica ingênua, mas trágica. "Trágica" no sentido de que a morte, tanto a nossa como a das pessoas que amamos, é inevitável. E não é porque ela é nosso fim definitivo que não devemos fazer nenhum esforço – "nada tem sentido, tudo é absurdo, pois vamos desaparecer". Muito pelo contrário, isso deve ser uma fonte de motivação suplementar: "Já que vamos mesmo desaparecer, seria insensato ter levado antes uma vida triste e vazia". É justamente porque vamos morrer que a felicidade conta, que não é um luxo, mas uma necessidade, um motor, uma fonte de energia para nos dar a força de agir, de curtir, de fazer o máximo possível de bem, ou o mínimo possível de mal ao nosso redor.

Em última análise, nossa mente e nosso cérebro não são obrigados a funcionar dessa maneira, ou seja, a levar em conta o que existe de inevitável, a adversidade, ou a inelutável dimensão trágica da nossa vida para assim apreciá-la melhor? No fundo, essas atitudes que consistem em querer esquecer a morte, em considerá-la revoltante, ou então em esperar continuamente conseguir alguns anos a mais de vida, não seriam contraproducentes para nossa felicidade? Esse é um argumento que se repete sempre em medicina: é preciso se esforçar para acrescentar mais anos à vida, ou preferir adicionar mais vida aos anos?

Inúmeras tradições espirituais e filosóficas se inspiram nessa convicção. Mas, volto a repetir, uma das maiores restrições feitas à psicologia positiva e à maneira de praticá-la consiste em acreditar que seu interesse se restringe tão só ao aspecto fácil, radiante, agradável da existência. É justamente o contrário – ao aceitar se voltar regularmente para os aspectos sombrios, inquietantes à primeira vista, é que se construirá nossa aptidão para a felicidade.

MATTHIEU: Muitos compreendem a psicologia positiva de maneira equivocada e imaginam, ou pretendem, que ela consista em olhar de modo "positivo" quando somos atingidos por um câncer ou qualquer outra tragédia. Na verdade, não se trata de modo algum de se convencer em ver a pobreza, a doença, a violência e outras formas de sofrimentos de forma agradável. Isso seria totalmente ridículo. Trata-se menos ainda desse pretenso "pensamento positivo" promovido por obras desprovidas de qualquer fundamento científico, como a revista *Le Secret*[7], que afirmam que basta desejar intensamente alguma coisa "positiva" para que aconteça. O universo não está à disposição de nossos desejos.

A verdadeira psicologia positiva mostra que emoções positivas como alegria, gratidão, maravilhamento, entusiasmo, inspiração e amor são muito mais do que uma simples ausência de emoções negativas. A alegria, por exemplo, é muito mais do que a ausência de tristeza. Essa dimensão é fonte de profundas satisfações e nos permite construir nossa força de espírito, principalmente diante da proximidade da morte. Não é afirmar: "Que coisa fantástica, vou morrer!", mas, sim encarar a morte com serenidade e com o sentimento de plenitude que a liberdade interior nos confere. Essa atitude evita que caiamos no niilismo e no desespero. Não temos a liberdade de escapar da morte, mas a liberdade de morrer em paz.

---

7. Fundada em 1990 por Jürgen Boedt, a revista *Le Secret* enfatiza prioritariamente as relações entre arte, fotografia e sexualidade. [N. Ts.]

CHRISTOPHE: Lembro-me de uma experiência que vivi por ocasião de uma reunião sobre cuidados paliativos, em que fui convidado para falar de meditação. Entre os palestrantes, havia um padre que nos contou uma história comovente, mostrando até que ponto nos sentimos mal com a proximidade da morte, quer se trate da nossa, quer da dos outros, em particular da de nossos familiares. Esse padre visitava uma senhora acometida de um câncer generalizado que não deixava qualquer dúvida sobre seu fim. Sentado à sua cabeceira, ele lhe falava com ternura. Um pouco afastado, sentado numa cadeira, o marido ouvia sem participar da conversa. A mulher – que já havia vencido vários cânceres – disse ao padre: "Padre, dessa vez creio que vou morrer...". O padre compreendeu, então, que não valia mais a pena disfarçar, reconfortar ou falar de outra coisa. Inclinou-se gentilmente sobre ela e perguntou: "A senhora quer que falemos da morte?". Mas, nesse exato momento, de um salto, o marido levantou da cadeira e disse com angústia e veemência: "Claro que não! Você não vai morrer!". De repente, tudo se interrompeu. O padre não se atreveu mais a prosseguir naquele tema, aparentemente insuportável para o marido. Tampouco a mulher, que se deixou reconfortar sem dizer mais nada. Todos ali renunciaram à verdade. Falaram de outra coisa. Dois dias depois ela morreu sem jamais ter conseguido chegar ao fundo de suas angústias, sem ter podido receber um verdadeiro conforto, além das palavras tranquilizantes e ilusórias de que também precisamos nesses momentos, mas que não são suficientes. Ela estava pronta para enfrentar a morte, mas seu marido não. Ele escolheu por ela. Isso foi errado? Sabe-se lá...

Mais para o fim do debate, o padre nos explicou que com frequência ele também se sentia desarmado diante da morte: "Como não sou médico, não posso dizer às pessoas: 'Fique calmo, vou lhe trazer alívio, vou explicar como isso vai acontecer...'. Isso porque, como padre, eu mesmo não sei! Tenho fé, mas Deus nunca entrou em contato direto comigo para me explicar tudo isso! Tenho de me virar com minhas convicções, sem certezas".

Lembro-me bem de como sorvi suas palavras. Admirei sua bondade e sua humildade. Fico impressionado com esses seres generosos e esses cuidadores que todos os dias acompanham seus irmãos e irmãs com humanidade até os portais da morte sem jamais saber o que existe por detrás deles, sabendo que algum dia chegará sua vez. Saí da reunião em estado de transe. Chovia, eu ia ficar ensopado na minha *scooter*, mas não me importei com isso. Naquela tarde, me foi concedida a oportunidade de sentir de perto os cumes e os abismos; havia sido convidado a compreender o que não se compreende nunca. Estava perturbado e comovido. Tínhamos falado da morte durante o dia inteiro e aí, mesmo sem ter procurado, sentia em minha boca o gosto da vida.

DO MEDO À ACEITAÇÃO

ALEXANDRE: Mesmo que Montaigne diga que a natureza nos informará na hora a maneira de entregar a alma, a vida toda é marcada pela espera dessa passagem, dessa etapa, desse fim, talvez. Pode-se aprender a morrer? Na tradição filosófica, existem pelo menos duas grandes escolas que ensinam isso. Primeiro a dos estoicos e muitos outros que nos exortam a jamais perder de vista que vamos bater as botas. Nossa tarefa é neutralizar e enfrentar qualquer tipo de pânico, medo, obsessão e alcançar essa liberdade que faz Montaigne dizer: "Quero que se aja e que se prolonguem as atividades da vida tanto quanto possível; e que a morte me encontre plantando minhas couves, mas despreocupado dela e mais ainda de minha horta inacabada"[8]. Equilíbrio genial: aproveitar a vida para valer, entregar-se a ela de corpo e alma, encontrar um resto de alegria mesmo na imperfeição e, ao mesmo tempo, afastar qualquer resignação infeliz. Essa aprendizagem da renúncia feliz não decorre de uma ortopedia da alma. Certamente não é a vontade sozinha que vai arrancar de nós um consentimento para a morte. O sim vem de um coração que ama demais a vida, toda a vida, inclusive seu caráter efêmero.

E temos também Spinoza, que escreve na *Ética*: "Não há nada em que o homem livre pense menos do que na morte, e sua sabedoria não consiste em uma meditação sobre a morte, mas sobre a vida". Para Spinoza, quem se empenha na busca da liberdade não pode se sobrecarregar com paixões tristes e ideias sombrias. Ele deixa a ruminação para se concentrar no progresso, no júbilo, no *conatus,* ou seja, na força de existir e de agir. Com absoluta positividade, entrega-se ao presente, à eternidade do aqui e agora.

Mas será que podemos simplesmente escolher uma atitude em vez de outra? Posso um dia levantar de manhã e decidir não ficar mais na fossa, não pensar mais nessa ideia que está presa na garganta? Mais do que dar guinadas de 180 graus, o que precisamos é agir com os meios de que dispomos.

O budismo fala de cinco reminiscências. Aqui, o pensamento da morte não tem nada de assustador. Dizer "Matthieu morre, Christophe morre, Alexandre morre" implica se alegrar por estar vivo, ter uma atitude jovial e dinâmica para escorregar no tobogã da vida. Lutar contra o inexorável nos deixa esgotados e, se não mortos antes da hora, pelo menos sofredores crônicos e grandes insatisfeitos. O praticante espiritual deve lembrar que: 1) *O sofrimento é inevitável*; não importa o que faça, vou sofrer; 2) *A velhice é inevitável*; queira ou não, vou ficar decrépito; 3) *A doença é inevitável*; embora me proteja contra todos os animais hidrófobos do mundo, me esquive de qualquer vírus, vou contrair

8. Ver Montaigne. *Os ensaios.* Tradução de Rosa Freire d'Aguiar; introdução de Erich Auerback. Livro Primeiro – XIX Que filosofar é aprender a morrer. São Paulo: Penguin: Companhia das Letras, 2010, p. 59-83. [N. Ts.]

patologias; 4) *A morte é inevitável*; não há escapatória, mais dia menos dia vou bater com as dez; 5) *Ser separado dos entes queridos é inevitável*, é trágico, mas toda vida humana se confronta com o luto, a separação.

Esses lembretes não têm nada de deprimente. Ao contrário, eles abrem o caminho, limpam o terreno, aniquilam as falsas esperanças; nos libertam de combates inúteis, nos livram de um peso imenso e talvez nos conduzam para uma feliz aceitação. Aceito inconteste as regras do jogo, as leis ontológicas, a natureza da realidade. E como o jogador de xadrez que se esmera na arte de construir sua vitória apesar das pressões, eu também posso instaurar a liberdade, a paz no coração nesse mundo caótico, onde a morte espreita e pairam tantas ameaças. Sim, talvez eu não tenha mais que um dia, dois meses, dez anos de vida. Sim, como todos os meus familiares e todos os seres vivos, vou aumentar a fila dos cadáveres. Por quê, então, me preocupar com histórias irrelevantes, com a opinião alheia, com a materialidade das coisas. Prisioneiro do medo da morte, o ser humano não se permite toda a alegria de viver. A primeira vez em que fui a uma discoteca quando era adolescente, fiquei boquiaberto com o espetáculo. Enquanto contemplava as pessoas que cantavam e dançavam na pista, eu imaginava seus esqueletos, como se assistisse a uma dança macabra...

Entre a negação e a obsessão, uma arte de viver e de morrer é possível. E aí também a solidariedade pode difundir-se. O meu amigo funcionário da funerária tem constatado que muitos homens e mulheres morrem em isolamento absoluto, e que cada vez menos se fazem cerimônias de adeus aos defuntos. Em meio ao desespero, é grande a tentação de apressar esses rituais, cuja missão deveria ser precisamente nos aliviar, consolar, apoiar. Ainda ontem, Matthieu, você falava de uma cremação no Nepal...

MATTHIEU: É comum dizer, quando alguém tem um ar particularmente sinistro, que ele tem "cara de enterro". No Ocidente, a morte hoje em dia é dissimulada, escamoteada, asseptizada. Como não existe nada capaz de remediar esse fim inelutável, é preferível retirar a morte do campo da consciência. Por isso, quando ocorre, o choque é muito maior, já que não estamos preparados para enfrentá-la. E durante esse tempo, a vida se consome dia a dia...

Não faz muito tempo, era comum a pessoa morrer no seio da família, rodeada dos amigos próximos, o que também permitia que as crianças vissem a morte como parte integrante da vida. Na cultura budista, se um mestre espiritual está presente à cabeceira do moribundo, este geralmente morre em paz e seus familiares se sentem reconfortados. Se, além disso, o próprio moribundo for um praticante experiente, ninguém se preocupará muito com ele. Os budistas da cultura tibetana ou butanesa costumam realizar grandes cerimônias que culminam numa cremação. Se possível, convidam-se dezenas de monges e monjas,

“Sêneca afirmava: ‘Não é que tenhamos pouco tempo, mas sim que perdemos tempo demais’.”

bem como mestres espirituais. Como eu contava ao Alexandre, é muito comum ver as pessoas voltarem de uma cremação comentando: "Correu tudo bem!". O embaixador dos Estados Unidos no Nepal, quando saía da cremação de uma amiga sua, uma monja americana que havia morrido em Katmandu, me confessou nunca ter assistido a um funeral tão sereno: "Isso mais parece uma festa do que um funeral". É verdade que, na cultura budista, a morte é uma passagem e que as orações de um mestre espiritual guiam a consciência do falecido para um renascimento em que ele ou ela poderá prosseguir na direção da Iluminação.

Um praticante fará o melhor possível para viver muito tempo a fim de se aproximar da Iluminação, do estado de Buda. Mas também faz o voto de prosseguir com esse objetivo em todas as suas vidas futuras. Quem gostaria de viver para sempre? O problema do transumanismo, novo conceito em voga, do qual já falamos anteriormente, é que ele procede quase sempre de uma visão individualista e narcísica, que espera continuar a mimar seu ego durante séculos. Ser egoísta e resmungão durante milênios – poupe-nos disso, por favor! Ficar quinhentos anos viciado em videogames, ver a reeleição de Donald Trump pela 300ª vez e assistir ao 50 000º gol de Lionel Messi... Quanta chatice!

Quem não desejaria, é claro, evitar uma morte prematura, viver muitos anos e realizar excelentes coisas úteis aos outros? Não resta dúvida de que apreciar o valor inestimável de cada instante é algo fundamentalmente ligado ao caráter efêmero de nossa vida. E como ela não dura para sempre, devemos nos esforçar para extrair sua quintessência e evitar dilapidá-la em vão. De qualquer modo, não se pode escapar da impermanência, característica constitutiva de todas as coisas: nada no universo permanece idêntico a si mesmo por dois instantes consecutivos. Como ressaltou o filósofo argentino Miguel Benasayag[9], a ideia de não morrer mais "prova de fato que ser ridículo não mata ninguém".

ALEXANDRE: É impressionante toda a barulheira mental que se faz para tentar sufocar o medo da morte, essa espécie de ruído de fundo, esse estado de alerta inconsciente ou não que provoca uma terrível inquietação, um mal-estar que não acaba nunca. Montaigne afirmava que, se precisamos de parteiras para vir a este mundo, também precisaríamos delas para deixá-lo, para nos libertar. Como então nossa sociedade *administra* a viagem final? Será que a cultura ajuda a criar uma solidariedade, a dar sentido ao que pode parecer um imenso fracasso, o nada, o vazio, a não existência?

CHRISTOPHE: No entanto, as sociedades tradicionais não eram parcimoniosas em mitos sobre a morte. Quando era criança, lembro-me de ter ficado assustado com a imagem das Três Parcas, divindades que decidiam os destinos

9. Miguel Benasayag (1953). Filósofo, psicanalista e epistemólogo. [N. Ts.]

humanos, principalmente com a mais velha das três, que cortava o fio de nossa existência com a tesoura. Também ficava muito impressionado com o adágio latino que aparecia nos relógios de sol: *Vulnerant omnes, ultima necat* – "Todas ferem, a última mata" –, lembrando que cada hora que passa nos aproxima de nosso fim. Um clérigo me contou que antigamente os monges trapistas sempre saudavam uns aos outros com a expressão "*Memento mori*" – "Lembre-se de que você vai morrer!". Mas, pensando bem, não creio que essas imagens e mensagens tornaram nossos antepassados mais infelizes do que nós, pelo contrário, eles eram muito mais lúcidos. E mais motivados a cultivar o que para eles era mais importante e fazia sentido às suas vidas: felicidade, lucidez, fé...

MATTHIEU: De fato, sentimos exatamente o que você diz neste versículo de Milarepa, o grande eremita tibetano no século XI:

Apavorado pela morte, fui para as montanhas.
De tanto meditar sobre essa hora incerta,
Conquistei o imortal bastião do imutável;
Agora, meu medo da morte foi totalmente superado!

De uma perspectiva niilista, se alguém pensar que a morte se assemelha a uma gota d'água que a terra seca absorve, pode temer a aniquilação de si mesmo. Nas conversas que tive com meu pai, Jean-François Revel, no livro *O monge e o filósofo*, perguntei se ele não achava que existia uma sabedoria, um conhecimento tão válido no instante presente quanto nas potenciais vidas futuras. Eu fazia alusão à compreensão da natureza da mente e até mesmo às causas profundas da felicidade e do sofrimento, cujo valor é extratemporal, considerando ou não a existência de vidas futuras. Ele me respondeu que todas as sabedorias por meio das quais tentamos tornar a existência suportável têm limites, sendo a morte o maior de todos. Convencido de que a morte era uma aniquilação total do ser, ele considerava a busca da sabedoria como algo precário e provisório e falava de uma sabedoria da aceitação, que consiste em viver a vida atual do modo menos irracional, menos injusto, menos imoral possível, sabendo muito bem que se trata de um episódio provisório. Do seu ponto de vista, isso era coerente.

ALEXANDRE: Na peça teatral *O rei está morrendo*[10], Eugène Ionesco esboça a verdadeira arte de morrer em paz, provisão para a última viagem. A generosidade, a dádiva de si é o que permite a grande descida desse último

10. No Brasil, a peça foi encenada com o nome *A agonia do rei*. Estreou em 2011 no Rio de Janeiro. Tradução de Luís de Lima. [N. Ts.]

tobogã rumo ao *não sei o quê*. O desafio? Se deixar deslizar, se entregar ao desconhecido sem esse monte de projeções, temores, sem essa avidez tão obstinada que parece em muitos casos resistir até o último suspiro. O rei Berengário I sabia que ia morrer. A rainha Margarida, sua mulher, sugeriu então que ele se deixasse ir, que partisse em paz. Ela fez o papel de psicopompo[11] para libertar a alma de seu marido de todos os laços, de todos os entraves, de todos os fardos.

Às vezes, quando os problemas do cotidiano ficam muito pesados, me atiro na cama como se estivesse morrendo. Aí então parece que ouço as palavras da rainha Margarida, que me acalmam bastante: "Me dê suas pernas, a direita, a esquerda. Me dê um dedo... me dê dois dedos... três... quatro... cinco... os dez dedos. Largue o braço direito, o esquerdo, o peito, os dois ombros e o ventre. Agora sim, você não tem mais voz, seu coração não precisa mais bater, não vale mais a pena respirar. Era uma agitação bem inútil, não era?".

MATTHIEU: Exista ou não uma vida após a morte, a melhor coisa que se pode fazer durante uma vida, ou milhares de vidas, é se tornar um ser humano melhor. Saímos ganhando de qualquer jeito.

ALEXANDRE: Um dia, estava tão agitado com a ideia de que meu filho pudesse morrer, que um amigo meu, com extrema sensibilidade, me chamou à razão e me disse: nem Augustin nem ninguém me pertence... Morrer para si mesmo, acompanhar o intenso ciclo da vida, implica certamente aceitar a impermanência das coisas, renunciar o sentimento de posse para se doar por inteiro. De certo modo, meditar é morrer a cada expiração para depois renascer. Aliás, uma rápida olhadela no álbum de fotografias mostra que o menininho que éramos aos 5 anos de idade e o adolescente que quebrava a cabeça para fazer uma dissertação desapareceram para dar lugar a quem somos hoje. Querer se fixar, se petrificar numa estase, seria o mesmo que matar a vida, pois a existência é fluxo, continuidade, inovação absoluta. Quem semeia não é o mesmo que colhe. O que resta do menino que fui, da personalidade da minha infância?

MATTHIEU: A morte, tanto quanto a degenerescência dos objetos materiais – a madeira apodrece, o ferro enferruja, as casas caem em ruínas –, é apenas o reflexo visível da sutil impermanência inerente a todos os fenômenos. Nada permanece idêntico a si mesmo por dois instantes consecutivos, por mais próximos que sejam.

---

11. De origem grega, a palavra *psicopompo* (do grego *psychopompós*) representa a junção de *psyche* (alma) e *pompós* (guia), figura simbólica que guia a alma em ocasiões de transição. No mito grego, Hermes tem essa função. Como mensageiro dos deuses, acompanhava as almas dos mortos e era capaz de transitar entre as polaridades morte e vida, noite e dia, céu e terra. Os psicopompos podem ser de natureza humana, animal ou espiritual. [N. Ts.]

ALEXANDRE: No *Fédon*[12], Platão afirma que filosofar é aprender a morrer (*meleté thanatu,* com diz em bom grego). Na opinião dele, o aspirante espiritual deve separar-se do corpo, das paixões, libertar-se, livrar-se das algemas que o condenam à escravidão, que o aprisionam. Daí a considerar o corpo um fardo, um entrave, basta um passo. Aliás, a palavra *corpo, soma,* se aproxima perigosamente do termo *sema,* "túmulo".

Meditar sobre nossa finitude, sobre a impermanência, não tem nada de triste, pelo contrário. Morrer para si mesmo, experimentar as contínuas mudanças da existência, é se abrir à eterna inovação que marca a trajetória da vida aqui e agora. Mas a mente resiste, agarra-se com unhas e dentes, pois o que mais quer é controlar tudo. A mente busca segurança, fixidez, quando tudo na vida é transitório e tudo passa. Daí vem esse enorme sofrimento, esse estado de alerta permanente, essa insatisfação sem trégua.

MATTHIEU: Se acontecesse de uma partícula qualquer permanecer idêntica a si mesma por dois instantes consecutivos, isso significaria que ela teria escapado da impermanência. Nesse caso, continuaria eternamente cristalizada nesse estado. De fato, distorcendo a realidade, ou seja, nos agarrando à ideia de que nós, nossos familiares e nossos pertences deveriam durar para sempre sem mudar, de que são verdadeiramente "nossos", alimentamos as causas do sofrimento. Afinal, mesmo que não queiramos abandonar nossos bens e nossa própria vida, serão eles que nos abandonarão!

ALEXANDRE: Um mestre zen aconselhava seus discípulos, sempre que atravessassem o umbral de uma porta, a deixar para trás as identificações, os papéis, as expectativas, as mágoas, o conjunto de representações que cada um carrega dia e noite – exercício dos mais concretos, que convida a pessoa a se tornar totalmente disponível diante do que se apresenta, a abrir os braços sem restrições.

UMA INDISPENSÁVEL CELEBRAÇÃO DA VIDA

CHRISTOPHE: Essa imagem do umbral é muito bela! Toda noite, entre o dia que termina e aquele que começa, existe um portal, uma passagem que nos convida a desfrutar de tudo, a arriscar tudo. Às vezes, devemos vivenciar por nós mesmos ou pelos nossos familiares a experiência de uma doença grave para compreender que esses pensamentos devem ser objeto de repetidos exercícios capazes de nos trazer a inteligência, o reconforto e a liberdade em relação à obsessão da morte (que leva ao medo) ou à amnésia dela (que leva à fuga e à busca dos prazeres).

---

12. Platão. *Fédon. Diálogo sobre a alma e a morte de Sócrates.* Edição bilíngue. Tradução de Carlos Alberto Nunes. Belém: Universidade Federal do Pará, 2011.

Há alguns anos, contraí uma doença potencialmente mortal, que foi tratada. Hoje está tudo bem – e espero que continue assim o maior tempo possível –, mas é claro que naquele momento fui invadido por inúmeras reflexões, preocupações e inquietações. E me lembro de várias coisas. Primeiro, que eu não estava preocupado diante da ideia de morrer, mas triste. E isso me deixou bastante tocado. Dizia a mim mesmo: "Deus do céu, afinal, amo a vida de verdade: seria uma pena que terminasse agora!". Naquele instante, a perspectiva do meu desaparecimento não me amedrontava nem me encolerizava, mas me entristecia, porque gostaria muito de viver um pouco mais. Tinha o sentimento, de repente muito forte (mas que não era consciente antes do diagnóstico), de que ainda me restavam belas coisas a fazer, viver, experimentar. Parecia que esse progresso regular que tenho a impressão de realizar ano após ano a fim de ser menos impulsivo, menos egoísta, mais generoso, mais atencioso, seria interrompido. Eu me dizia: "Justo agora? Que pena! Adoraria ver até onde tudo isso poderia chegar!". O benefício dessa experiência foi tudo o que me restou. Mesmo que isso tenha ocorrido muitos anos atrás, penso todos os dias nessa oportunidade que temos de estar vivos e de poder desfrutar nossa existência, mesmo com todas as tristezas e sofrimentos. Na música "O testamento", à qual me referi há pouco, Brassens também evoca a morte dizendo: "Deixei a vida sem rancor / Nunca mais teria dor de dente / E cá estou eu na vala comum / A vala comum do tempo". É isso aí: a morte é nunca mais ter dor de dente, e a vida é se expor à dor de dente. A escolha é fácil...

Mais um episódio que diz respeito às histórias de vida e morte. Tenho alguns pacientes que ainda permanecem sob meus cuidados desde que cheguei a Paris, há mais de 25 anos. Desenvolvi com eles uma relação duradoura e, em muitos aspectos, amigável. Quando tive esses problemas de saúde, comentaram que eu, de repente, desapareci dos radares. As secretárias se comunicavam com eles, dizendo: "Lamento informar, mas ele está doente". Mas eles logo perceberam que não se tratava de uma gripezinha. Falei com um ou dois deles, não para me aliviar, mas porque sentia que estavam preocupados comigo e também porque me parecia que isso poderia ajudá-los em relação a seus próprios medos. Lembro-me de uma consulta com uma paciente, a quem disse mais ou menos assim: "É verdade, tenho algo bastante sério, daí minhas ausências; mas vou fazer 60 anos e não é nada chocante admitir que eu possa desaparecer agora. O chocante é que uma criança morra, que alguém com 20 anos morra, que uma jovem mãe ou um jovem pai morram e deixem filhos órfãos. Muitos seres humanos que viveram sobre a face desta Terra teriam adorado chegar à idade de 60 anos, então não tenho de que me queixar". Ela me olhou com os olhos arregalados e disse: "Mas o senhor fala como se já estivesse morto! Isso me dá medo, parece que não tem mais vontade de viver. É preciso reagir!".

De repente, ela abalou minhas convicções. E disse a mim mesmo: ela tem razão! O que acredito ser aceitação – "o que tiver de ser, será" – não seria muito mais uma espécie de resignação dissimulada? Com sua espontaneidade e sua afeição por mim, ela me livrou daquela falsa sabedoria e da pseudoaceitação na qual me instalara sem perceber. Compreendi então que não tinha respeitado o equilíbrio vital, que requer que, toda vez em que pensemos na morte, é igualmente necessário pensar na vida. É um perigo ficar ligado demais na aceitação da morte e de menos na alegria e na vontade de viver.

Por isso, nos dias que se seguiram, toda vez que ia caminhar no parque, como faço quase todo dia, me obrigava a dizer a cada passo: "Quero viver, vou viver, quero viver, vou sarar". Para mim, esse método de autossugestão era ao mesmo tempo curioso e muito importante. Sem ter me dado conta, tinha concentrado meus esforços na morte (como morrer em paz, principalmente sem causar danos à minha família) mais do que na vida. Todas as nossas considerações sobre a morte não fazem sentido se não forem acompanhadas de uma atenção ao fato de que a vida é genial! E que um dos nossos deveres é curti-la, qualquer que seja o tempo que nos resta de vida, e também ajudar os outros a curti-la.

MATTHIEU: De fato, aceitar plenamente a inevitabilidade da morte não deve levar à resignação, mas à celebração da vida e do extraordinário potencial que ela nos oferece. Por isso, devemos fazer todo o possível e razoável para permanecer vivos e não dizer: "Mais cedo ou mais tarde, que importa?". Para aquele que se dedica ao caminho espiritual que conduz à liberdade interior, cada dia vale a pena ser vivido. Um sábio tibetano afirmava que, no começo, o praticante que pensa na morte se sentirá como um cervo que, preso numa armadilha, se debate desesperadamente. Após ter avançado no caminho, se sentirá como um camponês que arou sua terra com grande cuidado e que nada tem a lamentar, seja a colheita boa ou má. No fim, o praticante se sente sereno e satisfeito como quem completou uma grande tarefa.

O exemplo do cervo preso na armadilha me faz pensar naqueles que movem montanhas para evitar a morte – de antemão uma causa perdida, quer coloquem suas esperanças nos dispositivos enganosos do transumanismo, quer estejam prontos a recorrer à criogenia[13] e serem conservados em câmaras de resfriamento até que se encontre um tratamento para sua doença ou um elixir da imortalidade. Quanto ao exemplo do camponês, se cultivou bem sua terra, arrancou todas as ervas daninhas, colocou espantalhos para afugentar os predadores, se fez tudo o que era necessário com esmero e amor e mesmo assim

13. De acordo com dados estatísticos, existem hoje 350 corpos conservados em tanques gelados, principalmente na Alcor Life Foundation e no Cryonics Institute, nos Estados Unidos, e na FrioRus, na Rússia. [N. Ts.]

o granizo veio e destruiu uma parte, por mais desolado que esteja, ele não se arrepende, pois sabe que não negligenciou nada. Pior de tudo seria constatar: "Perdi vinte anos de minha vida por pura negligência".

O eremita tibetano Kharak Gomchung passou vários anos numa gruta. Bem na entrada, havia um espinheiro que se enroscava na sua roupa toda vez que ele entrava ou saía. E toda vez sua vontade era a de arrancar o arbusto, mas logo o pensamento da morte lhe vinha à cabeça: "Quem sabe quando morrerei? O tempo que vou levar para arrancar esse arbusto é melhor eu dedicar à meditação". Ele terminou alcançando a perfeita realização espiritual. Quando morreu, o espinheiro continuava lá... Se meditadores dessa envergadura não se permitem desperdiçar nem um instante sequer, como é que nós, que ainda temos tanto a fazer para avançar no caminho espiritual, ousamos nos contentar com atividades tão triviais?

Quando alguém que alcançou a perfeita liberdade interior ouve a morte bater à sua porta, ele abre sem a menor hesitação, como quem recebe uma amiga. Ele está maduro, está pronto, nunca teve medo e encara essa passagem com serenidade. É por isso que um praticante budista deseja morrer, se possível, em plena lucidez, o que lhe permitirá pôr em prática tudo o que assimilou espiritualmente ao longo de toda sua vida, sem se desestabilizar pelos tormentos da agonia. Meu amigo Francisco Varela era ao mesmo tempo um grande neurocientista e um praticante experiente do budismo. Fui visitá-lo duas semanas antes de sua morte. Ele me disse que a cada dia se sentia mais fraco, mas que esperava preservar a qualidade da "presença desperta", que estava no cerne de sua prática espiritual, aquela que lhe havia sido ensinada por seu mestre Tulku Urgyen Rinpoche. Temia morrer com a mente confusa, num "estado sombrio", como mencionou o Alexandre. Amy, sua mulher, me disse que ele morreu em meditação. Como estava muito fraco, ela se sentou atrás dele e segurou-o com os braços para que ele pudesse permanecer sentado em postura de meditação, como era seu desejo. Ele partiu preservando a consciência clara da natureza da mente. Para um praticante, essa é a melhor maneira de morrer.

Sengdrak Rinpoche, outro meditador de quem eu era bastante próximo, morreu de leucemia num hospital do Nepal. Ele queria continuar em seu eremitério, mas seus discípulos o convenceram a ir para o hospital em Katmandu. Muito fraco, tinha de ficar deitado a maior parte do tempo. Quando sentiu que o momento da morte havia chegado, sentou-se perfeitamente ereto na posição de lótus, com os olhos bem abertos, contemplando o espaço diante dele. Inspirou profundamente, depois expirou, repousando na natureza da mente. Como havia pedido, seu corpo foi levado ao nosso monastério. Ele ficou vários dias sentado na postura de lótus como se tivesse acabado de morrer, sem rigidez cadavérica. Seu corpo exalava um perfume leve e suave e não o odor desagradável de um corpo em decomposição.

ALEXANDRE: Obrigadíssimo por lembrar que podemos morrer em paz, em total quietude e até mesmo com alegria. No dia a dia, os filmes nos enfiam goela abaixo milhares de mortes repletas de espasmos e contrações. Todas essas balas alojadas no meio da testa, esses gritos de pavor, essas agonias terríveis, todos esses cadáveres de rostos dilacerados por rictos assustadores contribuem para retratar a morte com traços de monstruosidade, de atrocidade. Mas a morte não é necessariamente o lugar do fracasso, e a grande ceifadora pode não ser o fim de todas as esperanças.

A DOENÇA E A DEFICIÊNCIA MUDAM O OLHAR SOBRE A MORTE

CHRISTOPHE: O que me interessou muito também na minha experiência pessoal foram os questionamentos que surgiram depois que estive próximo da possibilidade de morrer e quando percebi que ainda não era daquela vez. Quem sabe amanhã ou depois de amanhã! É bastante comum, muita gente já passou por isso, e o fato de ter sido levado a refletir sobre o assunto, não de modo conceitual, mas experiencial, vivendo a ameaça no próprio corpo, ouvindo o diagnóstico da boca dos médicos, foi algo muito proveitoso. Existem várias opções: viver essa experiência pode deixar as pessoas permanentemente ansiosas em relação às recidivas, às possibilidades de recomeço da doença, à realidade da ameaça. No meu caso, tenho a impressão de que no plano psicológico isso me fez bem, me abriu os olhos e fez com que alguns dos meus temores se transformassem. Como a maioria das pessoas, é claro que eu tinha uma ligeira preocupação com o envelhecimento e com todos os inconvenientes e as pequenas doenças que o acompanham... Mas conviver com uma doença potencialmente mortal, talvez ter uma bomba de efeito retardado no meu corpo, mudou minha relação com o fato de envelhecer. O que eu temia ontem, hoje espero que aconteça! E nesse instante, só peço uma coisa: poder envelhecer! Poder desacelerar, me restringir aos poucos, me limitar, viver mais em contemplação do que na ação. Honestamente, jamais poderia ter dito isso antes dessa doença.

E isso me faz lembrar das conversas que tive muito tempo atrás com um de meus amigos próximos, um homem muito cristão. No cristianismo, existe uma fecunda reflexão sobre a relação que se pode ter com a morte e sobre o modo como a fé pode nos ajudar a abordar essa ideia de maneira tranquila e inteligente. Meu amigo me dizia: “No fim das contas, o envelhecimento é uma bênção. É o que prepara a gente para a morte. Lentamente vamos aprendendo que existem coisas das quais precisamos nos desligar. E no caso de você não compreender bem essa mensagem, ou se não quiser ouvi-la, sua biologia e seu corpo fazem você lembrar e dizem: é isso mesmo, prepare-se para largar tudo.

Não de maneira maldosa ou ameaçadora, mas como um professor que puxa a orelha de seu aluno e o força a olhar as realidades que ele não quer ver". Intelectualmente, essas palavras me pareceram interessantes e pertinentes. Mas não imaginava que algum dia viesse a concordar com elas.

ALEXANDRE: Convivendo com uma deficiência permanente, às vezes tenho dificuldade de encarar a velhice com leveza no coração, embora ela chegue inexoravelmente. Já tenho de lidar com a fadiga, com a dor, com o esgotamento que sinto em certos dias. Tenho também toda a dificuldade do mundo em aceitar um mal crônico, um corpo que se deteriora e ainda *dar conta* das tarefas diárias... Só Deus sabe o que vai acontecer daqui a dez, vinte anos! O eu sempre projeta, faz planos quiméricos, especula... Contemplo esse corpo desgastado e cansado e encontro nele a oportunidade de uma renúncia, de um deixar estar, de um convite para aproveitar o aqui e o agora, para avançar no caminho da interioridade.

A ameaça da morte pode não ser mais do que uma névoa, uma vaga certeza desincorporada: sei que vou partir, mas ignoro a hora, o lugar, a maneira. Podemos entrever a paz desse mesmo jeito, de longe, sem necessariamente experimentá-la a fundo. É preciso uma boa dose de renúncia para identificar na morte "um amigo que virá me encontrar quando melhor lhe aprouver", como disse seu conhecido. Caro Christophe, ouvir você falar desses seres que nos reconciliam com a morte, que nos acompanham como se nos levassem pela mão na direção da paz eterna, é muito tranquilizador, especialmente quando tantos temores e aflições pairam sobre um momento que espera por todos nós. Para não morrer antes da hora, vamos praticar uma espiritualidade que nos mantenha vivos, plenamente sãos, com as deficiências, as dores, a doença. Pois, enquanto nos restar um sopro de vida, nada estará perdido para sempre. Um amigo meu, portador de uma patologia das mais insidiosas, chegava até mesmo a falar em decrepitude feliz. Ele via no declínio do seu corpo uma escola de renúncia. O grande salto, a eventual extinção da chama da vida pode fazer lembrar-nos do que é essencial. No entanto, como mostrou Freud[14], no fundo nenhum ser humano consegue imaginar sua própria morte, pois estamos convencidos de que somos imortais.

MATTHIEU: É preciso uma boa dose de cegueira para se imaginar imortal. Duvido que tanta gente seja estúpida a esse ponto. Por medo de assassinos, reis e presidentes se cercam de guarda-costas. Faríamos melhor se nos

14. Ver Sigmund Freud. *Considerações atuais sobre a guerra e a morte*. [1915]. Em *Obras Completas*. Tradução de Paulo César de Souza. São Paulo: Companhia das Letras, 2010. v. 17. A referência citada integra a parte II do texto, "Nossa atitude perante a morte". [N. Ts.]

preocupássemos com o mais infalível dos assassinos – a morte –, que pode surgir a qualquer momento sem que nenhum guarda-costas possa detê-la. Meu mestre Dilgo Khyentse Rinpoche costumava dizer: "Nenhuma súplica pode convencer a morte a esperar alguns anos, nem sequer um segundo. Nenhum guerreiro, por mais poderoso que seja, que tenha sob suas ordens todos os exércitos do mundo, pode fazer a morte vacilar. A maior das fortunas não pode suborná-la, e a própria beleza não pode seduzi-la. Nada no mundo pode deter a morte". As pessoas passam horas se preparando para uma viagem turística. Por que se preparam tão pouco para a "grande viagem"?

ALEXANDRE: Embora tudo esteja destinado à impermanência, embora tudo passe, em certos momentos da vida, *sentimos e experimentamos* de um jeito estranho que a morte não terá necessariamente a última palavra. Intuição incerta e convicção íntima ameaçadas sem cessar pelo medo e pela agitação.

CHRISTOPHE: Essa convicção íntima é importante, mas é tão frágil diante dos nossos medos da morte e do desaparecimento. Vamos fazer o maior esforço possível para prestar atenção a esses pequenos rasgos intuitivos de esperança, valorizá-los e cultivá-los. Mas sem nos enganar... Uma senhora idosa da minha família, sentindo a morte se aproximar, começou a frequentar grupos que acreditavam na reencarnação, na vida após a morte e inventava para si um monte de histórias sobre o assunto. Isso talvez fosse reconfortante, mas me parece que, no caso dela, servia de tela para a necessária aprendizagem da finitude e para a aceitação de sua morte iminente. Ela mentia para si mesma para não ter de encarar de fato o problema. Será que não poderia ter feito de outra maneira?

A FÉ E A MORTE

CHRISTOPHE: Matthieu, tenho uma pergunta talvez indiscreta que você não é obrigado a responder... Todos os meus amigos cristãos, para quem a fé é um importante reconforto, principalmente em relação à morte, me dizem que também atravessam momentos de dúvida: às vezes, de repente, ficam com medo de que sua fé seja apenas uma construção mental. Como se, no fundo, tivessem apostado tudo na existência de um Deus pleno de amor e de benevolência, na ressurreição do corpo etc. E quando essa fé arrefece, quando existem rupturas, começam a duvidar e perguntam: "Mas será que tudo isso não passa de ilusão?". Isso ocorre quando se sentem um pouco vulneráveis e inquietos diante da possibilidade do nada. Recentemente li uma obra que tratava dos últimos dias de vida de alguns monges, baseada em entrevistas e numa pesquisa realizada com religiosos de oito monastérios. O livro mostra até que ponto, diante da proximidade concreta de nossos derradeiros instantes, tudo o que pensávamos serem certezas pode de súbito se fissurar. O autor revela que para a Ordem dos Cartuxos[15] os dias de enterro são dias de festa: os monges almoçam juntos no refeitório, como costumam fazer no domingo, e não sozinhos em sua cela; eles consideram sua vida terrena como um "noviciado da eternidade". Mas seus derradeiros instantes nem sempre são isentos de angústia. E quanto a você, Matthieu, você tem dúvidas em relação à sua fé budista?

MATTHIEU: Um praticante budista pode decerto duvidar de suas capacidades de avançar no caminho e de viver a experiência da morte em paz. Ele ou ela se questionarão também sobre a existência de uma continuidade da consciência após a morte, tal como prega o budismo. Mas é possível dissipar essa dúvida pela lógica, pois os ensinamentos budistas não se referem a um "mistério" fundamental, como o da existência de um Deus criador, cuja perfeição é totalmente inacessível aos seres humanos. No caso do budismo, cada praticante tem a possibilidade de realizar a perfeição da natureza de Buda seguindo o caminho espiritual até seu ponto-final. Do mesmo modo, a compreensão da natureza da consciência e de sua continuidade ao longo das existências não depende de um dogma, mas da experiência direta do Buda e dos praticantes que alcançaram a Iluminação. Quanto a mim, tenho total confiança na validade do testemunho e dos ensinamentos de meus mestres espirituais. Tal confiança nasceu do fato de ter vivido muitos anos junto deles e da constatação de que não existem "pontos vulneráveis" nos mestres e em seus ensinamentos. Hoje não tenho medo da morte – nisso talvez devesse ser mais prudente! – e espero passar por ela colocando serenamente em prática as instruções que recebi. Claro que não tenho nenhuma segurança de que esse será o caso, já que não posso prever o futuro, mas estou muito confiante. Essa confiança advém também de uma familiaridade com os ensinamentos sobre a impermanência e a morte, pois a morte faz parte da natureza das coisas. Espero poder viver o máximo possível, mas toda vez que me pedem para refletir sobre uma proposta, um projeto, que só se concretizará em um ou dois anos, sempre digo a mim mesmo: "Sim, tudo bem, mas quem sabe se ainda estarei vivo até lá?". Às vezes, me perguntam com certa preocupação se estou bem de saúde, e sempre respondo: "Não tenho nenhuma doença grave, a não ser a impermanência". Não há nada de mórbido em tudo isso, muito pelo contrário! Essa perspectiva traz mais leveza e adiciona valor a cada dia que tenho a boa sorte de viver. Se estiver suficientemente lúcido na hora da minha morte, espero realizar com sucesso a prática que consiste em unir meu espírito ao espírito iluminado de meu mestre

15. Ordem religiosa fundada por São Bruno de Colônia (1030-1101), considerada a mais rígida de todas as ordens da Igreja Católica. [N. Ts.]

principal. Essa prática, denominada *guru yoga* ("união com o espírito do mestre"), acompanha o meditante por toda a vida. Diante da proximidade da morte, ele se entregará a essa prática de todo o coração. É a melhor maneira de morrer.

ALEXANDRE: O desafio, a prática, a ascese diária consistiriam talvez em considerar a morte, desde já, como uma amiga que nos ajuda a ir ao encontro do essencial?

MATTHIEU: Muito bem dito. Quando se fala de amiga, isso não significa que ficamos supercontentes de morrer, mas que a estabilidade e a qualidade de nossa prática nos permite ver a morte chegar não como uma inimiga que desencadeia o pânico em nossa mente, mas como uma visitante que não perturbará nossa paz interior. Admito que é mais fácil falar do que passar por isso. Um jornalista perguntou ao Dalai Lama o que ele pensava da morte. A resposta foi: "Estou muito curioso para ver o que vai acontecer!". Vinda de uma pessoa mil vezes mais preparada para enfrentar a morte do que a imensa maioria de nós, essa resposta dá o que pensar. Gostaria de dizer que eu mesmo já presenciei muitas mortes serenas. Às vezes eram pessoas que não tinham nenhuma prática espiritual específica, mas cuja serenidade vinha da confiança de terem vivido corretamente, de não terem sido prisioneiras de apegos muito fortes e, sem dúvida, de sentirem que sua hora tinha chegado, já que sua força vital se extinguia. Outras vezes, eram praticantes cuja serenidade procedia da confiança que tinham na firmeza de sua prática ou, melhor ainda, praticantes que tinham alcançado a perfeita liberdade interior.

ALEXANDRE: Pode até entrar uma boa dose de orgulho e de medo no desejo de morrer em paz. Para o praticante espiritual, como você mostrou citando o Dalai Lama, a paz não é algo que se arranca com fórceps, mas é fruto de um longo treinamento, de uma vida dedicada à prática, aos ensinamentos. Ela vem de uma fonte límpida e clara que impregnou cada ato da vida diária. Quanto a Deus, o praticante se sente feliz com o fato de Ele não ser um superprotetor, um seguro de vida, um tipo de Prozac que anestesiaria toda sensibilidade e liquidaria qualquer medo. A meu ver, a prece continua a ser o ato supremo da dádiva. Nela nos dirigimos ao Senhor sem nenhuma razão, já que na maioria das vezes entramos em contato com Ele apenas para apresentar nossa lista de lamentações e de pedidos (felicidade, saúde, paz de espírito, o menos possível de aborrecimentos...). No âmago de nosso ser, podemos estar profundamente enraizados numa confiança inabalável, mas, na superfície, viver cheios de agitação, de tormentos incontáveis e de um pânico generalizado.

• ALGUMAS FONTES DE INSPIRAÇÃO •

Diante da morte

◈

CHRISTOPHE

- Diante desse tema amplo e intimidador, fica difícil tentar dar conselhos! Apresentamos pelo menos algumas citações que nos inspiram... Primeiro, um fragmento de uma linda canção do cantor e compositor francês Claude Nougaro, "Acalanto para o vovô":

> "Você vai morrer, vai se apagar,
> Como um abajur de cabeceira,
> Quando o nascer da manhã começar
> Quando o livro se acabar.
> Dorme em paz, vovô.
> Você vai esquecer a respiração,
> as manchas vermelhas das suas mãos,
> E sem seus chinelos ultrapassar
> O umbral do mundo dos humanos.
> Dorme em paz, vovô."

- Nessa música tudo é dito sobre a morte, que chega suave e logicamente ao fim de uma vida plena, a morte como a passagem de um umbral e a renúncia do nosso corpo.
- Depois segue esse tocante epitáfio do poeta Mathurin Régnier:

> "Vivi sem nenhum remédio,
> Me deixando ir suavemente
> Como quer a boa lei natural,
> E se me surpreendo porque
> A morte se dignou a pensar em mim,
> Logo eu que nunca me dignei a pensar nela."

- O poeta de fato não aplica nossas recomendações, mas essa é outra opção – viver intensamente sem pensar no amanhã – que parece ter funcionado para ele.

MATTHIEU

- "A morte não perde tempo em considerar o que foi feito ou o que falta fazer."

Shantideva

"Entre as nuvens do ilusório e do efêmero
Dança o clarão da vida.
Pode você afirmar que amanhã não estará morto?
Então pratique o Dharma!"

Shechen Guialtsap

"Se esta vida, acossada pelo vento de males mil,
É mais frágil do que uma simples bolha d'água,
É milagroso, depois de ter dormido,
Inspirando, expirando, despertar tão bem disposto!"

Nagarjuna

ALEXANDRE

- "A morte nada é para nós, já que todo bem e todo mal residem na sensação; ora, a morte é justamente a completa privação das sensações."

Epicuro

- "A morte é o momento da libertação de uma individualidade restrita e uniforme, que, longe de constituir a substância íntima do nosso ser, representa mais uma espécie de aberração."

Schopenhauer

“ Nós, psicoterapeutas, temos o hábito de jamais julgar nossos pacientes ou de nos esforçar para não fazê-lo. Mas isso às vezes é complicado. Lembro-me de um homem que veio me consultar pedindo ajuda por causa de suas pulsões pedófilas. Ele contou que nunca havia consumado tal pulsão, mas sentia que estava cada vez mais difícil se conter. Não fui eu quem cuidou do caso, pois era totalmente inexperiente diante desse tipo de dificuldade – por isso, encaminhei-o a um colega. Mas nosso encontro foi um momento muito delicado para mim, que, como todo mundo, tenho um julgamento muito desfavorável sobre a pedofilia, julgamento que me parece inteiramente legítimo do ponto de vista moral. Repensei então no argumento de um colega americano, Jonathan Haidt, a respeito dessas questões morais. Em síntese, afirmava: se diante de um problema você acredita que possam existir várias opiniões e atitudes justificáveis, isso quer dizer que para você esse problema não depende da moral, mas do gosto pessoal. Se, ao contrário, você considerar que só existe uma opção possível, para você, essa é uma questão moral. Ter relações sexuais antes do casamento, por exemplo, é uma opção admitida atualmente pela maioria dos ocidentais, que não consideram mais esse assunto uma questão moral. Em contrapartida, ninguém, ou quase ninguém, afirmará que ter relações sexuais com crianças é uma questão de escolha individual que precisa ser respeitada; todo mundo considera isso uma questão moral.

Para mim, parece que a moral é indispensável não apenas para o bom funcionamento das sociedades, mas também para o das pessoas, e é por isso que estou feliz em escutá-los sobre esse assunto; um filósofo e um monge sabem muito mais sobre esse assunto do que um mero psicoterapeuta. ”

Cristophe

18
A ÉTICA

DE QUE ESTAMOS FALANDO?

CHRISTOPHE: Para vocês, existe diferença entre moral e ética? Se as duas palavras existem, é porque indubitavelmente remetem a duas dimensões diferentes? Mas em quê? Falar de ética seria apenas uma maneira mais chique e moderna de fazer referência à moral, palavra que talvez pareça mais obsoleta?

ALEXANDRE: A etimologia dos dois termos se assemelha e pode gerar confusão: "ética" vem do grego *ethos*, que significa "costumes", e "moral" vem do latim, *moralis*, também relativa a costumes. Ao longo dos séculos, essas duas palavras assumiram várias nuances, diferentes conotações. Escolas e correntes de pensamento lhes coloriram e interpretaram de várias maneiras. Mas muitos autores contemporâneos consideram que são sinônimas. Para não misturar as coisas, confesso que farei o mesmo.

De qualquer forma, a gente pode constatar que hoje em dia a moral tem má reputação, e quase sempre parece um catálogo de prescrições, códigos de conduta, dogmas, injunções e até mesmo de interditos, quando o que está em jogo é *tornar o ser humano melhor*, é nos enobrecer.

Sobre esse tema, não faltam grandes livros, como *Ética a Nicômaco*, de Aristóteles, *Ética*, de Spinoza... Itinerários inesgotáveis de libertação, verdadeiras sendas de luz na direção da felicidade. É como se os filósofos nos tomassem pela mão para nos conduzir passo a passo para a liberdade e para uma profunda felicidade. Esse é verdadeiramente o objetivo crucial, o grande desafio. Na hora de cogitar nas colheitas da sabedoria, talvez seja proveitoso se debruçar sobre a questão da vida boa, da arte de viver que faz florir os jardins do coração.

MATTHIEU: Segundo o dicionário *Le Grand Robert*, ética é a "ciência da moral". Mas alguns autores afirmam o contrário. Para Michel Serres[1], por

1. Michel Serres (1930-2019). O tema da ética e da moral circunda a quase totalidade dos escritos desse autor. Ver especialmente *Elements d'histoire des sciences*. Paris: Bordas, 2003. [*Elementos para uma História das Ciências* I, II e III. Lisboa: Terramar, 1995-1996]; *O incandescente.*

exemplo, "a ética está do lado da ideologia, e a moral do lado da ciência objetiva". Eu tenderia mais para a primeira interpretação, já que nas democracias há comitês de ética que procuram ser o máximo possível objetivos e tomam o cuidado de se basearem em conhecimentos científicos inteiramente confiáveis. Assim como o Alexandre, tenho a impressão de que a moral, definida como um conhecimento do bem e do mal, é muitas vezes concebida como uma forma normativa, sujeita ao dever. O risco que se corre é o de decretar o que é Bem e o que é Mal de modo absoluto, desincorporado, e não levar em conta o contexto e as situações humanas tais como são vividas. Penso que seria mais justo não fundar a ética no Bem e no Mal, considerados princípios escritos com letras de fogo no céu, mas, de preferência, como o bem e o mal que causamos aos outros em termos de bem-estar, de sofrimento. Por isso, a ética é uma ciência da felicidade e do sofrimento, aliada a um desejo de integridade e de coerência moral. Uma ética marcada pela lucidez, pela imparcialidade e pela benevolência requer que nos libertemos de nossas parcialidades, preconceitos, condicionamentos. Essa é exatamente uma das colheitas da liberdade interior.

O problema de uma ética dogmática é que os princípios em que se baseia não são necessariamente justos, equitativos e universais. Em seu livro *What's Wrong with Morality* [O que há de errado com a moralidade], Daniel Batson[2] conta como os membros da Ku Klux Klan chicoteavam até sangrar os cidadãos que não iam à igreja aos domingos e, em seguida, se dirigiam ao culto para ouvir a pregação de amor ao próximo! Durante genocídios e guerras de religião, inúmeros torturadores conseguem se convencer de que suas vítimas merecem a sorte que têm e que as sevícias por eles infligidas são uma coisa boa. Eles se desculpabilizam também aderindo à opinião e à ordem social da maioria, aquela que prega a opressão e a perseguição, e, se for o caso, dizem que estão "obedecendo às ordens". A história está repleta de gente que cometeu as piores atrocidades em nome da moral.

A ausência de ética caracteriza-se pela falta de consideração com as consequências que nossos atos têm no destino de outrem. É o triunfo do egocentrismo, que, conforme o caso, ignora as outras pessoas, transforma-as sem nenhuma vergonha em objetos para salientar ou os próprios interesses ou a obscuridade dessas pessoas, de propósito ou por falta de atenção à condição delas. Em última análise, todo mundo sai perdendo com isso, já que atos e palavras que ferem os outros acabam igualmente provocando consequências nefastas para si mesmo.

Tradução de Edgard de Assis Carvalho e Mariza Perassi Bosco. Rio de Janeiro: Bertrand Brasil, 2005. [N. Ts.]

2. Daniel Batson (1943). *What's Wrong with Morality. A Social Psychology Perspective*. New York: Oxford University Press, 2016. Psicólogo social, seus ensaios sobre o altruísmo e a empatia são fundamentais para a compreensão da contemporaneidade. Ver *A Scientific Search for Altruism: Do We Care Only About Ourselves?* New York: Oxford University Press, 2018. [N. Ts.]

ALEXANDRE: Em *Valor e verdade*, André Comte-Sponville[3] vem argumentar a nosso favor. Ele ressalta que a moral tem a ver com o conjunto dos nossos deveres. Ela responde à pergunta de Kant "Que devo fazer?"[4]. E visa, com isso, à universalidade. Para Comte-Sponville, a ética é o "conjunto refletido de nossos desejos". Sua questão principal consiste em "como viver?". Daí sua inserção particular num indivíduo ou num grupo. Se a moral atinge seu ápice na santidade – diz o filósofo –, a ética é uma arte de viver "que tende para a felicidade e culmina na sabedoria".

Fico satisfeito que a ética e a moral se incorporem nos exercícios espirituais, na dádiva de si. Quando o narcisismo e o egoísmo nos levam a considerar o outro como mera ferramenta, como um meio, é hora de cultivar uma liberdade que nos obrigue a sair dos limites da individualidade, do interesse pessoal. Aqui, é bom lembrar-se também do ensinamento de Spinoza. Não são os dedos em riste e os acusadores que tornam o ser humano melhor, mas sim a lúcida compreensão dos mecanismos que nos enclausuram nas paixões tristes; de onde vem o apelo do autor de *Ética* a não odiar nem escarnecer, mas sim identificar e compreender a natureza dos afetos a fim de atingir a verdadeira liberdade que é a beatitude.

Uma ética incorporada

MATTHIEU: Em um pequeno livro sobre ética, Francisco Varela[5] cita o filósofo canadense Charles Taylor[6], para quem "A ética não é só o que é bom de fazer, mas o que é bom de ser". Como essa distinção deve ser compreendida? Diante de circunstâncias nas quais não se tem tempo de pesar indefinidamente os prós e os contras, reage-se espontaneamente, de maneira moral ou não, em função da maneira de ser tal como foi construída ao longo dos anos.

---

3. André Comte-Sponville. *Valor e verdade*. Tradução de Eduardo Brandão. São Paulo: WMF/ Martins Fontes, 2008.
4. Em famosa carta de 1793, escrita a C. F. Staudin, Kant expôs o plano de trabalho de sua filosofia cosmopolita em quatro perguntas: 1) Que posso saber? (metafísica); 2) Que devo fazer? (moral); 3) O que tenho permissão de esperar? (religião); 4) O que é o ser humano? (antropologia), e isso vale para a razão especulativa e para a razão prática. Ver Immanuel Kant (1724-1804), *Ideia de uma história de um ponto de vista cosmopolita*. Tradução de Rodrigo Naves e Ricardo Terra. São Paulo: Martins Fontes, 2003; *Antropologia do ponto de vista pragmático*. Tradução de Clélia Martins. São Paulo: Iluminuras, 2006. [N. Ts.]
5. Francisco Varela. *Quel savoir pour l'éthique? Action, sagesse et cognition*. Paris: La Découverte, 1996. Nesse ensaio, Varela traça as ressonâncias entre as ciências cognitivas e as tradições da sabedoria, principalmente o confucionismo, o taoismo e o budismo. A proposição de um saber para a ética fundamenta-se no conhecimento progressivo das virtudes. [N. Ts.]
6. Referência ao livro de Charles Taylor (1931), *Sciences of the Self: the Making of Modern Identity*. Cambridge, Mass.: Harvard University Press, 1989. Em 2007, Taylor foi o vencedor do Prêmio Tepleton, concedido pela Fundação John Tepleton (1912-2008) a pensadores com contribuições excepcionais para a dimensão espiritual da vida, por meio da introspeção, da descoberta e de trabalhos práticos. Madre Teresa de Calcutá (1973), Freeman Dyson (2000), Dalai Lama (2012) e Marcelo Gleiser (2019) são alguns nomes contemplados com esse prêmio, cujo reconhecimento é incontestável. [N. Ts.]

À luz desse aforismo filosófico, compreende-se o vínculo que existe entre a ética e a liberdade interior, uma vez que essa liberdade já está isenta da tirania do ódio, do ciúme, do dogmatismo. O dogmatismo pode transformar-se em uma camisa de força: a ideia de que nunca se deve mentir, nem mesmo para salvar a vida de um fugitivo perseguido por um assassino, como no célebre exemplo de Kant[7], não é uma resposta contextual e adaptada a uma situação vivida. Para Kant, mentir é repreensível, quaisquer que sejam as circunstâncias, pois a aceitação da mentira destruiria o ideal da verdade para a humanidade como um todo. Assim, Kant pratica uma ética desincorporada. O budismo adere a uma ética natural fundada na liberdade interior e inspirada na benevolência, uma ética que brota espontaneamente do fundo de si mesmo, ética liberta dos dogmas infrangíveis.

Se uma criança cai na água, quase todos se precipitarão para salvá-la – fora algumas exceções, como num genocídio, por exemplo, quando um membro do clã dos opressores deixará friamente a criança da etnia perseguida se afogar. Tenho outro exemplo de comportamento imoral espontâneo que reflete uma disposição interna para a maldade: na livraria de um aeroporto, folheei o *Journal d'une psycopathe* [Diário de uma psicopata][8] (acabei não comprando o livro, originalmente publicado em inglês, pois fiquei enojado desde as primeiras páginas). A autora conta que, quando trabalhava no setor de piscinas de um centro esportivo, viu um camundongo cair na água. Impassível, ficou observando até que o bichinho, esgotado, se afogasse. Depois, retirou o cadáver do animal da água e, decidindo tirar um dia de folga, colocou um anúncio na entrada: "A piscina foi contaminada e permanecerá interditada hoje".

A liberdade individual consiste em fazer o que se quer desde que isso não cause nenhum dano a outra pessoa. É claro que se pode definir uma linha de conduta pessoal relativa a comportamentos que só afetem a nós mesmos (eles são raros!) a fim de não sentir vergonha dos próprios atos. Mas a salvaguarda da ética é o que nos dissuade conscientemente de causar mal ao outro.

De modo geral, as religiões têm pontos de vista bastante rígidos sobre as grandes questões éticas, como a eutanásia e o aborto. Para o budismo, as respostas dependem do contexto vivido. Quando lhe perguntam sobre essas questões, o Dalai Lama frequentemente responde: "Descreva-me a situação dessa pessoa. Depois disso poderemos refletir". Vamos nos perguntar quais são as consequências em termos de bem-estar e sofrimento.

7. Ver Immanuel Kant. *Crítica da razão prática*. Tradução de Valerio Rohden. São Paulo: Folha de S. Paulo, 2015. (Coleção Folha, Grandes nomes do pensamento, v. 8). [N. Ts.]
8. Muriel J. *Journal d'une psycopathe*. Paris: Stock, 2017.

“É bom lembrar-se do ensinamento de Spinoza. Não são os dedos em riste que tornam o homem melhor, mas sim a lúcida compreensão dos mecanismos que nos enclausuram nas paixões tristes.”

CHRISTOPHE: Nossa moral deve sem dúvida ser incorporada, mas também trabalhada. Nossos comportamentos não decorrem necessariamente de nossos valores morais. Frequentar a igreja, o templo, a mesquita, a sinagoga ou qualquer outro lugar de culto, e estar de acordo com os preceitos morais de nossa própria religião não garantem que nos comportaremos sempre bem. Temos de fazer esforços constantes para passar da teoria à prática. E os outros também podem nos ajudar nisso por meio de um controle social dos comportamentos morais.

Aliás, uma observação ingênua me vem à mente: parece-me que a moral não é nem necessária nem suficiente para fazer o bem. Não é suficiente porque, como acabo de dizer, é a aplicação da moral que para nós constitui o elo mais fraco. Tampouco necessária porque às vezes podemos adotar comportamentos morais sem ter recebido nenhum ensinamento nem sofrido nenhuma coerção moral prévia.

E considerando o problema pelo lado contrário, eu refletiria, por exemplo, sobre os momentos em que podemos chegar a fazer mal aos outros. Acredito que o fazemos quanto mais nos afastamos de certo número de vigilantes internos, que notadamente constituem nossas salvaguardas emocionais. Uma coisa que faço sempre no trabalho com meus pacientes quando lidamos com as emoções (com a inteligência emocional, com a atenção prestada às emoções) decorre da ideia de que geralmente nossas emoções cuidam de nós e podem, entre outras coisas, nos ajudar a incorporar melhor a ética – essa ética que, como você dizia, Matthieu, consiste em não fazer mal a outra pessoa e até mesmo lhe fazer o bem tanto quanto possível.

Tenho plena convicção de que, quando nos sentimos bem, somos capazes de estar atentos aos pequenos sinais emocionais que, bem no fundo de nós, regulam nossos impulsos agressivos. Se não estivermos profundamente desequilibrados por causa de sofrimentos, nossas emoções sabem muito bem nos advertir de que estamos fazendo o mal. Elas quase sempre nos alertam tanto antes como durante: exceto um psicopata perverso, ninguém se sente bem ao fazer mal a alguém. As emoções sempre nos assinalam isso depois: razão do sentimento de culpa. Em psicoterapia, trabalha-se com frequência o sentimento de culpa excessivo, que, apesar de tudo, é uma chance extraordinária de a pessoa ser capaz de sentir conscientemente a própria culpa. Jamais se faz mal aos outros quando o ambiente interno é sereno e tranquilo e, se todos estivessem mais atentos ao que se passa dentro de si mesmos, os momentos em que se faz mal a outrem diminuiriam consideravelmente. Daí vem o papel determinante do equilíbrio e da liberdade interior, cuja contribuição é nos tornar animais mais éticos. E o papel dos esforços que precisamos fazer para caminhar nesse sentido.

Penso, por exemplo, no exame de consciência. Entende-se com isso o fato de reservar um tempo toda noite para nos perguntar se fizemos o bem, se praticamos o mal, e como fizemos isso. Essa prática caiu em desuso, pois parece um pouco "católica" demais e também culpabilizante. Mas será que nossa sociedade não foi longe demais no desejo de libertar nossos contemporâneos da culpa? Insisto nisso porque, bem regulada, a culpa é um sentimento interessante.

Lembro-me de dois pacientes aos quais propus um trabalho de exame de consciência. Já que a culpa os atormenta tanto, eu disse, vamos então explorá-la até as últimas consequências; vamos fazer um teste durante quinze dias. Todas as noites, vocês vão se perguntar: o que fiz de mal hoje, mas também o que fiz de bem? Primeiro para ver se o "mal" é real ou imaginário, depois para não se esquecer de enxergar o bem. Os pacientes deviam fazer um pequeno diário de exame de consciência, mas o que constatei, na verdade, foi que ambos eram incapazes de identificar o "bem" que haviam praticado. Observa-se exatamente a mesma coisa em pacientes que não conseguem perceber os momentos de felicidade. Quando revimos juntos as anotações do diário, mostrei a eles que também tinham sido capazes de atos de gentileza.

Às vezes fazemos mal aos outros sem querer: não estamos bastante atentos para notar que alguém não está bem que nem reparamos nisso, ou então dizemos coisas sem ter consciência de que podem ser ofensivas. No fundo, isso é quase inevitável quando se convive com pessoas; são os atritos do mundo real, ligados a todo tipo de vida social. O único meio de não praticar o mal seria permanecer isolado na própria cabana e não interagir com os outros. Ou então adotar precauções que complicariam enormemente a vida. Isso me faz pensar nos praticantes do jainismo[9], na Índia: um de seus princípios centrais é o *ahimsa*[10], desejo de não fazer sofrer nenhum ser vivo. Por isso, os praticantes mais radicais dessa religião sempre usam máscaras no rosto para não correrem o risco de engolir um inseto e, quando andam, varrem o chão à sua frente para não pisotear nenhum deles. Um exemplo de altruísmo bastante louvável, mas um pouco complicado no dia a dia.

A DIFICULDADE DE UMA ÉTICA SINCERA E A ÉTICA ALTRUÍSTA

MATTHIEU: Daniel Batson, a quem me referi anteriormente, trabalhou bastante com a questão do altruísmo. Seu livro mais recente sobre a moral

9. O jainismo é uma das religiões mais antigas da Índia. Caracterizado pela ausência de um Deus criador ou figura central, considera que todos os seres vivos têm uma alma e, por isso, devem ser cuidados e preservados. [N. Ts.]
10. "*Ahimsa*" significa "não injúria", princípio ético-religioso adotado pelo jainismo, hinduísmo e budismo.

analisa inúmeros trabalhos de psicologia comportamental, cujos resultados são bastante intrigantes. Vários eixos de pesquisa descrevem a maneira pela qual o senso moral se desenvolve na criança, sacudindo um pouco as ideias recebidas. O que se constatou foi que, embora as crianças consigam dissimular seu comportamento, a maioria não hesita em se comportar de um jeito que vai motivar a reprovação dos adultos, junto com uma punição, se forem pegas em flagrante delito, por exemplo, roubar o brinquedo de outra criança. Mais frequentemente, a criança faz pouco caso da moral quando se trata de suas próprias ações. Em contrapartida, se *outra* criança rouba seu brinquedo, ela geralmente vai protestar em alto e bom som gritando que é muito "mau" agir daquela maneira. Conclusão: a criança dita a própria moral quando isso lhe convém para se assegurar de que os outros se comportem decentemente com ela, mas não se incomoda em transgredi-la quando pode fazê-lo impunemente.

De modo semelhante, na vida adulta, muita gente dá lições de moral, mas secretamente se comporta de maneira contrária aos preceitos que prega. Viram especialistas em hipocrisia moral. Isso requer que a pessoa engane a si mesma para não se sentir muito culpada, sentimento por si só bem desagradável. Para ficar em paz consigo mesma, ela encontra justificativas bastante cômodas. Como ressalta Daniel Batson, em casos assim, é preciso tornar as próprias faltas morais invisíveis aos olhos dos outros e a si próprio.

Na maioria das vezes, a moral seria usada como um instrumento para obrigar os outros a se comportar de maneira ética em relação a nós e para nos proteger dos comportamentos indesejáveis que eles possam nos infligir. Claro que a integridade moral existe, mas ela seria frágil na maioria dos indivíduos, principalmente quando tem um custo em termos de vantagens pessoais.

No diálogo *Górgias*[11], de Platão, Cálicles reitera que na sociedade os fracos se servem da moral para regular os atos dos poderosos e dos mais capazes. Sócrates discordava disso, mas parece que Cálicles tinha razão…

Voltando a Daniel Batson, devo confessar que à primeira vista sua conclusão me desconcertou, sobretudo por ter vindo do primeiro psicólogo que demonstrou, por meio de rigorosos protocolos científicos, que o verdadeiro altruísmo existia de fato, e que nenhuma explicação plausível fundada no egoísmo permitiria questionar os resultados dos 25 tipos de estudos que ele coordenou durante quinze anos. Por outro lado, Batson distingue moral de altruísmo, cujo objetivo não é agir segundo os princípios morais, mas sim fazer o bem a outrem. Para o budismo notadamente, a compaixão não procede de um julgamento moral, mas visa a remediar as causas do sofrimento, em qualquer forma que possa assumir.

11. Platão (427 ou 428 a.C.-348 a.C.) *Górgias*. Tradução de Daniel Lopes. São Paulo: Perspectiva, 2011. [N. Ts.]

“A vida em comum exige um sacrifício pulsional. Não posso estrangular a vizinha que bateu a porta na minha cara, nem vandalizar a biblioteca do bairro. Existem leis, regras a respeitar.”

Alguns meses depois de ter lido o livro de Batson, por ocasião de um encontro no Mind and Life Institute, organizado em março de 2018, em Dharamsala, local da residência do Dalai Lama, na Índia, estive com uns quinze especialistas da pré-escola e da educação. Um de nossos amigos, Ilios Kotsou[12], compartilhou os resultados de uma pesquisa muito esclarecedora. Os pesquisadores estudaram o assédio na escola. Fizeram uma profunda investigação sobre o estado mental de duas categorias de crianças: as que assediam e as que defendem os molestados. Constatou-se que as crianças que assediavam as outras eram tão capazes de argumentos morais quanto as que defendiam os molestados. Estavam plenamente conscientes do caráter "imoral" de seus atos, o que pode parecer surpreendente. Na ocasião, eu me perguntava por que razão as assediadoras continuavam a perpetrar atos que, lucidamente, elas mesmas consideravam imorais. Tal pesquisa me deu uma resposta bastante esclarecedora: a criança que assedia, sentindo uma satisfação perversa em abusar de sua vítima, pode estar consciente do aspecto imoral de suas atitudes, mas não sente nenhuma piedade por seu alvo, já que benevolência e malevolência são mutuamente incompatíveis na mesma corrente de pensamento. As defensoras, por sua vez, vinham em socorro dessas mesmas vítimas movidas pela compaixão e pela benevolência.

Outros pesquisadores destacaram a importância da influência dos pais no comportamento dos filhos em questão de moral. Quanto mais coerentes forem os pais em termos de ética e tiverem uma relação calorosa e benevolente com seus filhos, maior será a inclinação destes para se comportar eticamente.

Esses trabalhos parecem demonstrar que uma ética sem benevolência é letra morta. No decorrer da minha modesta fala em Dharamsala, tentei formular as modalidades de uma ética benevolente, que começa pela constatação de que, na medida do possível, e salvo alguma exceção, não quero sofrer. Podemos, então, argumentar o seguinte:

– Não quero sofrer.

– Valorizo essa aspiração.

– Estou interessado na realização dessa aspiração.

– Por isso, vou evitar o que pode causar sofrimento e fazer o que me liberta do sofrimento.

Esse argumento alia a motivação de não sofrer ao discernimento que me esclarece sobre o que é conveniente fazer ou não. A ética consiste simplesmente em aplicar o mesmo raciocínio em relação a outrem: os outros não querem

12. Ilios Kotsou (1974). Membro do Consórcio de Pesquisa em Inteligência Emocional em Organizações. Para Kotsou, *mindfulness* e a chamada psicologia positiva são formas de ter a mente aberta para a vida e garantir a atenção plena. Conta com muitos adeptos no mundo ocidental, no Brasil inclusive. Ver *Cadernos do exercícios de atenção plena*. Tradução de Stephania Matousek; Ilustrações de Jean Augagneur. Petrópolis: Vozes, 2015. [N. Ts.]

sofrer; valorizo essa aspiração; estou interessado na sorte deles e me abstenho de atos que lhes causem sofrimentos. Juntamos assim a motivação altruísta ao discernimento no que se refere às consequências de nossos atos sobre o outro. Embora não raro seja difícil prever as consequências de nossas ações a longo prazo, é sempre possível examinar sinceramente nossa motivação e verificar se ela está bem impregnada de altruísmo.

Poderíamos argumentar que o inferno está cheio de boas intenções: é bem possível querer fazer o bem, mas agir com total falta de discernimento na realização dessa louvável intenção. Por isso, é necessário se livrar da confusão mental e das distorções da realidade.

ALEXANDRE: *Que devo fazer?* (questão moral); *Como viver?* (pergunta ética): essas duas questões podem descerrar um itinerário de libertação. Santo Agostinho e sua famosa fórmula *Dilige et quod vis fac* ("Ama e faz o que quiseres") deixa clara a centralidade do amor, da caridade. Para ele, se permanecermos enraizados no amor, só poderemos nos dirigir para o bem. Em uma célebre carta, ele indica o caminho: "Este curto preceito te foi dado de uma vez para sempre: Ama e faz o que quiseres. Se calares, calarás com Amor, se falares, falarás com Amor, se corrigires, corrigirás com Amor, se perdoares, perdoarás com Amor. Se tiveres o Amor enraizado em ti, nenhuma coisa a não ser o Amor serão os teus frutos"[13]. Agora já estamos avisados. Não precisamos mais de camisa de força moral, de regras de vida, de manual de instruções.

O problema é que ainda não somos santos e que diversas motivações podem nos perturbar, e lá estamos nós de novo mergulhados no tema da acrasia. Mesmo com a melhor boa vontade do mundo, como extirpar toda vontade de poder, toda raiva, toda mentira, todo egoísmo? O combate parece árduo. Mais uma vez: de um lado, nossa melhor parte, que quer o bem, que o aprova, que o deseja ardentemente; de outro, as mesquinharias do cotidiano, os passos em falso, as derrapagens. Daí, talvez, o interesse por uma ética, por uma moral, por uma bússola para avançar, progredir, pois como bem observou Aristóteles, é forjando o ferro que se vira ferreiro, é à medida que se praticam a temperança, a coragem, a justiça, a moderação que se adquirem essas virtudes.

Por que agir moralmente? Cálicles, Nietzsche, Freud e tantos outros procuraram descobrir as verdadeiras motivações que nos fazem agir *bem*. Será que somos virtuosos, obedientes "como se deve ser" por medo da rejeição,

---

13. Agostinho. *Comentário da primeira epistola de São João.* Tradução de José Joaquim Sobral. São Paulo: Edições Paulinas, 1989. [N. Ts.]

por conformismo, por querer agradar ou, como afirmava enfaticamente Santo Agostinho, porque somos possuídos por uma caridade sem limites que naturalmente nos conduz ao bem? Questões éticas e morais, com certeza, desafio imenso que vem para arrancar o verniz das aparências e permitir o nascimento de uma liberdade, de um amor que se doa plenamente, sem máscaras nem cerimônias.

MATTHIEU: André Comte-Sponville afirma: "Só precisamos de moral quando falta amor". Se ficarmos atentos à benevolência incondicional, a questão da ética fica regulada, já que é inconcebível fazer mal aos outros conscientemente.

ALEXANDRE: Ir sempre na direção da liberdade, renunciar ao ponto de vista mesquinho dos nossos preconceitos, ter sempre um bom coração, é esse o caminho. Todos os dias a existência nos oferece escolhas, às vezes cornelianas[14]. A que e a quem dar ouvidos? Para onde ir? Que fazer? Evidentemente, a ética e a moral estão relacionadas com a felicidade, com o viver junto, com o bem comum. Se não nos embrenharmos numa selva social nem tentarmos fabricar nossa felicidade encolhidos em nosso canto, estamos destinados a uma existência solidária.

Em linhas gerais, a ética consiste em *tornar o homem e a mulher* pessoas melhores, para que cresçam se aperfeiçoando juntos, fazendo florescer todos os recursos que habitam no coração. A ética se traduz numa arte de viver, numa ascese, em exercícios espirituais que nos guiam e nos conduzem para uma vida feliz. Tentar praticar a virtude, buscar o caminho, é acreditar, como Aristóteles, que é para a felicidade, esse bem soberano, que nossas ações devem convergir. Se vivo em sociedade e não no fundo de uma choupana, é porque penso que juntos todos nós podemos alcançar a alegria, a paz, a grandeza que eu não poderia obter sozinho. Ver na moral apenas uma camisa de força, um monte de instruções que nos perturbam, é esquecer que a gente não poderia viver bem na anarquia. Várias perguntas surgem daí: O que me leva a me aproximar dos outros? Por que vivo em companhia de meus *congêneres*? Por medo, por horror da solidão, por curiosidade, ou por amor, para me doar ao outro? Como

14. Referência a Pierre Corneille (1606-1684). Ao lado de Molière e Racine, Corneille é considerado um dos maiores produtores de dramas e tragédias. A extensão e a riqueza de sua obra fizeram com que, na França, o adjetivo "corneliano" passasse a ser identificado com vontade e heroísmo, grandeza de alma e integridade. Representadas até os dias atuais, as peças de Corneille integram o repertório permanente da Comédie Française, a companhia teatral mais antiga do mundo, fundada em 21 de outubro de 1680. [N. Ts.]

demonstrou Freud[15], a vida em comum exige um sacrifício pulsional. Não posso estrangular a vizinha que bateu a porta na minha cara, nem vandalizar a biblioteca do bairro, nem participar de um arrastão na confeitaria da esquina. Existem leis, regras a respeitar.

No entanto, ética e moral não podem ser reduzidas à simples obediência a uma regra exterior. Devem ter sua raiz, sua origem, na interioridade, no âmago do ser. Há pouco você citava Kant, que nos propõe uma moral que se poderia chamar de dever. Conhecemos seu célebre imperativo categórico: "Aja segundo a máxima que possa simultaneamente fazer-se a si mesma lei universal"[16]. Mas fazer o que nos casos particulares? Se não devo mentir, qual teria sido a ação justa se, durante a guerra, eu tivesse abrigado judeus e a Gestapo me perguntasse se eu escondia fugitivos ou não? Sem destruir o kantismo, que é bem mais complexo do que se imagina, o que se constata é que não existem regras rígidas que compartimentalizariam nossa vida e, como diria o Dalai Lama, fariam de nós seres mecânicos, robôs.

Ao lado da concepção moral de Kant, existe a opção consequencialista. Em resumo, numa escolha, a alternativa justa é a que gera as melhores consequências. O problema, claro, são os critérios que servirão para determinar o que é melhor. Como evitar de se perder em coisas mesquinhas? Nos anos 1960, a filósofa britânica Philippa Foot[17] deu um famoso exemplo, que depois seria retomado pela colega Judith Jarvis Thomson. Imaginemos um bonde em alta velocidade e cinco pessoas que têm a infelicidade de se encontrar no seu trajeto. Uma iniciativa pode salvá-las. Não muito longe dali, há uma ponte, e sobre essa ponte, um homem de compleição forte. Bastaria empurrar "acidentalmente" o homem para que, na queda, ele acionasse a alavanca de mudança de curso e, assim, desviasse o bonde desgovernado, evitando a morte de cinco inocentes. É claro que haveria um efeito colateral – a morte desse bravo homem. O que escolher? Por qual alternativa optar? Poupar cinco vidas, sacrificando aquele infeliz, ou jamais considerar quem quer que seja como um meio, a exemplo de Kant? O que se observa com isso é que o cálculo puramente racional nem sempre leva a uma solução. A propósito, o que seria uma solução ideal?

---

15. Para Freud, existem dois grupos de pulsões ou instintos que dependem das traduções da palavra alemã "*trieb*": as pulsões de autoconservação, ou pulsões do Eu, e as pulsões sexuais, cujo espectro é bem numeroso, pois emergem de diversas fontes orgânicas e, em princípio, atuam independentemente umas das outras. Ver Sigmund Freud. *Os instintos e seus destinos* e *O inconsciente*, ambos de 1915, *A transitoriedade*, de 1916, que integram os Ensaios de Metapsicologia. *Obras Completas* (1914-1916). Tradução de Paulo César de Souza. São Paulo: Companhia das Letras, 2010. 12 v. [N. Ts.]
16. Ver Immanuel Kant (1724-1804). *Fundamentação da metafísica dos costumes*. Tradução de Paulo Quintela. São Paulo: Abril Cultural, 1974. (Coleção Os pensadores, v. 25. Seleção de Marilena de Souza Chaui). [N. Ts.]
17. Philipa Foot (1920-2010). Filósofa conhecida por seus trabalhos no campo da ética. Uma das fundadoras da ética da virtude contemporânea baseada na ética de Aristóteles. [N. Ts.]

ESCUTAR A BÚSSOLA INTERIOR

ALEXANDRE: Sem optar entre o kantismo e o consequencialismo, vemos que uma das bases da ética e da moral (por que distinguir a qualquer preço esses dois termos...) consiste em se tornar disponível, em renunciar o próprio ponto de vista restrito. Podemos virar verdadeiros aiatolás da nossa visão de mundo, impô-la, sair numa cruzada, virar prosélitos do nosso sistema de avaliações. Entre um relativismo descerebrado e a absolutização frenética dos nossos julgamentos, prefiro apostar que existe um lugar para a liberdade, a caridade, a compaixão.

Quanto aos valores, aos julgamentos morais, ao bem e ao mal, em *Assim falou Zaratustra*, Nietzsche menciona três metamorfoses. Primeiro vem o camelo, animal de carga que ajoelha, que se curva sob o peso dos fardos e, como se diz por aí, ainda pede mais. Depois vem o leão, que ruge, se insurge, se revolta, quebra as tábuas das leis. Na alegoria nietzschiana, no fim vem a criança, que brinca com o mundo, que recupera a inocência do devir, que cria.

A inocência do devir... Esse é o horizonte que se descortina quando a falsa culpabilidade, os ideais, os julgamentos implacáveis vêm nos paralisar. A liberdade do ser humano se perde entre as tentativas de reduzir sua ação a modelos, a esquemas. Não existem manuais para agir bem. Somos sempre convidados a descer mais, a ousar chegar ao fundo de nossa subjetividade e escutar nossa bússola interior. Em que prestamos atenção de manhã, de tarde e de noite? Em mandamentos importados? Na voz de um ego ferido? Enfrentar os desafios éticos, buscar a via da liberdade, não é ter a coragem de desobedecer às exigências do eu e assim se tornar disponível para ouvir a bússola interior que abre um grande espaço para o outro e não pode se fechar em si mesma?

CHRISTOPHE: Gosto muito dessa ideia de bússola interior. Todos os trabalhos se encaminham nesse sentido: nossa bússola interior é naturalmente voltada para o bem. Toda vez que podemos nos conectar com ela, ela nos mostra a direção certa: quando fazemos o bem, nos sentimos bem, e quando nos sentimos bem, fazemos o bem. O problema é que essa bússola pode ser desorientada por perturbações emocionais. Toda vez que deixamos a raiva, o medo e a tristeza tomarem conta de nós, criamos novas polarizações mentais que vão desorientar a agulha da bússola e nos conduzir para direções erradas. Essas emoções são transitórias e depois de alguns dias, meses ou anos, poderemos dizer: "Mas eu estava louco de ir nessa direção, negligenciar meus valores, minha ética, os interesses dos outros etc." Percebemos outra vez a importância da clareza e da paz necessárias ao distanciamento e ao discernimento para rapidamente tomarmos consciência do disparate de nossas referências interiores.

ALEXANDRE: Escutar a bússola interior é um dos maiores desafios da vida, é a fonte da ascese e da meditação. É ultrapassar os limites estreitos das nossas referências, dos próprios caprichos, dos interesses pessoais, deixar para trás o medo, os ecos longínquos do passado, os condicionamentos, os hábitos. Claro que não basta dar ouvidos à própria consciência para resolver todos os dilemas éticos e ter resposta para tudo, o que nos aprisionaria num solipsismo moral. Mas somos obrigados a constatar que somos tentados por toda espécie de seduções: o lamento da culpa, o poder imposto pela opinião dos outros, a voz do remorso, do *não faça isso, não faça aquilo*. Todo o desafio reside no diálogo entre a interioridade e os outros, o universal e o singular.

CHRISTOPHE: A respeito dessa articulação entre as referências exteriores e as interiores, parece que as regras sociais impostas do exterior só podem funcionar se corresponderem a estruturas cerebrais, a, digamos, pré-valores interiores, quase sempre indicados pelas reações emocionais. Por isso, o altruísmo e a fraternidade podem ser facilmente ensinados a uma criança porque seu cérebro já está predisposto para isso. Mas predisposição não significa obrigação; sem educação, ou com uma educação em sentido contrário (que leva ao egoísmo e à competição), essas tendências inatas permanecerão adormecidas, ou poderão até mesmo ser desativadas para sempre.

MATTHIEU: A moral por obrigação é constituída de uma série de regras abrangentes, adotadas por todo mundo e por todas as religiões (não matar, não roubar, não mentir). Mas, quando essas regras são gravadas nas tábuas da lei, sem serem realmente interiorizadas nas mentalidades coletivas, e quando essas regras não toleram nenhuma exceção, podem ser prejudiciais. É aí que a bússola interior deve mostrar o rumo. O exemplo do grande sábio indiano Nagarjuna me vem à lembrança. Seu comportamento era eticamente perfeito. Em determinado ano, a fome assolou sua aldeia. Enquanto os aldeões morriam de fome, um rico brâmane estocava imensas quantidades de arroz e de outros cereais nos seus celeiros. Nagarjuna não teve dúvida: organizou um roubo e invadiu os tais celeiros (claro, deixando ao brâmane o suficiente para sobreviver) e salvou a aldeia. Deontologicamente, era um roubo, mas, do ponto de vista da ética benevolente, era uma necessidade.

Aristóteles também afirmava que nos tornamos virtuosos *praticando* a virtude, o que permite interiorizar a moral até que ela se expresse espontaneamente em nosso comportamento. Como qualquer outra forma de treinamento da mente, essa interiorização requer esforços contínuos. Esforçar-se sistematicamente para imaginar o que o outro sente aumenta nossa solicitude com ele e serve de estímulo para nos comportarmos de maneira ética. A leitura dos grandes romances sociais – *A comédia humana*[18], de Honoré de Balzac, *Os miseráveis*[19], de Victor Hugo, *Oliver Twist*[20], de Charles Dickens, *A cabana do pai Tomás*[21], de Harriet Beecher Stowe, *A selva*[22], de Upton Sinclair, *As vinhas da ira*[23], de John Steinbeck – aumenta nossa empatia, incita nossa revolta contra a injustiça e nutre nosso senso moral.

ALEXANDRE: Na *Genealogia da moral*[24], Nietzsche afirma que não nos conhecemos, mas que somos nós que buscamos o conhecimento. O que desejamos de fato? Quais valores orientam nossas ações? Por que praticamos o altruísmo? Por desinteresse, por pura dádiva de si? Como eliminar os preconceitos, os *a priori*, os traumas que moldam nossa visão de mundo e nossas escolhas? Avançar na direção da liberdade talvez passe inevitavelmente por uma pequena genealogia de nossa moral toda pessoal, pois por trás do ato mais desinteressado do mundo podem se imiscuir uma vontade de poder, uma sede muito forte de controle, um desejo de compensação, uma necessidade de reparação. Quando eu era criança, no Instituto, costumava assistir a um desfile de benévolos. Uma vez por ano, recebíamos a visita de alguns políticos. Lembro-me até hoje daqueles homens que buscavam com o olhar alguma aprovação pública por estarem apertando as mãos dos *pobres deficientes*. Nenhuma reciprocidade, nenhum laço se tecia naquele dia.

MATTHIEU: Assim como os que fazem caridade para converter os pobres à sua religião. Na Índia, no fim dos anos 1970, costumava-se chamar de "cristãos do arroz" aqueles que se convertiam ao cristianismo em troca de um saco de 50 quilos de arroz.

---

18. Honoré de Balzac (1799-1850). *A comédia humana*. Tradução de Vidal de Oliveira e outros. Rio de Janeiro: Globo, [a partir de 1989]. 17 v. [N. Ts.]
19. Victor Hugo (1802-1885). *Os miseráveis*. Tradução de Casimiro Fernandes; tradução revista de Eduardo Rosal e Jorge Bastos Cruz; introdução de Carlos Heitor Cony. 3. ed. Rio de Janeiro: Nova Fronteira, 2020. [N. Ts.]
20. Charles Dickens (1812-1870). *Oliver Twist*. Tradução de Ricardo Lísias. São Paulo: Hedra, 2002. [N. Ts.]
21. Harriet Beecher Stowe (1811-1896). *A cabana do Pai Tomás* ou *A vida entre os humildes*. Tradução de Bruno Gambarotto; organização e posfácio Danilo José Ferretti. São Paulo: Carambaia, 2018. [N. Ts.]
22. Upton Sinclair (1878-1968) *A selva*. Tradução de Agenor Soares de Moura. Rio de Janeiro: Moura Fontes & Flores, 1937. [N. Ts.]
23. John Steinbeck (1902-1968). *As vinhas da ira*. Tradução de Ernesto Vinhaes e Herbert Caro. São Paulo: Abril Cultural, 1982. [N. Ts.]
24. Friedrich Nietzsche. *Genealogia da moral*. uma polêmica. Tradução, notas e posfácio de Paulo César de Souza. São Paulo: Companhia das Letras, 2009. [N. Ts.]

CHRISTOPHE: Sim, em princípio, ou vista do exterior, a moral se assemelha a um conjunto de obrigações, mas essas obrigações devem ser livremente escolhidas e não apenas impostas. Por outro lado, elas oferecem um espaço de liberdade maior do que o oferecido pela ausência de regras morais. Esse espaço de liberdade é o que se domina "anomia", uma ausência de normas teorizada pelo sociólogo Émile Durkheim[25]. Essa anomia tomou conta das sociedades modernas e relativistas (todo ponto de vista é defensável, não se deve julgar etc.), nas quais com frequência "é proibido proibir", segundo o célebre *slogan* de maio de 1968. Como demonstram os trabalhos sobre as sociedades materialistas, que são sociedades do consumo e do relativismo anômico, parece que essa anomia gera ainda mais ansiedade e egoísmo, duas formas de perda da liberdade. No sentido inverso, como escreveu Rousseau: "A obediência à lei que prescrevemos é liberdade".

MATTHIEU: Se para se traduzir em atos coerentes a moral deve ser impregnada de altruísmo, é importante que, junto com os esforços altruístas, nos libertemos do jugo da ignorância, dos venenos mentais e do sentimento exacerbado da importância de si. O comportamento moral será então, como a sabedoria e o amor altruísta, uma das principais colheitas da liberdade interior.

---

25. O conceito de anomia foi sistematizado por Émile Durkeim (1858-1917) em *Da divisão do trabalho social* e em *O suicídio*, originalmente publicados em 1893 e 1897 respectivamente. Ver *Da divisão do trabalho social*. Tradução de Andréa Stahel M. da Silva. São Paulo: Edipro, 2016; *O suicídio*: estudo de sociologia. Tradução de Andréa Stahel M. da Silva. São Paulo: Edipro, 2013. [N. Ts.]

• CAIXA DE FERRAMENTAS •

Para uma ética cotidiana

◈

ALEXANDRE

- *Sócrates é nosso mestre* quando nos exorta a conhecer a nós mesmos e a aguçar nosso sentido da verdade para nos afastar alegremente do que nos infecta e nos conduz a becos sem saída. Seguir seus ensinamentos, desfrutar das colheitas da liberdade talvez seja prestar atenção à nossa bússola, ao *daimon*, termo usado por Sócrates para se referir a essa voz interior que soa como um alarme, um mensageiro, um guia.
- *A lição de Nietzsche*: Talvez cada um de nós lide com uma mitologia inteiramente pessoal. Pode ser que, no decorrer do tempo, nós mesmos tenhamos decretado o que é bom, o que é o bem e o mal, onde está a felicidade, qual é a regra de conduta que se deve seguir com obstinação. Filosofar "sob golpes de martelo", como diria Nietzsche, implica examinar os valores, os pontos de vista aos quais nos aferramos para ver se eles nos elevam, nos engrandecem ou se nos intoxicam, nos enrijecem, nos enfraquecem.
- *Uma benevolência necessária*: Enquanto o sentimento de culpa pode ser um tônico de proteção que nos impede de dar com a cara no muro, a vergonha e o desprezo de si não tornam ninguém melhor. Que tipo de olhar temos diante dos nossos passos em falso, diante das imperfeições dos outros? Somos promotores, juízes implacáveis? E se levássemos em consideração as recaídas, os terrenos acrásicos de nossa vida com os olhos de um mecânico generoso que se empenha de corpo e alma em reparar as capotas amassadas?
- *Um questionamento*: O que é uma vida boa? (pergunta ética e... moral por excelência.) A que aspiramos no mais fundo do nosso ser? Por que não praticar um exercício estoico e nos imaginar no próprio leito de morte? O que realmente tem valor na nossa existência? Quais comportamentos, quais ações incorporam a quintessência do que somos?

MATTHIEU

- *Examinar sinceramente nossa motivação*: "Estou prestes a agir de maneira totalmente egoísta ou estou levando em consideração o destino dos outros? Tenho em mente poucos indivíduos ou o maior número possível? A curto ou a longo prazo?".
- *Em seguida, usar o discernimento*, que faz com que se tome a decisão mais adequada para o bem de um maior número de pessoas a longo prazo.
- *Fundamentar nossa ética sobre uma benevolência incondicional*: Qual seria a melhor decisão a tomar se eu tiver em vista apenas o bem dos outros? Em seguida, considerar de maneira realista como se pode combinar essa visão com a nossa capacidade de ação, da energia e do tempo de que dispomos e as nossa própria aspiração de ser feliz.

CHRISTOPHE

- *A ética é benéfica para nós*: A moral é indispensável a toda a vida em sociedade, mas também ao nosso equilíbrio interior. No ser humano, a anomia, essa ausência de regras que rege os comportamentos sociais, culmina inevitavelmente em ansiedade (vejam os problemas psicológicos das "crianças supermimadas", que se relacionam mal com seus pais e rejeitam qualquer tipo de regra e qualquer restrição) e em violência recíproca no interior dos grupos.
- *O exame de consciência*: Se você não é filósofo, uma maneira simples de manter a ética viva é o exame de consciência, introspecção conduzida à luz da moral: regularmente pergunte a si mesmo qual foi o Bem e qual foi o Mal que você praticou em torno de si? Por que e como? E tire as lições disso.
- *Escutar nossas emoções*, pois costumam nos trazer de volta para o caminho! Se "agimos mal", se fizemos alguém sofrer inutilmente, é raro nos sentirmos felizes com isso. Mas no caso oposto, se tivermos feito o bem, sempre nos sentiremos melhor. No fim é tudo muito simples!

“Mal acabara de chegar da Coreia, onde havia passado três anos na tentativa de praticar meditação e de me aprofundar nos Evangelhos, quando dei de cara com um estranho personagem que me provocou calafrios na espinha. Eu atravessava um período intensamente turbulento que me deixava meio sensível e, por que não dizer, bastante fragilizado. Estava no banheiro de um restaurante de Lausanne, aliviando a bexiga, quando esse cara entrou. Foi uma verdadeira cena de saloon *dos filmes de faroeste. O sujeito me olhou direto nos olhos e disse: "Você não é um cara viril, Jollien! Vivemos num mundo em guerra! Estamos todos fartos de gentileza, de benevolência, de Ursinhos Carinhosos!".*

Na hora, não tive forças para responder à altura, de ser curto e grosso e de lhe dizer, por exemplo, que a generosidade é tudo menos frágil, que, muito pelo contrário, ela procede de uma coragem sublime, que é como uma dinamite, capaz de explodir o egoísmo, a brutalidade, a sede de vingança em sentimentos de ternura. Queria ter retorquido à maneira de Tarantino: "E aí, cara? Está falando comigo? Que tal mudar de assunto?". Por que um comportamento tão belicoso quando se trata de promover o não egoísmo, a dádiva de si e a cessação de qualquer tipo de combate? Hoje em dia, a rebelião não implica exatamente estar do lado do altruísmo, da ternura, da generosidade? Será que precisamos nos tornar duros só porque o mundo é duro? Que responder aos espíritos de porco, aos xerifes convictos, aos cowboys que exaltam o machismo, o poder? Por que diabos associar a não luta à frouxidão? Não existe um medo enorme por trás da vontade de se refugiar dentro de uma armadura, de adotar uma postura de guerra? "Você não é viril!..."

Inseguro até a raiz dos cabelos, aturdido, titubeante, saí do banheiro com um imenso sentimento de vulnerabilidade. Praticar a solidariedade, considerar o outro um companheiro de equipe que navega no mesmo barco, não é fácil para ninguém. Naquela noite, senti uma imensa solidão.”

Alexandre

19
A BENEVOLÊNCIA INCONDICIONAL

CHRISTOPHE: Não tem jeito, os filósofos filosofam em qualquer lugar, até mesmo no banheiro! Diógenes, que costumava urinar à vontade em plena rua, teria gostado muito da sua história! Vocês se lembram, meus amigos, de quando fazíamos a promoção do nosso livro anterior, o número de vezes que fomos interpelados (com mais gentileza, claro) sobre o tema da benevolência ingênua em um mundo onde guerras e perversidades não faltam? O mal-entendido é sempre o mesmo: já que o mundo é duro, é preciso ser duro também, ou pior ainda, é preciso ser duro o tempo todo. Para a maioria das pessoas, é difícil compreender que podemos agir para mudar o mundo e também nos esforçar para continuar benevolentes. É exatamente porque o mundo hospeda violência demais que são necessários seres humanos benevolentes para torná-lo um lugar suportável. Um dos princípios da nova geração de pesquisas sobre a psicologia positiva é usar a felicidade não para esquecer a infelicidade, mascará-la ou se desmobilizar, mas muito mais para enfrentar melhor a adversidade e para extrair da felicidade a força de agir...

A BENEVOLÊNCIA É INGÊNUA?

ALEXANDRE: O mínimo que posso dizer é que o cowboy do banheiro me perturbou para caramba. A reação dele foi de confrontação; ele me deixou exposto e talvez tenha me mostrado o risco de parecer bonzinho, gentil e, mesmo no terreno da espiritualidade, de adotar um altruísmo de fachada como escudo protetor para evitar os golpes da vida, quando a verdadeira compaixão está longe, bem no fundo de nós e zomba do desejo de agradar.

CHRISTOPHE: A cena que você descreveu foi realmente um encontro fecundo! É engraçado como momentos breves e desagradáveis como esse podem nos levar a refletir sobre coisas importantes! Mas é verdade que determinadas posturas podem ser muito irritantes. Às vezes, vejo isso nos ambientes de meditação: refiro-me a certos mestres e a certos discípulos que exibem sempre um sorriso etéreo nos lábios, como se quisessem mostrar como são diferentes, como são zen. Denomino isso de estilo zen. Há vezes em que a coisa fica um pouco "demais", untuosa demais, como se dizia antigamente de certos eclesiásticos, constante demais, sistemática demais, em desacordo demais com o que se sabe dos conflitos e das lutas de ego nos bastidores de suas associações e organizações. Usar a benevolência para parecer bonzinho é coisa que também existe. Certas fotos publicadas nas redes sociais me incomodam bastante: a impressão que se tem é a de que a pose é escolhida para "maximizar" o olhar benevolente... Mas tudo bem, algumas pessoas talvez digam o mesmo de nossas fotos! A benevolência não tem de ser provada, não tem de ser alardeada nem exibida. E não vai impedir nem os conflitos nem os desacordos: ela simplesmente não deve ser associada ao registro da agressividade ou da exclusão.

ALEXANDRE: Em outra ocasião, eu meio que perdi as estribeiras, fui incapaz de *controlar* a emoção. No meio de uma plataforma superlotada do metrô, quando entrava no vagão junto com meu filho, após um esplêndido passeio sob um sol magnífico, fui fulminado pelas suspeitas de um passageiro que, depois de me examinar da cabeça aos pés, me ameaçou: "Afaste-se desse menino! Se você se aproximar dele outra vez chamo a polícia". Como explicar gentilmente para aquele senhor que não havia problema algum, que eu era o feliz progenitor daquele moleque? Por que não agir corretamente e agradecer a ele pela solicitude?

Naquela hora, foi um homem dominado pelo pânico que reagiu, como se uma antiga revolta ressurgisse. Vexado, triste e perturbado, não encontrei nada melhor a fazer do que gritar em pleno vagão: "Seu desgraçado, você não vê o monte de preconceitos que carrega? Eu sou o pai dele, sou o pai dele! Tá escutando? Sou o pai dele!" Não basta exibir gestos de polidez, de cortesia, para ser verdadeiramente bom. O cowboy do banheiro bem como o cara do metrô foram um convite para que eu tivesse um olhar um pouco mais genealógico sobre as verdadeiras motivações que me fazem ir ao encontro do outro. As gentilezas, a civilidade, a afabilidade não são moeda de troca para obter o retorno dos investimentos. Tentar amar sem mais nem porquê, gratuitamente, esse é o desafio do dia a dia, enfrentado em meio a atritos, fricções, estresse e, às vezes, incompreensão!

CHRISTOPHE: A história que você viveu no metrô é de uma violência absurda! A vida real, no banheiro do restaurante, assim como no metrô, não age com delicadeza para nos lembrar de que o mundo ainda precisa de muito aperfeiçoamento! Como você mesmo diz, o desafio é diário – sofrer agressões, sem por isso se tornar agressivo, é um trabalho de tempo integral. As pessoas que nos agridem evidentemente não se sentem bem consigo mesmas. Descontam nos outros ao redor, quer estejam de passagem, como no seu encontro com o cowboy do banheiro e com o cara do metrô, quer seja gente do seu convívio habitual; é provável que seus dois interlocutores sejam ainda mais grosseiros e agressivos com seus familiares e colegas. Surpreendentemente, é grande o número de pessoas muito apegadas à própria raiva e ao próprio ódio e que transmitem isso aos outros como forma de validar sua visão de mundo. E isso simplesmente porque atrás da raiva e do ódio se ocultam todos os seus medos e sofrimentos. Renunciar aos primeiros obrigaria a enfrentar os segundos...

As faces da benevolência

ALEXANDRE: Um dia você me deu uma grande lição, Matthieu. Eu fazia uma conferência com você quando, na hora das perguntas, um homem começou a fazer um discurso que não acabava mais. A irritação de certos participantes era evidente, e eu não sabia o que dizer, temendo ferir os sentimentos do nosso interlocutor. Lembro-me de suas palavras: "Sem querer interrompê-lo de maneira alguma, creio que vamos parar por aqui. Muito obrigado e boa noite a todos!". Fiquei na posição de quem escuta, de quem compreende, de quem aceita tudo, enquanto a liberdade interior, a coragem, a compaixão exigiam uma atitude bem mais sutil. Superar o medo de desagradar nos conduz a um amor mais puro, mais livre. Talvez existam dois tipos de independência quando o assunto é o que os outros vão dizer, a vaidade de um Trump, que se lixa totalmente com a opinião dos outros, e a liberdade do sábio, do santo que já se libertou. É frequente os mestres zen usarem uma suave firmeza para desorientar o ego do discípulo, quando a bajulação o acorrentaria perpetuamente a uma insatisfação incurável. Ao contrário do que se pensa, a compaixão infinita não exclui a exigência. Ela respeita o próximo, leva-o a sério, ama-o.

MATTHIEU: Acho útil distinguir afabilidade de benevolência, firmeza de dureza. A benevolência deve estar sempre presente, incondicionalmente. Mesmo quando nos confrontamos com o cowboy do banheiro, não devemos responder com hostilidade, não podemos desejar conscientemente o mal a essa pessoa. Nada de bom pode decorrer disso, a não ser uma escalada da violência.

A gentileza é a expressão normal da benevolência, quando as pessoas se comportam de maneira decente umas com as outras, o que acontece na maioria das vezes. Em vez de mostrar o cenho franzido para alguém, nós o abordamos com gentileza. A gentileza é a face da benevolência.

A benevolência é uma atitude interior; a gentileza é uma manifestação exterior que podemos revelar nas expressões faciais, na postura corporal e no tom de voz. O ideal seria abordar todo mundo com benevolência e acolher o outro com um sorriso. Na sua história, Alexandre, você estava saindo do mictório e, antes mesmo de poder expressar a mínima benevolência, lá vem o cowboy e o insulta. Se você tentasse desarmá-lo com um sorriso, haveria pouca chance de isso funcionar: o que o cara queria mesmo era armar um barraco a qualquer custo. Em um caso como esse, é muito mais a firmeza que se impõe. Você não tem de que se reprovar; interiormente você permaneceu calmo, benevolente, mas fiel a seus princípios. A irrupção de um personagem grosseiro não é razão para questionar a autenticidade de sua atitude interior e, por isso, se desestabilizar. É claro que isso é mais fácil falar do que praticar diante de um grosso que não tem um pingo de benevolência.

Em circunstâncias apropriadas, pode-se expressar a benevolência com firmeza. Inútil sorrir hipocritamente para nosso agressor. Vale mais a pena ser firme com ele, porém sem demonstrar animosidade, isso para não encorajá-lo na sua maneira de ser e de agir.

A dureza, ao contrário, fere o outro. Endurecemos seu espírito e, como você mesmo diz, acabamos despejando sobre ele um monte de palavras agressivas. Nosso interlocutor será insultado e ficará com raiva. Nesse caso, a escalada da agressividade começa.

Quanto à tolerância, de acordo com a situação, pode ser prova de uma abertura construtiva ou de uma passividade nefasta. Um médico "tolera" um louco furioso em vez de usar de brutalidade, já que sua missão é tratá-lo. Mas não se espera que alguém aceite o inaceitável, e a tolerância não deve gerar uma atitude permissiva diante da injustiça, da discriminação, da violência... A abertura da mente está associada a certa calma e permite que se aceite a realidade como ponto de partida para uma mudança desejável. Se não nos deixarmos conduzir pelos torvelinhos das paixões, estaremos mais aptos a considerar com tranquilidade o melhor caminho a seguir. Sem dúvida alguma, seu cowboy também age como cowboy com a própria família e com os colegas de trabalho. Reagir usando um vagão de dinamite não teria servido a ninguém, nem a você, nem a ele nem às vítimas dele, passadas e futuras. Isso não significa que é preciso ser capacho: o importante é manter a própria dignidade e depois considerar qual o melhor antídoto para a grosseria do sujeito.

No caso do incidente do metrô, compreendo muito bem que você tenha explodido de indignação. Só de pensar na rudeza, na falta de tato, de maturidade e de discernimento daquele sujeito, a gente já se sente mal – mesmo que de algum modo a intenção dele, em princípio, não fosse prejudicar. Você vivenciou dois extremos: não reagir diante do cowboy e perder as estribeiras com o cara do metrô. Você se deu conta *a posteriori* de que nenhuma das respostas foi ideal. As reações diante desse tipo de provocação quase sempre são indicadoras dos progressos conquistados e do caminho que nos resta percorrer. Pouco a pouco, à medida que amplificamos nossa liberdade interior, aprendemos a conservar nosso equilíbrio e a adotar o caminho do meio: uma segurança tranquila, uma benevolência discreta, mas sólida, algumas palavras simples e ponderadas acompanhadas de um sorriso confiante, provando que não caímos na armadilha da agressividade, podem desarmar a brutalidade e até mesmo a hostilidade da pessoa que provoca e agride. Se isso funcionar, tanto melhor. Se não funcionar, pelo menos evitamos de cair na rede e de ser capturado pela espiral ascendente da violência, na qual todo mundo sai perdendo. No episódio do metrô, imagino que, se você tivesse dito calmamente, mas em voz alta, de maneira que todos ouvissem: "Meu caro senhor, obrigado pela preocupação com este menino, que por acaso é meu filho e que amo de todo meu coração", ele ficaria mortificado de ter agido daquela maneira tão violenta e inapropriada.

Às vezes, uma maneira inesperada de reagir, um tapa com luva de pelica podem desconcertar o agressor. Uma testemunha direta me contou um episódio sobre Trungpa Rinpoche, um mestre tibetano que você, Alexandre, já leu bastante. Ele viveu muito tempo nos Estados Unidos e, por isso, não hesitava em quebrar as convenções triviais. Certo dia, a pessoa que o conduzia parou num posto de gasolina no meio da estrada para abastecer o carro. Por uma razão fútil – o carro não estava bem estacionado –, um sujeito enorme, com chapéu de cowboy (mais um!), se aproximou da janela aberta, bem do lado em que Trungpa Rinpoche estava sentado, e, com atitude ameaçadora, despejou uma torrente de injúrias. Ocorreu que, por coincidência, uma criança havia deixado uma pistola de água no carro. Trungpa Rinpoche não teve dúvida, pegou a pistola, apontou e espirrou toda a água na cara do sujeito, dizendo calmamente: "Ei você, pinto molhado!". A mistura de estupefação e de medo (já que nos Estados Unidos muita gente anda armada e infelizmente com frequência usam as armas) foi tanta que, pasmo, o homem contemplou Trungpa Rinpoche por alguns instantes sem dizer nada, depois se afastou deixando que o carro partisse. É claro que é preciso estar muito seguro de si para se arriscar a fazer esse gênero de réplica!

Uma das colheitas da liberdade interior é poder manter a perfeita lucidez em todos os momentos, sem se deixar arrastar pelos fluxos perturbadores da confusão mental. Isso permite manter um amplo espaço mental para acolher com facilidade qualquer tipo de circunstâncias, favoráveis ou adversas, sem se incomodar com elas. Além disso, essa liberdade também permite fazer um julgamento fiel de quais serão as melhores respostas para usar diante de situações conflituosas.

O BEM-FAZER E OS BENFEITORES NA VIDA COTIDIANA

CHRISTOPHE: Trungpa Rinpoche tinha colocado em modo de espera seu *software* mental de benevolência e ativado o do bom humor! Mas para aquelas e aqueles que não são mestres, vamos refletir sobre as etapas a seguir para nos aproximar cada vez mais da benevolência...

Existe a benevolência natural, que é a que manifestamos com as pessoas que amamos e com as que conhecemos. Nossos esforços consistem exatamente em mantê-la viva, mesmo nos dias de fadiga e de mau humor, o que nos permitirá constatar, aliás, que se mostrar tranquilo e benevolente faz bem e quase sempre levanta o moral. Isso porque a benevolência retira o foco de nós mesmos e, em geral, nos faz viver momentos agradáveis e emoções positivas.

Depois existe a benevolência que manifestamos com os desconhecidos com quem cruzamos e que jamais voltaremos a ver, situação na qual já precisamos estar com nosso software de benevolência ligado na cabeça; daí o interesse em fazer pequenos exercícios – as tais "práticas", como você sempre diz, Matthieu – de meditação matinal sobre esse tema.

Um pouco mais difícil, sem dúvida, é manifestar benevolência com gente diferente de nós, em razão de seu comportamento, sua filosofia de vida, sua cultura. Recordo-me de uma discussão que tive com um paciente: ele me contou que tinha a tendência de só dar esmolas a pessoas que *faziam* alguma coisa – por exemplo, aos músicos que tocavam nas galerias do metrô –, mas que não dava nada para aquelas e aqueles que passavam pedindo uma moedinha. E quanto mais agressivos eram eles, menos ele dava. Dizia: só dou esmola aos que "merecem". Mas essa reação (que às vezes observo em mim) é de fato meio absurda, pois parte da minha necessidade e não da necessidade do outro. Benevolência não tem nada a ver com aprovação; de qualquer forma, não deve se limitar às pessoas que obedecem à mesma lógica que nós. No caso da esmola, essa lógica também é um tanto absurda: não raro são as pessoas incapazes de tocar uma música ou de demonstrar polidez que se encontram em situação de maior vulnerabilidade social e precisam de mais ajuda. Existe, portanto, um lado paradoxal em dar segundo o que julgamos ser mérito do outro ou conforme nosso humor – se estamos de bom humor, doamos; se estamos de mau humor, não doamos. São obstáculos que precisamos ultrapassar. Mesmo compreendendo bem a lógica do paciente, que dizia: entre os comportamentos adaptados e as atitudes inadaptadas, prefiro encorajar os primeiros. Mas a missão da benevolência também é corrigir as desigualdades e as aflições, e não validar uma ordem social.

MATTHIEU: A prática do altruísmo e da compaixão não tem como objetivo recompensar a boa conduta, e a ausência desses dois sentimentos não é uma sanção punitiva contra comportamentos repreensíveis. O altruísmo e a compaixão não se baseiam em julgamentos morais, mesmo que certamente não excluam esses julgamentos. A compaixão, em particular, tem como objetivo eliminar todos os sofrimentos individuais, quaisquer que sejam, onde quer que estejam e quaisquer que sejam as causas. Considerados sob essa perspectiva, o altruísmo e a compaixão podem ser imparciais e ilimitados.

ALEXANDRE: O mestre zen Dainin Katagiri ensina que para o budismo existem três fontes de dádiva: o apoio material – vital para quem está necessitado –, a transmissão do ensinamento – o que existe de mais precioso do que ouvir o Dharma[1] – e, finalmente, a dádiva do não medo. Quando eu batalhava contra a adicção, levando uma vida clandestina, com a morte na alma, sempre sonhava com uma policlínica, com um guichê onde fosse acolhido com minha mochila de mágoas, de projeções e de apegos sem nenhum julgamento. Às vezes, o dia a dia contribui com seus médicos, seus curadores, seus mecânicos da alma que nos transmitem a força de acreditar na bondade da vida e nos colocam no caminho da grande saúde. Os sábios, os mestres, tanto Jesus como Buda, são poderosos libertadores. No Evangelho de Lucas, 5:31-32, podemos ler as seguintes palavras de Jesus: "Os sãos não necessitam de médico, mas sim os enfermos". E nós todos, homens e mulheres, não importam quais sejam nossas feridas, podemos usar as forças de que dispomos e nos tornar membros ativos dessas policlínicas, amar-nos uns aos outros e nos reabastecer juntos.

CHRISTOPHE: O que também me interessa é a noção de um "dever" de benevolência. Já que estamos em uma época em que se fala muito de "dever de ingerência", por exemplo, não existiria para todo ser humano uma noção de benevolência concebida como um dever ligado a qualquer forma de vida em sociedade?

Já há alguns anos vemos surgir publicações sobre indivíduos que são chamados de *toxic handlers*[2], o que em português se poderia traduzir por "benfeitores". Essas observações se referem com frequência a funcionários de empresas que se mostram generosos com os colegas, que procuram aquelas e aqueles que têm dificuldades no trabalho, que aliviam os sofrimentos ligados ao ofício,

1. Conceito-chave nas cosmovisões das filosofias orientais com múltiplos significados. Na cultura hinduísta, Dharma é a lei que rege a natureza sensível e suprassensível, a sociedade e a moral; no budismo, é a lei ou a verdade que determina a realidade espiritual de todos os seres humanos e que se confunde com a doutrina do Buda. [N. Ts.]

2. Dentro de uma organização, os *toxic handlers* são pessoas que atuam voluntariamente aliviando o peso da tristeza e da raiva de seus colegas de trabalho, sentimentos endêmicos na vida organizacional. [N. Ts.]

embora possam existir benfeitores em todos os grupos humanos. De maneira natural, essas pessoas reconfortam, ajudam e todos os dias dispensam a benevolência ao seu redor, em pequenas doses, de maneira discreta, sem se pôr à frente de nada, quase sempre sem mesmo falar do assunto, já que para elas isso é muito normal, faz parte de sua maneira de ser, de sua visão de mundo. Coisas implícitas na "banalidade do bem", à qual Matthieu sempre se refere. Esse tipo de gente é quase sempre invisível, jamais são reconhecidos pelo papel que desempenham como dispensadores de benevolência, já que não fazem isso para aparecer nem porque é sua profissão, mas exatamente porque faz parte da natureza deles e consideram isso normal.

Quando se compreende esse conceito e se olha ao redor, constata-se que existem muitos benfeitores e que, se eles desaparecessem, os grupos de que "cuidam" se desmantelariam. É o que acontece quando em uma família um benfeitor morre: de uma hora para a outra a coesão se rompe, todo mundo começa a brigar. A morte do meu avô, a quem eu era muito ligado, e que me transmitiu muitos de seus valores, provocou em nossa família uma espécie de catástrofe ecológica no plano relacional e emocional: não demorou muito para que muitos conflitos aparecessem e nunca mais cessassem... Coisa semelhante aconteceu num serviço hospitalar em que trabalhei no passado: uma enfermeira da recepção se aposentou e sua ausência foi nitidamente sentida no ambiente de trabalho, pois ela era uma grande dispensadora de benevolência. Era o tipo de pessoa que toda vez que alguém lhe contava uma queixa, tentava sempre conciliar as coisas em vez de pôr mais lenha na fogueira.

ALEXANDRE: Convite genial para nos tornarmos "benfeitores", para trabalharmos pelo bem. Muitas vezes, no meio da confusão, acho que ouço esse chamado: "E se estiver numa zona de conflitos e o tumulto se instaurar, vire logo um *boina azul*[3]. Entre gentilmente no campo de batalha e, com muita serenidade, tente dar segurança a todo mundo, desembarace as coisas, acalme o ambiente sem nunca pôr mais lenha na fogueira; e, assim que sua missão estiver cumprida, retire-se tranquilamente sem exigir coisa alguma. Seu salário é a paz!". Todas as tradições espirituais encorajam a não violência, a compaixão, o respeito absoluto da alteridade. Contraste marcante com o que dizem esses repórteres de televisão, verdadeiros franco-atiradores, pagos para exterminar seus convidados.

O "benfeitor", o policlínico, com seus apertos de mão, sua presença, graças a uma palavra, a um gesto de atenção, talvez venha a relembrar a bondade da vida a todos aquelas e aqueles que estão desesperados. Ele estimula o aspirante

3. No original, *casque bleu*, membro das Forças Internacionais de Manutenção da Paz das Nações Unidas, criadas em 1956 para atuar nas zonas de conflito armado. [N. Ts.]

espiritual a se inserir numa dinâmica quando o desencorajamento e as trevas ameaçam ganhar terreno. Admiro muito esses terapeutas do cotidiano, esses socorristas da alma que, dia após dia, aliviam, apoiam, sustentam todos aqueles que poderiam sucumbir aos golpes do destino.

Eu mesmo tentei fazer um pequeno estágio num centro de cuidados paliativos. Ansioso para oferecer apoio, superestimei completamente minha capacidade. Quando precisava, sabia me mostrar benevolente e oferecer minha escuta. Acredito até que meu trabalho não era nada mau, mas quando voltava para casa, não era senão medo e angústia, perguntando mil vezes por dia aos meus filhos se eles não tinham alguma dor de cabeça. Assombrado pela ideia de que pudessem me escapar das mãos, transtornado pela emoção, em resumo, no fundo do poço, me sentia afundar em areias movediças, incapaz de promover a confiança, a alegria, a descontração na minha família.

CHRISTOPHE: O que você diz é bem importante: às vezes, a benevolência pode se expressar em velocidade de cruzeiro, sem esforço, mas existem também circunstâncias em que ela fica difícil para nós: diante de situações muito dolorosas e emocionalmente turbulentas, como as que você vivia no centro de cuidados paliativos. Em minha opinião, talvez não fosse a benevolência o problema, o que o desestabilizava era a angústia crescente provocada por essa confrontação regular com pessoas que sofriam de enfermidades mortais; ninguém consegue ficar incólume e tranquilo nessas circunstâncias.

Mas você mencionou também certo tipo de situações nas quais fica difícil demonstrar benevolência: com pessoas deliberadamente agressivas, por exemplo, para aumentar a audiência na televisão e nas mídias. Alex, o que você disse a respeito dos apresentadores de televisão, cujo trabalho é vociferar maldades, me faz lembrar da conversa que tivemos sobre treinamento da mente. O princípio dessas execrações públicas, cujo intuito é provocar o riso dos telespectadores, não é apenas moralmente indigno, mas exemplifica muito bem o que discutimos sobre treinamento da mente. O problema da maledicência, da malvadez, é que elas nos habituam a ver apenas o lado negativo dos seres humanos, provocam uma espécie de claudicação do olhar: a pessoa fica limitada, não vê senão o lado maldoso dos outros, as fraquezas, os defeitos. E diante dos defeitos alheios, o que se faz? Zombamos, fazemos sermões, nos distanciamos ("nós não somos assim, somos muito mais espertos") e, finalmente, rejeitamos o outro! Esses programas de televisão não têm nada de inofensivos e, sob o pretexto de fazer rir ou de provocar pseudodebates, estimulam nosso pior lado. E por não cultivar a função da benevolência, ficamos cegos e só somos capazes de pôr em funcionamento nosso lado maldoso e de enxergá-lo nos outros.

"O ódio não tem lado bom; ele é zero. Ele é o inimigo por excelência, o inimigo do bem-estar, o inimigo da bondade, o carcereiro da liberdade interior."

ALEXANDRE: Resta saber por que essa corrida de touros desembestados que seduz nossos instintos mais baixos acerta direto na mosca? Por que podemos ficar fixados, capturados por essa nova forma de show de picadeiro?

CHRISTOPHE: De fato, isso é estranho. Talvez porque, como seres humanos, a violência e a exclusão social nos angustiem demais. De repente, nossa atenção fica magnetizada por esse gênero de cenas, como se nosso cérebro arcaico buscasse nelas as informações para sua própria sobrevivência: quando olhamos atentamente para os horrores, reais ou simbólicos, não estaríamos talvez procurando saber como escapar deles se algum dia acontecessem com a gente? Talvez, inconscientemente, consideramos útil ver os defeitos dos outros, identificá-los, para poder nos proteger deles, corrigi-los.

MATTHIEU: Existe nesse espetáculo uma espécie de gratificação imediata, de prazer perverso que os alemães denominam *Schadenfreude*, a satisfação malsã de ver outras pessoas atormentadas, ridicularizadas e até mesmo machucadas. Seria uma espécie de gozo voyeurista e tácito, sem dúvida ligado a certa forma de crueldade latente em nós, diante da humilhação, do rebaixamento e da execração pública do bode expiatório. Tenta-se ressaltar o próprio ego anulando o outro. O que é o oposto da grandeza que se sente ao admirar e se alegrar do fundo do coração com a bondade, a generosidade e a excelência de qualquer outra pessoa. A vontade é de sugerir a esses diretores midiáticos, descendentes dos organizadores dos jogos de arena romanos, que se elevem ao nível das qualidades de seu alvo, em vez de se empenharem em reduzi-los às suas fraquezas.

CHRISTOPHE: Quem sabe isso nos reassegure da nossa superioridade, ou pelo menos da nossa não inferioridade. Há para todos! Os narcisistas afirmam: "Que idiotas, sou muito mais esperto do que eles!". Os inquietos e complexados reiteram: "Espero jamais me deixar rebaixar assim!". Em todo caso, a persistência desse tipo de programa de televisão e nossa complacência com eles constituem um verdadeiro problema. O que deveríamos fazer é desligar a televisão na mesma hora e nos perguntar: "Que delírio é esse?". Mas o que acontece quase sempre é que temos um olho malvado que se abre e um ouvido complacente que se liga no assunto... Não costumo assistir televisão com frequência (exceto as partidas de rúgbi!), mas quando, mudando de canal, me deparo ao acaso com esse gênero de programa, assisto um pouco e me justifico dizendo que é para tentar compreender seu sucesso. Mas talvez esse tipo de voyeurismo também exista em mim...

ALEXANDRE: A benevolência incondicional nos induz a dinamitar nosso exclusivismo, nossos particularismos. Somos convidados a abraçar um amor universal, nada menos do que isso. Sem esperar nenhum retorno, sem esperar gratificação, vamos mergulhar de cabeça! Nesse caminho, o filósofo platônico Fílon de Alexandria nos dá uma mãozinha. Ele sugere nunca nos esquecer de que aqueles com quem nos encontramos, até mesmo e principalmente o cowboy do banheiro, também travam suas batalhas internas. Cedo ou tarde, o cowboy também vai morrer. Ele também está preso no *samsara*, dilacerado por terríveis tormentos. Sim, somos todos companheiros de equipe e uma cegueira espiritual nos faz perder de vista nossa interdependência. Todos nós, mulheres e homens, estamos intimamente ligados.

GRATUIDADE E DELICADEZA DA BENEVOLÊNCIA

ALEXANDRE: Alice Miller[4], em um livro cujo título é bastante provocador – *For your own good. Hidden cruelty in child-rearing and the roots of violence*[5] [É para o seu bem. A crueldade na educação das crianças e as raízes da violência] –, questiona nossas motivações e o perigo de impor nossa visão de mundo aos outros. Altruísmo, benevolência, generosidade só podem ser gratuitos, pura dádiva, sem expectativas. Entretanto, no burburinho do dia a dia, é difícil se desembaraçar dessa mentalidade de grande tesoureiro que especula, que tem expectativas, que exige lucros sobre seus investimentos. Falar de benevolência universal é com certeza excluir qualquer tipo de exceção. Mas como sentir amor pelos seres humanos, por um Bachar el-Assad, um Hitler, um verdugo ou, mais prosaicamente, por um indivíduo que nos fez sofrer? Será que se pode verdadeiramente considerá-los seres sofredores, joguetes servis de suas paixões tristes, vítimas de feridas incomensuráveis?

Há certo tipo de benevolência que pode conter uma boa dose de paternalismo e muitas artimanhas. O que se sabe é que para a benevolência não existe bula nem receita a seguir. Por exemplo, quando alguém me pergunta como abordar uma pessoa deficiente na rua, fico mudo. Não existe nenhuma regra, nenhum protocolo para se estender a mão. O desafio é ficar bem na sua, é estar muito atento às necessidades do outro, sem fazer projeções. E se houver algum

4. Alice Miller (1923-2010). Escritora e psicanalista, conhecida por seu trabalho sobre as consequências do abuso infantil. Miller investigou histórias pessoais de vários indivíduos autodestrutivos e violentos e constatou que as causas e as consequências dos maus-tratos às crianças são idênticas: a negação dos traumas vivenciados faz com que se prejudique a geração seguinte da mesma forma, a não ser que se tome a decisão de aceitar o conhecimento e mudar o destino. [N. Ts.]

5. Alice Miller. *For your own good. Hidden cruelty in child-rearing and the roots of violence*. New York: Farrar, Straus and Giroux, 3rd edition, 1990. [N. Ts.]

mal-estar, vai causar menos dano do que o ato mecânico de tentar cumprir um protocolo: siga as seguintes etapas: item 1, item 2, item 3.

CHRISTOPHE: Não estou 100% de acordo com você, Alexandre. Às vezes receber algumas informações simples sobre as necessidades desta ou daquela pessoa, num tipo de situação ou noutro, pode nos ajudar a evitar alguns equívocos. Explicar que quando alguém tem um câncer é irritante ficar perguntando "como está? tudo bem?", ou que uma pessoa deficiente aprecia que sejamos espontâneos com ela, pode nos ajudar a fazer as coisas direito e a não cometer gafes, causadas mais por desconhecimento do que por perversidade ou por indiferença. É claro que não se trata de aplicar um protocolo de maneira automática e, no fim, ficar ausente para o outro. Porque a benevolência começa no estar presente para o outro, na atenção que prestamos no que está diante de nós, e não com a projeção no outro das nossas próprias necessidades, da nossa própria visão de mundo. A benevolência tem sua delicadeza própria e é preciso cuidar para que não acabe se tornando uma forma de paternalismo, de intrusão, de não respeito ao outro e a suas necessidades.

ALEXANDRE: Uma coisa é certa: é que a benevolência, como você diz, exige delicadeza e tato infinitos. Para não impor do alto uma ajuda que poderia ser percebida como humilhação, é preciso se doar inteiramente, estar presente, aberto e disponível. O desafio é sempre o mesmo: testemunhar a bondade da vida no meio da ação, apoiar, sustentar e, na hora certa, eclipsar-se, saindo na ponta dos pés. Swami Prajnanpad dava uma dica magnífica para fazer da relação com o outro o lugar supremo da liberdade, da consolação, da generosidade. Ele nos relembra que "amar alguém é ajudá-lo a aliviar suas tensões". Intuição formidável que pode se transformar em um exercício eminentemente prático: quando entrar em um lugar e encontrar uma pessoa próxima, um amigo, um colega, um desconhecido, me perguntar no mesmo instante o que posso realmente fazer para tranquilizá-lo.

A tendência habitual é quase sempre a de olhar o outro dos pés à cabeça e, sem mais nem menos, fazer julgamentos. Desistir do mundo do lucro e do consumo, adotar uma atitude um pouco mais contemplativa não é sinal de fraqueza nem de sentimentalismo. Ao contrário, essa abordagem inusitada exige lucidez, firmeza e muita coragem: exige reconhecer que a vida é trágica, que junto com ela recebemos um pacote de solidão, de doenças, de injustiças e que ela só termina com a morte, sem se deixar abater nem se amargurar por isso. A resposta a esse lado trágico da vida culmina certamente na solidariedade, bem distante do recolhimento, da desconfiança e da suspeita. Para praticar a solidariedade, é preciso desistir dessa lógica de segurança que nos obriga a defender nosso território com unhas e dentes. Reduzir-se aos limites da própria individualidade é privar-se da fecundidade dos encontros, é secar as fontes de vida e sofrer, sem dúvida. Nossa tarefa é aplicar esses grandes princípios na vida diária, mas isso já é uma outra história...

MATTHIEU: Podemos exercitar a benevolência em duas etapas. Começar primeiro abordando o outro com uma atitude fundamentalmente benevolente. Em seguida, fazer uma pausa interior e deixar nosso discernimento amadurecer por um tempo para perceber qual a maneira mais sábia de trazer um pouco de bem-estar à pessoa diante de nós, sem precipitação, sem impor o que quer que seja, sem invadir sua intimidade.

A INDIFERENÇA E A MALEVOLÊNCIA

CHRISTOPHE: Outra forma de compreender a benevolência consiste em se perguntar quais são seus contrários: a malevolência, a indiferença? A primeira forma de não ser benevolente talvez seja a indiferença ou a neutralidade. No nível seguinte está a malevolência, que faz com que a pessoa se concentre no que, para ela, não é bom no outro e passe a usar isso como pretexto para não se mostrar benevolente com ele.

MATTHIEU: O contrário da benevolência é claramente a malevolência: a vontade de prejudicar alguém. A indiferença não é exatamente o oposto da benevolência, mesmo se, como dizia Martin Luther King: "A inação dos bons não é menos prejudicial do que a ação dos maldosos". O contrário da indiferença é estar interessado na sorte do outro. O indiferente tem pouca ou nenhuma consideração por aqueles que não fazem parte do grupo de pessoas próximas, pela sociedade em geral e, menos ainda, por aqueles que vivem distantes, em outras partes do mundo. Um dos motores da benevolência consiste em dar o devido valor ao outro. Todas as perseguições e genocídios começam pela desvalorização do outro, acompanhada de uma desumanização daqueles que se decide eliminar. Por isso, esses seres passam a ser tratados como "peste", "vermes", "delatores", do mesmo modo que se coisificam os animais usando-os como objetos de consumo, como máquinas de fabricar linguiça.

CHRISTOPHE: A verdade é que a indiferença quase sempre vem do fato de não se dar o devido valor ao outro. Acho que existe também um tipo de indiferença causada pela impotência: por exemplo, chega uma hora em que não se consegue mais olhar para a multidão de gente pedindo dinheiro na rua.

Em certos dias, acho que estou errado, que faria melhor se lhes desse algum dinheiro, mas logo penso que essa não é a melhor solução e que assim a coisa não vai parar nunca. Quando esse sentimento de impotência me invade, me recolho numa espécie de indiferença. Não é que eu tenha a impressão de dar menos valor a eles. Mas certamente estou cometendo um erro: não é porque o sofrimento e a miséria não têm fim que se deve renunciar a fazer incansavelmente a sua parte.

NAVEGAR ENTRE O DESCONFORTO DA ADVERSIDADE E A SONOLÊNCIA DO BEM-ESTAR

ALEXANDRE: Avançar a passos largos rumo à liberdade, tentar uma pacificação interior é acabar com qualquer veleidade belicista, é identificar as guerras civis que se desencadeiam, que nos dilaceram, nos desgastam. Como se vacinar contra a necessidade da adversidade, contra esse inimigo que pode se ocultar nos lugares mais profundos de uma personalidade?

Na Coreia, tive a sorte de conhecer uma monja zen-budista. Aos 40 anos, acometida de um câncer incurável, ela irradiava uma alegria contagiante. Sua grande saúde se fortalecia, mesmo que, fisicamente, definhasse a olhos vistos. Ela me confessou que durante muito tempo tinha considerado sua doença como um inimigo a ser exterminado. À beira do esgotamento, não vivia senão para lutar, para aniquilar aquele mal, até que um dia, como ela mesma revelou, decidiu optar pela paz, como pré-requisito para o fim do combate. Ao mudar seu olhar e não tentar mais considerar sua situação um adversário, mas encontrar aí uma possibilidade de transformação, de uma prática, de uma mensagem, ela se livrou de um peso considerável, de uma exigência insustentável. Importante acrescentar que para ela não se tratava de se resignar nem de abandonar o tratamento, mas, ao contrário, de se ocupar da própria saúde sem se debater de manhã, de tarde e de noite contra os obstáculos.

O desaparecimento de um amigo, após uma batalha insana contra as angústias da toxicomania, me abalou profundamente. Por que aquele homem deu fim à própria vida quando tudo parecia ir tão bem com ele e ao redor dele? Será que, depois de todos os sofrimentos, a felicidade jamais cumpre as promessas que nossos desejos sonhavam? Precisamos de recursos infinitos para lidar também com o cotidiano, com a banalidade, com a chatice? São questões que permanecem no ar... Talvez seja mais fácil conjugar a felicidade no condicional do que no presente, como argumentava Blaise Pascal em sua famosa frase: “Assim não vivemos nunca, mas esperamos viver e, sempre nos dispondo a ser felizes, é inevitável que nunca o sejamos”.

MATTHIEU: Os obstáculos da adversidade são fáceis de identificar, o que nos ajuda a superá-los, enquanto os obstáculos criados pelo sucesso, pelos prazeres, pelo conforto ilusório do "está tudo bem", são mais dissimulados, mais emolientes e, por isso, mais difíceis de reconhecer.

CHRISTOPHE: Na vida são quase sempre as dificuldades e as adversidades que nos fazem avançar, muito mais do que os sucessos e as facilidades. É uma pena, mas é assim que a mente funciona! Temos necessidade de sucesso e de conforto, porque isso nos gratifica e nos alimenta de emoções agradáveis: bem-estar, autoestima e gratidão... Mas nossos êxitos não nos conduzem necessariamente a nos questionar sobre o que somos e sobre o que o mundo é. Para isso, precisamos conhecer a dor da derrota e da impotência. Mas sentir a dor de tempos em tempos, não sua ditadura constante!

Precisamos navegar entre o desconforto da adversidade e a sonolência do bem-estar. Como você afirmou, Matthieu, o ideal da sabedoria e da liberdade interior é navegar sempre entre as duas ameaças da liberdade interior: a submissão às aflições ligadas à adversidade (abatimento ou raiva) ou ao hábito, e depois a dependência do conforto ligado à ausência de adversidade.

MATTHIEU: O budismo ensina que é preciso saber identificar também o bom inimigo: se alguém o agredir com um porrete, você não vai ficar com raiva do porrete, mas sim da pessoa, sem tomar consciência de que ela está sendo manipulada pela animosidade, assim como o porrete pela mão. O verdadeiro inimigo, o único contra o qual não se deve ter misericórdia, é o ódio ou, em outros casos, a cobiça, a inveja, o orgulho etc. O objetivo dessa guerra é triunfar sobre o sofrimento.

CHRISTOPHE: Mas devemos falar "declarar guerra" ou "trabalhar"? "Inimigo" seria uma palavra boa para isso? Em medicina, por exemplo, esse vocabulário belicista é utilizado com frequência: "lutar contra a doença", "declarar guerra ao câncer"... Sempre fico desconfortável com esse tipo de discurso e a visão subentendida. Parece que não considera uma porção de verdades: a doença não é um inimigo nem um adversário, mas um desequilíbrio, uma alteração de mecanismos sutis que mantêm a saúde (a saúde é um pequeno milagre, assim como a vida!). Cuidar de si mesmo e acalmar as emoções de medo ou de raiva me parecem atitudes mais eficazes do que viver em guerra incessante contra um inimigo imaginário.

MATTHIEU: Entretanto, não seria legítimo considerar o ódio inimigo? Diferente de um adversário comum, que não nos prejudica o tempo todo, e que às vezes pode vir a se tornar amigo, o ódio, a cobiça e a arrogância acabam nos prejudicando 100% do tempo. O ódio não tem lado bom, ele é zero. Ele é o inimigo por excelência, o inimigo do bem-estar, o inimigo da bondade, o carcereiro da liberdade interior.

A AUTOBENEVOLÊNCIA

MATTHIEU: A autobenevolência consiste em querer se libertar das causas do sofrimento e desejar o próprio bem, que não significa a mesma coisa que ser egoísta.

ALEXANDRE: Junto do narcisismo, abre-se um grande espaço para esse amor de si, essa alegre aceitação do que realmente somos bem lá no fundo de nós mesmos, algo que para acontecer tem suas exigências: o entusiasmo pelo progresso e a firme determinação de arrancar do coração qualquer rastro de ódio, de fechamento sobre si mesmo, de egoísmo e de guerra.

CHRISTOPHE: A autobenevolência consiste em não adicionar uma guerra interior às dificuldades exteriores. E em adotar uma atitude justa perante si mesmo, na qual se permanece simultaneamente lúcido e amigável consigo mesmo. A relação de amizade é benevolente: como queremos o bem de nossos amigos e eles sabem disso, aceitam nossas críticas e compreendem que nosso objetivo é ajudá-los, mesmo que seja preciso tirá-los de sua zona de conforto e questionar suas certezas. Mas a vantagem é que dizemos isso cara a cara.

A autobenevolência foi identificada como um componente essencial da autoestima: é o que nos permite reparar os erros e avançar no caminho. Assim como a heterobenevolência, trata-se de uma atitude bastante pragmática, nem um pouco ingênua, tampouco ideológica: ela é o contexto exigente e seguro que nos permite alcançar a grande liberdade interior. Na autobenevolência, não existe medo de fracassar nem de decepcionar, pelos menos não se sentem esses temores de maneira obcecante ou paralisante. A autobenevolência também tem a interessante característica de ser incondicional, de não estar atrelada aos nossos eventuais "méritos". A incondicionalidade vem antes de tudo: em qualquer coisa que fizer, vou me afinar com a benevolência *a priori*, não vou fazer julgamentos maldosos (criticando a pessoa e não o comportamento dela) nem "ortopédicos" (querendo formatar tudo numa maneira única e específica de fazer). Vou valorizar o que faço e o que sou. Entretanto, a incondicionalidade não exclui o julgamento e os conselhos *a posteriori*: é importante reforçar que a autobenevolência não é ausência de julgamento, mas ausência de julgamento *a priori*.

Que é benevolência incondicional?

CHRISTOPHE: Benevolência incondicional é um ideal e um princípio, assim como o são a democracia e a fraternidade. O que resta agora é colocá-los em prática no mundo real. Por exemplo, será que a existência de um Hitler, de um Pol Pot e de outros tiranos sanguinários contesta a pertinência, a importância e até mesmo a necessidade desse ideal? Não acredito. A chegada desses tiranos ao poder deve-se mais a seus talentos políticos e às circunstâncias dramáticas que reinavam em seus países do que a uma eventual benevolência ingênua ou excessiva em relação a eles.

MATTHIEU: Sim, é isso mesmo, um talento político ou um maquiavelismo destituído de qualquer forma de empatia e de benevolência. Bashar al-Assad é um tipo abominável. Por causa disso deve-se aniquilá-lo e torturá-lo também? A benevolência não é dizer a ele: "Você é um cara muito legal; continue a fazer isso!", mas consiste em considerá-lo como faria um médico especialista, que percebe muito bem a extensão da loucura furiosa de seu paciente e começa impedindo que ele continue a prejudicar os outros; depois se pergunta se existe algum modo de tratá-lo. A melhor coisa que se poderia desejar de um indivíduo ignóbil é que sua ignomínia cessasse. Quem já se livrou do ódio poderá visualizar os melhores meios de minimizar os sofrimentos dos outros, tanto a curto quanto a longo prazo. A longo prazo, isso implica diversas formas de assistência para melhorar a educação, as condições de vida, o estatuto da mulher, o respeito aos direitos do homem etc. Ou seja, é preciso neutralizar o mal e tratar suas causas, excluindo o ódio, o sentimento de vingança e qualquer outra forma de desejo de prejudicar. Como argumentava Mahatma Gandhi, se aplicarmos a lei de talião, do "olho por olho, dente por dente, logo o mundo todo ficará cego e desdentado". Nesse caso, não se trata de fraqueza ou negligência. Vejam só; logo depois da publicação do nosso primeiro livro, uma pessoa me escreveu e mencionou uma abordagem totalmente diferente da lei de talião, explicada por um rabino. Em lugar de uma fórmula de vingança, essa lei pode ser compreendida como um princípio de reparação: se fiz uma pessoa perder a visão, devo lhe restituir o olho que feri sendo um guia para ela toda vez que ela precisar se deslocar; se quebrei o dente de alguém, devo reparar isso picando eu mesmo sua comida, e assim por diante.

A "benevolência universal" ou "incondicional" não é uma nobre utopia. Todos os seres, sem exceção, querem evitar o sofrimento. Se desejamos do fundo do coração que essas aspirações se realizem, nossa motivação benevolente se torna, por isso mesmo, universal. A benevolência universal consiste em não excluir ninguém do nosso coração. O círculo de nossa benevolência começa a se ampliar e seus limites acabam desaparecendo, assim como o espaço que contém todos os seres. Mesmo se na prática não podemos realizar o bem de todos, cada ser que se apresentar no campo da nossa atenção será objeto dessa benevolência.

Alguns filósofos com quem conversei, principalmente Jonathan Haidt, acreditam que essa seja uma posição angelical. Haidt chegou mesmo a dizer que a benevolência só deve ser usada com as pessoas próximas e que não tem sentido querer incluir a totalidade dos seres. Mas, ao estender nossa benevolência a todos, não amamos menos nossos próximos; nós os amamos melhor, já que nossa benevolência estará muito mais afinada. Se o Sol, em vez de brilhar com toda a sua intensidade sobre todos, decidisse brilhar apenas sobre alguns, os raios restantes não iluminariam e não aqueceriam muito bem, isso porque a intensidade do brilho e do calor teria diminuído. Aquele que ama apenas uma pequena parte dos seres só dispõe de uma benevolência parcial e restrita. Além do mais, quando as circunstâncias da vida colocam alguns seres mais perto do sol de nossa benevolência, como se se aproximassem fisicamente do nosso astro, estes naturalmente recebem mais calor e luz. Mas isso não se faz nunca à custa de uma exclusão. A benevolência exclui a parcialidade, o sectarismo, o dogmatismo, a discriminação e outros males de nossa sociedade.

• CAIXA DE FERRAMENTAS •

Para uma benevolência incondicional

CHRISTOPHE

- *A benevolência se assemelha aos pequenos tufos de mato* que conseguem brotar nas frestas das placas de cimento: mesmo que pareça não existir espaço, são sempre eles que acabam ganhando.
- *É uma atitude preciosa dissociar a benevolência dos próprios julgamentos pessoais.* Todos os seres humanos a merecem, pois não se trata de uma recompensa, mas de um reconhecimento de sua humanidade. Sejamos o mais benevolentes possível, mesmo com aqueles que são diferentes de nós, mesmo com aqueles que julgamos malvados. A benevolência só vai avivar ou reavivar sua humanidade (e sua culpa).
- *Sejamos "benfeitores" com a maior frequência possível.* Vamos dar o melhor de nós e salpicar nossos dias e nossos encontros com olhares, gestos e palavras de benevolência. Quando as árvores produzem oxigênio, quando os seres humanos produzem benevolência, a Terra e a Humanidade se comportam melhor.

MATTHIEU

- *Vamos nos esforçar para ampliar incessantemente nosso círculo de benevolência* para incluir nele o maior número possível de seres. Vamos desejar que chegue o dia em que ninguém esteja excluído do nosso coração.
- *A benevolência incondicional não está fora de alcance*: todos os seres desejam evitar o sofrimento e alcançar a felicidade. Para que essa aspiração benevolente se estenda de fato a todos os seres, basta desejar sinceramente que ela se realize.
- *A benevolência em ação*: ao mesmo tempo, vamos aumentar progressivamente a realização dessa benevolência por meio de palavras e de ações.

ALEXANDRE

- *A benevolência implica a dádiva, a gratuidade*: o verdadeiro amor não impõe nada, não exige nada além de que eu seja o que sou lá no fundo de mim mesmo. Ser benevolente é certamente querer o bem do outro, mas sem querer forçá-lo a entrar no molde dos meus julgamentos, dos meus rótulos; é jamais pôr a mão na sua liberdade, é venerar sua singularidade, sua diferença. Não se trata de jeito nenhum de impor uma visão de mundo, uma maneira de viver. Ajudar meu próximo é me abstrair das minhas projeções, é me doar por inteiro, é me tornar totalmente disponível sem exigir nada de volta.
- *A benevolência é subversiva.* A benevolência implica uma boa dose de subversão, até mesmo de rebelião: é querer extirpar todo desejo de violência, de vingança, de tirania, de autoritarismo, e nunca deixar as paixões tristes governar nossas vidas. Essa audácia basicamente ativa, sagaz, inventiva, inova incessantemente... sem jamais impor nada. Presta atenção às esperanças verdadeiras, às aspirações profundas e acolhe a todos de maneira radical. Essa mulher, esse homem que encontrei aqui e agora, do que têm necessidade de fato? O que desejam do fundo do coração?
- *A lavadora de alta pressão do amor.* Chogyam Trungpa costumava dizer: "A sujeira nunca vem primeiro". A sujeira, os traumas, os golpes, a brutalidade, a vilania, a hostilidade nunca são primordiais num coração. A benevolência limpa tudo; ela é como uma mangueira de alta pressão do amor que elimina gentilmente todos os intrusos, todos os parasitas que corroem os seres humanos. Cultivar um coração benevolente é ter a audácia de enxergar além das perversidades e se vincular infatigavelmente à bondade primordial.
- *A generosidade procede de uma inteligência do coração, de uma mente refinada, de certa leveza*: quando o Buda prodigaliza o ensinamento do Nobre Caminho Óctuplo[6], caminho que conduz à liberdade inconcebível, ressalta a importância e o valor da ação justa. Estender a mão, apoiar um ser que precisa, exige tato, delicadeza e um respeito infinito. Em matéria de solidariedade, não existe quebra-galho. A benevolência está longe de ser paternalismo e condescendência; não é coisa para grosseiros.

6. No budismo, o Nobre Caminho Óctuplo é o conjunto de oito práticas ensinadas pelo Buda: compreensão correta, pensamento correto, fala correta, meio de vida correto, ação correta, esforço correto, consciência correta e concentração correta. [N. Ts.]

A colheita foi boa?

MATTHIEU: Chegamos ao fim de nossas conversas, embora nossos diálogos e nossa amizade vão continuar enquanto estivermos vivos – é o que desejamos de todo o coração! Somos "progressistas", como Alexandre gosta de dizer, exploradores entusiastas da liberdade interior e da benevolência para o maior número de seres possível, tanto quanto nossa capacidade nos permite. Creio que estamos de acordo sobre o fato de que a conquista da liberdade interior só pode ter consequências salutares para nós mesmos e para os outros. Uma colheita nutridora. Ao nos libertarmos das armadilhas da ignorância, da confusão e das construções mentais que só trazem misérias e mal-estar, somos como o lavrador que ama seu trabalho, pois temos o sentimento de trabalhar para produzir a melhor colheita possível. Essa colheita não é resultado de uma monocultura intelectual; ela nasce das semeaduras das múltiplas qualidades humanas, que brotam graças à terra fértil do potencial que existe em nós, graças à água da benevolência e ao sol da perseverança, produzindo uma bela colheita de sabedoria, de alegria, de liberdade interior e de plenitude que nos permite apreciar cada instante que passa.

ALEXANDRE: Como relembra Chogyam Trungpa, muitos dos nossos tormentos, dos nossos sofrimentos têm origem na nossa incapacidade de largar o controle, de não querer enxergar o mundo como ele é, e no pacote de neuroses que se renovam a cada instante. Precisamos sempre de referências, da esperança de sair do caos, de pisar em solo firme. Mas é, em última instância, no dia a dia, no meio do torvelinho, usando o que temos à mão, que chega a hora de aprender a dançar, de viver a experiência de que, bem lá no fundo, a vida sempre vence.

Toda vez que entro num avião e observo os comissários, recebo uma lição de estilo zen. Em plena zona de turbulências, quando tudo chacoalha, quando os carrinhos começam a sacolejar, o pessoal de bordo mantém um sorriso que por si só testemunha a bondade da vida e desperta uma profunda confiança.

“Para se doar à existência e se abrir para a liberdade, longe dos medos, dos traumas e das oclusões da alma, certamente precisamos de alguns empurrões, de mãos estendidas, de ouvidos que escutam, do apoio dos bons amigos.”

Para tentar dar o grande salto, para se doar à existência e se abrir para a liberdade, longe dos medos, dos traumas e das oclusões da alma, certamente precisamos de alguns empurrões, de mãos estendidas, de ouvidos que escutam, do apoio dos bons amigos.

Querido Christophe, querido Matthieu, sem o apoio, a fraternidade e a confiança de vocês, sem as policlínicas e os policlínicos que me apoiam dia após dia, sem minha família, que me ensina diariamente o amor incondicional, sem a multidão de "benfeitores", eu não teria forças de ir em busca da grande saúde e da paz. É a solidariedade que nos abre para isso.

No momento de concluir provisoriamente essa calorosa troca, gostaria de agradecer do fundo do meu coração a todos aquelas e aqueles que me ajudam a continuar nesse itinerário de libertação. Por hora, com minha infinita gratidão, ofereço este pequeno auxílio de Mestre Trungpa: "Quando desenvolvemos a verdadeira compaixão, não sabemos mais se estamos sendo generosos com nós mesmos ou com os outros, porque a compaixão é como a generosidade do ambiente em geral: sem direção, sem 'para mim' nem 'para os outros'. É pura alegria, alegria espontânea, alegria constante no sentido da confiança, na medida em que a alegria contém fabulosas riquezas".

CHRISTOPHE: Como é intimidante concluir! Sempre tenho dificuldade com esse tipo de exercício, bem como com todas as formas de adeus... Espero de todo o coração que nossas trocas amistosas, espontâneas e sinceras toquem nossas leitoras e leitores como se todos também fossem amigas e amigos nossos. O que de certo modo é o caso, já que partilhamos muitos valores comuns. Que possamos despertar neles a vontade de continuar a progredir, de avançar nos caminhos da liberdade interior e da fraternidade. Espero que tenhamos sabido mostrar que esse itinerário não é apenas enriquecedor, mas também acessível e apaixonante.

Há pouco, conversava com minha filha caçula a respeito de seu futuro profissional. E me lembrei de um conselho dado por não sei qual presidente de uma grande empresa, frequentemente citado como exemplo nas principais escolas de administração e de comércio. Em geral, seu discurso não me agrada, pois é muito voltado para o sucesso e a *performance*, mas, nesse caso, não achei tão mal assim! Em síntese, dizia o seguinte: "O segredo da realização? Trabalhe duro e seja simpático com as pessoas". Acredito também que o segredo de uma "boa" vida, uma vida sábia, feliz e generosa possa ser: "Trabalhe em si mesmo e faça o bem ao seu redor". Agora, Matthieu, devolvo a você a palavra para nossa derradeira mensagem. Conduza-nos às alturas!

MATTHIEU: Para concluir, da mesma forma como no início da nossa nova série de encontros nos inspiramos numa motivação altruísta, chegou a hora de distribuir nossa colheita a todos aqueles com quem partilhamos esta existência. Dedicamos a eles tudo o que pudemos gerar de bem e de bom no decorrer dos nossos encontros, todas as ações benevolentes que realizamos no passado e que realizaremos no futuro. Que essas colheitas possam contribuir para aliviar os sofrimentos que os afligem no presente e para erradicar as causas de seus sofrimentos a longo prazo – a ignorância, o ódio e outras toxinas mentais. Desejamos que esses benefícios perdurem como sementes lançadas ao vento no terreno fértil da infinidade dos seres!

Agradecimentos

Com dívida de gratidão, agradecemos enormemente a Catherine Meyer por suas pacientes e especializadas releituras das várias versões do manuscrito. Ela nos ajudou bastante a pôr ordem em nossas ideias e melhorou de modo considerável a apresentação do texto.

Somos gratos de todo o coração a Delphine, que, por duas vezes, nos acolheu calorosamente nas montanhas suíças, permitindo que dialogássemos com uma intensa e alegre serenidade, e também a Pauline, que nos recebeu com imensa gentileza em Saint-Maurice para uma rodada de nossas entrevistas.

Nossos agradecimentos estendem-se também a Sandra e Aurélie, por terem transcrito cuidadosamente as gravações de nosso diálogo, e a Bertille, por sua eficiente ajuda na releitura do texto.

Dirigem-se ainda a Clarrise Busquet, que leu com muita atenção nosso manuscrito e nos fez inúmeras sugestões extremamente pertinentes.

Por fim, não temos palavras para expressar nosso reconhecimento a nossas editoras Sophie de Sivry e Nicole Lattès e ao editor Guillaume Allary, que com benevolência nos acompanharam ao longo deste trabalho, como também em nossas obras anteriores. Nosso reconhecimento às equipes das editoras L'Iconoclaste e Allary Éditions, que se empenharam na publicação deste livro.

Alexandre agradece especialmente a Corine Jollien, Romina Astolfi, Bernard Campan, Fréderic Rauss, Olivier Rogeaux, Jean-Bernard Daeppen, Firmin Manoury e Mathieu Blard por ajudá-lo no dia a dia.

Dos mesmos autores

CHRISTOPHE ANDRÉ, ALEXANDRE JOLLIEN, MATTHIEU RICARD

Trois amis en quête de sagesse, L'Iconoclaste et Allary Éditions, 2016. [*O caminho da sabedoria. Conversas entre um monge, um filósofo e um psiquiatra sobre a arte de viver.* Tradução de Eric Heneault. São Paulo: Alaúde, 2016.]

CHRISTOPHE ANDRÉ

PELA EDITORA L'ICONOCLASTE

Mon programme anti-dépression, 2018, com Mademoiselle Caroline.

La Vie intérieure, 2018 (com um CD de exercícios).

3 minutes à méditer, 2017 (com um CD de exercícios).

Se changer, changer le monde, 2013, com Jon Kabat-Zinn, Pierre Rabhi e Matthieu Ricard.

Méditer, jour après jour. 25 leçons de pleine conscience, 2011 (com um CD de exercícios).

De l'art du bonheur, 2010, nova edição.

PELA EDITORA ODILE JACOB

Et n'oublie pas d'être heureux. Abécédaire de psychologie positive, 2014.

Sérénité, 25 histoires d'équilibre intérieur, 2012.

Les États d'âme. Un apprentissage de la sérénité, 2009.

Imparfaits, libres et heureux. Pratiques de l'estime de soi, 2006.

Psychologie de la peur. Craintes, angoisses et phobies, 2004.

Vivre heureux. Psychologie du bonheur, 2003.

La Force des émotions. Amour, colère, joie, 2001, com François Lelord.

La Peur des autres. Trac, timidité et phobie sociale, 2000, com Patrick Légeron.

L'Estime de soi. S'aimer mieux pour vivre avec les autres, 1999, com François Lelord. *Comment gérer les personnalités difficiles*, 1996, com François Lelord.

PELA EDITORA DU SEUIL, COLLECTION «POINTS»

Méditations sur la vie, 2017, com Anne Ducrocq.

Je résiste aux personnalités toxiques (et autres casse-pieds), 2011, com o cartunista Muzo.

Je guéris mes complexes et mes déprimes, 2010, com o cartunista Muzo.

Je dépasse mes peurs et mes angoisses, 2010, com o cartunista Muzo.

POR OUTRAS EDITORAS

Les Pensées qui soignent, Belin, 2017, com Michel Le Van Quyen.

Qui nous fera voir le bonheur, Le Passeur, 2014, com Martin Steffens.

ALEXANDRE JOLLIEN

La Sagesse espiègle, Éditions Gallimard, 2018.

Vivre sans pourquoi: itinéraire spirituel d'un philosophe en Corée, L'Iconoclaste, Éditions du Seuil, 2015.

Petit Traité de l'abandon. Pensées pour accueillir la vie telle qu'elle se propose, Éditions du Seuil, 2012 e «Points Essais», nº 755, 2015.

Le Philosophe nu, Éditions du Seuil, 2010 e «Points Essais», nº 730, 2014.

La Construction de soi. Un usage de la philosophie. Éditions du Seuil, 2006 e «Points Essais», nº 680, 2012.

La Philosophie de la joie, comentário de Bernard Campan, livro sonoro, Éditions Textuel, 2008.

Le Métier d'homme, Éditions du Seuil, 2002 e «Points Essais», nº 705, 2013.

Éloge de la faiblesse, Éditions du Cerf, 1999, Marabout, 2011. Obra premiada pela Académie française.

MATTHIEU RICARD

Ensaios

Plaidoyer pour les animaux, Allary Éditions, 2014.

Plaidoyer pour l'altruisme, NiL Éditions, 2013. [*A revolução do altruísmo*. Tradução de Inês Polegato; revisão técnica de Lucia Benfatti, Martha Gouveia da Cruz, Tamara Barile. São Paulo: Palas Athena, 2015.]

Chemins spirituels. Petite anthologie des plus beaux textes tibétains, NiL Éditions, 2010.

L'Art de la méditation, NiL Éditions, 2008.

La Citadelle des neiges, NiL Éditions, 2005.

Plaidoyer pour le bonheur, NiL Éditions, 2003. [*Felicidade: a prática do bem--estar*. Tradução de Arnaldo Bassoli. São Paulo: Palas Athena, 2007.]

Les Migrations animales, Robert Laffont, «Collection Jeune Science», 1968.

Obras colaborativas

Pouvoir et altruisme, com Tania Singer, Allary Éditions, 2018.

Cerveau et méditation, com Wolf Singer, Allary Éditions, 2017. [*Cérebro e meditação. Diálogos entre o budismo e a neurociência*. Prefácio de Christophe André. Tradução de Fernando Santos. São Paulo: Alaúde, 2018.]

Vers une société altruiste, com Tania Singer, Allary Éditions, 2015.

Se changer, changer le monde, com Christophe André, Jon Kabat-Zinn e Pierre Rabhi, L'Iconoclaste, 2013.

L'Infini dans la paume de la main, com Trinh Xuan Thuan, NiL Éditions, 2000.

Le Moine et le Philosophe, com Jean-François Revel, NiL Éditions, 1997. [*O monge e o filósofo: O budismo hoje*. Tradução de Joana Angélica d'Ávila Melo. São Paulo: Mandarim, 1998].

Fotografias

Un demi-siècle dans l'Himalaya, Éditions de la Martinière/Yellow Korner, 2017.

Visages de paix / Terres de sérénité, Éditions de la Martinière, 2015.

Hymne à la beauté, Éditions de la Martinière/Yellow Korner, 2015.

108 sourires, Éditions de la Martinière, 2011.

Bhoutan. Terre de sérénité, Éditions de la Martinière, 2008.

Un voyage immobile. L'Himalaya vu d'un ermitage, Éditions de la Martinière, 2007. *Tibet. Regards de compassion*, Éditions de la Martinière, 2002.

Himalaya bouddhiste, com Olivier e Danielle Föllmi, Éditions de la Martinière, 2008.

Moines danseurs du Tibet, Albin Michel, 1999.

L'Esprit du Tibet, (1996), reedição Éditions de la Martinière, 2011.

Traduções do tibetano

Le vagabond de l'Evéil, La vie et les enseignements de Patrul Rinpoché, Padmakara, 2018.

Shabkar, autobiographie d'un yogi tibétain, Padmakara, 2013.

Dilgo Khyentsé Rinpotché, *Au cœur de la compassion*, reedição Padmakara, 2008.

Dilgo Khyentsé Rinpotché, *Les Cent Conseils de Padampa Sangyé*, Padmakara, 2003.

Dilgo Khyentsé Rinpotché, *Le Trésor du cœur des êtres éveillés*, Le Seuil, coll. «Points Sagesses», 1996.

Dilgo Khyentsé Rinpotché, *Au seuil de l'Éveil*, Padmakara, 1995.

Dilgo Khyentsé Rinpotché, *La fontaine de grâce*, Padmakara, 1995.

Dilgo Khyentsé Rinpotché, *Audace et compassion*, Padmakara, 1993.

FUNDAÇÃO MATTHIEU RICARD PARA O PROGRESSO DO ALTRUÍSMO NO MUNDO

Matthieu Ricard transfere integralmente seus rendimentos – fotografias, conferências, direitos autorais – para a associação Karuna-Shechen, que há vinte anos acompanha os mais desfavorecidos na Índia, no Nepal, no Tibete e, em breve, na Europa.

Na prática, significa que o livro que você tem nas mãos permite que uma criança do Nepal seja escolarizada durante uma semana, que duas pessoas deficientes tenham consulta médica ou que uma família indiana receba os produtos de uma horta biológica durante uma época do ano.

Você também pode apoiar as atividades da associação Karuna-Shechen e da Fundação Matthieu Ricard. Acesse o site www.fondation-matthieuricard.org.

Texto composto em Times New Roman.
Impresso em papel Pólen Soft 80g na Cromosete.